beck'sche reihe

W0200913

Diese allgemeinverständliche philosophische Einführung erklärt, was wir meinen, wenn wir von «Vernunft» sprechen. Sie unterscheidet die Vernunft von anderen intellektuellen Fähigkeiten und erläutert, was wir durch sie und nur durch sie vermögen: *richtig* und *falsch* zu unterscheiden. Das Buch zeichnet den Wandel der Vernunftauffassung von der Antike zur Gegenwart, vom Modell einer unfehlbaren zum Modell einer fehlbaren Vernunft nach. Es zeigt, wie trotz der unvermeidlichen Fehlbarkeit der Vernunft empirische und insbesondere moralische Aussagen allgemeinverbindlich sein können. An zahlreichen Beispielen wird deutlich, daß Vernunft, Selbstbewußtsein und Willensfreiheit nicht voneinander zu trennen sind.

Ulrich Steinvorth ist Professor für Philosophie an der Universität Hamburg. Zuletzt ist von ihm erschienen: *Gleiche Freiheit* (1999).

Ulrich Steinvorth

Was ist Vernunft?

Eine philosophische Einführung

Verlag C.H.Beck

Die Deutsche Bibliothek – CIP-Einheitsaufnahme

Ein Titeldatensatz für diese Publikation ist bei
Der Deutschen Bibliothek erhältlich

Originalausgabe

Gesamtherstellung: Druckerei C. H. Beck, Nördlingen
Umschlagentwurf: +malsy, Bremen
Printed in Germany
ISBN 3 406 47634 1

www.beck.de

Meiner Mutter Maria Steinvorth
und dem Andenken an
meinen Vater Dietrich Steinvorth

Inhalt

Einleitung

«Gott weiß», so lesen wir in der Heiligen Schrift über die Früchte des «Baums der Erkenntnis des Guten und Bösen», «daß, welches Tages ihr davon esset, so werden eure Augen aufgetan, und werdet sein wie Gott, und wissen, was gut und böse ist.»[1] So spricht die Schlange zu Eva, und Eva, obgleich Gott Adam verboten hatte, vom Baum der Erkenntnis zu essen, meint, «daß es ein lustiger Baum wäre, weil er klug machte; und nahm von der Frucht, und aß, und gab ihrem Manne auch davon, und er aß.»[2] Die Schlange log nicht, denn kaum hatten unsere ältesten Eltern gegessen, «da wurden ihrer beiden Augen aufgetan».[3] Warum aber hatte Gott Adam den Baum der Erkenntnis verboten? Mißgönnte er ihm zu werden wie er? Dagegen spricht, daß die Bibel uns wiederholt versichert, Gott habe die Menschen «ihm zum Bilde, zum Bilde Gottes» geschaffen.[4] Die Schlange, «listiger denn alle Tiere auf dem Felde, die Gott der Herr gemacht hatte»,[5] folgt nur Gottes Schöpfungsplan, wenn sie Eva verführt. Aber Eva muß *verführt* werden, weil sie den gottgleichen Stand, in den sie tritt, nicht selbst gewählt hätte, wären ihre Augen schon vor der Verführung aufgetan worden. Wer weiß, was gut und böse ist, lebt nicht mehr im Paradies der Unschuld und kann nie wieder zurück, denn Gott «lagerte vor dem Garten Eden die Cherubim mit dem bloßen hauenden Schwerte».[6]

Den Leser erwartet kein theologisches oder religiöses Buch. Von den paradiesischen Ereignissen wird nicht mehr die Rede sein. Sie sollen nur daran erinnern, daß die Menschen seit langem wußten, daß sie zwischen gut und böse unterscheiden können, daß diese Fähigkeit sie im Wissen gottgleich macht, daß sie für diesen Besitz das Paradies der Unschuld hergaben und die verlorene Unschuld nie wiedergewinnen können. Wir Paradiesvertriebenen sind auf unser göttliches Erkenntnisvermögen angewiesen. Es außerhalb des Paradieses nicht zu gebrauchen wäre die größte Dummheit.

Wir können zwischen gut und böse ebenso unterscheiden, wie wir zwischen wahr und falsch unterscheiden können. Das ist die

These dieses Buchs. Unser Erkenntnisvermögen ermöglicht uns ebenso zu erkennen, was *sein soll*, wie zu erkennen, was *ist*. Unsere Erkenntnis mag ihre Grenzen haben, aber wir kennen die Grenzen nicht, und wir haben keinen Grund, sie uns selbst zu setzen. Das ist eine Implikation der These. Vergessen wir nicht, daß Gott neben dem Baum der Erkenntnis «den Baum des Lebens mitten im Garten» pflanzte.[7] Nur ein mißgünstiger Gott wird die Menschen daran hindern, eine weitere göttliche Eigenschaft zu erreichen, die ihnen freilich nicht mühelos wie im Paradies zufallen wird – denn daß Adam nur «ausstrecke seine Hand, und breche auch von dem Baum des Lebens, und esse, und lebe ewiglich», verhindern die vor dem Garten Eden gelagerten Cherubim.[8]

Heute hat sich die Meinung ausgebreitet, die Menschen könnten nicht wirklich zwischen gut und böse unterscheiden. Unsere Unterscheidung sei abhängig von Konventionen, die von Kultur zu Kultur verschieden und letzten Endes willkürlich seien. Wenn sie überhaupt verbindlich sind, dann im Rahmen einer Kultur und einer Machtordnung, die gewöhnlich die Interessen der Herrschenden durchsetzt.[9] Diese Meinung ist eine Variante der skeptischen und relativistischen Auffassungen, die die Philosophie seit ihrem Beginn begleitet, gegen die schon viele Philosophen argumentierten und die dennoch aus nachvollziehbaren Gründen heute viele Anhänger haben. Ich breite die, wie mir scheint, wichtigsten Argumente gegen die heutige Variante der Skepsis aus. Ich folge der traditionellen Auffassung, daß wir in der Vernunft ein Vermögen besitzen, das zwischen wahren und falschen Meinungen über die Welt und zwischen moralisch richtigen und falschen Normen universal verbindlich unterscheiden kann.

Im ersten Teil dieses Buchs argumentiere ich dafür, daß wir die Vernunft als ein Vermögen der *Rechtfertigung* oder *Begründung* verstehen können und sollten,[10] als ein Vermögen, heißt das, *Geltungsansprüche* zu rechtfertigen und zu kritisieren; Ansprüche, mit denen wir zwischen richtig und falsch sowohl in unseren Auffassungen von dem, was der Fall *ist*, unterscheiden, als auch in Auffassungen von dem, was der Fall *sein soll*. Als ein solches Vermögen verstehen auch viele frühere und noch mehr heutige Philosophen die Vernunft. Allerdings haben die früheren Philosophen der Vernunft oft noch weitere Funktionen als die der Rechtfertigung zugeschrieben. Solche zusätzlichen Zuschreibungen versuche ich als unberechtigt zurückzuweisen. Ich behaupte nicht, daß man das Wort *Vernunft* nicht auch für andere Dinge gebrauchen kann. Wie wir unsere Zeichen gebrauchen, ist (zumindest für jeden methodologischen Nominalisten) eine Sache der Konvention, aber auch der Nützlichkeit, insbesondere im Hinblick auf die Vermeidung von Verwirrungen.

Ich plädiere aus drei Gründen für die Gleichsetzung von Vernunft und Rechtfertigungsvermögen. Erstens haben alle Philosophen das, was sie Vernunft (oder *logos* oder *ratio, raison, reason, ragione*) nannten, *auch* als ein Vermögen der Rechtfertigung verstanden, welche sonstigen Leistungen auch immer sie der Vernunft zuschrieben. Zweitens läßt sich aus der Eigenart des Rechtfertigens erklären, warum Philosophen der Vernunft weitere Leistungen zuschreiben wollten. Drittens sichert die Beschränkung des Inhalts des Vernunftbegriffs auf das Rechtfertigungsvermögen unserem Sprachgebrauch ein Optimum an Klarheit und vermeidet insbesondere eine Verwechslung der Leistung des Verstandes mit der der Vernunft.

Im zweiten Teil lege ich dar, wie die Unterscheidungen von wahr und falsch und normativ richtig und falsch (die ich als die von richtig und falsch zusammenfasse) universal verbindlich sein können: auf der Grundlage empirischer und normativer Theorien, die der Falsifikation einerseits durch *Beobachtung*, anderseits durch *moralische Intuitionen* ausgesetzt wurden. Ich verbinde hier den Falsifikationismus der Wissenschaftstheorie mit der heute vorherrschenden Methodologie der Ethik. Wissenschaftstheorie ebenso wie Ethik neigen heute überwiegend zu einer Form des *Kohärentismus*, zur Lehre, nach der wir die Wahrheit empirischer Theorien ebenso wie die Richtigkeit normativer Prinzipien daran messen müssen, wie weit und wie überzeugend sie unsere mannigfaltigen und oft widersprüchlichen Auffassungen und Beobachtungen über die reale Welt zu Naturgesetzen und unsere ebenso mannigfaltigen und widersprüchlichen Vorstellungen und Erwartungen von dem, was sein sollte, von der idealen Welt, zu Normen zusammenfassen können.

Mein Kohärentismus kommt jedoch nicht ohne einen Schuß *Fundamentalismus* aus, ohne die Methodologie, die die Wahrheit oder Richtigkeit einer empirischen oder normativen Theorie an bestimmten fundamentalen, für die Erkenntnis der Richtigkeit einer Theorie ausgezeichneten Daten mißt. Denn ich nehme an, daß unter den kohärent zu machenden Daten einerseits die Beobachtungen, anderseits die moralischen Intuitionen eine Sonderstellung einnehmen: sie sind *weniger* leicht zugunsten einer Kohärenz zu verwerfen. Sie sind sowenig wie irgendwelche andere Daten unerschütterlich oder unfehlbar (wie die methodologischen Fundamentalisten annehmen), aber ihre Verwerfung verlangt besonderen Aufwand. Ihre Sonderstellung ist eine Folge davon, daß ich trotz meines methodologischen Kohärentismus an der *Korrespondenz*theorie der Wahrheit in einem schwachen Sinn festhalte: ich halte einen empirischen Satz immer und nur dann für wahr, wenn das, was er beschreibt, so ist, wie er es beschreibt. Daß wir seine Wahrheit nur rechtfertigen können, wenn wir die Kohärenz seiner möglichen Rechtfertigungsgründe beachten, ändert nichts daran, daß wir mit der Wahrheit des Satzes seine Übereinstimmung mit der Wirklichkeit behaupten.[11]

Im dritten Teil versuche ich zu zeigen, daß die Annahme einer Vernunft, die den biblischen Annahmen über unsere gottgleiche Fähigkeit zur Unterscheidung von gut und böse entspricht, vereinbar ist mit dem Wissen und den Prinzipien der heutigen Naturwissenschaften. Auch in einer von Naturgesetzen oder auch dem Zufall beherrschten Welt kann es Willensfreiheit und universal verbindliche Urteile geben. Warum und wie? Darauf wage ich Antworten.

Ich habe auf einen streng systematischen Aufbau verzichtet und versucht, jedes Kapitel auch unabhängig von der Kenntnis der andern verständlich zu machen. Ich empfehle aber die geduldige Lektüre der Kapitel in der Reihenfolge des Buches. Meine Absicht ist, ein weiteres Publikum als das der Berufsphilosophen zu erreichen, ohne von den Standards der akademischen Philosophie an begrifflicher Klarheit und Berücksichtigung möglicher Einwände abzulassen. Mir kommt es nicht auf Originalität an. Im Verständnis dessen, was Urteile, Propositionen oder Gedanken und Rechtfertigungsgründe sind und was eine propositionale Sprache von einer Signalsprache unterscheidet, folge ich Gottlob Frege. Im Verständnis der Willensfreiheit folge ich dem spanischen Spätscholastiker Luis de Molina. Im Verständnis der empirischen Wissenschaften und der Möglichkeit ihres Fortschritts folge ich Karl Popper.[12] In der Auffassung der Möglichkeiten und Methode (aber nicht des Inhalts) normativer Theorien folge ich Henry Sidgwick und John Rawls. Meine Unterscheidung dreier Vernunftmodelle und meine Parteinahme für das kritische oder fallibilistische Vernunftmodell findet sich ähnlich bei Ernest Gellner. Im Versuch, die Vereinbarkeit eines starken (biblischen) Vernunftbegriffs und der Willensfreiheit mit einer physikalistischen Weltsicht nachzuweisen, folge ich John Searle, wenn ich auch den konkreten Weg, den er eingeschlagen hat, für eine Sackgasse halte, wie er selbst es mittlerweile auch tut.[13]

Trotz meiner Orientierung an der heutigen Philosophie schenke ich der philosophischen Tradition breiten Raum; weil der Vergleich mit den Vorgängern zu einem besseren Selbstverständnis verhilft und für die meisten Leser verständlicher und interessanter ist als Vergleiche mit konkurrierenden Auffassungen der Gegenwart. Ich übernehme etwa so viele Annahmen von Platon, Aristoteles, Descartes, Locke, Hume und Kant, wie ich an ihnen kritisiere. Auch in meiner kritischen Rezeption dieser Klassiker bin ich nicht originell. Ich trage im wesentlichen zusammen, was andere gesagt haben. Deswegen sind meine Thesen jedoch nicht bescheiden. Wer von der Vernunft handelt: was sie ist (ein Rechtfertigungsvermögen), wie sie ihr Geschäft durchführt (kritisch oder falsifikativ) und wie sie in einer Welt der natürlichen Determination und Kontingenz entstehen konnte (auf natürliche und doch von der Natur entkoppelnde Weise), kann, was immer er der Vernunft zu- oder abspricht, nur unbescheiden sein.

Sowenig wie Bescheidenheit beanspruche ich für meine Thesen Unfehlbarkeit; es gehört vielmehr zu den Thesen dieses Buchs, daß Unfehlbarkeitsansprüche unhaltbar sind. Wohl aber muß eine alternative Theorie mit dem Ansatz dieses Buchs unvereinbar und daher falsch sein, wenn meine richtig ist, und sie kann nur richtig sein kann, wenn meine falsch ist. Alternativ ist eine Theorie nicht dann, wenn sie in Einzelheiten, sondern im Ansatz abweicht.

Zu meinem Ansatz gehört es, dem Geschäft der Vernunft folgende vier Eigenschaften zuzuschreiben. *Erstens* ist es *natur-* und *kulturunabhängig*. Die Entstehung des Vernunftvermögens der Rechtfertigung ist naturwissenschaftlich erklärbar als Folge der Entstehung einerseits eines Suspensionsvermögens, wie es auch intelligente Tiere besitzen, anderseits des Gebrauchs einer propositionalen Sprache. Es ist ein Produkt der Evolution. Aber einmal entstanden, macht es seinen Besitzer unabhängig vom Netz der Naturursachen und -zufälle, weil es ihn befähigt, überlieferte und naturwüchsige Motivationen durch selbstgewählte Ziele und Prinzipien zu ersetzen – Ziele, zu denen auch gehört, seine Freiheit von Bedingungen der Natur und Geschichte zu beweisen. Im Geschäft der Vernunft handeln wir *willensfrei* im Sinn der Definition der Willensfreiheit als der Fähigkeit, zu einem Gedanken oder einer Handlungsmöglichkeit ebensowohl Nein wie Ja zu sagen.

Zweitens zielt das Geschäft der Vernunft auf *universale Verbindlichkeit.* Die Ratschläge der Vernunft sind so fehlbar wie wir selbst. Dennoch sind sie universal verbindlich, weil sie sich auf Gründe stützen, die jeden zur Zustimmung verpflichten, auch wenn neue Gründe bekannt werden können, die das bisherige Urteil aufheben. Denn solange uns keine neuen Gründe bekannt sind, verpflichten die bekannten mit derselben Strenge wie unfehlbare Prinzipien.

Drittens ist es ein letzter Richtigkeitsmaßstab. Das Vermögen zu rechtfertigen ist ein Mittel der Unterscheidung von wahr und falsch, gut und schlecht. Seine Betätigung impliziert ursprünglich die Anwendung überlieferter Richtigkeitskriterien. Aber wir können auch diese nach ihrer Berechtigung befragen. Woran messen wir diese? Die Kriterien der normativen Richtigkeit daran, ob oder wieweit sie jedem die Betätigung seiner Vernunft ermöglichen. Die Wahrheitskriterien daran, ob ihre Anwendung zu Theorien der Welt führen, die uns erlauben, Naturprozesse zu verstehen und zu kontrollieren. Auch der Gebrauch dieses Maßstabs orientiert sich daran, jedem die Betätigung seiner Vernunft zu ermöglichen. Die Besitzer der Vernunft finden keine bessere Richtschnur ihres Handelns als die, ob ihr Handeln jedem die gleiche Freiheit gibt, seine Fähigkeiten nach eignem Urteil zu betätigen.

Viertens ist es *prometheisch.* Die Vernunft ist nicht nur letzter Richtigkeitsmaßstab. Die Vernunftmoral, die die gleiche Freiheit der Betätigung der eignen Fähigkeiten fordert, impliziert auch ein Recht auf *Entwicklung* der menschlichen Fähigkeiten. Eine Gesellschaft, die jedem gleiche Freiheit zur Betätigung seiner Fähigkeiten sichert, kann sie nur sichern, wenn sie auch das Recht auf Entwicklung der Fähigkeiten sichert. Zu den Fähigkeiten, auf deren Betätigung jeder ein gleiches Recht hat, gehören auch die der Erfindung und andere technische Vermögen. Das Recht, seine Fähigkeiten zu betätigen, schließt das Recht ein, mit der Technik die Natur zu kontrollieren, solange dadurch niemand in seinen Rechten verletzt und die Fähigkeit der Menschen, nach eigenem Urteil zu entscheiden, nicht gefährdet wird. Die Vernunftmoral impliziert eine prometheische Einstellung, die die Gegebenheiten von Natur und Geschichte für änderbar hält und sich gegen ihre demütige Hingabe auflehnt. Wenn wir die Vernunft als das Vermögen betrachten, das uns zur Moral der gleichen Freiheit befähigt, dann kann man sie auch mit Kant als das Vermögen eines Lebewesens betrachten, «die Regeln und Absichten des Gebrauchs aller seiner Kräfte weit über den Naturinstinkt zu erweitern», das in den Entwürfen zur Entwicklung seiner Fähigkeiten und der Kontrolle der Natur «keine Grenzen» kennt.[14] Diese vierte Eigenschaft des Geschäfts der Vernunft wird in diesem Buch nur angedeutet und soll in einer andern Arbeit ausgeführt werden.

Schließlich ein Wort dazu, daß ich von den *Vermögen* der Vernunft, des Verstandes und weiterer Instanzen spreche, die diese oder jene Leistungen erbringen. Ich unterstelle damit nicht, daß diese Instanzen handeln. Ich gebrauche diese Redeweise nur als bequemen Ausdruck dafür, daß *wir*, Menschen mit allen möglichen Fähigkeiten, dies und das kraft oder vermöge dieser oder jener Fähigkeit leisten. Ich könnte sogar auf den Begriff des Vermögens verzichten. Denn wenn ich eine bestimmte Handlung einem Vermögen zuspreche, heißt das nur, daß die Handlung eine bestimmte Funktion hat, die von der anderer Handlungen unterscheidbar ist. Statt zu sagen, die Vernunft sei ein Vermögen der Rechtfertigung, könnte ich ohne Bedeutungsverlust sagen, wir erbringen Leistungen mit der spezifischen Funktion der Rechtfertigung, wenn wir von uns annehmen, wir haben oder betätigen Vernunft. Diese Ausdrucksweise ist nur etwas umständlich, und ich ziehe die Kürze vor.

Die Überetzungen fremdsprachiger Zitate stammen, wenn nicht anders angegeben, von mir.

Für Durchsicht des Textes und hilfreiche Kritik und Kommentare danke ich Oliver Krug und Martin Sehrt.

ERSTER TEIL

Das Geschäft der Vernunft: Rechtfertigung

1.
Vernunft, Verstand und Gleichheit

1. Auf der Suche nach einer gleichheitsverträglichen Vernunftkonzeption

Viele Philosophen haben die Vernunft für die Eigenschaft gehalten, die die Menschen von anderen Lebewesen unterscheidet.[1] Es gehört schon zu den Anfängen des Nachdenkens über die Vernunft, daß sie als etwas verstanden wurde, was die Menschen verbindet. Heraklit nannte den Logos das Gemeinsame, dem man folgen muß.[2] Das entspricht der Vorstellung, daß das Vernünftige oder das Urteil der Vernunft für alle denkfähigen Wesen verbindlich ist. Heraklits Aussage impliziert außerdem, daß die Vernunft allen Menschen gemeinsam ist.

Auch die neuzeitlichen Philosophen haben die antike Definition des Menschen als *zôon logon echon* oder *animal rationale* anerkannt. Darüber hinaus haben sie die Vernunft für eine Eigenschaft gehalten, die den Menschen in einer besonderen Weise gemeinsam ist, nämlich so, daß alle sie in gleicher Qualität und Quantität haben. Menschen können zwar mehr oder weniger klug, aufgeklärt oder durch das Licht der *Offenbarung* erhellt sein, aber haben dieselbe Vernunft und sind durch dasselbe Licht der *Vernunft*, das *lumen naturale,* in der Lage zu erkennen, was unsere Pflichten und Rechte sind. Nach Kant ist der Besitz der Vernunft sogar schon Grund genug, jeden ihrer Besitzer in gleicher Weise zu achten. Die Vernunft ist nach diesem Verständnis vom Verstand zu unterscheiden. Denn vom Verstand hat der eine viel und der andere wenig. Was aber ist dann Vernunft, wenn sie nicht Verstand ist?

Kann es eine Vernunftkonzeption geben, die mit der Annahme vereinbar ist, die Vernunft sei genau die Eigenschaft, die uns berechtigt und verpflichtet, allen Menschen einen Grundstock *gleicher* Rechte und *gleicher* Pflichten zuzuschreiben? Ich frage in diesem Kapitel nicht, warum die Vernunft (oder das, was wir im

Interesse einer klaren, Mißverständnisse möglichst vermeidenden Terminologie Vernunft nennen sollten)[3] den Menschen *überhaupt* mit Pflichten und Rechten belegt und zum einzigen Subjekt und wichtigsten Objekt der Moral macht. Ich setze hier voraus, daß die Vernunft das tut,[4] und suche nur eine Vernunftkonzeption, die allen Menschen einen Grundstock *gleicher* Rechte und Pflichten sichert. Ich fürchte, daß die gesuchte Konzeption schwer zu verteidigen ist. Aber ich fürchte auch, daß wir sie brauchen, um das auch von mir hoch gehaltene Ideal der moralischen, rechtlichen und politischen Gleichheit aller Menschen zu verteidigen. Die Suche nach einer gleichheitsverträglichen und Gleichheit rechtfertigenden Vernunftkonzeption ist in jedem Fall einige Mühe wert.[5]

2. Nichtsinnliches Erkennen oder Rechtfertigen?

Die meisten heutigen Philosophen stimmen wie die früheren darin überein, die Vernunft als ein *Vermögen* oder eine *Fakultät* zu verstehen, als die Eigenschaft eines Lebewesens, spezifische *Leistungen* zu tätigen.[6] Mit dieser Annahme wird nicht viel vorentschieden, aber sie macht die weitere Vernunftkonzeption *tendentiell* gleichheits*un*verträglich. Denn in ihren Leistungen scheinen die Menschen ungleich. Müssen sie es daher nicht auch im Vermögen sein? Vielleicht stellen deshalb manche Autoren gelegentlich die Vernunft nicht als ein Vermögen, sondern als einen *Behälter* vor, der bei allen den gleichen Inhalt hat. So spricht Kant von der Vernunft als etwas, *worin* alle Begriffe a priori «ihren Sitz und Ursprung haben»,[7] und Habermas beginnt seine *Theorie des kommunikativen Handelns* mit der Bemerkung, die «Philosophie bemüht sich seit ihren Anfängen, die Welt im ganzen, die Einheit in der Mannigfaltigkeit der Erscheinungen mit Prinzipien zu erklären, die in der Vernunft aufzufinden sind».[8] Wir sind demnach gleich, weil wir alle dasselbe Vernunftkästchen mit denselben Vernunftprinzipien besitzen.

Gewiß ist die Rede davon, etwas *in* der Vernunft zu finden, nur metaphorisch gemeint. Aber sie ist irreführend. Wir sollten uns daran halten, daß wir uns oder unseren Handlungen Vernunft zuschreiben, wenn wir in bestimmter Weise handeln oder urteilen oder handeln und urteilen könnten. Wenn wir dennoch bei der

Annahme bleiben, die Vernunft komme allen Menschen in gleicher Weise zu, müssen wir klären, ob diese Annahme damit vereinbar ist, die Vernunft als ein Vermögen zu betrachten. Die nächstliegende Frage ist dann: Was *sind* die spezifischen Leistungen der Vernunft? Was *ist* ihr Geschäft?

Auf diese Frage finden wir heute zwei plausible Anworten. Nach der *ersten* ist das Geschäft der Vernunft das *nichtsinnliche Erkennen.* Wir erkennen manche Dinge mit den Augen, den Ohren und anderen Sinnen. Solche Erkenntnis nennen wir *Wahrnehmung.* Anderes erkennen wir unabhängig von der Wahrnehmung, wie daß zweimal zwei vier ist oder Sokrates sterblich ist, wenn alle Menschen sterblich sind und er ein Mensch ist. Diese Gleichsetzung von Vernunft und nichtsinnlicher Erkenntnis läßt Vernunft und Verstand zusammenfallen und impliziert, daß sich die Menschen in der Vernunft *unterscheiden.* Denn in ihren mathematischen und logischen und anderen Leistungen der nichtsinnlichen Erkenntnis unterscheiden sie sich erheblich. Wenn die Antwort richtig ist, fehlt dem Gleichheitsideal die Stütze in der Gleichheit der Vernunft.

Mir scheint dagegen, wir müssen zwei Arten nichtsinnlicher Erkenntnis unterscheiden, den Verstand und die Vernunft. Manche Philosophen meinen, erst der deutsche Idealismus habe Vernunft und Verstand unterschieden, während die Franzosen und Briten unter *raison* und *reason* zugleich Vernunft und Verstand verstehen. Tatsächlich ist die Unterscheidung von Verstand und Vernunft viel älter. Die Philosophen haben seit Beginn ihres Geschäfts nach einem Begriff gesucht, mit dem sie *ihre* nichtsinnliche Erkenntnis von der nichtsinnlichen Erkenntnis in nichtphilosophischen Bereichen abgrenzen konnten. Die Wörter, die die Griechen am häufigsten dafür gebrauchten, sind *nous* und *logos;* die Lateiner übersetzten sie als *ratio,* das in den modernen Sprachen als *raison* und *reason* und vielen anderen Versionen fortlebt; im Althochdeutschen gebrauchte man das Wort *vernumft.* Alle diese Wörter wurden als bedeutungsverschieden von den Wörtern verstanden, die sich auf die Tätigkeiten des Verstandes und des Verstehens beziehen. Denn Verstand heißt lateinisch *intellectus*, englisch *understanding* und französisch *entendement,* und auch die Griechen unterschieden, wenn auch das normierte Vokabular fehlt, zwischen *sunienai*, verstehen, und *nous* oder *logos,* der Vernunft.

Die Gleichsetzung von Vernunft und nichtsinnlicher Erkenntnis ist mit dem Hinweis auf die sprachliche Unterscheidung von Vernunft und Verstand natürlich nicht widerlegt. Die Menschen haben jahrtausendelang in allen Sprachen von Hexen und Geistern gesprochen, und manche glauben noch heute an Hexen. Warum sollte es mit der Vernunft anders sein? In jedem Fall muß man fragen, ob der sprachlichen Unterscheidung sachliche Unterschiede entsprechen. Worin könnte das spezifische Geschäft der Vernunft bestehen, das sie vom spezifischen Geschäft des Verstandes unterscheiden würde?

Manche Philosophen haben behauptet, über eine unfehlbare Methode zu verfügen, mit der sie Dinge erkennen können, die nur der gelernte oder geborene Philosoph erkennt. Das platonische Ideenwissen und die phänomenologische Wesensschau sind Muster solcher Ansprüche, und für sie hat man sich auf die Vernunft berufen. Der heute allgemein anerkannte Einwand dagegen ist, solche Ansprüche seien uneinlösbar. Es gebe keine unfehlbare Erkenntnis. Auch die Erkenntnisse der Naturwissenschaften können sich als falsch erweisen, und soweit Logik und Mathematik unwiderlegbare Sätze aufweisen, seien sie nur Definitionen oder Regeln des Zeichengebrauchs. Ich teile grundsätzlich diesen Einwand. Vermutlich muß man die kategorische Behauptung *Es gibt keine unfehlbare Erkenntnis* einschränken, um Sätzen wie dem *Cogito ergo sum* gerecht zu werden.[9] Wie immer, die Vernunft wäre ein zweifelhaftes und wenig leistendes Vermögen, wollte man sie als *unfehlbare Erkenntnis* vom Verstand unterscheiden.

Um etwas anderes als der Verstand zu sein, muß die Vernunft nicht unfehlbar sein. Nach der zweiten heute verbreiteten Vernunftkonzeption, die ich verteidigen will, ist die Vernunft nicht das Vermögen nichtsinnlicher Erkenntnis, sondern das spezifischere Vermögen, *Geltungsansprüche* zu erkennen, herauszufordern und einzulösen. Die wichtigsten Geltungsansprüche sind die der Wahrheit und moralischen Richtigkeit. Sie sind daran erkennbar, daß sie nach ihrer *Rechtfertigung* befragt werden können, und sie werden eingelöst durch Anerkennung von *Rechtfertigungsgründen.*[10] Wir betätigen Vernunft, wenn wir Ansprüche nach möglichen Gründen befragen und sie als unbegründbar verwerfen oder als begründet ausweisen. Das Geschäft der Vernunft ist die Unterscheidung von richtig und falsch, kurz: die *Kritik*.

Das Geschäft des Verstandes ist dagegen die *Intelligenz*: das Erkennen von Problemlösungen und bedürfnisrelevanten Umweltreizen und, beim Menschen, das Erfassen von Gedanken und die Verwandlung von Vorstellungen in Propositionen, die wahr oder falsch sein können – Tätigkeiten, die Geltungsansprüche zum Ergebnis haben können, aber über diese nicht entscheiden.

Aber warum sollen wir der Vernunft überhaupt ein *bestimmtes* Geschäft zuschreiben? Es könnte ja nicht nur sein, daß dem Begriff der Vernunft gar nichts entspricht, die Vernunft also ebenso eine Einbildung ist wie die Hexe. Es könnte auch sein, daß dem Begriff *verschiedene* Phänomene entsprechen und verschiedene Philosophen und Nichtphilosophen Verschiedenes mit ihm gemeint haben, so wie man unter dem Begriff der Weisheit Verschiedenes verstanden hat. Das können wir in der Tat nicht ausschließen. Aber es gibt zwei Gründe, der Vernunft ein *bestimmtes* Geschäft zuzuschreiben.

Erstens haben die meisten Philosophen von Heraklit bis Heidegger und in der Gegenwart[11] die Vernunft immer *auch* als etwas verstanden, was mit Rechtfertigungsgründen zu tun hat, auch wenn sie ihr daneben noch weitere Eigenarten zuschrieben. Das ist nicht nur die Folge des Einflusses der früheren Philosophen auf die späteren. Die griechischen Philosophen benutzten ein Wort, mit dem sie die Vernunft benannten, nämlich *logos*, auch für das, was wir Rechtfertigungsgrund oder kurz *Grund* nennen. Das Latein hatte nur noch das eine Wort *ratio* sowohl für die Vernunft wie für den Grund; ebenso die Nachfolgesprachen: *raison, reason, ragione* heißen alle zugleich Vernunft und Grund. In den abgeleiteten Verben *raisonner* und *to reason* finden wir Namen für zumindest *ein* Vernunftgeschäft. Sie bezeichnen die Tätigkeit des Verfolgens und Abwägens von Gründen. Diese Tätigkeit schien den Sprechern dieser Sprachen eigentümlich genug, um sie durch ein eigenes Wort hervorzuheben. Ich sehe keinen Grund, nicht ebenso anzunehmen, daß das Vernunftgeschäft diese Tätigkeit ist. *Zweitens* kann die Bestimmung des Vernunftgeschäfts als Kritik erklären, warum die meisten neuzeitlichen Philosophen in der Vernunft die gemeinsame und gleiche Eigenschaft gesehen haben, die rechtfertigt, allen Menschen und Vernunftwesen einen Grundstock gleicher Rechte und gleicher Pflichten zuzuschreiben.

Die Bestimmung des Vernunftgeschäfts als Kritik rechtfertigt die besondere Stellung der Vernunft in der neuzeitlichen Moral allerdings nur dann, wenn die Kritik tatsächlich ein Geschäft ist, in dem sich die Menschen nicht unterscheiden. Genau das aber kann mit guten Gründen angefochten werden. Schließlich scheint Kritikfähigkeit unter den Menschen ebenso ungleich verteilt wie Intelligenz.

Dieser Einwand wird den Rest dieses Kapitels beschäftigen. Ich räume ein, daß es Unterschiede der Neigung, Geschicklichkeit und Übung in der Kritik gibt, beharre aber darauf, daß die Kritikfähigkeit von der Intelligenz dadurch unterschieden ist, daß man sie nicht mehr oder weniger, sondern nur überhaupt haben oder gar nicht haben kann. Ich nenne daher den Verstand ein *graduelles* und die Vernunft ein *vollständiges* Vermögen. Es geht mir dabei nicht darum zu zeigen, daß nur Menschen mit Rechtfertigungsgründen umgehen können, sondern daß wenn es auch Tiere oder Roboter können, wir ihnen Vernunft und dieselben Pflichten und Rechte wie uns selbst zuschreiben müssen.

Die meisten Vermögen sind graduell, weil man das, wozu sie befähigen, mehr oder weniger ausüben oder erleiden kann. Aber manche sind vollständig. So das allen Menschen zukommende Vermögen, einen Schnupfen zu bekommen, oder das der halben Menschheit zukommende Vermögen, schwanger zu werden. Auch das von Descartes und vielen Scholastikern angenommene Vermögen der Willensfreiheit, zu einer Proposition ebenso Ja wie Nein zu sagen, ist vollständig. Um das Geschäft der Vernunft besser zu verstehen, werde ich ein anderes vollständiges Vermögen vorstellen: die Fähigkeit, eine propositionale Sprache zu sprechen. Die einen können zwar in ihrem Gebrauch geschickter oder dazu geneigter sein als die andern, aber solche Unterschiede heben die Gleichheit und Vollständigkeit des Vermögens des propositionalen Sprechens nicht auf. Denn entweder man kann propositional sprechen, oder man kann es nicht. Vor meiner Vorstellung der *propositionalen Sprache* noch einige Bemerkungen zum Verstand.

Um einem Lebewesen Intelligenz zuzuschreiben, muß man es auf bestimmte Reize so reagieren sehen, daß in den Reaktionen ein Sinn erkennbar wird. Wenn wir auf den teleologischen Sinnbegriff verzichten, können wir sagen: wer etwas versteht, folgt einer Regel, die der Betrachter im Verhalten des Reagierenden erkennt. Der Verstand ist ein «Vermögen der Regeln», wie Kant im Anschluß an eine philosophische Tradition gesagt hat,[12] weil er seinen Besitzer befähigt, Reize nach einer Regel unter einen Begriff zu subsumieren. Das heißt, der Verstehende ordnet die Reize durch sein Verhalten einem Reaktionsschema ein. *Verstand* ist nach dieser Auffassung das Vermögen eines Lebewesens, auf Reize nach einer Regel der Korrelation von Reiz und Reaktion seinen Bedürfnissen gemäß zu reagieren.

In dieser Bestimmung berücksichtigen wir noch nicht, daß zum Verstand *Lernfähigkeit* gehört. Die Regeln, nach denen der Verstehende Reize integriert, können seiner biologischen Progammierung eingebaut sein. Sie können aber auch durch Erfahrung oder Abrichtung, durch einen Prozeß der Verstärkung erfolgreichen Verhaltens erworben werden. Regeln können zwar nur erworben werden, wenn sie an das angeborene Verhaltensrepertoire anschließen. Papageien könnten nicht Tischtennis spielen lernen,[13] wenn sie nicht von Natur aus Tischtennisschläger halten könnten, zu erheblichen Gedächtnisleistungen fähig wären und für die Ausführung ihrer Kunststücke ihren vitalen Bedürfnissen gemäß belohnt würden. Aber die Anschlußbedingung schließt unterschiedliche Lernfähigkeit nicht aus. Wir sprechen einem Lebewesen um so mehr Verstand zu, je fähiger es ist, sein Verhaltensrepertoire so zu verändern, daß es seine Bedürfnisse besser erfüllen kann. Kein Lebewesen hat keinen Verstand. Wäre es überhaupt nicht in der Lage, sein Verhaltensrepertoire auf die Erfüllung seiner Bedürfnisse einzustellen, würde es nicht überleben. Alle Lebewesen unterscheiden sich im Verstand nur durch ein Mehr oder Weniger an Fähigkeit, ihr Verhaltensrepertoire zur Erfüllung ihrer Bedürfnisse einzusetzen. Verstand ist daher nicht nur das Vermögen, auf Reize nach einer Regel den eignen Bedürfnissen gemäß zu reagieren. Er ist vielmehr auch das *Vermögen, bedürfnisgemäße Regeln der Reizreaktion zu entwickeln*. Auch dann ist er graduell; denn man kann mehr oder weniger gut in der Entwicklung solcher Regeln sein. Halten wir also fest: der Verstand ist ein graduelles Vermögen. Er kann die Gleichheit vor dem Recht nicht rechtfertigen.

3. Vollständige Vermögen: eine propositionale Sprache zu sprechen und zu rechtfertigen

Nun zur *propositionalen Sprache*. Was ist sie? Ich beginne mit dem, was sie nicht ist. Sie ist keine *Signalsprache.* Eine Signalsprache ist eine System von Signalen, durch die ein Signalverwender beim Empfänger bestimmte erwünschte Reaktionen auslöst. Die Ampellichter dienen einem Verkehrsamt zur Auslösung bestimmter Verhaltensweisen der Verkehrsteilnehmer. Tiere verständigen einander mit Lauten und Gesten aller Art und lösen durch sie mehr oder weniger erfolgreich gewünschte Verhaltensweisen ihrer Artgenossen oder andrer Lebewesen aus. Der Empfänger muß, um die Signale zu verstehen, Verstand genug im Sinn eines Vermögens haben, auf Reize nach einer Regel seinen Bedürfnissen gemäß zu reagieren.

Was unterscheidet die propositionale von der Signalsprache? Daß sie zwischen Befehlen und Beschreibungen unterscheidet. Signale kennen nicht diese Unterscheidung. Ein Warnschrei zeigt zugleich an, daß eine Gefahr *gegeben ist* und daß man auf der Hut sein *soll.* Die rote Ampel befiehlt zu halten *und* beschreibt, daß der Weg nicht frei ist, ohne zwischen den zwei Funktionen zu unterscheiden. Wie erreicht eine propositionale Sprache die Unterscheidung von Befehl und Beschreibung? Dadurch daß sie dem Sprechenden die Wahl zwischen mindestens zwei Formen der Mitteilung aufzwingt: der indikativen und der optativen oder imperativen. Statt «Achtung» zu rufen, muß der Sprecher der propositionalen Sprache entweder so etwas sagen wie «Paß auf!» oder «Du näherst dich einer Gefahr.» Durch ihren Zwang zur Differenzierung verwandelt die propositionale Sprache ein Signal in einen *Gedanken* oder *propositionalen Gehalt.*

Ein Gedanke oder propositionaler Gehalt kann als *daß*-Satz dargestellt werden, etwa als *daß eine Gefahr droht.* Die propositionale Sprache kann einem Gedanken mindestens zwei Fassungen geben, die indikative, in der wir die Beschreibung gewinnen *Eine Gefahr droht* und die imperative oder optative, in der wir den Befehl gewinnen *Verwirkliche, daß eine Gefahr droht!* oder kürzer *Droh etwas Gefährliches an!* Oder wenn wir statt der Verwirklichung die Verhinderung fordern: *Paß auf!*

Die Unterscheidung von Indikativ und Optativ, Beschreibung und Befehl, liefert nicht nur ein Kriterium, zwischen Signal- und propositionaler Sprache zu unterscheiden. Sie hat tiefreichende Folgen für die Sprecher. Die erste und grundlegende Folge ist, daß sie Mitteilungen *überprüfen* können. Auf Signale können wir nur reagieren oder nicht reagieren, Beschreibungen können wir dagegen auf ihre Wahrheit prüfen und berichtigen. Ebenso können wir Befehle auf ihre Richtigkeit oder Situationsangemessenheit oder Tunlichkeit prüfen und durch bessere ersetzen. Durch solche Überprüfungen können wir zwischen Schein, Wunsch und Gedanken auf der einen Seite und Wirklichkeit auf der andern unterscheiden. Solange Lebewesen nur eine Signalsprache sprechen, gibt es für sie keine Wirklichkeit und keine Welt. Es gibt für sie nur Reize oder eine Umwelt, keine bewußtseinsunabhängige Wirklichkeit.

Viele heutige Behauptungen postmoderner Autoren über die Unerkennbarkeit der Welt, die Unmöglichkeit objektiver Aussagen und die Schwierigkeiten der Verständigung zwischen verschiedenen Individuen und Kulturen leiden an der mangelnden Unterscheidung von Signal- und propositionaler Sprache. Sie unterstellen, daß Sprachen nur Signalsprachen sein können, und verkennen die spezifischen Möglichkeiten der propositionalen Sprache, vor allem ihre Fähigkeit, zwischen richtig und falsch zu unterscheiden. Es ist kein Zufall, daß, um doch noch einmal auf ihn zu sprechen zu kommen, im Mythos vom Sündenfall, der den Menschen die Fähigkeit, zwischen richtig und falsch zu unterscheiden, zuspricht, die Akteure einander nicht nur Signale geben, sondern die sprachlichen Leistungen ausüben, die für die propositionale Sprache spezifisch und in einer Signalsprache unmöglich sind: sie argumentieren (alle: die Schlange, Eva, Adam und Gott)[14] und erwägen Möglichkeiten (Eva).[15] Die Skepsis der Postmodernen ist berechtigt, soweit sie darauf hinweisen, daß faktisch der Sprachgebrauch zwischen Individuen und Kulturen heute oft auf den Gebrauch sprachlicher Signale reduziert ist. Aber über dieser Erkenntnis sollte man nicht die Potenzen der spezifisch menschlichen Sprache übersehen.[16]

Die Unterscheidung von Wunsch und Wirklichkeit zieht die von Möglichkeit, Wirklichkeit und Notwendigkeit nach sich. Wenn Wünsche wirklich werden, war das, was nicht wirklich war, *möglich.* Wir können beliebige Sachverhalte beschreiben und sie als nur phantasiert erkennen und dann fragen, ob sie möglich oder *unmöglich* oder auch *notwendig* sind. Der Sprecher der propositionalen Sprache entdeckt nicht nur eine bewußtseinsunabhängige Welt, sondern unterscheidet auch Möglichkeit, Wirklichkeit und Notwendigkeit.

Eine noch gewichtigere Folge ist die Entdeckung des handelnden, urteilenden und wählenden Selbst oder Subjekts. Die Unterscheidung von Wunsch und Wirklichkeit erlaubt dem Handelnden zu erkennen, daß er selbst in der Verfolgung seines Wunsches etwas wirklich *gemacht* hat. Sie erlaubt ihm auch zu erkennen, daß es von seiner Wahl abhängt, was wirklich wird. Die Unterscheidung in wahre und falsche Beschreibungen erlaubt ihm zu erkennen, daß er irren kann und es von seinem Verhalten nicht unabhängig ist, wie schwer oder wie oft er irrt. Durch diese Unterscheidungen kann er sich selbst in einer aktiven Rolle erkennen sowohl gegenüber der äußeren Wirklichkeit als auch gegenüber der inneren Wirklichkeit seiner Bedürfnisse und Neigungen. Er findet in seiner Urteilstätigkeit die Grundlage, sich nicht als Bündel von Erlebnissen zu betrachten, sondern als etwas, was diese kontrollieren kann. Das heißt nicht, daß jeder, der eine propositionale Sprache spricht, ein Selbst in dem Sinn hat, daß er sich von seinen Erfahrungen und Wünschen distanzieren, sie formen und sich selbst zum Gegenstand seiner Sorge und Mühe machen kann, sondern nur, daß er ohne sie kein Selbst entwickeln kann. Der Gebrauch der propositionalen Sprache ist eine notwendige, keine hinreichende Bedingung des Selbst. (Mehr dazu Kapitel 8, Abschnitt 5.)

Mit der Unterscheidung von Beschreibung und Befehl ist auch das Vermögen gegeben, für Beschreibungen und Befehle *Geltungsansprüche* zu erheben, anzufechten und zu prüfen. Mit Beschreibungen können wir (aber müssen wir nicht) beanspruchen, daß unsere Beschreibungen *wahr* und als wahr ausweisbar sind; mit Befehlen, daß das Befohlene moralisch richtig und als richtig ausweisbar ist.

Dieses Vermögen ist das Vermögen von Kritik und Rechtfertigung, die Vernunft. Es fehlt notwendig Lebewesen, die nur eine Signalsprache sprechen. Die Vernunft ist an den Gebrauch einer propositionalen Sprache gebunden. Die Leistungen, zu denen wir dank der propositionalen Sprache fähig sind, sind auch die Leistungen der Vernunft. Manche Autoren (wie Karl Bühler und Karl Popper) unterscheiden nicht zwischen Signal- und propositionaler Sprache, aber niederen und höheren Funktionen der Sprache. Zu den niederen zählen sie die Symptom- oder expressive und die Signal- oder auslösende Funktion, zu den höheren die Symbol- oder deskriptive und (nur Popper) die argumentative Funktion.[17] Was sie die höheren Sprachleistungen nennen, ist das Geschäft der Vernunft. Die Ideen, die ich als Folgen des Gebrauchs der propositionalen Sprache beschrieben habe, die Ideen einer überprüfbaren und universal verbindlichen Wahrheit und moralischen Richtigkeit, einer bewußtseinsunabhängigen oder objektiven Wirklichkeit, von Möglichkeit, Wirklichkeit und Notwendigkeit und eines aktiven Selbst, können wir deshalb als Ideen der Vernunft anerkennen.

Ich kann nun erläutern, in welchem Sinn die Vernunft ein *vollständiges* Vermögen ist: in einem ähnlichen, aber nicht im selben Sinn wie das Vermögen, eine propositionale Sprache zu sprechen. Man kann diese nicht sprechen, wenn man nicht zwischen Befehl und Beschreibung unterscheiden kann. Kann man sie unterscheiden, so kann man eine propositionale Sprache sprechen, auch wenn man mehr oder weniger geschickt und geneigt sein kann, sie zu gebrauchen. Das Vermögen ist vollständig, weil die Fähigkeit, zwischen Befehlen und Beschreibungen zu unterscheiden, genügt, um alle Potenzen der propositionalen Sprache auszuschöpfen, die in dieser Fähigkeit enthalten sind. Mit der Fähigkeit, zwischen dem zu unterscheiden, was das Signal nicht differenziert, ist alles gegeben, was die Sprecher einer propositionalen Sprache vor bloßen Signalsprachlern auszeichnet: eine Welt identifizierbarer Gegenstände im Unterschied zu einer bloßen Umwelt von Reizen; das Bewußtsein, daß nicht alles wahr und wirklich ist, was so scheint; daß Ereignisse möglich, wirklich und notwendig sein können; daß wir uns von den zu bestimmten Reaktionen drängenden Reizen distanzieren und als ein bedürfnissteuerndes Selbst oder Handlungssubjekt auf die Welt einwirken und sie verändern können.

Dem Verstand fehlt diese Vollständigkeit. Einerseits gibt es für ihn kein Minimum, dessen Besitz genügt, dem Lebewesen eine eigene Sphäre zu eröffnen. Jedes Lebewesen hat ihn, weil es sonst nicht überleben könnte. Wo Verstand ist, da sind zwar auch Reize, auf die das Lebewesen reagieren muß. Aber es verdankt die Gegebenheit der Reize nicht dem Verstand, sondern seinem Leben. Anderseits kann ein Lebewesen nie genug an Verstand haben. Er ist das Vermögen, bedürfnisgemäße Regeln für Reizreaktionen zu entwickeln, und wäre vollständig, wenn wir mit ihm immer sagen könnten, was die richtigen Regeln für Reizreaktionen sind. Es gibt aber keinen Stein der Weisen und keinen Algorithmus, der sagen könnte, was die bedürfnisgemäßesten Reaktionsregeln sind. Man kann mehr oder weniger intelligent sein, aber nie vollkommen intelligent.

Um dagegen Vernunft zu haben, muß man nur Geltungsansprüche erkennen und Rechtfertigungsgründe abwägen und nach ihnen urteilen können. Kann man das, so hat man alles, was man braucht, um Vernunft zu haben. Der Besitz der Vernunft schließt Unterschiede in Geschick, Neigung und Fehlerfreiheit im Umgang mit Rechtfertigungsgründen nicht aus, sowenig der Besitz des Vermögens, eine propositionale Sprache zu sprechen, Unterschiede in Geschick, Neigung und Fehlerfreiheit des Sprechens ausschließt. Solche Unterschiede heben die grundsätzliche Gleichheit der Betätiger des Vernunftvermögens aber nicht auf. Wer überhaupt Geltungsansprüche erkennen und nach Rechtfertigungsgründen urteilen kann, urteilt kraft der Vernunft. Seine Stimme hat gleiches Gewicht in Entscheidungen über Geltungsansprüche, nicht weil wir dies konventionell festgelegt haben, sondern weil wir ihn anders als Betrunkene oder Schwachsinnige im Besitz der Vernunft vermuten. Ihre Vollständigkeit schließt zwar nicht aus, daß wir dem Urteil des einen eher vertrauen als dem eines andern. Es gibt auch Unterschiede in der Fähigkeit, Rechtfertigungsgründe zu artikulieren und zu formulieren. Aber wenn man abwägen muß, ob ein Rechtfertigungsgrund eine konkrete Behauptung rechtfertigt, wenn man über Geltungsansprüche befinden muß, die man nicht durch ein automatisches Verfahren oder einen Computer entscheiden kann, zählt das Urteil jedes Vernunftwesens gleich.

Um den Sinn besser zu verstehen, in dem die Vernunft ein vollständiges Vermögen ist, können wir sie mit dem Zustand des Wachseins vergleichen. Es kann schwer sein zu entscheiden, ob jemand noch schläft oder schon wach ist. Diese Schwierigkeit ist überhaupt nur deshalb möglich, weil Wachsein ein Zustand ist, der entweder vorliegt oder nicht vorliegt und zwar Übergänge zum Schlaf und Unterschiede im Gebrauch der eignen Fähigkeiten im Wachzustand zuläßt, aber genau genommen sowenig ein Mehr oder Weniger wie der Schlaf. Entweder jemand schläft oder schläft nicht; er kann zwar länger und besser schlafen als andere, aber nicht eigentlich *schlafender* sein. Ebenso kann man den einen zwar *wacher* nennen als den andern, aber das heißt nur, daß er aktiver ist und lebhafter reagiert. Es heißt sowenig, daß der Wachzustand selbst gesteigert ist, wie mit der Rede vom besseren Schlaf gemeint ist, daß der eine *schlafender* ist als der andere. Wir unterscheiden vielmehr zwischen Wachsein und Schlaf nach der Vorstellung, daß sie voneinander geschieden sind wie zwei Zustände, die sich *ein-* und *aus*schalten, auch wenn es Übergänge gibt, in denen der eingeschaltete Zustand erst allmählich eintritt.

Ebenso kann es schwer sein zu entscheiden, ob jemand im Besitz der Vernunft ist oder betrunken oder geistesgestört. Der eine kann auch in dem Sinn vernünftiger sein als der andere, daß er geneigter, geschickter, umsichtiger oder schneller ist im Gebrauch seines Vermögens zu rechtfertigen oder zwischen richtig und falsch zu unterscheiden. Aber dies *Vernünftigersein* schließt nicht aus, daß die Vernunft ein Vermögen ist, das man entweder hat oder nicht hat und keine Steigerung erlaubt, sowenig wie das *Wachersein* ausschließt, daß Wachsein ein Zustand ist, in dem man ist oder nicht ist und der sowenig eine Steigerung zuläßt wie das Imschlafsein.

Die Gleichheit des Besitzes und der Besitzer des Vernunftvermögens ist nicht von derselben Art wie die Gleichheit der Betätiger des propositionalen Sprechvermögens. Wer Befehl und Beschreibung unterscheiden kann, kann propositional sprechen und alle Potenzen der propositionalen Sprache ausschöpfen. Aber deswegen kann er nicht jeden möglichen Gedanken verstehen und selbst ausdrücken. Um alle Potenzen der propositionalen Sprache auszuschöpfen, braucht man zwar nur den Unterschied von Befehl und Beschreibung zu verstehen. Dennoch gibt es Unterschiede im Verstehen von Gedanken, und das sollte uns nicht überraschen, wenn das Verstehen von Gedanken eine Funktion des Verstandes ist. Ebenso gibt es Unterschiede im Verstehen von Rechtfertigungsgründen. Aber wer einmal einen Rechtfertigungsgrund verstanden hat, kann so gut nach ihm urteilen wie jeder andere.

Der Unterschied von Vernunft und Verstand ist dem von propositionaler und Signalsprache analog. Wir brauchen Verstand und keine Vernunft, um eine Signalsprache zu verstehen, weil wir nur Verstand brauchen, um Signale zu verstehen. Wir brauchen außer Verstand Vernunft, um eine propositionale Sprache zu sprechen, weil wir, um sie zu sprechen, zwischen Gedanken und dem unterscheiden müssen, was wir mit ihm machen: ihn als Bild dessen gebrauchen, was ist, oder als Bild dessen, was sein soll. Diese Unterscheidung ist nur möglich, wenn wir wissen, daß wir den Wahrheitsanspruch kritisieren können, der mit dem Gebrauch des Gedankens zur Beschreibung der Wirklichkeit unvermeidlich erhoben wird. Die Kritik wiederum ist nur möglich, wenn wir für einen Geltungsanspruch *Rechtfertigungsgründe* erkennen, abwägen und nach ihnen urteilen können. Wir brauchen nur Verstand, um Gedanken zu verstehen, aber wir brauchen Vernunft, um sie als solche zu verstehen, die man mit Rechtfertigungsgründen anfechten, widerlegen und rechtfertigen kann.

Ich kann die grundsätzliche Gleichheit im Urteil über Geltungsansprüche und die Vollständigkeit des Vernunftvermögens allerdings nur für das besondere Geschäft des Umgangs mit Rechtfertigungsgründen behaupten. Alles, was nach logischen, mathematischen und sonstigen automatisch anwendbaren Regeln auf seine Richtigkeit geprüft werden kann, ist kein Gegenstand der Vernunft. Das Urteil der Vernunft verlangt, Gründe abzuwägen, und ihre Abwägung ist unmöglich, wenn man sie nicht *fühlt* oder *schmeckt*. Wie der Neurologe Damasio in seiner Beurteilung von Phineas Gage feststellte, der seine Vernunft beim Schuß eines Eisenbolzens durch sein Hirn verlor: «Gefühle können unter bestimmten Umständen für unsere Vernunft verheerend sein», aber «ihr Fehlen ist für die Vernunft, die uns als Menschen so auszeichnet, nicht weniger schädlich und kann sie ebenso preisgeben».[18]

Als Paradigma der Vernunftleistung sollten wir daher nicht logische Schlüsse oder Ableitungen betrachten, da Computer diese oft besser durchführen können als wir. Wir betätigen die Vernunft in logischen Geschäften überhaupt nur dann, wenn wir nicht (wie Computer) logischen Regeln nur folgen, sondern über die Richtigkeit der Regeln entscheiden. Ein angemesseneres Paradigma der

Vernunfttätigkeit sind *Gewissensentscheidungen*. Diese kann man nicht nach Regeln durchführen, die die einen besser beherrschen als die andern, sondern nur nach eignem bestem Wissen und Gewissen. Halten wir uns an sie als das Vernunftparadigma, dann wird deutlicher, daß in Rechtfertigungsfragen jeder mit gleicher Stimme entscheidet und die Gemeinschaft von Vernunftwesen ein Reich der Freiheit und Gleichheit ist.

Der Nachteil dieses Paradigmas ist allerdings, daß Gewissensentscheidungen oft als Urteile verstanden werden, deren Gründe sich der Überprüfung entziehen. Dies Verständnis ist jedoch falsch. Auch Gewissensentscheidungen müssen nach öffentlich überprüfbaren *Gründen* gefällt werden, auch wenn nicht jeder den Gründen muß zustimmen können. Nennen wir daher das Paradigma der Vernunftleistung *rationale* Gewissensentscheidungen.

4. Einwände

Gegen diese soweit entwickelte Vernunftkonzeption lassen sich mehrere *Einwände* erheben. Ein *erster* ist folgender. Der Verstand erkennt und versteht Propositionen und Rechtfertigungsgründe, aber nicht er soll über ihre Richtigkeit urteilen können, sondern die Vernunft. Wenn wir aber eine Proposition und einen Rechtfertigungsgrund *verstehen*, erkennen wir auch ihre Richtigkeit. Wenn ich etwa den Gedanken verstehe, daß zweimal zwei vier oder daß die Kreide in meiner Hand weiß ist, dann kann ich gar nicht anders als urteilen, daß der Gedanke wahr ist. Also fallen nach meinen eignen Bestimmungen Verstand und Vernunft zusammen,

Antwort: In der Tat fallen oft Verstehen eines Gedankens und Anerkennung seiner Richtigkeit zusammen. In solchen Fällen brauchen wir keine Vernunft, sondern nur Verstand. Vernunft brauchen wir nur, wenn Verstehen eines Gedankens und Anerkennung seiner Richtigkeit nicht zusammenfallen. Das kommt oft genug vor. Daher müssen wir zwischen Verstand und Vernunft unterscheiden.

Der funktionale Unterschied von Verstand und Vernunft läßt sich auch so beschreiben: Wenn Tiere oder wir spontan etwas verstehen, sei es ein Problem, eine Handlungsmöglichkeit oder einen

Gedanken, dann halten wir es in dem Sinn für richtig, daß wir unserem Verstehen gemäß handeln. Wir haben dann aber noch keinen Begriff von überprüfter oder gerechtfertigter Richtigkeit. Den können wir erst haben, wenn unser spontanes Verstehen angefochten oder bezweifelt wird. Erst dann suchen wir nach Rechtfertigungsgründen, nach denen wir über die Richtigkeit entscheiden können. Wenn wir das tun, betätigen wir Vernunft. Vernunft setzt den Zweifel voraus, Verstand nicht. Das heißt nicht, daß wir den Verstand nicht mehr brauchen, wenn wir Zweifel durch Abwägung von Rechtfertigungsgründen beheben. Wir brauchen ihn vielmehr, um Rechtfertigungsgründe zu verstehen. Aber einen Grund verstehen ist etwas anderes als nach ihm ein Urteil fällen. Der Unterschied ist nur funktional, denn natürlich sind es immer wir selbst, die verstehen und urteilen. Aber wenn wir unsere Vermögen nach den Funktionen unsrer Tätigkeiten unterscheiden müssen, und ich sehe nicht, wie wir sie besser unterscheiden können, müssen wir auch Verstand und Vernunft unterscheiden.

Ein *zweiter Einwand*: Es ist offensichtlich, daß wir in unserem Rechtfertigungsvermögen sehr ungleich sind; die einen sind faktisch besser im kritischen Geschäft als die andern. Wir unterstellen nur aus politischen Gründen allen Menschen ein gleiches Minimum der Fähigkeit, eine propositionale Sprache einschließlich ihrer argumentativen Funktion zu gebrauchen. Aber ein Vermögen, das unsere Annahme der rechtlichen Gleicheit aller Menschen rechtfertigen könnte, gibt es nicht.

Antwort: Wenn man unterstellen kann, daß alle Menschen ein gleiches Minimum der Fähigkeit haben, eine propositionale Sprache in ihrer argumentativen Funktion zu gebrauchen, haben wir schon ein Vermögen, das die Annahme der rechtlichen Gleichheit aller rechtfertigt. Das gleiche Minimum ist eben das Vermögen, überhaupt Rechtfertigungsgründe zu erkennen, abzuwägen und nach ihnen zu urteilen. Nur wenn es willkürlich wäre, die allen Menschen zukommende Minimalvernunft von einer (wie wir sie nennen wollen) Virtuosenvernunft zu unterscheiden, wäre der Einwand berechtigt.

Aber ist die Unterscheidung nicht willkürlich? Ist es nicht willkürlich zu behaupten, der Anwalt, der eine Verteidigung zerpflückt und die Unhaltbarkeit ihrer Behauptungen demonstriert, oder der Philosoph, der Probleme analysiert oder Theorien entwickelt in einer Weise, wie es Laien nicht können, gebrauche nicht Vernunft, sondern Verstand, oder er gebrauche Vernunft nur dann, wenn er seine Theorieentwürfe zu rechtfertigen sucht?[19]

Es ist anzuerkennen, daß die Unterscheidung zwischen Virtuosen- und Minimalvernunft eine Möglichkeit ist, die Eigenarten unserer geistigen Vermögen in einer Begrifflichkeit einzufangen. Sie hat den Vorteil, die Verflechtung des Rechtfertigens mit anderen intellektuellen Leistungen wie dem Analysieren von Behauptungen und dem Entwerfen, Andeuten und Verstehen von Gedanken hervorzuheben. Aber sie hat auch den Nachteil, den funktionalen Unterschied zwischen dem Analysieren und Verstehen eines Gedankens einerseits und dem Urteil über seine Richtigkeit anderseits zu verwischen. Eine philosophische Begrifflichkeit sollte aber die funktionalen Unterschiede hervorheben können. Deshalb ist es angemessener, statt zwischen Minimal- und Virtuosenvernunft zwischen Vernunft einerseits und Verstand, Scharfsinn oder analytischem Vermögen, Witz und Phantasie anderseits zu unterscheiden. Und selbst wenn eine solche Unterscheidung nicht angemessener wäre, ist sie nicht willkürlich. Wir können zwischen dem simplen Vermögen des Urteilens nach Rechtfertigungsgründen und dem virtuosen Vermögen der Verbindung einzelner Fähigkeiten unterscheiden. Wenn wir das können, haben wir auch die gesuchte Fähigkeit, die die Annahme der rechtlichen Gleichheit aller rechtfertigen kann.

Ein *dritter Einwand*, der den ersten aufnimmt: Den Verstand habe ich als das Vermögen definiert, Regeln der bedürfnisgemäßen Reizreaktion zu entwickeln. Die Vernunft aber, die Geltungsansprüche prüft, prüft auch Ansprüche, die solche Regeln betreffen. Denn mit der Wahrheit einer Behauptung und der moralischen Richtigkeit eines Befehls wird beansprucht, in richtiger Weise auf solche Reize zu reagieren, die uns zu einer Beschreibung oder einem Befehl veranlassen. Also ist auch die Vernunft eine Form des Verstandes. Also läßt auch sie ein Mehr oder Weniger zu, je nachdem, wie gut die Geltungsansprüche unseren Bedürfnissen entsprechen.

Antwort: Der Einwand verkennt die Eigenart des Unterschieds in der Art und Weise, Regeln der bedürfnisgemäßen Reizreaktion zu entwickeln. Solche Regeln können entweder in einer nicht auf Gründe gestützten, instinktiven, naturwüchsigen Weise entwikkelt werden oder kontrolliert durch Gründe. Die naturwüchsige Weise kann durchaus intelligent sein. Hunde reagieren mehr oder weniger intelligent auf die Reize, die ihnen ihre Herren präsentieren, ohne daß sie für die Regeln, die sie dabei entwickeln, Gründe angeben könnten, und oft genug entwickeln wir auf dieselbe instinktive oder naturwüchsige Art die mehr oder weniger intelligenten Regeln unsres Verhaltens. In der gründegeleiteten Weise der Reaktion auf Reize prüfen wir dagegen, ob eine mögliche Reaktion sich auf bessere Gründe stützen kann als alle ihre Alternativen. Indem man prüft, auf welche Gründe sie sich stützen kann, prüft man ihre Intelligenz. Aber deswegen braucht man zu ihrer Prüfung nicht mehr oder weniger Intelligenz, sondern das Vermögen, über Rechtfertigungsgründe zu entscheiden.

Wir können aus diesem Punkt zwei wichtige Charaktere der Vernunft ableiten. *Erstens* ist sie ein Vermögen, das den Verstand oder eine naturwüchsige, spontane und nicht gründegeleitete Art der Reaktion auf Reize voraussetzt. Sie ist ein Metavermögen oder, wenn man es böse ausdrücken will, parasitär, weil sie für sich allein nicht existieren kann. Sie ist auch nicht produktiv, sondern kritisch oder selektiv. Sie wählt unter gegebenen Reaktionsmöglichkeiten die aus, welche sie als die bestbegründete erkennt.

Was die Vernunft in der Welt verändert, kann sie nur durch die Steuerung dessen erreichen, was ihr die naturwüchsigen Handlungsimpulse und sonstigen Naturgegebenheiten vorgeben. Ich vermute, daß diese Eigenart der Vernunft von den heutigen Vernunftverächtern empfunden wird. Es ist nicht zu leugnen: der Geist wird, wie Goethe im *Faust* Mephistopheles sagen läßt, von der Vernunft wie im «Collegium Logicum ... wohl dressiert, / in Spanische Stiefeln eingeschnürt, / Daß er bedächtiger so fortan / Hinschleiche die Gedankenbahn / Und nicht etwa, die Kreuz und Quer, / Irrlichteliere hin und her».[20] Das bedächtigere Hinschleichen ist der Preis für eine Kritik, in der Spontaneität auf ihre Richtigkeit geprüft wird. Der Preis für den Verzicht auf eine solche Prüfung ist weit höher.

Der zweite Punkt, der in der Absetzung der vernunftgeleiteten Art der Regelentwicklung von der naturwüchsigen deutlich wird, zeigt die Vernunft in einem freundlicheren Licht. Sie kann nur wirksam sein, wenn die Wirksamkeit der naturwüchsigen Reaktion auf einen Reiz gehemmt wird. Wir können uns zwar eine

Vernunft denken, die die möglichen Rechtfertigungsgründe spontaner Handlungen immer erst prüft und abwägt, *nachdem* die Handlungen schon ausgeführt sind, und oft genug bleibt der Vernunft nur das zu tun. Aber wir können Rechtfertigungsgründe auch *vor* Handlungsentscheidungen abwägen. In dem Fall sind es nicht mehr die Reize, die unsere mehr oder weniger intelligenten Handlungen auslösen, sondern wir selbst entscheiden, ob eine und welche der möglichen Reaktionen zur Ausführung kommt.

Wir erfahren uns dann in unseren Vernunfturteilen als frei und aktiv. Zwar müssen wir unsere Fähigkeit, Handlungsimpulse zu hemmen, vom Urteil der Vernunft unterscheiden, nach dem eine unter möglichen Reaktionen die beste ist. Aber erst durch das Vernunfturteil wird aus unserem Suspensionsvermögen eine Gelegenheit zu eignem *konstruktivem* Handeln. Daher gilt Kant die Vernunft als Instanz der Selbsttätigkeit, auf die der Charakter, nur selektiv zu sein, nicht zu passen scheint. Tatsächlich bedingen die beiden Charaktere einander. Unsere Freiheit besteht nicht darin, etwas aus dem Nichts zu erschaffen, sondern darin, eine uns bewußte Handlungsmöglichkeit zu bejahen oder zu verneinen oder, physiologisch ausgedrückt, einen als Bereitschaftspotential meßbaren Handlungsimpuls zuzulassen oder anzuhalten.[21] Sie ist eine Freiheit der Wahl, die ein Vermögen spontaner Handlungen und Entwürfe voraussetzt.

Es ist anzuerkennen, daß unsere semantischen Regeln und Intuitionen durchaus erlauben, von Vernunft auch dann zu sprechen, wenn wir ein schöpferisches Vermögen beschreiben. Sie nähern den Gebrauch des Begriffs der *Vernunft* dem des Begriffs des *Geistes* an. Mir aber kommt es nicht auf eine Beschreibung der Regeln unsres Sprachgebrauchs an, sondern auf die Erkenntnis der Unterschiede zwischen den intellektuellen oder geistigen Leistungen, zu denen wir imstande sind. Nur eine solche Erkenntnis kann uns zeigen, ob wir berechtigt sind, allen Menschen wegen bestimmter Gemeinsamkeiten in manchen geistigen Leistungen trotz großer Unterschiede in anderen geistigen Leistungen einen gemeinsamen Grundstock von Rechten und Pflichten zuzuschreiben.

Ein Schlußwort. Man kann in der Festlegung der Vernunft auf das einschnürende Geschäft der Rechtfertigung ihre Herabsetzung sehen. Tatsächlich ist sie das nicht. Gerade wegen der ihm anhaftenden Bedächtigkeit reicht das kritische Vermögen aus, die Welt grenzenlos zu verändern. Es ist das Mittel zu einem Fortschritt, der zwar oft genug Rückschritte erlebt, wenn es unter den Entwürfen des Verstandes falsch auswählt, aber es ist dennoch unaufhaltsam. Kant hat diesen Zusammenhang klar erkannt:

«Die Vernunft in einem Geschöpfe ist ein Vermögen, die Regeln und Absichten des Gebrauchs aller seiner Kräfte weit über den Naturinstinkt zu erweitern und kennt keine Grenzen ihrer Entwürfe. Sie wirkt selbst nicht instinktmäßig, sondern bedarf Versuche, Übung und Unterricht, um von einer Stufe der Einsicht zur andern allmählich fortzuschreiten.»[22]

Das sind erstaunliche Worte aus dem Mund eines Philosophen, der für seine Liebe zu Prinzipien a priori bekannt wurde. Die Vernunft löst den Naturinstinkt nicht ab, sie steuert ihn nur. Sie kann keine Auswahlprinzipien angeben, weil die Richtigkeit ihrer Auswahl unter den Entwürfen (die, wie ich gegen Kant sagen muß, nicht ihre, sondern die des Verstandes sind) erst nach Versuchen und Übung zu erkennen ist. Sie ist, wie Kant an andrer Stelle sagt, anders als der unfehlbare Instinkt nur zu einer «schwachen und trüglichen Leitung» fähig.[23] Dennoch können wir durch sie und nur durch sie verbindlich zwischen wahren und falschen Aussagen und Theorien und guten und schlechten Handlungen und Normen und Institutionen unterscheiden. Nur durch sie wird aus den Entwürfen der Phantasie und des Verstands ein Fortschritt ohne Grenzen.

2.
Der antike und der moderne Vernunftbegriff

Im ersten Kapitel habe ich dafür argumentiert, die Vernunft als das Vermögen der Rechtfertigung zu verstehen. Dieses Verständnis ist nicht originell. Es ist nicht die einzige Vernunftkonzeption, aber heute weit verbreitet. Wie aber haben frühere Philosophen die Vernunft verstanden? Es gehört zu den philosophischen Pflichten, die eigene Position mit konkurrierenden zu vergleichen, auch mit denen ihrer Vorgänger.

1. Der Vernunftbegriff der Antike

Platon, Aristoteles und andere frühere Philosophen sahen in der Erfahrungsunabhängigkeit einer Erkenntnis den Beweis für ein ausgezeichnetes Erkenntnisvermögen, zu dessen Betätigung es besonderer Voraussetzungen der Schulung, wenn nicht der Geburt bedarf. Für dieses Vermögen gebrauchten sie und ihre Nachfolger die Wörter *nous* und *logos* (unter anderen), die die Lateiner mit *ratio* und die Althochdeutschen mit *vernumft* übersetzten. Der Nous erkennt nach Platon erfahrungsunabhängig, weil seine Gegenstände nicht unseren Sinnen zugänglich sind. Sinnliche Dinge sind, wie uns die Erfahrung zeigt, veränderlich und vergänglich; was uns der Nous zeigt, ist unveränderlich und ewig, und das Ewige ist das Göttliche. Die Vernunft ist das höchste Erkenntnisvermögen, weil sie mit dem Höchsten zu tun hat.

Nennen wir diese Deutung der Vernunft die ihrer *Göttlichkeit*. Nach ihr erkennt die Vernunft das Unveränderliche, das zugleich notwendig und göttlich ist. Zum Unveränderlichen gehören nicht nur die Gesetze, nach denen sich die Körper in den himmlischen Sphären jenseits des Monds ohne Abweichung bewegen und die Körper unter dem Mond nur mehr oder weniger; zu ihm gehören auch die Normen der Gerechtigkeit. Es ist wichtig zu sehen, daß diese Vernunftdeutung, so spekulativ sie modernen Ohren klingt, vom Phänomen der erfahrungsunabhängigen Erkenntnis ausgeht, das wir Heutigen ebenso anerkennen wie die antiken Philosophen. Daß Sokrates sterblich ist, wenn alle Menschen sterblich sind und er ein Mensch ist, erkennen wir unabhängig von Erfahrung; ebenso, um ein Beispiel aus der Geometrie zu wählen (den Satz des Pythagoras), daß die zwei Quadrate über den Katheten (den kürzeren Seiten) eines rechtwinkligen Dreiecks gleich viel Fläche einnehmen wie das Quadrat über der Hypotenuse desselben Dreiecks (was uns aus dem Geometrieunterricht als $a^2 + b^2 = c^2$ bekannt ist).

Daß wir solche Erkenntnisse, von denen Logik und Mathematik unzählige liefern, erfahrungsunabhängig gewinnen, erkennen wir daran, daß das Erkannte *notwendig* ist. Wir erkennen nicht, daß Sokrates (wenn er ein Mensch ist und alle Menschen sterblich sind) *faktisch* sterblich und das Quadrat über der Hypotenuse *faktisch* gleich dem über den kürzeren Seiten des Dreiecks ist, sondern daß sie es *notwendig* sind. Soweit stimmt die Auffassung der Modernen mit denen der Antiken überein. Der radikale Unterschied findet sich im Verständnis der erfahrbaren sublunaren Welt. Der aristotelische Kosmos stützt sich auf astronomische Beobachtungen, nach denen der Mond, die damals bekannten Planeten, die Sonne und die Fixsterne auf je eigenen Sphären kreisen, die sich um den Mittelpunkt der Erde drehen. In diesem *sublunaren* Bereich geschieht nach der Erfahrung der Antiken, was immer geschieht, zufällig und *kontingent*: was immer geschieht, könnte auch anders geschehen. In ihr ist kein Platz für Notwendiges. Erst hinter der Mondsphäre, in den *translunaren* Sphären, dem überirdischen Bereich, herrscht Notwendigkeit.

Diese Auffassung und mit ihr die antike Vernunftkonzeption wurde umgewälzt, als die neuzeitlichen Physiker im Gegensatz zu Aristoteles für die Geschehnisse der sinnlich erfahrbaren Welt behaupteten, sie folgten unabänderlichen notwendigen Gesetzen und seien selbst notwendig. Aristoteles sah im gesetzmäßigen Verhalten der Sphären hinter dem Mond einen Beweis von Vernunft und Geist. Er hielt diese Sphären oder ihre Beweger für intelligente Wesen, «viel göttlicher» als die Menschen,[1] und unter den Menschen tun die Freien, die *eleutheroi*, soweit sie vernünftig sind, nichts, was auch anders sein könnte, sondern das Notwendige; daher sind sie, wie Ross Aristoteles zusammenfaßt, «less free» als die Sklaven.[2]

Die neuzeitliche Physik verwarf erstens die Unterscheidung zwischen sub- und translunarem Bereich. In beiden fand sie dieselben notwendigen Gesetze. Damit entzog sie der antiken Unterscheidung zwischen einer irdischen und einer überirdischen, einer sinnlichen und einer übersinnlichen Welt die astronomische Basis und legte eine übernatürliche und nichtphysische Vorstellung von Geist und Göttlichkeit nahe. Die heute oft beklagte Trennung zwischen den zwei Kulturen der Natur- und der Geisteswissenschaften ist eine Folge der physikalischen Revolution der Neuzeit. Ich werde auf diesen Punkt zurückkommen.

Zweitens und in unserem Zusammenhang wichtiger findet die neuzeitliche Physik die Notwendigkeit, die Aristoteles auf den translunaren Bereich beschränkte, auch unter dem Mond. Aber sie betrachtet sie nicht als Ausdruck von Vernunft, sondern einer bloßen Mechanik. Wenn wir daher überhaupt Vernunft brauchen, um das Notwendige zu erkennen, wie die Antiken meinten, dann brauchen wir sie nach der physikalischen Revolution der neuzeitlichen Physik nicht mehr deshalb, um in ihrem Gegenstand ihresgleichen, das Göttliche, zu erkennen. Da das Notwendige seine Göttlichkeit verloren hat, stellt sich die Frage, warum wir uns überhaupt außer unserem alltäglichen Erkenntnisvermögen, dem Verstand, ein außeralltägliches Erkenntnisvermögen, die Vernunft, zuschreiben sollten. Die Vernunft hat die Funktion verloren, die die Antiken ihr zusprachen. Sie scheint das erste Opfer der besonderen Potenz der neuzeitlichen Physik, arbeitslos zu machen.

2. Humes Konsequenz

Hume macht die Überflüssigkeit der Vernunft deutlich, wenn er die Frage stellt, wie wir überhaupt das leisten können, was der Vernunft als Leistung verbleibt, nämlich etwas als notwendig zu erkennen.[3] Gewiß halten wir alles für notwendig, dessen Eintritt wir nach Naturgesetzen erklären können; etwas den Lauf der Planeten oder die Flugbahn eines Geschosses oder das Ausschlagen der Bäume im Frühling. Aber woher wissen wir, daß die Gesetze, nach denen wir solche Geschehnisse erklären, *notwendig* sind?

Beginnen wir mit der Frage, wie wir Naturgesetze erkennen, die wir, oder die Physiker, für notwendig halten oder hielten. Da es sich um Gesetze der Bewegungen der Körper der sinnlich erfahrbaren Welt handelt, kann ihre Erkenntnis nicht unabhängig von der sinnlichen Erfahrung dieser Welt sein. Ihre Erfahrung kann uns aber immer nur sagen, wie sich bestimmte Körper zu bestimmten Zeiten und Orten *faktisch* verhalten, nie, daß sie sich *notwendig* so verhalten, wie sie sich verhalten. Wie können wir also je Behauptungen über das Verhalten von Körpern der sinnlich erfahrbaren Welt aufstellen, die ihnen irgendwelche Notwendigkeiten zusprechen? Humes Antwort lag und liegt noch immer nahe: *Wir können es nicht.* Naturgesetze stellen nur fest, was regelmäßig eintritt. Wenn wir die Regelmäßigkeit als Notwendigkeit verstehen, dann nur, weil sich die Dinge bisher faktisch nach den Gesetzen verhalten haben und wir an ihre Gesetzeskonformität gewöhnt sind. Tatsächlich kommt ihnen keine Notwendigkeit zu. «... die Notwendigkeit existiert im Geist, nicht in den Dingen».[4]

Humes Antwort impliziert die Verwerfung der Vorstellung, es gebe neben unserer alltäglichen Erkennntis eine spezifisch mit dem Göttlichen oder dem Notwendigen verbindende Erkenntnis. Soweit diese besondere Erkenntnis als Vernunft galt, sagt Hume daher: «Wir haben ... nur die Wahl zwischen einer falschen Vernunft und überhaupt keiner».[5] Zu Humes falscher Vernunft gehört auch das Vermögen zu erkennen, was *moralisch* oder *praktisch notwendig* ist. Sowenig wie eine Notwendigkeit in den Naturdingen können wir eine Notwendigkeit in Handlungen oder Handlungszielen erkennen. Wenn man doch von Vernunft sprechen will, dann nur als dem Mittel der Erkenntnis von Zusammenhängen, die zwar mit dem sinnlich Erfahrbaren zu tun haben, aber von ihm abstrahiert oder reflektiert werden. Dies sind Gegenstandsbeziehungen, *relations of objects*, und Sachverhalte, *matters of facts*,[6] die die Logik, die Mathematik und solche Teile der Moraltheorie untersuchen, die zu gegebenen Zwecken die geeignetesten Mittel sucht. Solche Untersuchungen verlangen besondere Erkenntniskraft. Wenn wir sie Vernunft nennen, so dürfen wir behaupten: «Die Menschen sind den Tieren hauptsächlich durch die Überlegenheit ihrer Vernunft überlegen».[7] Aber diese Erkenntniskraft erfüllt keine der Erwartungen, die die meisten Philosophen vor Hume an die Vernunft stellten. Durch sie unterscheiden sich die Menschen auch nur graduell von den Tieren, und der Unterschied in ihrer Qualität unter den Menschen kann grundsätzlich größer sein als der zwischen einem intelligenten Tier und einem dummen Menschen. Was Hume Vernunft zu nennen bereit ist, ist der Verstand oder ein Teil seiner Leistungen.

Humes Vernunftkritik ist die erste und wichtigste gedankliche Verarbeitung der Umwälzung der antiken Vernunftidee durch die neuzeitliche Physik. Wenn die Notwendigkeiten, die wir erkennen, nicht göttlicher Natur sind, sondern die Gesetzmäßigkeiten sinnlich erfahrbarer Körper dieser Welt, dann kann die Annahme eines Gesetzes nur unserer Erwartung, Gewohnheit und Einbildung entspringen. Dann aber ist die Annahme eines ausgezeichneten Erkenntisvermögens, das den Ehrentitel der Vernunft verdient, ein Irrtum. Wir können nur feststellen, was der Fall ist. Wir können nie erkennen, was notwendig ist, weder was notwendig geschieht, noch was notwendig geschehen oder von uns getan werden soll.

Kant berichtet, Humes Vernunftkritik habe seinen «dogmatischen Schlummer (unterbrochen)»;[8] woraus wir schließen können, sie habe ihn zu seiner kritischen Philosophie und Vernunftkritik geführt. Konnte er Humes Vernunftkritik widerlegen?

3. Kants Vernunftkritik

Kant findet für die Vernunft eine Funktion, die ihm erlaubt, sie wie die Tradition als «Erkenntnis aus Prinzipien» zu betrachten und daran festzuhalten, sie sei «ganz etwas anderes ..., als bloße Verstandeserkenntnis». Auch der Verstand könne zwar Prinzipien liefern, aber diese beruhen nie wie die der Vernunft «auf bloßem Denken».[9] Die Vernunft «geht ... niemals zunächst auf Erfahrung oder auf irgend einen Gegenstand, sondern auf den Verstand, um (dessen) mannigfaltigen Erkenntnissen ... Einheit a priori durch Begriffe zu geben, welche Vernunfteinheit heißen mag».[10] «Die Vernunft hat also eigentlich nur den Verstand und dessen zweckmäßige Anstellung zum Gegenstande».[11] Die Funktion oder das «Geschäft»[12] der Vernunft ist die Anleitung des Verstands dazu, aus seinen Erkenntnissen ein System zu machen. Warum ist das wichtig? Kants Antwort ist überraschend: «weil wir» ohne System «kein zureichendes Merkmal empirischer Wahrheit haben würden».[13]

Wie kann die Vernunfteinheit der Verstandeserkenntnisse dem Ziel eines «zureichenden Merkmals empirischer Wahrheit» dienen? Kant kann nicht meinen, daß die bloße Widerspruchsfreiheit oder auch die Kohärenz (wie immer definiert) von Erkenntnissen *ausreicht,* ihre Wahrheit zu garantieren; denn sonst wäre der empirische Gehalt von Verstandeserkenntnissen (die nie «auf bloßem Denken» beruhen) für ihre empirische Wahrheit irrelevant. Er muß vielmehr meinen, daß die vom Verstand erkennbare empirische Wahrheit einer Erkenntnis erst zusammen mit ihrer Zugehörigkeit zu einem System ausreicht, ihre Wahrheit zu garantieren. Erst die Einheit des Vernunftsystems liefert nach Kant empirischen Erkenntnissen die endgültige Bestätigung oder Rechtfertigung ihrer Wahrheit.

Wie können empirische Erkenntnisse erst durch ihre Einordnung in ein System eine endgültige Bestätigung erhalten? Kant wollte auf Humes Frage eine andere Antwort geben als Hume, eine, die der Vernunft eine eigene Funktion sichert. Humes Frage betrifft die Berechtigung, empirisch gefundenen Gesetzen Notwendigkeit zuzusprechen. Kant stimmt Hume darin zu, daß die empirische Erkenntnis oder der Verstand keine Notwendigkeit erkennen kann. Er weicht von ihm ab, wenn er annimmt, die Einordnung der empirischen Erkenntnisse in das Vernunftsystem liefere die gesuchte Berechtigung, den Naturgesetzen Notwendigkeit zuzuschreiben. Aber wie können empirische Erkenntnisse dadurch, daß sie einem System angehören, jemals einen gerechtfertigten Anspruch auf Erkenntnis einer Notwendigkeit erheben, den sie ohne Eingliederung in das System nicht haben?

Kants Antwort ist zweistufig. Er nimmt erstens an, daß schon die Verstandeserkenntnisse sich nach Begriffen «richten» müssen, die man nicht in den Dingen findet.[14] Zu solchen Begriffen rechnete er den der kausalen Notwendigkeit, den Hume für leer erklärt hatte.[15] Weil sie von erfahrungs*un*abhängigen Begriffen geprägt sind, können Verstandeserkenntnisse, wie Kant zweitens annimmt, zu einem System der Vernunfteinheit geführt werden, das auf *Vollständigkeit* der Naturerkenntnis zielt. Vollständigkeit zu erreichen ist wichtig, weil ohne sie alle Naturerkenntnis nur vorläufig und nicht vor Revision gesichert ist.

Das Problematische an Kants Antwort ist die erste Annahme. Daß unsere Naturerkenntnisse sich nach Begriffen a priori richten müssen, zu denen der der kausalen Notwendigkeit gehört, ist einerseits die Anerkennung von Humes These, daß wir in den Dingen selbst keine kausale Notwendigkeit finden, anderseits die Erhebung unsrer Neigung, aus der wir nach Hume vom bloßen Faktum einer regelmäßigen Ereignisfolge auf ihre Notwendigkeit schließen, zum unvermeidlichen Prinzip. Aber schon Hume hat gezeigt, daß die Neigung nicht unvermeidlich ist; daß wir vielmehr eine Natur denken *können*, der die kausale Notwendigkeit fehlt, und die moderne Quantentheorie, ob sie nun wahr ist oder nicht, hat diese Denk*möglichkeit* bestätigt.

Kants Annahme dagegen, unsere Naturerkenntnis müsse sich nach Begriffen a priori richten und nicht umgekehrt unsere Naturbegriffe nach den Naturdingen, impliziert die Philosophie, durch die er berühmt wurde, nämlich daß die Wissenschaft nie die Dinge an sich, sondern nur Erscheinungen erkennt und es daher hinter der wissenschaftlich zugänglichen Welt ein Reich der Dinge an sich gibt, das nur dem Glauben zugänglich ist und in dem wir selbst als Dinge an sich oder Vernunftwesen handeln. Hume stritt der Wissenschaft nur die Fähigkeit ab, in den Dingen Notwendigkeit zu erkennen. Kant wollte der Wissenschaft diese Fähigkeit erhalten, aber streitet ihr am Ende sogar die Fähigkeit ab, die Dinge selbst zu erkennen. Wenn er stolz erklärt: «Ich mußte also das *Wissen* aufheben, um zum *Glauben* Platz zu bekommen»,[16] gesteht er wider Willen ein, daß sein Versuch, Hume zu revidieren, gescheitert ist.

Kant kann seinen Anspruch nicht einlösen, Humes Reaktion auf die Untergrabung des Vernunftbegriffs durch die physikalische Revolution als falsch zu erweisen. Dennoch kann seine Antwort zur Klärung des Geschäfts der Vernunft beitragen. Erstens trifft seine Unterscheidung der Vernunft vom Verstand durch ihre Rolle, den Verstandeserkenntnissen ein «zureichendes Merkmal empirischer Wahrheit» zu liefern, das Verständnis derjenigen unter den heutigen Philosophen, die das Geschäft der Vernunft in der *Rechtfertigung* von Geltungsansprüchen sehen. Die Vernunft, die den Verstandeserkenntnissen das *zureichende Merkmal* ihrer Wahrheit liefert, liefert ihnen die *Rechtfertigung* ihres Geltungsanspruchs der Wahrheit. Sie kann ihnen die *endgültige* Rechtfertigung jedoch erst nach Abschluß eines *Systems* der Verstandeserkenntnisse liefern, weil erst dann *alle möglicherweise relevanten Gründe* der Rechtfertigung der bisherigen Erkenntnisse vorliegen. Kant erkannte, daß man zur Rechtfertigung von Erkenntnissen alle möglicherweise relevanten Gründe berücksichtigen muß. Er sah, daß das nur möglich ist, wenn man weiß, welche Gründe für die zu rechtfertigenden Erkenntnisse zu berücksichtigen sind, und verstand, daß man das nur wissen kann, wenn man das System vollständig kennt, in das die zu rechtfertigenden Erkenntnisse einzugliedern sind. Erst wenn die Erkenntnis der Natur je vollständig sein sollte, dürften wir auf die Suche nach weiteren Gründen, die bisherigen Erkenntnisse zu rechtfertigen, verzichten. In dieser Forderung stimmt Kant mit der heute vorherrschenden Wissenschaftstheorie überein.

Zweitens läßt sich in Kants Festhalten an der Idee, die Physik erkenne notwendige Naturgesetze, ein weiterer Ansatz zur heute vorherrschenden Wissenschaftstheorie erkennen. Nach dieser müssen Theorien Gesetze enthalten, die, wie Kant annahm und Hume ausschloß, notwendig sind und wegen ihrer Notwendigkeit zur Ableitung von Voraussagen berechtigen. An den Voraussagen können wir die Gesetze testen und falsifizieren, wenn die Voraussagen nicht eintreten, und andernfalls bestätigen. Kant erkannte anders als Hume, daß wir keine Wissenschaft treiben können, wenn wir den Gesetzen der Wissenschaft nicht Notwendigkeit unterstellen. Er irrte, deswegen einige Naturgesetze für unfehlbar zu halten. Er sah für eine empirische Überprüfung nur den Weg der *Bestätigung* der Theorie durch die Erfahrung und bemerkte richtig, daß die Erfahrung die Notwendigkeit der behaupteten Gesetze nie bestätigen kann. Aber er dachte nicht daran, daß eine Theorie auch dann empirisch überprüft wird, wenn sie von der Erfahrung *widerlegt* oder trotz Widerlegungsversuchen nicht widerlegt wird. Denn wenn eine aus der Theorie abgeleitete Voraussage nicht eintritt, kann die Erfahrung sie und die unterstellte Notwendigkeit der Gesetzes falsifizieren; tritt sie dagegen ein, so bestätigt die Erfahrung die Theorie, aber nicht die Notwendigkeit des Gesetzes, weil die Bestätigung nie endgültig und durch neue Evidenzen immer revidierbar ist. Daher kann jedes bestimmte für notwendig gehaltene Gesetz an der empirischen Wirklichkeit *scheitern*, obgleich diese in der Tat nie seine Notwendigkeit zeigen kann.

Es gibt daher einen wahren Kern in Kants falscher Theorie, daß sich die Dinge der Natur nach unseren Begriffen richten müssen.

Es ist die Einsicht, daß wir erstens Naturgesetzen Notwendigkeit unterstellen müssen, um sie empirisch prüfen zu können, und zweitens empirische Theorien nie endgültig als wahr anerkennen können, solange wir nicht alle möglicherweise relevanten Rechtfertigungsgründe abgewägt haben. Da wir das nicht können, ehe wir das System vollständig kennen, zu dem sie gehören, und da wir eine solche Kenntnis voraussichtlich nicht erreichen werden, bleibt die endgültige Rechtfertigung unserer Naturerkenntnis ein immer anzustrebendes, aber voraussichtlich nie erreichbares Ideal. Daher hat Kant zwar nicht recht zu behaupten, wissenschaftliche Erkenntnis sage uns nichts über die Dinge an sich und nur etwas über Erscheinungen, aber er hätte recht zu behaupten, die Wissenschaft sage uns nie die unrevidierbare Wahrheit über die Dinge der Natur.

Unabhängig vom erklärten Programm seiner Kritik der Vernunft, die der Vernunft nur die Funktion der Suche nach Einheit und Vollständigkeit der Verstandeserkenntnisse zuspricht, hat Kant die Vernunft als das Vermögen der *Kritik* oder Prüfung von Geltungsansprüchen durch Abwägung möglicher Rechtfertigungsgründe verstanden. Das tut er auch in der *Kritik der reinen Vernunft*, wenn er in der Vorrede zur ersten Auflage in einer Fußnote schreibt:

«Unser Zeitalter ist das eigentliche Zeitalter der Kritik, der sich alles unterwerfen muß. *Religion*, durch ihre *Heiligkeit*, und *Gesetzgebung*, durch ihre *Majestät*, wollen sich gemeiniglich derselben entziehen. Aber alsdann erregen sie gerechten Verdacht wider sich und können auf unverstellte Achtung nicht Anspruch machen, die die Vernunft nur demjenigen bewilligt, was ihre freie und öffentliche Prüfung hat aushalten können.»[17]

Die Kritik, von der Kant spricht, ist die Forderung der Vernunft nach Rechtfertigungsgründen für alle Handlungsweisen und Institutionen, auch die von Religion und Staat. Die geforderten Gründe sind das, was menschengemachte oder -geduldete Annahmen, Verhältnisse und Institutionen *rechtfertigen* oder als *berechtigt* ausweisen kann. Das Geschäft der Vernunft ist hier nicht das spezielle Geschäft der Systematisierung der Verstandeserkenntnisse, sondern das allgemeinere der Rechtfertigung oder Kritik nach Rechtfertigungsgründen.

4. Der Vernunftbegriff der Gegenwart

Werfen wir zuerst einen Blick auf den heutigen alltäglichen Wortgebrauch. Nach ihm handelt oder entscheidet man vernünftig und rational oder unvernünftig und irrational, je nachdem, *wie* man auf Reize reagiert, nicht je nachdem, *auf welche* Reize man reagiert. Wenn wir die Reize als den Stoff der Erfahrung verstehen, so heißt das, daß die Vernunft oder Rationalität einer Entscheidung nicht vom Inhalt der Erfahrung bestimmt wird, sondern von unserer Art, sie zu verarbeiten oder auf sie zu reagieren. Dieses Vernunftverständnis schließt aus, die Vernunft als einen Zugang zu einer besonderen Sphäre des Übersinnlichen, Notwendigen oder in anderer Weise Außeralltäglichen zu verstehen. Aber es legt sich nicht darauf fest, sie entweder nur als ein Vermögen der Rechtfertigung oder als den Verstand oder eine Art des Verstandes zu verstehen. Um nach dem alltäglichen Wortgebrauch vernünftig genannt zu werden, genügt es, bestimmten Erwartungen gemäß zu handeln. Man muß nicht nach Rechtfertigungsgründen entscheiden.

Nach dem alltäglichen Wortgebrauch nennen wir auch jemand vernünftig, der zwar in bestimmter, meist positiv bewerteter Weise auf Reize reagiert, aber für seine Handlungen nicht Gründe angeben oder sie rechtfertigen kann, etwa einen Passanten, der bei einem schweren Verkehrsunfall den Notwagen anruft. Sollte uns diese Eigenart abhalten, die Vernunft als ein Vermögen zu *rechtfertigen* zu verstehen? Ich vermute eher, daß wir einem Menschen, dem wir Vernunft zuschreiben, obgleich er seine Handlungen nicht rechtfertigen kann, unterstellen, daß er tatsächlich den richtigen, das heißt rechtfertigenden Gründen folgt, daß er aber nicht gelernt hat, die Gründe zu artikulieren, denen er tatsächlich folgt. Wir unterstellen, daß man vernünftig urteilen und entscheiden kann, ohne die leitenden Rechtfertigungsgründe explizieren zu können, so wie wir annehmen, jemand könne auch dann das richtige musikalische oder das richtige mathematische Urteil haben, wenn er nicht die befolgten musikalischen Regeln angeben oder keinen mathematischen Beweis für das mathematische Urteil liefern kann.

In welchem Sinn spricht man heute in den *Wissenschaften* von Vernunft und Rationalität? Betrachten wir zuerst die *Theorien der*

Rationalität, die seit Beginn der modernen Ethnologie und Soziologie vor allem durch Emile Durkheim und Max Weber zu Diskussionen über die Eigenart der europäischen Rationalität und die Möglichkeit einer objektiven Höherbewertung der europäischen oder einer anderen Rationalität geführt haben. Auch in ihnen ist Rationalität eine bestimmte Art, auf gegebene Reize zu reagieren. Rationalitätstheorien versuchen die Eigenart einer Kultur aus den Bedingungen und Konsequenzen der *Einstellungen zur Welt* zu erklären, die in unterschiedlichen Kulturen vorherrschen. Welteinstellungen sind mehr oder weniger kohärente Arten, auf die Gegebenheiten und Veränderungen der Welt, auf das, was man erfährt, zu reagieren. Sie unterscheiden sich nicht wesentlich im Maß ihrer Konsistenz oder Widersprüchlichkeit und können soweit als gleich *rational* gelten. Aber sie unterscheiden sich darin, als Grund oder Berechtigung *wofür* sie die Gegebenheiten der Welt betrachten.

Weber entwarf eine Ordnung zur Unterscheidung von Formen der Rationalität einer Kultur oder Gesellschaft nach dem Kriterium, wie sie zu den vorgefundenen Gegebenheiten der Welt *Stellung nimmt*: ob sie (1) sie grundsätzlich *bejaht*, d.h. als richtig oder gerechtfertigt anerkennt, und als Grund nimmt, sich ihnen in der einen oder andern Weise *anzupassen*, oder (2) sie *verneint*, d.h. als nicht zu rechtfertigen betrachtet, und als Grund dafür nimmt, entweder (2a) sich von ihr *abzuwenden* oder (2b) sie dem eigenen Willen zu *unterwerfen*. Die erste Form der Rationalität (1) sah er in den konfuzianischen, aber auch den Kulturen der Gegenwart vorherrschend, die zweite (2a) in den indischen und meisten anderen von einer Erlösungsreligion bestimmten Kulturen, die dritte (2b) im antiken Judentum und im Protestantismus.[18] Es ist nicht zu übersehen, daß er die dritte Form am höchsten schätzt; er findet aber keinen Rechtfertigungsgrund, seine Wertung als die richtige und verbindliche zu behaupten. Das entspricht seiner Tendenz, die die der meisten seiner Zeitgenossen war, nur die Leistungen der instrumentellen Vernunft, die Angabe von Mitteln für vorausgesetzte Zwecke, für allgemeinverbindliche, weil rechtfertigbare Urteile zu halten.

Die Rationalität, von der in Rationalitätstheorien der Weberschen Tradition und den von ihnen ausgelösten Diskussionen die Rede ist, stimmt mit der Vernunft der Philosophen erstens darin überein, *erfahrungsunabhängig* zu sein, denn sie ist eine erfahrungsunabhängige Art, auf Reize zu reagieren. Sie entspricht zweitens der Deutung der Vernunft als Rechtfertigungsvermögen. Denn in den Rationalitätstheorien besteht die spezifische Leistung der Rationalität darin, bestimmte Urteile, Handlungen, Einstellungen und Institutionen als berechtigt und andere als nicht berechtigt festzulegen. Sie hält die Berufung auf *Rechtfertigungsgründe* für wesentlich für die Vernunft, da sie die Rationalität einer Kultur dadurch bestimmt, wie sie die Gegebenheiten der Welt als Rechtfertigungsgrund für eine grundsätzliche Stellungnahme zur Welt begreift.

Auf der anderen Seite weicht sie gerade durch ihren Ansatz, Kulturen danach zu unterscheiden, als Rechtfertigungsgründe *wofür* sie die Gegebenheiten der Welt begreift, vom überlieferten philosophischen Rationalitätsverständnis ab. Nach diesem kann es nur *eine* Rationalität geben, weil die Ansprüche der Rationalität *allgemeinverbindlich* sind. Es ist es ein scharfer Traditionsbruch, eine *Mehrzahl* von Formen der Rationalität anzunehmen und sie alle als gleich verbindlich zu betrachten. Zwar nimmt Weber nur *eine* Rationalität für die Entdeckung der *Wahrheit* und der Angemessenheit von Mitteln an Zwecke an: «die Geltung einer denkenden Ordnung der empirischen Wirklichkeit» ist universal.[19] Dagegen sind die Geltung einer Ordnung für das *Handeln* und praktische Rechtfertigungen an die spezifische Rationalität einer Kultur gebunden. Rechtfertigungen von moralischen Richtigkeitsansprüchen könnten nur so weit reichen wie eine Kultur. Die von Weber inspirierten Rationalitätstheorien untergraben die traditionelle Bedeutung ihres Gegenstands, der Rationalität, und mit ihr ihre eigene Bedeutung.

Sie würden dieser Konsequenz entgehen, wenn sich die unterschiedlichen Folgen unterschiedlicher Welteinstellungen als Belege für die *Richtigkeit* oder *Vorzugswürdigkeit* einer Welteinstellung verstehen ließen. Weber selbst, so scheint mir, neigte zu einem solchen Verständnis, soweit er von der langen Reihe von «Kulturerscheinungen», die er in der *Vorbemerkung* zu seinen *Religionssoziologischen Aufsätzen* mit viel Pathos aufzählt und «auf dem Boden des Okzidents, und nur hier» auftreten sieht (vor allem solche der Wissenschaft, der Kunst, des Staats, der Wirtschaft),[20] die Überlegenheit der weltunterwerfenden Welteinstellung des Okzidents über alternative Möglichkeiten belegt fand. Er schreckte aber vor einem solchen Verständnis zurück, weil er von ihm die wissenschaftliche Wertfreiheit gefährdet sah, die er der Soziologie als Wissenschaftlichkeitsbedingung ins Taufbuch schrieb. Es wird zu den Aufgaben einer Vernunfttheorie gehören zu klären, ob oder wieweit man an den Früchten einer Welteinstellung deren *allgemeinverbindliche* praktische Rationalität erkennen kann.[21]

Rationalitätstheorien entwickeln heute nicht nur Soziologen und Anthropologen, sondern auch *Psychologen, Logiker* und *Spieltheoretiker*. Soweit ihre Theorien *deskriptiv* sind, beschreiben sie, wie Menschen Urteile, Entscheidungen und Handlungen faktisch rechtfertigen oder begründen; soweit sie *normativ* sind, legen sie Bedingungen fest, unter denen man rechtfertigen oder begründen *sollte*. Auch ihre Vernunftdeutung entspricht der philosophischen, die die spezifische Leistung der Vernunft in der Rechtfertigung sieht.

Soweit läßt sich die Vermutung bestätigen, das Geschäft der Vernunft sei die *Rechtfertigung*: die Angabe von Gründen dafür oder dagegen, daß ein Urteil, eine Entscheidung, eine Handlung, eine Einstellung, eine Institution, kurz etwas Menschengemachtes oder von Menschen Geduldetes, berechtigt ist. Eine Konsequenz dieser Vermutung ist: Auch wenn es keine unfehlbare Erkenntnis geben sollte und auch wenn wir Naturereignisse nie als notwendig erweisen können, kann es doch die Vernunft mit einem spezifischen Vermögen geben, dem der Rechtfertigung. Allerdings können wir vorerst nicht ausschließen, daß die Rechtfertigungsleistungen relativ auf eine Kultur sind.

Unklar ist noch, was wir von den Begründungen halten sollen, die die Wissenschaften liefern, von den Kausalerklärungen der Physik und den andersartigen Erklärungen der Sozial- und Geisteswissenschaften. Auch sie sind Leistungen, in denen Kant und andere das Geschäft der Vernunft sahen. Aber sie rechtfertigen nicht, sondern erklären; sie zeigen nicht, daß etwas *richtig* ist, wie es jede Rechtfertigung tut, sondern machen ihren Gegenstand auf die eine oder andere Weise verständlich. Daher dürften wir sie nicht als spezifische Vernunftleistungen betrachten, wenn wir an der Deutung der Vernunft als Rechtfertigungsvermögen festhalten. Wir müßten sie vielmehr als Verstandesleistungen betrachten, wenn das Verständlichmachen ein Geschäft des Verstandes ist.

Ein verwandtes Problem stellt der Gebrauch der Wörter *rationalistisch* und *Rationalist.* Wir nennen jemand einen *Rationalisten*, wenn er seine Urteile und Handlungen durch Gründe rechtfertigt und Rechtfertigungsgründe für die Urteile und Handlungen anderer Individuen und für die Institutionen von Gesellschaften unterstellt oder fordert. Dieser Wortgebrauch stimmt mit der rechtfertigungsorientierten Vernunftdeutung überein. Aber Rationalist heißt auch, wer für alles eine *Erklärung* hat, nach *Erklärungs*gründen sucht und alles Geschehen aus verständlichen und möglichst einfachen Ursachen ableitet, ohne in den Ursachen und Erklärungen Rechtfertigungen impliziert zu sehen. Dieser Wortgebrauch sieht in der Vernunft nicht nur ein Vermögen zu rechtfertigen, sondern auch ein Vermögen zu erklären oder in einer nicht-rechtfertigenden, erklärenden Weise zu begründen. Wenn wir dennoch das Geschäft der Vernunft auf die Rechtfertigung einschränken, müssen wir zeigen, daß unsere Terminologie zwischen den Phänomenen angemessener unterscheidet. Untersuchen wir daher, was Rechtfertigungs- und was Erklärungsgründe sind und ob man sie besser unterscheiden sollte, wie es die Einschränkung des Geschäfts der Vernunft auf die Rechtfertigung nahelegt, oder den Umgang mit ihnen demselben Vermögen zuweisen sollte, wie es der alltägliche Sprachgebrauch nahelegt.

3.
Begründungen

Nach unserer bisherigen Vernunftdeutung dürften wir nur solche Begründungen als Betätigungen der Vernunft anerkennen, die das zu Begründende *rechtfertigen*, nicht auch solche, die es aus Kausalgesetzen und Antezedensbedingungen ableiten oder in einer anderen Weise *erklären.* Tatsächlich aber werden gewöhnlich alle Arten von Begründungen als eine Leistung der Vernunft oder Rationalität betrachtet, nicht nur die rechtfertigenden. Wir könnten wissenschaftliche Erklärungen problemlos als eine Art der Rechtfertigung deuten, wenn wir sie als den Nachweis verständen, daß ein unterstellter Weltbaumeister oder Schöpfer die Welt nach den *richtigen* Gesetzen oder auf die richtige Weise gebaut hat. Aber obgleich dies Verständnis wissenschaftlicher Erklärungen die Entwicklung der Naturwissenschaften angesporнt haben dürfte, ist es offensichtlich weder notwendig noch heute aktuell.

Begründungen sind Angaben von Gründen. *Gründe* sind das, was wir angeben, wenn wir eine *Warumfrage* beantworten. Alle Begründungen haben schon deshalb gute Aussichten, als Betätigungen der Vernunft anerkannt zu werden, weil die lateinisch geprägten Wörter für *Vernunft* auf die Angabe von Gründen als das spezifische Geschäft der Vernunft verweisen. Denn in ihnen wird dasselbe Wort *ratio, raison, reason* für die *Vernunft* und für den *Grund* gebraucht. Aber die Gründe, die Begründungen verschiedener Art angeben, sind ebenfalls verschiedener Art. Ich werde dafür argumentieren, daß wir nur die Gründe, die Rechtfertigungen angeben, die Rechtfertigungsgründe, als Vernunftgründe anerkennen, Ursachen und Motive dagegen, die wissenschaftliche Begründungen als Gründe angeben und *Erklärungs*gründe sind, nicht als Vernunftgründe zählen sollten. Rechtfertigungen und Erklärungen teilen zwar formale Eigenschaften; sie lassen sich syllogistisch darstellen; aber nur Rechtfertigungen haben mit *Geltungsansprüchen* und den Kategorien von *richtig* und *falsch* zu tun. Nur Rechtfertigungen verlangen vom Menschen Fähigkeiten, die man traditionell und, wie ich zeigen möchte, zu Recht, als spezifisch für den Menschen betrachtete.

Als Begründungen können wir unterscheiden:

1. Kausalerklärungen

Naturwissenschaftliche Erklärungen sind nicht nur, aber oft, wenn nicht typischerweise *Kausalerklärungen.*[1] Diese sagen, warum oder wie *faktisch* etwas so und so geschehen ist. Die angegebenen Gründe sind *Ursachen.* Ich erkläre etwa, warum das Wasser gefroren ist, wenn ich sage, daß seine Temperatur unter 0° C fiel. Das Fallen der Temperatur ist die Ursache des zu erklärenden Ereignisses, des *Explanandum.* Ich erkläre, warum die Fensterscheibe gebrochen ist, wenn ich erkenne, daß Paul einen seiner gefürchteten Fußballschüsse im Hof lostrat. Pauls Schuß ist die Ursache des Scheibenbruchs. Die Angabe einer solchen Ursache reicht für eine Kausalerklärung allerdings nicht aus. Was wir weiter annehmen müssen, ist ein Gesetz oder eine Regelmäßigkeit: zum einen das Gesetz, daß Wasser unter 0° gefriert, zum andern die Regelmäßigkeit, daß Scheiben unter dem Druck einer bestimmten Stärke brechen. Außerdem ist das Ereignis, das wir als Ursache beschreiben, das Fallen der Temperatur unter 0° oder Pauls Fußballschuß, nur eines unter vielen anderen, deren Eintritt ebenfalls notwendig war, um das Explanandum herbeizuführen. Das Fallen der Temperatur würde nicht genügen, das Wasser zum Gefrieren zu bringen, wenn nicht auch der Luftdruck normal war, das Wasser nicht vom Herd genommen worden wäre, auf dem es vorher stand, NN nicht vergessen hätte, es zu salzen, wie er es sonst tat. Pauls Schuß hätte nicht genügt, das Fenster zu zerbrechen, hätte nicht der Wind den Ball etwas abgelenkt, hätte nicht ein Lehrer zuvor Paul besonders ernst seine Schwächen in Deutsch vorgehalten, usw. Was wir als Ursache auszeichnen, ist nur eine unter anderen ebenso notwendigen Bedingungen der Erklärung (des *Explanans*), den Antezedensbedingungen, die uns von unserem zufälligen Blickwinkel aus besonders auffällt.

Kausalerklärungen haben typischerweise folgende Form **K**:[2]

I	$p \rightarrow q$	(Gesetz)	(Expla-
II	p	(Antezedensbedingung)	nans)
Conclusio	q	(Explanandum)	

Bezogen auf die Erklärung der gebrochenen Fensterscheibe oder die Antwort auf die Frage, warum die Fensterscheibe gebrochen ist, heißt das etwa:

I Trifft ein Ball von bestimmter Wucht auf eine Scheibe der gegebenen Art, so bricht sie
II Pauls Schuß ließ einen Ball mit erforderlicher Wucht auf die Scheibe treffen
C. Die Scheibe brach

Diese Kausalerklärung hat die Form eines *Syllogismus*:

Maiorprämisse	Alle Menschen sind sterblich (Wenn x ein Mensch ist, ist x sterblich)
Minorprämisse	Sokrates ist ein Mensch
Conclusio	Sokrates ist sterblich

Daß Kausalerklärungen dieselbe Form wie Syllogismen annehmen können, hat dazu beigetragen, in ihnen eine Betätigung der Vernunft zu sehen. Denn die Schlüsse der Logiker galten als Muster der Vernunftbetätigung (der Verstand wurde als Vermögen der Begriffe und die Urteilskraft als Vermögen zu urteilen verstanden). Daher nennt noch Kant die Vernunft ein «Vermögen zu schließen»[3] und ein Vermögen, «das Besondere aus dem Allgemeinen abzuleiten».[4] Seit die Logik so formalisiert worden ist, daß eine Ableitung von Computern durchgeführt werden kann, haben logische Schlüsse die Erhabenheit der Vernunft verloren.

Typische Kausalerklärungen haben auch dieselbe Form wie *Rechtfertigungen*. Rechtfertigungen unterscheiden sich nur darin, daß sie nicht nur mit *konstativen* oder *deskriptiven*, sondern auch mit *normativen* Aussagen zu tun haben. Um das deutlich zu machen, führe ich im folgenden Freges Behauptungszeichen «|-» und das Zeichen für den imperativen Modus «!» an. Bei Schema **K** hat man sich nur Freges Behauptungszeichen vor den Buchstaben zu denken (das man gewöhnlich wegläßt, wenn die Formeln *nur* mit Behauptungen zu tun haben), um es in eine dem folgenden Schema **R** entsprechende Form zu bringen.

I $\vdash p \rightarrow\ !q$ (Wenn p gegeben ist, dann soll q gegeben sein)
II $\vdash p$ (p ist gegeben)
C. $!q$ (q soll gegeben sein)

Auf ein Beispiel angewandt:

I Wenn Paul die Scheibe eingeschossen hat,
müssen seine Eltern haften
II Paul hat die Scheibe eingeschossen.
C. Pauls Eltern müssen haften

Daß Rechtfertigungen die gleiche syllogistische Form wie Kausalerklärungen haben und beide Begründungen heißen können, trägt dazu bei, den Unterschied ihrer Funktionen zu unterschätzen.[5] Tatsächlich sind Rechtfertigungsgründe und Ursachen so verschieden wie die Kategorien *richtig* (oder *falsch*) und *bewirkt*.

Die Leistung einer *Kausalerklärung* liegt in der Entdeckung, *wie* ein Ereignis zustandekam. Sie zeigt nicht, daß das Ereignis notwendig ist, sondern nur, daß es notwendig ist, *wenn* das vorausgesetzte Gesetz oder die Regelmäßigkeit notwendig ist. Zwar haben viele Theoretiker die Notwendigkeit der in Kausalerklärungen angenommenen Gesetze unterstellt, und diese Unterstellung ist auch, wie wir im vorangegangenen Kapitel gesehen haben, notwendig, wenn man aus ihnen Voraussagen ableiten und die Wahrheit einer Theorie empirisch prüfen will. Aber das heißt nicht, daß die Gesetze tatsächlich notwendig sind. Es heißt nur, daß wir sie bisher als notwendig behandelt haben, ohne enttäuscht worden zu sein. Es heißt nicht, daß wir nicht morgen enttäuscht werden. Humes Argument von der Unerkennbarkeit der Notwendigkeit von Gesetzen ist unwiderlegt. Daher leistet eine Kausalerklärung nur eine Aufdeckung, wie das Ereignis *faktisch* zustandekam: etwa durch die Feststellung, daß ein Fußballschuß unter der Bedingung einer bestimmten Zerbrechlichkeit die Scheibe zerbrach.

Es ist richtig, daß wir Kausalketten von bloß zeitlichen Ereignisfolgen unterscheiden und von einer Wirkung annehmen, sie folge, weil sie anders als die nur zeitliche Folge *kausal* folgt, deshalb auch mit der spezfisch kausalen Notwendigkeit auf die Ursache. Wir schreiben der Ursache eine *Kraft* zu, die die Wirkung bewirkt, und glauben eine solche Kausalkraft einerseits zu erleiden, wenn wir von einem Stoß geschoben oder von einer Kraft angezogen werden, anderseits selbst auszuüben, wenn wir selbst stoßen oder ziehen. Hume hatte daher unrecht, gegen Locke zu behaupten, der Begriff der Kraft sei leer.[6] Aber er hatte recht zu behaupten, daß wir Ursachen zwar dadurch von zeitlich vorhergehenden Ereignissen unterscheiden können, daß wir sie in regelmäßiger und nachkonstruierbarer Weise ihren Folgen, den Wirkungen, vorausgehen sehen, aber deswegen an ihnen keine Notwendigkeit erfahren. Notwendigkeit, im Unterschied zu *Zwang* (von dem Locke sie nicht unterscheidet),[7] läßt sich, wie Kant im Anschluß an Hume immer wieder hervorhob, überhaupt nicht *erfahren*; erfahrbar ist nur das Faktische oder Kontingente, das auch anders sein könnte. Deswegen kann auch eine Kausalerklärung nur dann die Behauptung einer Notwendigkeit implizieren, wenn sie keine empirische Aussage ist. Das nahm konsequenterweise Kant an, und nur diese Annahme ermöglichte ihm, Kausalerklärungen als ein Geschäft der Vernunft zu betrachten. Aber seine Annahme ist unplausibel, weil Kausalerklärungen empirisch widerlegbar sind.

Daß eine Kausalerklärung nicht die Notwendigkeit des Erklärten impliziert, wird auch durch einen Vergleich mit dem klassischen Syllogismus von Sokrates' Sterblichkeit deutlich. Dieser impliziert ebensowenig, daß Sokrates *notwendig* sterblich ist. Er zeigt nur, daß Sokrates notwendig sterblich ist, *wenn* alle Menschen *notwendig* sterblich sind. Davon waren die früheren Logiker zwar überzeugt. Wenn die Gentechnik oder andere medizinische Errungenschaften diese Überzeugung widerlegen sollten, wird deshalb nicht auch der klassische Syllogismus widerlegt. Es ist unter allen medizinischen Bedingungen notwendig wahr, daß Sokrates sterblich ist, *wenn* alle Menschen (faktisch) sterblich sind und er ein Mensch ist. Ebenso ist es zwar unter allen Bedingungen wahr, daß die Scheibe unter dem Fußball zerbricht, *wenn* Scheiben unter einem bestimmten Druck brechen. Aber daß es notwendig ist, zeigt uns weder die syllogistische Erklärungsform noch irgendetwas anderes.

Gestehen wir aber um des Arguments willen zu, daß Kausalerklärungen die Notwendigkeit des Erklärten implizieren und

Naturgesetze kausal notwendige Zusammenhänge beschreiben. Das würde am Unterschied zwischen Kausalerklärungen und Rechtfertigungen nichts ändern. Eine Rechtfertigung zeigt, daß eine Behauptung oder eine andere verantwortbare Handlung *richtig* ist; eine Kausalerklärung würde unter der genannten Voraussetzung zeigen, daß ein Ereignis *notwendig* ist. Der Nachweis der Richtigkeit einer Handlung und der der Notwendigkeit eines Ereignisses sind aber in jedem Fall radikal verschiedene Leistungen. Wenn ich zeige, daß eine Handlung richtig ist, zeige ich nicht, daß sie kausal notwendig ist, und wenn ich zeige, daß ein Ereignis kausal notwendig ist, zeige ich nicht, daß es richtig ist. Im ersten Fall zeige ich, daß etwas so ist, wie es *sein soll*; ich erhebe einen Geltungs- und damit einen *normativen* Anspruch. Erhebe ich den Geltungsanspruch der Wahrheit, so behaupte ich zwar, daß die Aussage eine Tatsache so *beschreibt*, wie sie ist, und scheine keinen normativen Anspruch zu erheben. Tatsächlich aber erhebe ich auch hier den normativen Anspruch, die *Normen* der Beschreibung erfüllt zu haben. In einer Kausalerklärung bewege ich mich dagegen ganz außerhalb der normativen Dimension.

Wir könnten immerhin geneigt sein anzunehmen, daß in Kausalerklärungen ebenso wie in Rechtfertigungen das spezifische Vermögen der Vernunft notwendig ist und dies deshalb nicht auf ein Vermögen der Rechtfertigung eingeschränkt werden sollte. Aber diese Neigung legt sich, wenn wir erkennen, daß zur Leistung der Kausalerklärung nicht nur Menschen fähig sind. Ein Schimpanse, der gelernt hat, Bananen mit einem Stock von einem Ast zu klopfen, hat für das Ereignis, daß Bananen vor seine Füße fallen, die richtige Erklärung entdeckt. Denn er erkennt die Regelmäßigkeit, daß Bananen vom Ast fallen, wenn ein Stock klopft, sieht, daß die Antezedensbedingung, das Klopfen, vorliegt oder ausführbar ist, und erwartet, daß Bananen fallen, wenn er klopft. Er kann die von ihm entdeckte Kausalerklärung zwar nicht formulieren und als eine kritisier- und rechtfertigbare Behauptung aufstellen. Aber das ändert nicht, daß er die richtige Kausalerklärung findet.

Wir können uns auch vorstellen, daß Menschen für manche Ereignisse die richtigen Kausalerklärungen finden, ohne ihre Erklärungen so formulieren zu können, daß sie zu kritisierbaren Behauptungen werden. *Wissenschaftlich* können solche Erklärungen freilich nicht werden, weil die Wissenschaften die Kritisierbarkeit von Erklärungen verlangen; ohne diese Bedingung gäbe es keinen Fortschritt in ihnen. Das zeigt, daß wissenschaftliche Kausalerklärungen eine Form annehmen müssen, in der man sie *rechtfertigen* können muß. Die Leistung der Kausalerklärung und die ihrer Rechtfertigung sind dennoch radikal verschieden. Die Kausalerklärung zeigt, wie ein Ereignis zustandekommt; ihre Rechtfertigung zeigt, daß die Annahme darüber, wie sie zustandekommt, richtig ist. Sobald man eine Kausalerklärung *behauptet*, erhebt man mit ihr zwar einen Wahrheitsanspruch, den man kritisieren und prüfen können muß. Aber diesen Charakter teilt die Behauptung einer Kausalerklärung mit allen Behauptungen, die dadurch doch nicht zu Kausalerklärungen werden.

Der radikale Unterschied zwischen der Kausalerklärungs- und der Rechtfertigungsleistung wird in den *Gründen* deutlich, die im einen und im anderen Geschäft angegeben werden müssen. Der Kausalerklärungsgrund ist eine Ursache. Die Frage: warum ist das und das geschehen? verlangt die Angabe einer Ursache; die Frage: warum behauptest du das? einen Rechtfertigungsgrund. Sobald wir anerkennen, daß wir Ursachen erkennen können, ohne unsere Erkenntnis als kritisierbare Behauptung formulieren zu müssen; sobald wir anerkennen, daß auch intelligente Tiere Kausalerklärungen finden können, verliert die Annahme, wir sollten die Leistung der Kausalerklärung der Vernunft oder demselben Vermögen zuschreiben, dem wir auch die Leistung der Rechtfertigung zuschreiben, ihre Attraktivität.

Kausalerklärungen rechtfertigen nicht, soweit sie Ereignisse *erklären*. Sie können jedoch zur Angabe von Rechtfertigungsgründen gebraucht werden. Dann fungieren sie nicht mehr als Kausalerklärungen, sondern als Rechtfertigungen. *Erstens* liefern sie *Rechtfertigungsgründe* dafür, die Explananda zu *behaupten* oder zu *urteilen*, daß das Wasser im Eimer gefroren ist. An solchen Rechtfertigungen sind wir zwar oft nicht interessiert, weil in Kausalerklärungen nicht zur Frage steht, ob wir das zu erklärende Ereignis behaupten dürfen, sondern wie es zu erklären ist. Trotzdem ist schon die bloße Brauchbarkeit der Erklärungsprämissen zur Rechtfertigung einer Behauptung der zu erklärenden Ereignisse ein Umstand, der unsere Einschätzung fördert, Kausalerklärungen begründeten, *warum* die zu erklärenden Ereignisse stattfinden.

Hinzu kommt, daß Kausalerklärungen zum Geschäft der *Naturwissenschaften* geworden sind. Diese erklären Naturereignisse durch Theorien, die der Welt Eigenschaften beilegen, die von den ihr gewöhnlich zugeschriebenen abweichen oder gar im Gegensatz zu ihnen stehen können. Sie kritisieren nichtwissenschaftliche Kausalerklärungen, erklären diese für rechtfertigungsbedürftig und beanspruchen für sich überlegene Begründbarkeit. Dieser Anspruch ist einer auf überlegene Rechtfertigungsgründe. Ihre Überlegenheit aber belegen sie durch die Kausalerklärungen, die dadurch, daß sie Naturereignisse aus Gesetzen und Antezedensbedingungen ableiten (aber die Ereignisse nicht rechtfertigen) können, die Anerkennung *ihrer* Erklärung und die Verwerfung konkurrierender Erklärungen *rechtfertigen.*

Zweitens liefern die Explananda *Rechtfertigungsgründe* dafür, in bestimmter Weise *in die Natur einzugreifen*, wenn man das im Explanandum beschriebene Ereignis selbst hervorbringen will. Wenn ich das Wasser im Eimer gefrieren will, bin ich durch die Kausalerklärung gerechtfertigt, es unter 0° abzukühlen. An der Lieferung solcher Gründe, die unsere Eingriffe in die Natur zur Erreichung erwünschter Ereignisse oder Zustände rechtfertigen, sind wir durchaus interessiert; die Physiker rechtfertigen ihre Existenz und ihre Finanzierungsforderungen traditionell mit dem Verweis auf ihren technischen Nutzen. Aber die Rechtfertigung der Wahl der Mittel für einen vorausgesetzten Zweck der Naturveränderung, die eine Kausalerklärung ermöglicht, ist nur der Gebrauch der Kausalerklärung zur Rechtfertigung eines bestimmten Geltungsanspruchs und macht aus der Kausalerklärung selbst keine Rechtfertigung.

Warum gelten Kausalerklärungen bei vielen Philosophen trotzdem als Muster von Vernunftleistungen? Der wichtigste Grund scheint mir im Anspruch mancher *physikalischer* Erklärungen zu liegen, nicht nur zu sagen, *wie*, sondern auch *warum* die Dinge ablaufen wie sie ablaufen. Dieser Anspruch folgte einer Hoffnung, die die Entstehung und die Entwicklung der Physik bis heute gefördert hat. Nach dieser Hoffnung liefern naturwissenschaftliche Erklärungen in der Tat nicht nur Ursachen, sondern Gründe, die doch keine Rechtfertigungsgründe scheinen. So erklärte Einstein: «Wir wollen nicht nur wissen, *wie* die Natur ist (und *wie* ihre Vorgänge ablaufen), sondern wir wollen auch nach Möglichkeit das vielleicht utopisch und anmaßend erscheinende Ziel erreichen, zu wissen, warum die Natur *so und nicht anders ist.*»[8] Hat Einstein hier nicht einen Grund im Auge, der kein Rechtfertigungsgrund und doch eine Antwort auf eine Warumfrage ist, die wir zum Geschäft der Vernunft rechnen sollten?

Vermutlich nicht. Vielmehr spricht Einstein aus der Perspektive eines Physikers, der die Natur als etwas betrachtet, das verschiedenen möglichen Gesetzen folgen und nach verschiedenen Bauplänen eingerichtet sein könnte, und fragt, warum sie *den* Gesetzen folgt, denen sie folgt, und nicht alternativen, denen sie auch hätte folgen können. Er nimmt die Perspektive eines Schöpfers oder Demiurgen ein, der nach den Gründen seiner Wahl von Gesetzen fragt. Die Gründe, nach denen man in dieser Perspektive fragt, sind keine Ursachen, sondern reine *Rechtfertigungs*gründe. Es sind Gründe, die rechtfertigen, nicht warum die Welt ist, wie sie ist, sondern warum sie so sein soll, wie sie ist; es sind Gründe der Rechtfertigung nicht für ein deskriptives, sondern ein präskriptives oder normatives Urteil.[9] Einstein erwartet von der Physik, wenn er sie eine Warum- und nicht nur eine Wiefrage beantworten lassen will, nicht nur Kausalerklärungen, sondern eine Rechtfertigung der Wahl der tatsächlich gewählten Grundgesetze durch einen hypothetisch angesetzten Weltbaumeister. Es ist eine Rechtfertigung von derselben Art, wie sie in *metaphysischen* und *religiösen* Welterklärungen und *Theodizeen* verlangt wird. Theodizeen und religiöse und metaphysische Antworten darauf, warum die Welt so ist oder sein soll, wie sie ist, sind ein legitimes Geschäft, aber sie sind keine reinen Kausalerklärungen, sondern Rechtfertigungen oder Antworten auf Warumfragen, in denen Kausalerklärung und Rechtfertigung ungetrennt sind.

Der Begriff der Vernunft ist in der philosophischen Tradition sehr nachhaltig von Warumfragen geprägt worden, in denen Kausalerklärung und Rechtfertigung ungeschieden waren. Die Geschichte der Antworten auf solche Fragen zeichnet sich ab in der Tendenz der Religionen zum Monotheismus,[10] der Philosophie zu kohärenten Systemen und der Physik zu einer einheitlichen Welterklärung. In ihr wird deutlich, daß wir auf die undifferenzierte Warumfrage eine und nur eine allumfassende Ursache erhoffen, die zugleich den Grund der Welt in dem Sinn ausmacht, daß sie alles, was geschieht, zugleich erklärt und rechtfertigt. Die Vernunft selbst wurde in diesem Unternehmen in der klassischen griechischen Philosophie immer wieder zugleich als ein starker Kandidat für den gesuchten Urgrund und als die menschliche Erkenntniskraft angesehen, die uns zur Erkenntnis des Urgrunds gelangen läßt. Das klassische Zeugnis dafür ist Anaxagoras' Versuch, als Ursache von allem, wie Sokrates berichtet, den *nous* zu verstehen.[11] Heraklits *logos* fungiert ebenfalls zugleich als Urgrund und menschliches Vermögen seiner Erkenntnis.[12] Die späteren Vernunftbegriffe übernahmen das Erbe von *nous* und *logos*. Ich leugne nicht, daß es anregend und in gewisser Hinsicht sogar unvermeidlich ist, unser menschliches Erkenntnisvermögen in ein enges Verhältnis zu den Weltursachen und dem, was die Einrichtung der Welt rechtfertigen könnte, zu setzen; mehr dazu im letzten Kapitel dieses Buches. Aber das darf uns nicht davon abhalten, den radikalen Unterschied zwischen dem Geschäft der Kausalerklärung der Welt und ihrer Rechtfertigung zu erkennen und einzusehen, daß nur Rechtfertigungen Leistungen sind, die eine propositionale Sprache voraussetzen, während zu Kausalerklärungen auch intelligente Tiere fähig sind.

Einsteins Fragestellung liegt dann besonders nahe, wenn man die allgemeinsten Naturgesetze für *notwendig* hält. An ihre Notwendigkeit glaubten viele Physiker trotz Humes Kritik bis weit ins 20. Jahrhundert hinein. Für die meisten heutigen Physiker dagegen gibt es eine solche Notwendigkeit nicht. Für sie spricht Richard Feynman, wenn er sagt: «Faktisch scheint die Natur so entworfen, daß, was in ihr am wichtigsten ist, offenbar ein kompliziertes Zufallsprodukt vieler Gesetze ist».[13] Auch Steven Weinberg besteht zwar gegen den Einwand, die Wissenschaft erkläre nicht, sie beschreibe nur, darauf, «daß wir ziemlich gut im Erklären und nicht nur Beschreiben der beobachteten Eigenschaften der Elementarteilchen und -kräfte waren», aber behauptet: «es scheint klar, daß wir unsere fundamentalsten wissenschaftlichen Prinzipien nie werden erklären können»; er rechnet sogar mit der «Möglichkeit, daß, was wir nun Naturgesetze nennen, zufällige Eigenschaften des Urknalls sind, die allerdings (wie der Abstand der Erde von der Sonne) in dem Spielraum liegen müssen, in dem Wesen auftreten können, die fragen können, warum sie sind, was sie sind».[14] Die heutigen Physiker liefern uns daher keinen Grund, in den Kausalerklärungen selbst Vernunftleistungen zu erkennen.

Ähnlich viele Wissenschaftstheoretiker. So resümiert Bartelborth (etwas holperig), «es wird mit *‹Kausalität›* nicht eine *substantielle Eigenschaft* in der Natur bezeichnet, sondern nur gewisse Ähnlichkeiten von Ablaufgesetzen, die die Wissenschaft aufstellt».[15]

Das heißt freilich nicht, daß naturwissenschaftliche *Theorien* keine Vernunftleistungen sind. Sie *sind* Vernunftleistungen, weil sie implizit und manchmal auch explizit Kritiken konkurrierender Erklärungen der Naturphänomene sind. Sie liefern in ihren Theorien Rechtfertigungen für ihre Erklärungen. Sie sind dadurch zu Recht zu einem Vorbild für die Vernunftkritik geworden. Wenn das Geschäft der Vernunft Rechtfertigungen sind, gliedert es sich in zwei Bereiche: den Zweig der theoretischen Vernunft, die nach der Richtigkeit und den Rechtfertigungsgründen unserer Meinungen oder Sätze über das, was *ist*, fragt, und den Zweig der praktischen Vernunft, die nach der Richtigkeit und den Rechtfertigungsgründen unserer Normen oder Sätze über das fragt, was sein *soll*. Die theoretische Vernunft hat ihre Institution in den Naturwissenschaften gefunden, denn diese haben mit großem Erfolg die Frage nach den Rechtfertigungsgründen für unsere Meinungen über die Welt zu einem generationenübergreifenden Unternehmen gemacht, in dem die Späteren die Meinungen der Früheren herausfordern, auf die Probe stellen und, wenn nötig und möglich, durch weniger angreifbare ersetzen, die von ihren Nachfolgern wieder auf ihre Rechtfertigungsgründe befragt werden. Die praktische Vernunft hat einen vergleichbaren systematischen Weg noch nicht gefunden.

Wir müssen noch einen weiteren Umstand berücksichtigen, der zum Bild von der Physik als dem Ort ausgezeichneter Vernunftleistungen beitrug. Kausalerklärungen galten Kant und anderen Rationalisten als spezifische Vernunftleistung, weil sie die Gesetze, auf denen sie gründen, für erfahrungsunabhängig hielten, und das taten sie, weil die Gesetze streng allgemein sind. Könnten wir erfahrungsunabhängig Naturgesetze erkennen, so hätten wir in der Tat einen guten Grund, in dieser Erkenntnis eine über die gewöhnliche Erkenntnis hinausgehende Erkenntnis zu finden, die wir der Vernunft als der traditionell für die außeralltägliche Erkenntnis zuständigen Instanz zuschreiben müßten. Aber Kants Annahme, wir erkennten die Naturgesetze erfahrungsunabhängig, beruht, wie wir schon sahen, auf einem Irrtum. Zwar können streng allgemeine Gesetze nicht von der Erfahrung bewiesen werden, wie Kant behauptete. Aber streng allgemeine Gesetze können doch erfahrungs*abhängig* sein, da sie zwar nicht empirisch veri-, aber falsifizierbar sind.

Wir können zusammenfassen: 1. Kausalerklärungen liefern Erklärungsgründe oder Ursachen und keine Rechtfertigungsgründe, 2. sie können zur Angabe von Rechtfertigungsgründen gebraucht werden, 3. sie sind Erkenntnisleistungen, die nicht notwendig eine kritisierbare Form annehmen und auch von intelligenten Tieren geleistet werden können, 4. wissenschaftliche Kausalerklärungen sind Vernunftleistungen, soweit sie Rechtfertigungsgründe für die Ersetzung traditioneller Meinungen über die Welt durch ihnen widersprechende Meinungen und für die Wahl von Mitteln für vorausgesetzte Zwecke liefern.

2. Motivationale Erklärungen

Von den Kausalerklärungen müssen wir motivationale Erklärungen als eine zweite Form der Begründung unterscheiden. Auch sie antworten auf eine Warumfrage. Jemand fragt mich: Warum hast du A auf den Fuß getreten? Ich antworte: Weil A mich in die Rippen geboxt hat. Die Antwort kann, muß aber keine Rechtfertigung und auch nicht als solche gemeint sein. Der Grund, den sie angibt, ist eine Ursache, die meine Handlung nicht nur im Sinn einer Kausalerklärung erklärt, sondern *verständlich* macht oder *verstehen* läßt. Er ist ein *Motiv*, dessen Befolgung gerechtfertigt sein kann oder auch nicht. Er unterscheidet sich von den Ursachen der Kausalerklärung, weil er dem Handelnden *bewußt* oder dem Beobachter *einsichtig* sein kann. Motivationale Begründungen sind die Erklärungen, die solche Wissenschaften suchen, die menschliches Handeln erklären: die Geistes- oder Sozial- oder Kulturwissenschaften. Auch *psychoanalytische* Erklärungen geben ein Handlungsmotiv an, unterstellen jedoch, daß dieses zwar nicht dem Handelnden *bewußt*, wohl aber einem Beobachter *verständlich* ist.

Motive sind keine Rechtfertigungsgründe, sondern Ursachen des Handelns. Daher sind die Sozialwissenschaften wie die Naturwissenschaften und anders als juristische und andere normative Disziplinen *deskriptiv.* Motive können jedoch anders als sonstige Ursachen Rechtfertigungsgründe werden, wenn wir es *billigen*, ihnen zu folgen. (Daher die ideologische und normative Relevanz der Sozialwissenschaften.)

Motivationale Erklärungen erklären nicht dadurch, daß sie das zu Erklärende auf ein *Gesetz* beziehen, aus dem die zu erklärende Handlung bei geeigneten Antezedensbedingungen ableitbar wäre. Wir können ihnen nur etwa folgende Form **M** geben:

I Es ist verständlich, daß jemand *h* tut, wenn er durch *Mh* motiviert wird
II <u>NN wird durch *Mh* motiviert</u>
C. Es ist verständlich, daß NN *h tut*

Die Begründungsleistung motivationaler Erklärungen stützt sich darauf, daß Motive uns als etwas bekannt sind, dem wir *gern* oder *leicht* folgen. Wir kennen Motive entweder als etwas, was auf einen *Wert* gerichtet ist, um dessentwillen wir handeln, oder als *Versuchungen*, denen wir in der konkreten Handlungssituation, trotz Mißbilligung bei ruhiger Betrachtung, nachgeben. Die Begründung in motivationalen Erklärungen besteht darin, die zu begründende Handlung nicht auf *Gesetze*, sondern auf Motive, uns verständliche Situationen oder Handlungsneigungen zu beziehen.

Die motivationale Erklärung kann, wie gesagt, leicht in eine Rechtfertigung verwandelt werden, wenn das Motiv als Rechtfertigungsgrund verstanden und seine Befolgung gebilligt oder empfohlen wird. Wir können ihre leichte Verwandelbarkeit in eine Rechtfertigung durch folgendes Schema **MR** klarmachen, das von **M** nur durch die Ersetzung von *verständlich* durch *richtig* abweicht:

I Es ist *richtig*, daß jemand *h* tut, wenn er durch *Mh* motiviert wird
II <u>NN wird durch *Mh* motiviert</u>
C. Es ist *richtig*, daß NN *h tut*

Schema **MR** hat genau dieselbe Form wie das der Rechtfertigung **R**, da wir für I, die Maiorprämisse, auch schreiben können:

I' $\vdash p \rightarrow !q$ (Wenn p gegeben ist, dann soll q gegeben sein);
für die Minorprämisse:
II' $\vdash p$ (p ist gegeben);
für die Conclusio:
C. $!q$

Rechtfertigungen begründen ihr Explanandum (oder besser: Justificandum) aus einer *Allaussage*, da die Maiorprämisse behauptet, daß *immer* wenn p gegeben ist, man *h* tun soll. Motivationale Erklärungen dagegen erklären ihr Explanandum nicht aus einer Allaussage. Sind sie dann überhaupt Begründungen oder Erklärungen? Betrachten wir die Rückwandlung einer Rechtfertigung in eine motivationale Erklärung, wie sie durch den Übergang vom Schema **MR** zu Schema **M** beschrieben wird, so scheint klar, daß sie nicht aufhört zu erklären, wenn die Maiorprämisse kein Gesetz und keine Notwendigkeit mehr enthält. Es genügt, wenn sie einen uns verständlichen Zusammenhang beschreibt.

Um motivationale Erklärungen Kausalerklärungen anzugleichen oder ihnen eine strengere syllogistische Form zu geben, müßten ihre Maiorprämissen Gesetzescharakter haben und sie etwa folgende Form annehmen (**M'**):

I Menschen verwirklichen in ihrem Handeln ihre Präferenzen
II NN hat zu t1 die Präferenz, *h* zu tun
C. NN tut zu t1 *h*

In dieser Form würden motivationale Erklärungen jedoch zu Scheinbegründungen, weil sie in der Minorprämisse genau die Präferenz behaupten, die zu begründen wäre. Trotzdem haben manche Theoretiker motivationale Begründungen nach diesem Schema verstehen wollen. Wir müssen schließen, daß eine wichtige Klasse von Begründungen etwas erklärt, ohne das zu Erklärende aus einer Allaussage abzuleiten.

Obgleich motivationale Erklärungen leicht in Rechtfertigungen verwandelt werden können, sind sie ebenso wie Kausalerklärungen von ihnen radikal unterschieden. Sie liefern keine Rechtfertigungsgründe, sondern Motive, die Ursachen einer besonderen Art sind. An ihnen ist besonders deutlich, daß wir sie erkennen und mit ihnen Handlungen erklären können, ohne deswegen unsere Erkenntnis auch in einer kritisierbaren Behauptung formulieren zu können. Als soziale Wesen sind wir, oder die meisten Menschen, mit einem Vermögen begabt, die Motive anderer Lebewesen zu erkennen, das oft mehr leistet und zuverlässiger arbeitet als unser Vermögen, das Erkannte in Behauptungen zu formulieren. Wir können auch plausibel annehmen, daß Tiere die Motive ihrer Artgenossen und anderer Lebewesen erkennen können, ohne daß wir ihnen deswegen die Fähigkeit der Formulierung ihrer Erkenntnisse zuschreiben müßten. Wenn wir diese Zusammenhänge erkennen, dürfte wieder die Neigung an Gewicht verlieren, motivationale Erklärungen, weil sie Begründungen sind, als eine Leistung der Vernunft zu betrachten. Wir müssen freilich im Auge behalten, daß motivationale Erklärungen schnell als Rechtfertigungen verstanden und gebraucht werden können. Dieser Wechsel ändert nichts an der Verschiedenheit der zwei Begründungen; er bleibt ein Wechsel.

3. Rechtfertigungen

Ich habe die syllogistische Form von Rechtfertigungen schon im Abschnitt über die Kausalerklärungen angegeben. Halten wir noch folgende Besonderheiten fest.

Rechtfertigungen geben keine Ursachen, sondern *Rechtfertigungsgründe* an. Sie sagen, warum eine Entscheidung, Handlung oder Institution *richtig* ist: entweder *berechtigt* ist oder wir sogar zu ihrer Bejahung *verpflichet* sind. Ich begründe, warum Pauls Eltern Schadenersatz zu leisten verpflichtet und andere Schadenersatz zu fordern berechtigt sind, wenn ich sage, daß dies oder jenes Gesetz des Bürgerlichen Gesetzbuchs oder der Mietvertrag oder die Hausordnung zu entsprechenden Handlungen berechtigen und verpflichten. Das Gesetz oder der Vertrag oder die Hausordnung ist keine Ursache, sondern ein Grund für die Zahlung. Aber ich rechtfertige die Schadensersatzleistung auch, wenn ich Pauls Schuß als Grund angebe. Zur Rechtfertigung gehört in jedem Fall die Angabe einer Maiorprämisse oder einer Regel und die einer Minorprämisse, die etwas unter eine Regel Subsumierbares angeben muß. Daher fungieren sowohl Regeln als auch Ereignisse oder Zustände als Rechtfertigungsgründe.

Auch Ursachen fungieren nur als Erklärungsgründe im Rahmen eines stillschweigend oder ausdrücklich vorausgesetzten

Syllogismus, in dem das zu Erklärende in der Conclusion enthalten ist. Da das in der Maiorprämisse dargestellte Naturgesetz und die in der Minorprämisse dargestellte Antezedensbedingung das zu erklärende Ereignis nur zusammen erklären, sind *beide* Erklärungsgründe und können auch beide, wenn wir jedenfalls Erklärungsgrund und Ursache gleichsetzen, als Ursachen gelten, obgleich wir zumindest umgangssprachlich eher eine Antezedensbedingung Ursache nennen. Ebenso fungieren Rechtfertigungsgründe nur im Rahmen eines Syllogismus als Gründe; sie rechtfertigen nur zusammen das zu Rechtfertigende. Gewöhnlich sprechen wir von Gründen, ohne zu unterscheiden, ob wir Gründe in der Rolle einer Maior- oder einer Minorprämisse meinen. Die Unterscheidung ist oft überflüssig, weil es uns oft nur auf die Angabe irgendeines Rechtfertigungsgrundes ankommt. Aber in philosophischen Untersuchungen kann die Nichtunterscheidung zu Problemen führen, zumal wir auch nicht immer zwischen Erklärungs- und Rechtfertigungsgründen unterscheiden.

Betrachten wir ein Beispiel, in dem die Unterscheidungen eine Rolle spielen. Ich trinke Wasser aus einem Glas, das ich zu meiner Freude nach einer schweißtreibenden Arbeit auf dem Tisch eines Bekannten finde. Eine Kausalerklärung könnte etwa so aussehen:

I Alle durstigen Lebewesen trinken Wasser, wenn sie es finden
II Ich bin zur Zeit t1 ein solches Lebewesen und finde Wasser
C. Ich trinke zur Zeit t1 Wasser

Eine motivationale Erklärung etwa so:

I Es ist verständlich, daß man Wasser trinkt, wenn man durstig ist und welches findet
II Ich bin zur Zeit t1 durstig und finde Wasser
C. Es ist verständlich, daß ich zur Zeit t1 Wasser trinke

Eine Rechtfertigung:

I Es ist richtig, Wasser zu trinken, wenn man durstig ist und welches findet
II Ich bin zur Zeit t1 durstig und finde Wasser
C. Es ist richtig, daß ich zur Zeit t1 Wasser trinke

Was wir hier beachten müssen, ist, daß auch dann, wenn die Kausal- und die motivationale Erklärung richtig sind, nicht die Richtigkeit der Rechtfertigung folgt. Die Regel, daß es richtig ist, Wasser zu trinken, wenn man durstig ist und welches findet, kann leicht angefochten werden; man kann sich leicht Umstände ausmalen, in denen es falsch wäre, Wasser zu trinken, wenn man durstig ist. Anderseits kann man in vielen Situationen das Trinken von Wasser damit rechtfertigen, daß man durstig war. Ebenso kann man auf die weitere Frage, warum man den Durst für einen ausreichenden Grund zu trinken hält, oft antworten, es sei richtig, Wasser zu trinken, wenn man durstig ist und welches findet, und mit dieser Antwort eine ausreichende Rechtfertigung für die Meinung liefern, Durst sei ein ausreichender Grund zu trinken. Man könnte aber auch erwidern, diese Antwort wiederhole nur die erste Antwort. Wir können uns weitere mögliche Rechtfertigungsgründe für das Trinken vorstellen, etwa daß wir meinten, das Glas Wasser sei für uns auf den Tisch gestellt worden, daß wir ohne einen Trunk zusammengebrochen wären und unserem Bekannten viel Mühe gemacht hätten, und für jeden solcher Rechtfertigungsgründe können wir uns geeignete Regeln oder Maiorprämissen ausdenken, die wir wiederum auch als eigene Rechtfertigungsgründe anführen könnten.

Wir müssen weiter beachten, daß wir, sobald wir einmal unsere Meinungen und Handlungen darauf befragen können, ob sie gerechtfertigt sind, die Motive und Ursachen, die sie hervorgebracht haben oder hervorzubringen tendieren, nicht mehr als Ursachen und Motive betrachten können, sondern als potentielle Rechtfertigungsgründe, die man anfechten kann. Der Durst ist unter geeigneten Bedingungen eine Ursache des Trinkens bei Tieren und kleinen Kindern; er bleibt auch bei Erwachsenen ein verständliches Motiv zu trinken, aber er ist gewöhnlich keine determinierende Ursache mehr und nur ein möglicher Rechtfertigungsgrund. Der Besitz eines Rechtfertigungsvermögens verurteilt uns dazu, die Reize, auf die wir reagieren und in irgendeiner Weise immer reagieren müssen, nicht mehr als Ursachen, sondern nur noch als potentielle, aber auch anfechtbare Rechtfertigungsgründe unserer Reaktionen zu betrachten.

Schließlich müssen wir beachten, daß ein Satz nie nur durch *einen* Grund gerechtfertigt werden kann. Wir müssen für jede Rechtfertigung nicht nur eine Maior- und eine Minorprämisse voraussetzen, von denen beiden wir sagen können, daß sie Rechtfertigungsgründe angeben; wir müssen auch annehmen, daß der in einer Prämisse genannte Grund nur einer unter anderen Gründen ist, die wir unter anderen Umständen auch angeben könnten. Daß Paul die Scheibe eingeschossen hat und daß Eltern für die von ihren Kindern angerichteten Schäden haften müssen, sind jeweils ein (Minor- und Maiorprämissen-) Rechtfertigungsgrund dafür, daß Pauls Eltern die Reparatur der Scheibe bezahlen müssen. Aber sobald wir nach der Rechtfertigung für die Anerkennung der beiden genannten Rechtfertigungsgründe fragen, wird deutlich, daß die zuerst genannten Gründe nur der relativ offen zutage liegende Teil eines Geflechts von Rechtfertigungsgründen sind, die aufeinander verweisen: daß *Pauls* Eltern zahlen müssen, verweist schon auf den Maiorprämissengrund, daß *Eltern* für die Schäden ihrer Kinder aufzukommen haben; diese Regel läßt sich aber nicht durch einen bestimmten Grund wie etwa den rechtfertigen, daß ältere für jüngere Menschen oder die nächsten volljährigen Verwandten für Minderjährige zu haften haben, sondern nur durch eine lange Reihe von Erwägungen, die wir nur mit Mühe explizieren und in jedem Fall anfechten und für unzureichend befinden können.

Die Vernetzung der Rechtfertigungsgründe ist vergleichbar der Verflechtung von Ursachen, auf die wir ebenfalls stoßen, sobald wir nach den Ursachen für die in einer Kausalerklärung angegebenen Ursachen fragen. Während wir für die Ursachen aber sicher sein können, daß sie in ausreichender Zahl und Starke vorliegen müssen, weil sonst das zu erklärende Ereignis nicht eingetreten wäre, können wir für eine zu rechtfertigende Handlung nicht sicher sein, daß es für sie ausreichende Rechtfertigungsgründe gibt. Manche Handlungen lassen sich nicht rechtfertigen. Deswegen ist die Vernunft als das Vermögen der Rechtfertigung kritisch und potentiell immer eine Gefahr für etablierte Handlungsweisen.

Rechtfertigungen rechtfertigen nicht nur Handlungen im gewöhnlichen Wortsinn, sondern sowohl *praktische* wie *theoretische Entscheidungen*. Entscheidungen darüber, ob etwas der Fall *ist*, nenne ich (abweichend vom gewöhnlichen und übereinstimmend mit dem philosophischen Sprachgebrauch) *theoretische* Entscheidungen; Entscheidungen, ob etwas der Fall sein *soll*, *praktische* Entscheidungen. Wenn Entscheidungen zum Gegenstand einer Rechtfertigung werden, sind sie immer *Urteile*. Wir können praktische Entscheidungen treffen, ohne zu urteilen; etwa wenn wir an einer Weggabelung zwar zögern, aber ohne Gründe abzuwägen rechts gehen. Theoretische Entscheidungen können wir dagegen offenbar nicht treffen, ohne zu urteilen. Wie immer, sobald wir unsere Entscheidungen, seien sie praktisch oder theoretisch, zu rechtfertigen versuchen, müssen sie die Form des Urteils annehmen, für das wir nach Gründen oder Gegengründen suchen können. Rechtfertigungsgründe sind daher immer Urteilsgründe. Ohne Urteile keine Rechtfertigungen und, wenn Rechtfertigungen das Geschäft der Vernunft sind, ohne Urteile keine Vernunft.

Alle Urteile haben folgende Form: ein *Gedanke*, den man auch *propositionalen* oder *Urteilsgehalt* nennt, wird einem *illokutionären Akt* (oder einem *Modus* oder einer *Kraft*) unterstellt.[16] Ein Gedanke ist ein Bild oder Modell oder Aspekt oder Ausschnitt aus einer möglichen Welt. In der Umgangssprache wird er durch einen daß-Satz wiedergegeben. *Daß die Tür auf ist* ist ein Gedanke. Der illokutionäre Akt kann zwei Formen annehmen, die der theoretischen und der praktischen Entscheidung entsprechen. Er kann anzeigen, daß der Gedanke als eine Angabe dessen, was der Fall ist, zu verstehen ist. In dem Fall ist der illokutionäre Akt (oder die Kraft oder der Modus des Gedankens) *deskriptiv* (oder, wie ich synonym sage, theoretisch oder eine Beschreibung oder eine Behauptung). Oder er zeigt an, daß der Gedanke als eine Angabe dessen, was der Fall sein soll, zu verstehen ist. In dem Fall ist der illokutionäre Akt (oder die Kraft des Gedankens) *präskriptiv* (oder, wie ich synonym sage, normativ oder praktisch oder eine Forderung oder ein Befehl). Wir können alle Urteile in die Klasse der Beschreibungen oder der Forderungen oder in beide einordnen.

Eine Rechtfertigung ist ein Urteil zweiter Ordnung oder ein Meta-Urteil: ein Urteil, daß ein Urteil zu recht gefällt wird; das heißt, daß die Welt so ist, wie es von ihr in einer Beschreibung behauptet wird, oder die Welt so sein soll, wie es von ihr in einer Forderung gefordert wird. Im ersten Fall bestätigt die Rechtfertigung, daß ein theoretisches Urteil *wahr* ist oder daß ihr Geltungsanspruch der Wahrheit zu Recht erhoben wird; im zweiten Fall, daß ein praktisches Urteil normativ *richtig* ist oder ihr Geltungsanspruch der normativen Richtigkeit zu recht erhoben wird. Wie alle Urteile erhebt auch die Rechtfertigung einen Geltungsanspruch, nämlich daß ihre Rechtfertigung richtig ist. Ist dieser

Geltungsanspruch der der Wahrheit oder der normativen Richtigkeit oder ein eigener dritter Geltungsanspruch? Wenn wir Rechtfertigungen einen eigenen Geltungsanspruch zuschreiben müßten, gäbe es einen besonderen Geltungsanspruch der Vernunft, der sich von denen der Urteile erster Ordnung unterschiede. Wir haben folgende erwägenswerte Möglichkeiten, den Geltungsanspruch einer Rechtfertigung zu verstehen:

(i) Er ist in jedem Fall ein *Wahrheitsanspruch.*
(ii) Er ist in jedem Fall ein Anspruch auf normative *Richtigkeit.*
(iii) Er ist ein *Wahrheitsanspruch* bei Rechtfertigungen von *Beschreibungen* und ein *Richtigkeitsanspruch* bei Rechtfertigungen von *Forderungen.*
(iv) Er ist in jedem Fall ein eigner Geltungsanspruch; nennen wir ihn den der *Gerechtfertigtheit.*

Eine Entscheidung für (i) ist unplausibel, weil es unplausibel ist anzunehmen, die Rechtfertigung einer Forderung beanspruche, es sei *wahr*, was gefordert wurde, etwa die Tür aufzulassen (*wenn* mit einer Forderung ein Anspruch auf normative Richtigkeit erhoben wurde; das muß nicht immer der Fall sein).[17] Sie kann nur beanspruchen, es sei *normativ richtig*, sie aufzulassen. Entsprechend unplausibel ist eine Entscheidung für (ii): wenn wir die Beschreibung rechtfertigen, daß die Tür auf ist, beanspruchen wir nicht, daß es normativ richtig ist, daß die Tür auf ist, sondern daß es wahr ist, daß die Tür auf ist. Diese Überlegungen sprechen für (iii). Die Rechtfertigung einer Behauptung ist die Rechtfertigung ihres Wahrheitsanspruchs; sie bestätigt ihre Wahrheit und scheint daher selbst einen Wahrheitsanspruch zu erheben. Entsprechend ist die Rechtfertigung einer Forderung die Rechtfertigung ihres normativen Richtigkeitsanspruchs; sie bestätigt ihre normative Richtigkeit und scheint selbst einen normativen Richtigkeitsanspruch zu erheben.

Gegen (iii) spricht jedoch, daß daraus, daß die Rechtfertigung einer Beschreibung dieser den Wahrheitsanspruch (und die einer Forderung dieser den normativen Richtigkeitsanspruch) bestätigt, nicht folgt, daß sie *für sich* einen Wahrheitsanspruch (oder normativen Richtigkeitsanspruch) erhebt. Was sie für sich beansprucht, ist allein, daß sie richtig darüber urteilt, ob die Rechtfertigungsgründe der zu rechtfertigenden Beschreibung oder Forderung für deren Geltungsanspruch ausreichen. Mit einem Wahrheitsanspruch beanspruchen wir, daß die Welt so ist, wie sie im Gedanken einer Beschreibung dargestellt wird; wir können ihn nur mit Beschreibungen erheben. Mit einem normativen Richtigkeitsanspruch beanspruchen wir, daß die Welt so sein soll, wie sie im Gedanken einer Forderung dargestellt wird; wir können ihn nur mit einer Forderung erheben. Wahrheits- und normative Richtigkeitsansprüche können nur mit Urteilen erster Ordnung erhoben werden. Was wir dagegen mit einer Rechtfertigung selbst beanspruchen, ist weder, daß die Welt so ist, wie sie beschrieben wird, noch daß sie so sein soll, wie es gefordert wird, sondern daß es gerechtfertigt ist, sie so zu beschreiben, wie sie beschrieben wird, oder das von ihr zu fordern, was von ihr gefordert wird.

Daher ist es angemessen, gemäß (iv) Rechtfertigungen einen eigenen Geltungsanspruch zuzusprechen, den der Gerechtfertigtheit. Er bezieht sich nicht wie die Geltungsansprüche der Urteile erster Ordnung auf die Welt, sondern auf Urteile. Jedoch spielt es für die Praxis der Rechtfertigungen kaum eine Rolle, daß Rechtfertigungen von Beschreibungen und Forderungen auch *für sich* einen Geltungsanspruch erheben. Es ist wichtig zu wissen, daß die Rechtfertigung von Geltungsansprüchen erster Ordnung selbst einen eigenen Rechtfertigungsanspruch erheben. Aber er wird uns im folgenden nicht mehr beschäftigen.[18]

Sind alle Urteile rechtfertigungsbedürftig? Nein, Urteile sind sowenig wie Entscheidungen *immer* rechtfertigungsbedürftig; sie sind nicht einmal immer *rechtfertigungstauglich*. Blicken wir etwa auf eine weiße Wand unter normalen Licht- und Sichtverhältnissen, so können wir nicht anders als sie für weiß halten und urteilen, daß sie weiß ist. Aber deswegen müssen wir nicht schon einen Geltungsanspruch erheben. Geltungsansprüche muten jedem, der das als gültig behauptete Urteil versteht, Zustimmung zu. Eine solche Zustimmung muß ich niemandem zumuten, wenn ich spontan urteile, die Wand vor mir sei weiß. Rechtfertigungsunbedürftige und -untaugliche Urteile erheben keinen Geltungsanspruch. Entgegen einer verbreiteten Auffassung dürfen wir nicht annehmen, mit *jedem* Urteil und *jeder* sprachlichen Äußerung erhöben wir einen Geltungsanspruch. Wenn ich vor Schmerzen *schreie* oder etwas *frage*, erhebe ich offensichtlich weder einen Wahrheits- noch einen normativen Richtigkeitsanspruch. Warum sollten wir mit allen unseren Urteils- und Sprechakten Geltungsansprüche erheben, wenn wir auch nicht mit allen unseren *Handlungen* Geltungsansprüche erheben?

Erhebe ich nicht immerhin mit jeder Äußerung einen *Verständlichkeits-* und *Aufrichtigkeits*anspruch, wie manche Theoretiker annehmen? Auf Äußerungen des Fluchens trifft diese Erwartung nicht zu. Verständlichkeitsansprüche können in jedem Fall nicht immer gerechtfertigt werden, da für die rechtfertigenden Aussagen Verständlichkeit vorausgesetzt werden muß. Aufrichtigkeitsansprüche sind Wahrheitsansprüche von Äußerungen von Gefühlen, wenn sie zum Gegenstand einer Rechtfertigung werden.

Wenn wir anerkennen müssen, daß wir mit einem spontanen deskriptiven Urteil wie *Die Wand vor mir ist weiß* nicht notwendig einen Wahrheitsanspruch erheben, müssen wir erst recht anerkennen, daß wir nicht mit jedem präskriptiven Urteil einen normativen Richtigkeitsanspruch erheben. Wenn ich befehle «Mach die Tür auf!», gebe ich zwar ein Bild der Welt, wie sie nach meinem Willen sein soll, aber ich beanspruche nicht, daß es richtig ist, daß die Welt so sein soll; ich verlange nur, daß die Tür auf ist. Geltungsansprüche beanspruchen *Allgemeinverbindlichkeit.* Normative Richtigkeitsansprüche erheben wir nur, wenn wir beanspruchen, *jeder* müsse zustimmen, daß die Welt so sein soll, wie es von ihr in einer Forderung gefordert wird. Eine solche Allgemeinverbindlichkeit aber beanspruchen wir gewöhnlich mit einer alltäglichen Forderung wie *Mach die Tür auf!* oder *Halt den Mund!* nicht, sondern nur mit allgemeinen Imperativen wie *Du sollst nicht lügen!*

4. Was wir dem Vermögen zu rechtfertigen verdanken

Im ersten Kapitel habe ich die gewichtigen Folgen der Unterscheidung von Beschreibungen und Forderungen hervorgehoben: daß sie die Entdeckung einer Welt identifizierbarer Gegenstände in einer Umwelt aus Reizen und die Entwicklung eines reizgesteuerten Lebewesens zu einem selbständig handelnden Subjekt ermöglicht. Diese beiden Umwälzungen des animalischen Status vollziehen sich zwar nicht nur in Rechtfertigungen, sondern auch in den Urteilen erster Ordnung; sie wären aber ohne Rechtfertigungen nicht durchführbar, weil erst diese die Zweifel an der Berechtigung der Urteile erster Ordnung beheben können. Wir haben daher einen guten Grund, dieses Geschäft von anderen intellektuellen Leistungen durch einen besonderen Titel zu unterscheiden, und der Titel der Vernunft entspricht diesem Geschäft durchaus.

Werfen wir noch einen kurzen Blick auf die Entwicklung des selbständig handelnden Subjekts, die ohne das Rechtfertigen nicht möglich wäre. *Geltungs*ansprüche sind dadurch ausgezeichnet, daß sie eine Zustimmung beanspruchen, die man auch verweigern kann; zu der man nicht durch Gewalt gestoßen oder durch Reize hingezogen, sondern durch eine Kraft gebracht wird, die Habermas wiederholt als «eigentümlich zwanglosen Zwang des besseren Arguments» beschrieben hat. Diese Eigenart verdanken sie allein ihrer Begründbarkeit. Ließen sie sich nicht durch Gründe bestätigen oder zurückweisen, so könnten wir einander und uns selbst nur mit Zuckerbrot und Peitsche, aber nicht *frei* und zugleich *verantwortlich* bestimmen. Wenn wir nach Rechtfertigungsgründen entscheiden, sind wir zwar, wie man sagen kann, durch die Gründe *determiniert*, und eine solche Determination haben große Philosophen wie Leibniz als Beleg dafür verstanden, daß wir nicht willensfrei sind.[19] Aber eine Determination durch Gründe setzt voraus, daß ich den determinierenden Grund trotz besserer Einsicht zurückweisen kann. Ohne diese Möglichkeit der Verweigerung wäre der Grund kein Grund, sondern ein zwingendes Motiv. Auch Leibniz erkannte diesen Unterschied durch seine Formel an, daß Ursachen zwingen (*nécessitent*) und Gründe geneigt machen (*inclinent*).[20] Wir brauchen daher noch nicht zu entscheiden, ob das Vermögen zu rechtfertigen oder nach Gründen zu entscheiden Willensfreiheit voraussetzt oder nur ein Vermögen, sich von Gründen determinieren zu lassen. Schon das Vermögen, sich von Gründen determinieren zu lassen, unterscheidet den Menschen radikal von der übrigen Natur.

Wenn wir als das Geschäft der Vernunft das Rechtfertigen und nur es und keine anderen Arten des Begründens und Erklärens anerkennen, dann heben wir genau die Tätigkeit hervor, durch die Menschen nicht nur von allen Tieren radikal abweichen, sondern auch ihren Unterschied erfahren. Diese Erfahrung ist die Quelle der Idee, Menschen oder Vernunftwesen seien vor allen übrigen Naturwesen durch einen unvergleichlichen Wert ausgezeichnet, der sie einerseits zur Unterwerfung der restlichen Natur unter ihre Lebensinteressen berechtigt und anderseits zur Achtung von ihresgleichen verpflichtet. Diese Idee durchdrang und durchdringt die Moral. Die Moral ist nicht allein das Produkt dieser Idee; sie hat auch Wurzeln in den überlebenssichernden Regeln der Horden, die die Welt in Freunde, Fremde und Feinde unterschied. Solange «man» nur die männlichen Angehörigen der eigenen Horde als seinesgleichen anerkannte, folgte man einer partikularen oder Binnenmoral. In dem Maße wie die Menschen erfahren, daß nicht nur die Männer des eigenen Stamms gründegeleitet entscheiden können, ersetzen sie ihre Binnenmoral durch die universale der wechselseitigen Achtung. Diesen Prozeß haben wir noch lange nicht beendet, und wir wissen nicht, ob wir ihn je beenden werden.

Daß Menschen und (soweit wir wissen) nur wir ein Rechtfertigungsvermögen (oder Vernunft) besitzen, bestimmt daher wesentlich unsere Moral. Dennoch ist die Vorstellung, daraus lasse sich der Inhalt der Moral ableiten, irreführend. Zur Moral gehört zwar die Idee der Menschenwürde, in der die Ideen spezifischer Vorrechte der Menschen und ihrer gleichen Rechte und Pflichten gegeneinander zusammen kommen. Sie verlangt auch die Anerkennung des elementaren Menschenrechts auf Verfügung über die eigene Person und Betätigung ihrer Fähigkeiten, soweit dadurch dasselbe Recht jedes anderen gewahrt bleibt. Aber wie die Würde und das Recht der gleichen Freiheit aller Vernunftwesen konkret auszubuchstabieren ist, läßt sich aus der Tatsache, daß wir rechtfertigen können, nicht bestimmen. Vielmehr ist dazu die Berücksichtigung der faktischen Handlungsbedingungen und die Prüfung der normativen Richtigkeitsansprüche nötig, die tatsächlich erhoben werden. Wie eine solche Prüfung und Einlösung normativer Richtigkeitsansprüche aussehen muß, werden wir noch klären müssen.

4.
Eine philosophische Landkarte des Geistes

1. Was eine philosophische Landkarte des Geistes ist

Wenn wir die Vernunft als Vermögen zu rechtfertigen bestimmen, was sind die andern Leistungen, Funktionen oder Vermögen, die wir uns oder ähnlichen intellektuellen und empfindungsfähigen, nachdenkenden und urteilenden Wesen zuschreiben müssen? Um zu verstehen, was unter traditionellen Begriffen wie Verstand, Vernunft, Geist und Seele verstanden wurde und verstanden werden sollte, brauchen wir einen Überblick über das, was wir als geistbegabte Wesen tun und erleiden. Ich nenne dieses Unternehmen eine Kartographie des Geistes.

Die philosophische Landkarte einer Gegend soll uns helfen, uns besser in ihr zurechtzufinden, wenn wir über ihre empirischen oder nicht-empirischen Probleme nachdenken. Die analytische Philosophie hat die wichtigste Aufgabe der Philosophie in der Klärung von Begriffen gesehen; einige ihrer Vertreter sahen darin sogar ihre einzige Aufgabe. Das ist sicher ein Irrtum, aber richtig ist, daß wir viele Probleme nicht lösen können, ehe wir uns in den Begriffen auskennen, in denen wir über sie nachdenken. Sich in ihnen auskennen heißt nicht einfach jeden einzelnen definieren können; man muß vielmehr ihren Zusammenhang und ihre Abhängigkeiten, ihre Unterschiede, Gemeinsamkeiten, Überlappungen und Anwendungsbedingungen kennen. Wie wir uns in einer uns bekannten geographischen Gegend verlaufen können, wenn wir sie einmal von einem neuen Ort aus durchqueren wollen, so auch in einer uns bekannten Begrifflichkeit, wenn wir sie von einem neuen Standpunkt aus gebrauchen. Wie wir uns vor dem gewöhnlichen Verlaufen durch eine Straßenkarte schützen, so vor dem begrifflichen durch eine begriffliche oder philosophische Landkarte.

In der Landkarte des Geistes, die ich zeichnen will, suche ich Orte und Grenzen für Unterschiede, die bestehen, wie immer wir sie benennen. Kartographie ist nicht Lexikographie; Begriffsklärung nicht Semantik. Ich will nicht angeben, was die übliche Bedeutung von Wörtern wie *Gefühl*, *Verstand*, *Vernunft* ist, sondern welche Unterschiede und Gemeinsamkeiten es unter den mentalen Vorgängen und Akten gibt. Über die Unterschiede und Gemeinsamkeiten belehrt uns zwar auch, aber nicht nur, der gewöhnliche Sprachgebrauch. Wir müssen auch wissenschaftliche Theorien berücksichtigen, vor allem die Theorie der natürlichen Evolution. Nach ihr ist alles, was existiert, eine Entwicklung aus einem Zustand des Universums, in dem es nur elementare Kräfte gibt, aus denen sich Atome, chemische Elemente, Eiweißmoleküle, Lebewesen nacheinander und aufeinander aufbauend entwickelt haben. Die Theorie impliziert, daß auch Geist, Bewußtsein und Vernunft Produkte der Evolution oder Entwicklungsformen der elementaren Kräfte sind. Viele Autoren betrachten sie deshalb als Eigenschaften der belebten *Materie*, und auch ich werde dieser Betrachtung folgen.

Wir sollten uns jedoch von Anfang an klar sein, daß der hier gebrauchte Begriff der Materie anders als in der philosophischen Tradition kein Gegenbegriff zu dem des Geistes ist, sondern sich auf die elementaren *Kräfte* des Urzustands des Alls bezieht. Statt von Entwicklungsformen der Materie würden wir besser von solchen der elementaren Kräfte reden. Zu diesen Entwicklungsformen gehören jedoch auch die durchaus körperlichen oder materiellen Lebewesen, die Bewußtsein und Vernunft haben. Daher ist es sinnvoll, auch Bewußtsein und Vernunft als Eigenschaften der Evolution der Materie zu betrachten, wenn man nur die moderne Bedeutung des Materiebegriffs nicht vergißt.

Obgleich wir uns nicht nur vom gewöhnlichen Sprachgebrauch, sondern auch den empirischen Wissenschaften über die Unterschiede und Gemeinsamkeiten unter den Phänomenen des Geistes belehren lassen müssen, glaube ich, daß wir ihnen vertraute Namen geben können, ohne allzu sehr vom Sprachgebrauch abzuweichen. Eine Voraussetzung ist allerdings, daß wir nicht zu sehr in die Einzelheiten der mentalen Phänomene gehen. Eine philosophische Landkarte des Geistes sollte dies auch nicht tun, da sie dem Überblick und dem Schutz vor dem Verlaufen dienen soll und die Detailbeschreibung diesem Zweck nur an den Orten der größten Gefahr des Verirrens dienen kann.

Ich gehe funktionalistisch in dem Sinn vor, daß ich nach der Rolle oder Leistung mentaler Phänomene in unserem und im Leben von Tieren frage. Was immer mentale Phänomene sonst sein mögen, ihre Funktionen sind von größter Wichtigkeit. Wenn wir sie nicht verstehen, verstehen wir nicht genug. Die Kenntnis ihrer Funktionen erschöpft vielleicht nicht, was es an ihnen zu erkennen gibt, aber ist eine notwendige Bedingung ihres Verständnisses.

Ich verbinde die funktionalistische Betrachtung mit einer (sehr selektiv) historischen, um einen naiven Begriff des Geistes oder des Mentalen zu vermeiden. Die Beschreibung der Funktionen mentaler Phänomene ist nicht unabhängig davon, was wir überhaupt als mental anerkennen. Halten wir mit Descartes das *Bewußtsein* für die wesentliche Eigenschaft mentaler Phänomene, so wird die Beschreibung der Funktionen anders aussehen, als wenn wir sie mit Aristoteles *Lebensphänomenen* gleichsetzen. Die Kenntnis von Aristoteles zwingt uns zu überlegen, ob sein oder Descartes' Begriff den mentalen Phänomenen angemessener ist.

Aristoteles und Descartes sind die zwei wichtigsten philosophischen Kartographen des Geistes; der dritte ist Gottlob Frege, ohne dessen Unterscheidungen Descartes' Neuerungen sowenig erkannt werden können, wie sie tatsächlich bis in die Gegenwart unbeachtet geblieben sind.[1] Ich erörtere Frege jedoch nicht selbst, weil die Darstellung seiner Neuerungen in meine Descartesdartellung eingeht. Da es mir nicht um eine Historio- sondern eine Kartographie geht, stelle ich Aristoteles und Descartes nicht als historische Figuren vor, sondern als Beiträger zur heutigen Kartographie des Geistes. Was ich mit ihrer Hilfe in diesem Abschnitt kartographiere, kann in jedem Fall nur vorläufig sein und wird an einigen Punkten in späteren Kapiteln etwas vollständiger werden.

2. Aristoteles

Aristoteles versteht alle *Lebens*vermögen als Seelenvermögen.[2] Daher rechnet er zu den Seelenvermögen auch die vegetativen Funktionen der Verdauung, des Stoffwechsels und des Wachsens, und das Vermögen der Selbstbewegung. Das entspricht zum einen dem griechischen Sprachgebrauch; *psychê* heißt nicht nur Seele, sondern auch Leben. Zum anderen erlaubt dieser weite Begriff des Mentalen Aristoteles ein Verständnis der Seele und des Geistes, das allen ihren Zuständen und Tätigkeiten eine verständliche Rolle in einer verständlichen Ordnung von Lebensfunktionen zuweist. Durch seine *vegetativen* Vermögen sichert ein Organismus die Grundbedingungen seiner organischen Einheit: er assimiliert geeignete Stoffe der Umwelt. Durch *Selbstbewegung* und *Wahrnehmung* verbessert er die Chancen, geeignete assimilierbare Stoffe zu finden und Gefahren zu entgehen. Die *Phantasie* oder Einbildungskraft erlaubt ihm, Wahrnehmungsbilder unabhängig von einer aktuellen Erregung der Sinne vorzustellen. Sein *Denkvermögen* verhilft ihm zu besserer Auswertung der Wahrnehmung und besserer Koordination seiner Bewegungen. Die *Vernunft* ermöglicht ihm die Betrachtung des Ewigen, auf das schon der einfachste Organismus zielt, weil es allen Lebewesen ums Überleben geht.

Aristoteles' Vernunftverständnis weicht von dem hier verteidigten ab, nach dem die Vernunft ein Vermögen zu rechtfertigen ist. Im übrigen aber fügt sich seine Landkarte des Geistes erstaunlich gut in die heute vorherrschende evolutionistische Betrachtung, nach der alle Lebensvermögen bei Strafe des Untergangs einer Lebensform deren Erhaltung dienen und die komplexeren die einfacheren funktional voraussetzen. In jedem Fall entwirft Aristoteles ein vollständiges System differenzierter und aufeinander aufbauender mentaler Vermögen. Während den antiken Weltkarten ganze Kontinente fehlten, zeigt Aristoteles' Landkarte des Geistes alle Reiche, die auch heute unterschieden werden. Außer dem vegetativen System sind es das Reich der Sinne, die Empfindungen und Wahrnehmungen liefern, das Zwischenreich der Phantasie, das Wahrnehmungen in Vorstellungen verwandelt, und das Reich des Denkens, das einerseits die sinnlichen Anschauungen und anderseits das Ewige und Göttliche zum Gegenstand hat. Ob Aristoteles' Unterscheidungen von seiner Sprache geprägt sind, die ähnliche Unterscheidungen trifft wie die modernen europäischen Sprachen, oder ob aus anderen Gründen, wir erkennen unsere eigenen wieder. Nur der Vernunft weist er eine andere Rolle zu.

Allerdings weicht Aristoteles in einer anderen wichtigen Hinsicht von den Heutigen ab. Er ist unbeeindruckt von der Eigenart des Mentalen, *bewußt* zu sein oder (wenn wir Unbewußtes, Vergessenes, Verdrängtes als mental anerkennen) doch bewußt werden zu können oder gewesen zu sein. Er erwähnt zwar die Bewußtheit als Eigenart der Wahrnehmungen, wenn er in einer uns befremdenden Begrifflichkeit hervorhebt, daß wir *wahrnehmen*, daß wir sehen und hören.[3] Aber wie ein heutiger Aristoteleskommentator bemerkt, der Begriff des Bewußtseins und der verwandte eines Dualismus von Geist und Körper «spielen in seiner Analyse des Wahrnehmens, Denkens usw. keine Rolle». Und er fügt hinzu: «Ebensowenig spielen sie überhaupt im griechischen Denken eine wichtige Rolle.»[4] Aristoteles repräsentiert in seinem Desinteresse am Bewußtsein offenbar die Haltung der Antike wie Descartes in seinem Interesse die der Neuzeit.

Viele heutige Philosophen sehen in der geringen Rolle, die das Bewußtsein in Aristoteles' Seelenlehre spielt, einen Vorzug, da sie selbst das Bewußtsein für irrelevant halten. Wir werden erst später klären können, welche Rolle das Bewußtsein spielt. Vorerst müssen wir festhalten, daß zu einer philosophischen Kartographie des Geistes eine Klärung der spezifischen Leistung des Bewußtseins gehört. Ihr Fehlen ist ein großer weißer Fleck auf Aristoteles' Landkarte des Geistes.

3. Descartes

a. Das Interaktionsproblem

Descartes[5] sieht nicht in der Lebensdienlichkeit, sondern der *cogitatio*, dem *bewußten Denken*, die spezifische Differenz des Mentalen vom Nichtmentalen. Wir müssen beachten, daß Descartes' *cogitatio* nicht dasselbe ist wie das, was man gewöhnlich als Bewußtsein versteht. Denn es ist bewußtes *Denken*. Trotz dieser Besonderheit impliziert seine Definition des Mentalen durch die *cogitatio*, daß das Mentale notwendig bewußt ist. Diese Implikation aber klärt weder die spezifische Leistung des Bewußtseins noch führt sie zu einer neuen Kartographie des Geistes. Alle aristotelischen Grenzziehungen sind mit ihr vereinbar. Sie impliziert nur die Ausgrenzung der vegetativen Vorgänge aus dem Geist. Und sie verwickelt Descartes in ein unlösbares Problem, das der Interaktion von Körper und Geist.

Aus einer Definition des Mentalen durch das Bewußtsein folgt durchaus nicht, daß das Wesen, das Bewußtsein hat, selbst unkörperlich und nichts anderes als Bewußtsein ist. Aber genau zu dieser Annahme kommt Descartes bei seinem Versuch, die moderne Physik auf eine unbezweifelbare Grundlage zu stellen. Diese Grundlage glaubt er in der Einsicht zu finden, daß, wenn ich auch an allem zweifeln kann, meine eigene Existenz als zweifelndes Wesen unbezweifelbar ist. Diese Einsicht impliziert nicht, daß ich als ein unkörperliches Wesen existiere, das nichts anderes als Bewußtsein ist. Zu dieser Annahme kommt Descartes erst, weil er erstens darauf zurückgreift, daß ich mich nur als zweifelndes, also mentales, also bewußtes Wesen kenne, das an seiner körperlichen Existenz zweifelt und eine unbezweifelbare Kenntnis von sich nur als bewußtem Wesen hat, und zweitens unterstellt, daß daraus, daß ich eine unbezweifelbare Kenntnis von mir nur als bewußtem Wesen habe, folgt, ich sei meinem Wesen nach nichts anderes als Bewußtsein oder eine *res cogitans*. Diese Unterstellung ist falsch. Was ich von mir als unbezweifelbar weiß, kann zu wenig sein, um ein Urteil über meine Natur zu rechtfertigen, insbesondere ein Urteil darüber, ob ich nur eine *res cogitans* bin oder ein körperliches Lebewesen, das Bewußtsein *hat* und es nicht *ist*.

Die Annahme, ich sei Bewußtsein, führt Descartes zur Ansetzung einer eigenen Substanz neben der, aus der Körper gemacht sind, der *res cogitans* neben der *res extensa*. Sein Substanzendualismus hat eine verheerende Folge für das Verständnis des Handelns des Menschen, insbesondere seines vernunft- oder urteilsgeleiteten Handelns, und allgemeiner seiner Stellung in der Natur. Wie kann eine körperliche Veränderung, etwa das Heißwerden der Hand auf dem Ofen, Schmerzempfindungen hervorrufen und umgekehrt ein geistiger Prozeß, etwa mein Entschluß, den Arm zu heben, die körperliche Veränderung, daß sich mein Arm hebt? Solche Einwirkungen der einen Sphäre auf die andere gibt es zwar, wie jedenfalls die meisten glauben, und Descartes hatte genug gesunden Menschenverstand, um sie anzuerkennen. Aber wie die Interaktion zwischen den absolut verschiednen Substanzen *res cogitans* und *res extensa* möglich ist, konnte er nicht erklären. Leibniz und andere Descartesschüler waren daher zwar phantastischer, aber konsequenter als Descartes, wenn sie eine prästabilierte Harmonie zwischen körperlichen und geistigen Veränderungen annahmen, die nur wie Interaktion aussieht, tatsächlich aber das Nebeneinander zweier völlig unabhängiger Ereignisketten ist.

Hätte Descartes nicht mehr getan als das Mentale durch die *cogitatio* zu definieren und aus seiner Definition durchaus nicht konsequent und unter einer falschen Prämisse darauf zu schließen, wir *seien* Bewußtsein, so wäre er hier nur als die Quelle einer unhaltbaren Konzeption des Mentalen zu erwähnen. In dieser Rolle wurde er im 20. Jahrhundert zu Recht von allen Seiten verschrien, von den Phänomenologen und Hermeneutikern ebenso wie von den Positivisten und Analytikern. Aber er hat mehr zu bieten, nämlich von seiner Definition unabhängige Thesen über die spezifische *Leistung* des Bewußtseins, Unterscheidungen zwischen *Verstehen* und *Urteilen* und die Hervorhebung einer Gemeinsamkeit von *Urteilen* und *Wollen*, durch die er der wichtigste philosophische Kartograph des Geistes nach Aristoteles wurde. Um ihn als solchen anzuerkennen, muß man allerdings seine Aussagen mit einem gewissen Wohlwollen und mit Hilfe der Begrifflichkeit Gottlob Freges auslegen.

b. Descartes über die Leistungen des Bewußtseins

Descartes erhebt, wie gesagt, nicht das Bewußtsein, sondern die *cogitatio*, das bewußte *Denken*, zur spezifischen Differenz des Mentalen. Das entspricht durchaus nicht den gewöhnlichen Vorstellungen von Descartes' eigener und unserer Zeit. Nach diesen sind vielmehr auch solche Empfindungen bewußt, die nicht notwendig mit Denken verbunden sind. Dazu gehören nach der gewöhnlichen Meinung Schmerz- und Lustempfindungen und allgemeiner alle Empfindungen, die wir als bloß körperlich von nichtkörperlichen Gefühlen unterscheiden und auch Tieren zuschreiben. Solche Empfindungen sind nach Descartes' Definition des Mentalen als *cogitatio* nicht mental. Daher betrachtet er Tiere als komplizierte Automaten.

Descartes verbindet seine Einschränkung des Bewußtseins auf Denkprozesse mit Aussagen, die erkennen lassen, daß er dem Bewußtsein spezifische Leistungen zuschreibt. Trotz der unplausiblen Einschränkung verdienen sie Beachtung. Eine erste Aussage wird erkennbar, wenn wir fragen, was den Tätigkeiten gemeinsam ist, die Descartes aufzählt, wenn er beschreibt, was ein denkendes Wesen, eine *res cogitans*, ist: ein Wesen, das «zweifelt, versteht, bejaht, verneint, will, verwirft, vorstellt, fühlt».[6] Diesen Tätigkeiten ist gemeinsam, *Tätigkeiten* eines Lebewesens zu sein. Sie machen aus dem Lebewesen ein tätiges, selbst handelndes Wesen. Diese Behauptung impliziert Descartes' *erste These* über die spezifische Leistung des Bewußtseins: es macht seinen Träger *handlungsfähig*.

Den Tätigkeiten ist noch mehr gemein als ein Wesen tätig zu machen. Sie haben erstens alle mit *ideae*, mit Ideen oder Vorstellungen, zu tun. Ideen sind die elementaren Gegenstände des Bewußtseins. Deshalb nennt Descartes nicht nur die Tätigkeit des Denkens *cogitatio*, sondern auch das, was «meinem Geist vorschwebt».[7] Als Vorstellungen *verweisen* Ideen auf anderes; sie sind Vorstellungen von etwas, das nicht Idee ist. Daher ist das Bewußtsein in dem Sinn, in dem Descartes Ideen *cogitationes* nennt, die Vorstellung von etwas anderem. In dem strengeren Sinn, in dem er nur *Tätigkeiten* als Bewußtsein anerkennt, ist das Bewußtsein daher die Tätigkeit, mit der sich ein Wesen auf etwas anderes bezieht. Dieses andere sind entweder die Körper, die *res extensae*, wenn nämlich die Ideen von diesen durch Affektion unsrer Sinne erzeugt worden sind, oder es sind «intelligible» Gegenstände, zu denen Descartes außer Gott die Gegenstände der erfahrungsfreien Wissenschaften der Logik, Mathematik und Metaphysik zählt. Das Bewußtsein und seine Elemente, die Ideen, sind Träger dessen, was heutige Philosophen nach Brentano *Intentionalität* nennen.[8] Nicht-intentionales Bewußtsein ist nach Descartes unmöglich. Diese Auffassung impliziert Descartes' *zweite These* über die spezifische Leistung des Bewußtseins: es macht seinen Träger intentional oder *fähig, sich auf anderes zu beziehen*.

Zweitens ist den Tätigkeiten, die Descartes als die eines denkenden Wesens, einer *res cogitans*, aufzählt, gemein, mit dem *Urteilen* zu tun zu haben, wenn sie nicht selbst schon Urteile sind. Die Ideen sind zwar Elemente des Bewußtseins, aber keine Tätigkeiten, als die allein Descartes das Bewußtsein im strengen Sinn anerkennt. Bejahen, Verneinen und Verwerfen ist Urteilen, Zweifeln ist eine Urteilsaufhebung, Verstehen ist entweder Urteilen oder eine Urteilsvorbereitung, für Wollen gilt dasselbe, Vorstellen ist eine Urteilsvorbereitung oder -erwägung. Nur das Empfinden könnte man als etwas betrachten, das mit Urteilen nichts zu tun hat; eine intensive Schmerzempfindung scheint nichts mit Urteilen zu tun zu haben. Descartes hält dagegen Empfindungen für unvollkommene und verworrene Einsichten, weil sie unvollkommene und verworrene Ideen liefern, und daher für verworrene Urteile. Diese Auffassung impliziert Descartes' *dritte These* über die Leistung des Bewußtseins: es macht seinen Träger *urteilsfähig*; es befähigt ihn, sich nicht nur irgendwie auf anderes zu beziehen, sondern durch Urteile.

Mir scheint offensichtlich, daß Descartes' dritte These höchstens auf das *menschliche* Bewußtsein zutrifft, nicht aber auf das Bewußtsein, das kleine Kinder und Tiere haben, wenn sie Schmerz oder Lust empfinden. Empfindungen werden nicht erst durch ihren Bezug auf Urteile oder soweit sie mit Denken verbunden sind bewußt. Unplausibel ist auch Descartes' zweite These. Beziehen wir uns in einer intensiven Schmerzempfindung auf etwas anderes, so wie wir uns mit einem Gedanken, einer Absicht, einer Erinnerung, einem bestimmten Gefühl für jemanden auf etwas beziehen? Wenn uns der Schmerz jeden Gedanken und jedes Gefühl austreibt, hört er auf, wie mir scheint, intentional, aber leider nicht, bewußt zu sein.

Descartes' erste These dagegen ist durchaus plausibel. Auch ein Wesen, das nur das nichtintentionale Bewußtsein eines Schmerzes hat, ist durch dieses Bewußtsein etwas, das *handeln kann*. Es *sucht* in irgendeiner Weise, dem Schmerz zu entkommen und eine Lust zu erhalten. Es hat schon durch das primitivste Bewußtsein den eigenartigen Charakter, nicht nur für den äußeren Betrachter, sondern für sich selbst ein Wesen mit Zielen wie dem der Schmerzvermeidung und Lusterhaltung zu sein. Wie spätere Philosophen sagten, ist es, soweit es auch nur das rudimentärste Bewußtsein hat, nicht nur ein *An sich*, sondern ein *Für sich*. Es hat nicht nur objektiv beschreibbare Ziele, sondern Begehrungen, deren Verfolgung es *erlebt* und *vollzieht* und deren Behinderung es *erleidet*.

Die Unterscheidung des An sich und Für sich dient nur der Beschreibung des Phänomens des Bewußtseins, nicht seiner Leistung. Descartes dagegen impliziert eine Aussage über die Leistung, weil er das Bewußtsein als etwas beschreibt, was seinen Träger potentiell *tätig* macht. Dieser Charakter muß einem nur schmerz- und lustempfindenden Lebewesen nicht selbst gegeben sein; es muß sich nicht als tätig erfahren. Dennoch *ist* es nach Descartes aktiv, und es ist aktiv, weil es empfindungsfähig ist. Descartes versteht zwar die Handlungsfähigkeit, die er als Folge des Bewußtseins betrachtet, nach der Handlungsfähigkeit der Menschen: als eine Fähigkeit, die die Zurechenbarkeit der Handlungen einschließt. Aber das ist eine Folge seines zu engen Bewußtseinsbegriffs. Wenn wir ihn erweitern, bleibt immer noch seine These, daß das Bewußtsein seinen Träger dazu befähigt, in einer Weise auf Reize zu reagieren, die von der Reaktion einer Billardkugel auf den Stoß einer anderen, aber auch von der Reaktion einer Pflanze auf das Licht grundsätzlich abweicht; nämlich so, daß wir sagen können, daß er selbst tätig oder aktiv ist oder handelt.

Wir werden später die erste These bestätigen können. Vorerst können wir festhalten, daß Descartes eine These über die Leistung des Bewußteins auch der einfachsten Art impliziert, nämlich seinen Träger zu einem Wesen zu machen, das nicht nur Ziele hat, sondern dem sie derart gegeben sind, daß es sie selbst aktiv verfolgt. Auch Descartes' zweite und dritte These (zur Intentionalität und Urteilsfähigkeit) verdienen Beachtung, wenn wir nur erstens annehmen, daß es verschiedene Formen des Bewußtseins gibt, die wir in eine Entwicklungsreihe stellen können, in der die späteren die früheren voraussetzen, und zweitens, daß Descartes' zweite These nur für die Form oder Stufe des intentionalen und seine dritte These für die Form oder Stufe des urteilsfähigen Bewußtseins gilt. Auch diese Thesen werden wir später bestätigen.

Soweit lassen Descartes' Thesen über die Leistungen des Bewußtseins die Unterscheidungen auf der aristotelischen Landkarte des Geistes noch unverändert. Deutlich ist nur, daß seine Definition des Mentalen als Bewußtsein den Kontinent der vegetativen Vorgänge und seine drei Thesen auch die rein animalischen Empfindungen von der Landkarte des Geistes verweisen. Aber sie sprechen den mentalen Vorgängen und Tätigkeiten auch Funktionen zu, die von den aristotelischen abweichen.

Bei Aristoteles dienen die seelischen Vorgänge und Tätigkeiten dem Erhalt und der Entwicklung der bestimmten Form, die ein Lebewesen ist. Sie sind zwar Betätigungen, aber Aristoteles versteht unter Betätigung etwas anderes als Descartes, nämlich die Betätigung der Form, als die Aristoteles die Seele definiert. Die vegetativen Prozesse sind ebenso die Betätigung der Form, die die Substanz einer Pflanze ist, wie die intellektuellen Tätigkeiten die Betätigung der Form sind, die die Substanz eines Menschen ist. Alle psychischen und intellektuellen Prozesse sind Betätigungen, aber Betätigungen einer Art, daß auch vegetative Prozesse als Tätigkeiten gelten. Sie sind die Verwirklichungen einer schon festliegenden Form, die erreicht oder verfehlt werden kann.

Für Descartes sind mentale Prozesse ein Umgang mit Ideen oder Repräsentationen, der immer auf *Urteile* bezogen ist, auf Urteile darüber, ob die Ideen das repräsentieren, was sie zu repräsentieren scheinen. Die Urteile dienen zwar nicht nur der Erkenntnis dessen, was Ideen repräsentieren, sondern auch ihrer praktischen Verwirklichung. Aber was sie, oder besser, was wir selbst mit Hilfe mentaler Tätigkeiten verwirklichen, folgt keiner bestehenden Form, weil wir jedes vorgefundene Ziel verwerfen und darin sogar unsere Größe finden können. Um das genauer zu sehen, müssen wir Descartes' Aussagen über die Aufgaben des Verstandes und des Willens betrachten, mit denen er erklärt, wie Irrtum möglich ist.

c. *Verstehen, Urteilen, Wollen*

(i) Seine Erklärung der Möglichkeit des Irrtums

Alle unsere mentalen Vermögen müssen in der Art, wie wir sie von Gott bekommen haben, vollkommen sein, weil Gott, wie Descartes meint bewiesen zu haben, als vollkommenes Wesen zwar Geschöpfe erschaffen kann, die mehr oder weniger zu leisten vermögen, aber keine fehlerhaften Vermögen. Zur Vollkommenheit Gottes gehört wie zur Vollkommenheit eines modernen Autoproduzenten, daß er Produkte in einer Palette unterschiedlicher Leistungen und Ansprüche hervorbringt, die doch alle den vorgesehenen Ansprüchen vollkommen entsprechen. Wenn wir dennoch Fehler oder Unfälle machen, liegt es nicht an den Produkten, sondern unserem Gebrauch; wir bedienen sie falsch. Wir können unsere gottgeschaffenen Vermögen aber deshalb falsch gebrauchen und irren, weil wir kraft unsres *Willens* oder Entscheidungsvermögens auch dann etwas als wahr behaupten können, wenn das Urteil, das wir als wahr behaupten, nicht den Ideen entspricht, die wir von der beurteilten Sache haben. Wenn wir dagegen nur das als wahr behaupten, was die Ideen in der Tat repräsentieren, irren wir nie.

Die Tatsache, daß wir irren, zeigt nur bei oberflächlicher Betrachtung die Fehlerhaftigkeit unserer Vermögen oder die Unvollkommenheit ihres Schöpfers an. Näher besehen beweist sie die göttliche Größe eines unserer geistigen Vermögen. Gerade das Vermögen, dem die Fehler anzulasten sind, der Wille, erweist sich als «so vollkommen und groß, daß ich nicht erkenne, wie er vollkommener oder größer sein könnte»;[9] der Wille macht mich gottgleich. Denn er befähigt uns, auch dann zu urteilen, wenn unsere Erkenntnisse zu einem gerechtfertigten Urteil nicht ausreichen. Die Fähigkeit aber, ein Urteil auch bei unzureichenden Erkenntnissen als wahr zu behaupten, gehört zum Vermögen, «dasselbe zu tun oder zu unterlassen, es zu bejahen oder zu verneinen, zu verfolgen oder zu fliehen»,[10] und dieses Vermögen ist genau das, was eine scholastische Tradition als den freien Willen definierte und nicht nur dem Menschen, sondern auch Gott zusprach. Ein vollkommenes Wesen kann keinen freieren und daher auch keinen vollkommeneren *Willen* haben als den, einen Gedanken oder eine Möglichkeit ebensowohl als richtig oder tunlich zu bejahen wie zu verneinen; auch dann, wenn es den Gedanken, den es kraft seines freien Willens etwa bejaht, bei sorgfältiger Betrachtung verneinen oder weder als wahr noch als falsch beurteilen würde.[11]

Ein *vollkommenes* Wesen hat freilich außer einem vollkommenen Willen auch einen vollkommenen *Verstand*, der verhindert, daß es etwas bejaht, was es bei sorgfältiger Betrachtung verneinen würde. Ein vollkommener Verstand fehlt uns Menschen, die wir eben nicht vollkommen sind. Unser Verstand läßt sich als größer denken; er wäre es, wenn er auch Zusammenhänge verstehen könnte, die wir nicht verstehen. Aber wenn die Dinge, die er begreifen kann, auch beschränkt sind, ist er in ihrem Verständnis untadelig, weil er nur die Ideen wiedergibt, die wir von den Dingen erhalten, aber nicht Falsches enthält. Wahr oder falsch können nur Urteile sein, aber Urteilen ist nicht das Geschäft des Verstands, sondern des Willens.

(ii) Die frühere Entgegensetzung von Wissen und Wollen und Descartes' Änderung

In seiner Zuweisung des Urteilens an den Willen besteht Descartes' zentrale Veränderung der aristotelischen Landkarte des Geistes. Er nähert dadurch *Wissen* und *Wollen* einander an und rückt sie ab nicht nur vom Empfinden, Wahrnehmen, Vorstellen, sondern auch vom Verstand. Betrachten wir, um die neue Kartographie besser zu verstehen, die frühere Entgegensetzung von Wissen und Wollen, theoretischem und praktischem Vermögen.

Seit Aristoteles und noch lange nach Descartes unterschied man theoretisches und praktisches Vermögen so. Das Erkenntnisvermögen ist der *Verstand,* der *intellectus.* Er betrachtet Wahrnehmungsdaten und andere Vorstellungen oder Ideen und kommt dabei zu Erkenntnissen. Dieser Vorgang ist *passiv*, ein Prozeß, dem sich der Verstand (oder der Erkennende) ausgesetzt sieht. Die Erkenntnis ist um so besser, je weniger sich der Verstand dem Zeugnis der Sinne oder einer nichtsinnlichen Evidenz widersetzt. Kommt der Verstand bei Betrachtung der Ideen zu falschen Ergebnissen oder, wie wir heute mit Descartes sagen würden, zu falschen *Urteilen*, so galt das als bewirkt durch Fehler im Erkenntnisapparat oder in der Einübung seines Gebrauchs, die man ihrerseits als Prozeß verstand, dem der Verstand unterworfen wird.

Der *Wille* sieht sich zwar ähnlich Daten ausgesetzt, jedoch nicht Ideen, sondern Begehrungen und Abneigungen. Hobbes folgte diesem Aspekt des Ausgesetztseins und verstand den Willen als das bloßes Ergebnis des Zusammenfließens von Begehrungen und Abneigungen, als «die letzte Begehrung oder letzte Abneigung» am Ende einer «Abwägung», die man als das Zuruhekommen des Hin und Her von Begehrungen und Abneigungen verstehen muß.[12] Locke, Leibniz und Kant schrieben dagegen dem Willen, oder uns in der Rolle von Wollenden, das Vermögen zu, den Einfluß von Begehrungen zu *blockieren*. Sie sahen den Willen als eine *aktive* Instanz, die dem Strom der Begehrungen nicht passiv ausgesetzt ist wie der Verstand dem Strom der Vorstellungen, sondern darüber entscheiden kann, ob eine Begehrung zu einer Handlung wird.

So sieht es auch Descartes, aber seine Neuerung ist, im Gegensatz zu Hobbes den Willen nicht nach dem früheren Modell des

Verstehens, sondern umgekehrt das Erkenntnisvermögen nach dem Muster des Willens zu verstehen. Er schreibt uns ebenso die Fähigkeit zu, die einströmenden Vorstellungen daran zu hindern, zu Erkenntnissen zu werden, wie er und Locke, Leibniz und Kant uns die Fähigkeit zuschreiben, die einströmenden Begehrungen daran zu hindern, zu Handlungen zu werden. Er betont ausdrücklich, daß die Evidenz von Ideen uns zwingen kann, einen Gedanken für wahr zu halten, *wenn* wir ihn nur betrachten; das *Cogito sum* ist ein Beispiel. Er erkennt auch an, daß eine Erkenntnis um so zuverlässiger ist, je weniger wir dem als wahr anerkannten Gedanken unsere Zustimmung entziehen können.[13] Aber wir können uns seiner Betrachtung immer verschließen; wir können uns weigern, einen Gedanken überhaupt zu betrachten. Bevor wir einen Gedanken als wahr anerkennen und zu Wissen kommen, müssen wir uns zu seiner Betrachtung entschieden haben.

Daher gibt es nach Descartes kein Wissen ohne vorausgehenden Willen, die Evidenzen des Verstandes zu betrachten. Auch wenn das Urteil darüber, ob ein Gedanke wahr ist, inhaltlich von den Evidenzen des Verstandes bestimmt wird, ist es ein Akt des Willens, weil der Wille seine Ausführung verhindert oder genehmigt. Deshalb sind wir in jedem Urteil frei, den beurteilten Gedanken ebenso zu bejahen wie zu verneinen. Deshalb ist unser Urteilsvermögen, die *iudicandi facultas*, eine *facultas eligendi*, ein Wahlvermögen oder der Wille. Urteile sind Willensakte, *actus voluntatis.*[14]

Ich habe gesagt, es sei Descartes' zentrale Veränderung in der Kartographie des Geistes, Wissen und Wollen anzunähern. Genau genommen gleicht er nicht den Verstand dem Willen an, sondern den *Weg*, auf dem wir zu Wissen kommen, dem Weg, auf dem wir zu einer bestimmten Art von Wollen kommen, nämlich dem urteilsgegründeten Wollen. Die Angleichung und ihre (Rechtfertigungs-)Gründe werden deutlicher, wenn wir sie in der heutigen Begrifflichkeit von Proposition und illokutionärem Akt beschreiben. Obgleich diese auf Gottlob Frege zurückgeht, war der Begriff der Proposition in der scholastischen Tradition gebräuchlich, die Descartes' Überlegungen vermutlich geleitet hat. Was ich in der Beschreibung von Descartes' Aussagen *Gedanken* oder den Gegenstand eines Urteils nannte, nennt auch Frege Gedanken;

heute gebraucht man dafür auch den Fachausdruck *Proposition.* Eine Proposition ist der Satzinhalt oder propositionale Gehalt, der, wie oben vorgetragen, vom illokutionären Akt (oder der *Kraft*, wie Frege sagt, oder dem *Modus*) unterscheidbar ist. Wir können über ihn nicht nur (im illokutionären Akt der Behauptung) urteilen, daß das, was er darstellt, der Fall ist, sondern auch (im illokutionären Akt der Forderung), daß es *sein soll.*

In Descartes' neuer Kartographie ist der Übergang von Verstandesevidenzen zu Wissen analog dem Übergang von spontanen Begehrungen zu urteilsgegründetem Wollen. In beiden Fällen *urteilen* wir über *Propositionen*, im einen Fall deskriptiv, im andern Fall präskriptiv. Den Übergang zum präskriptiven Urteil hat man schon immer als einen Akt des Willens verstanden, weil man oft genug bei Betrachtung seiner Handlungsstimuli unsicher ist, wie man zu handeln hat, und die Entscheidung als einen Willensakt aufzufassen gewohnt ist. Descartes zeigt, daß wir auch den Übergang zum deskriptiven Urteil als Willensakt verstehen können. Er setzt dabei voraus, daß wir auch bei Betrachtung unserer zu Annahmen stimulierenden Reize unsicher sein können und immer vorsichtig sein sollten, was wir annehmen, und daß wir, um zu einem theoretischen Urteil zu kommen, ähnlich auf den Willen angewiesen sind wie beim praktischen Urteil.

Das Ergebnis von Descartes' neuer Grenzziehung ist, daß nicht der Verstand die Instanz ist, die uns Wissen gibt, sondern der Wille. Was aber ist dann nach Descartes der Verstand, der *intellectus*? Er «perzipiert die Vorstellungen, über die ich urteilen kann».[15] Daß er *Vorstellungen* perzipiert, heißt nicht, daß er Dinge wahrnimmt, sondern daß er Wahrgenommenes und andere Daten wahrheits- und falschheitsfähig oder *beurteilbar* macht. In der heutigen Terminologie heißt das: der Verstand erfaßt nach Descartes die in den Wahrnehmungen und Vorstellungen enthaltenen *Gedanken* oder *Propositionen*; er liest den Reizen, die unsere Sinne uns liefern, das ab, was verständlich, und das heißt: was beurteil- oder bejah- und verneinbar wird.

Descartes kann sich für seine Deutung zwar auf die romanischen (und germanischen) Sprachen stützen: der Verstand, *l'entendement*, *hört* oder *versteht* die Sinnesreize; er garantiert, daß sie uns kein sinnloses Geräusch sind; der *intellectus interlegiert*, liest oder sammelt aus den Daten das uns Angehende und

Verständliche heraus. Aber gegen seine Deutung spricht, daß er *alle* Urteile dem Willen und keine dem Verstand zusprechen muß. Urteilen wir nicht vielmehr gewöhnlich mit dem Verstand?

(iii) Warum die cartesische Grenzziehung paradox ist

Auch wenn Descartes nicht eigentlich Wissen und Wollen, sondern den Weg zum Wissen und urteilsgegründeten Wollen angleicht, ist seine Angleichung paradox. Der Verstand galt und gilt als *das* theoretische Vermögen; er und nicht die Urteilskraft scheint uns Wissen zu geben. Wenn wir hinzufügen, daß Descartes die Urteilskraft zwar nicht immer, aber in seiner Erklärung der Möglichkeit des Irrtums mit dem Willen gleichsetzt, und zu sagen verlangt, unser Wissen hänge von unserem *Willen* ab, dann scheint die Schwelle des Erträglichen überschritten. Wissen, das von unserem Wollen abhängt, ist schwer als *Wissen* anzuerkennen. Auf der anderen Seite ist seine Argumentation bestechend. Alles Wissen gründet auf einem Urteil, das Urteil aber kann von unserem Willen verhindert und verzerrt werden. Gewiß muß ein Urteil, das Wissen liefert, so sachgerecht und willkürfrei wie möglich sein, aber diese Bedingungen können wir auch für das Urteil erheben, mit dem wir über eine praktische Proposition entscheiden, das wir doch problemlos dem Willen zuweisen.

Das Paradox löst sich auf, wenn wir den Unterschied zwischen reizgesteuerten oder spontanen und gründegeleiteten Urteilen beachten. Reizgesteuerte Urteile sind eine Leistung des Verstehens; gründegeleitete Urteile setzen dagegen den Zweifel an der Richtigkeit des spontanen Verstehens und Urteilens voraus und beanspruchen eine Geltung, die es vor dem Einsetzen des Zweifels nicht geben kann. Erst wenn wir das spontane Urteil durch das *kritische* ersetzen, betätigen wir nicht mehr nur den Verstand und (in praktischen Urteilen) den unreflektierten Willen, sondern suchen nach Rechtfertigungsgründen, wägen sie ab und fällen ein Urteil in der Art, die der Urteilsfällung bei schweren praktischen Entscheidungen vergleichbar ist. Da es Descartes um ein besseres Verständnis der Irrtümer in den *Wissenschaften*, dem regelgeleiteten und generationenübergreifenden Unternehmen der Wahrheitsfindung ging, beachtete er nicht die ordinären oder vorkritischen Urteile des Verstandes und dessen Rolle im unkritischen und spontanen Urteilen, für die seine Annäherung von Wissen und Wollen unplausibel ist. Er interessierte sich nur für *begründungspflichtige* Urteile, die in der Tat eine dem praktischen Entscheidungsprozeß analoge Gründeabwägung verlangen.[16]

(iv) Die Vernunft

Soweit der Wille (oder die Urteilskraft) sein Urteil nach Rechtfertigungsgründen fällt, erfüllt er die Leistung, die ich als das Geschäft der Vernunft behauptet habe. Wir müssen daher Descartes eine weitere Veränderung der aristotelischen Landkarte zuschreiben. Die Annäherung von Wissen und Wollen setzt nicht nur das Aufkommen von Zweifeln an der Richtigkeit der spontanen Wissens- und Wollensbildung voraus; sie verdrängt nicht nur den Verstand aus der Rolle der Wissenslieferung und den unreflektierten Willen aus der Rolle der Handlungsbestimmung. Sie verlangt auch, daß wir fähig sind, die Gründe für die spontane Wissens- und Wollensbildung zu explizieren, abzuwägen, relevante andere Gründe zu suchen und zu erkennen und nach ihnen zu urteilen. Diese Gründe sind alle Rechtfertigungsgründe. Wenn wir daran festhalten, daß das Vermögen zu rechtfertigen die Vernunft ist, dann verlangt die cartesische Annäherung von Wissen und Wollen die Anerkennung, daß wir Vernunft brauchen, um nach Gründen über theoretische ebenso wie über praktische Propositionen zu urteilen. Wir müssen dann in seine Landkarte des Geistes die Vernunft an dem Ort eintragen, wo auf dem Weg zur Wissens- und Willensbildung die Gründe der spontanen Wissens- und Wollensbildung expliziert, weitere gesucht und schließlich alle einschlägigen Gründe vor der Urteilsfällung abgewogen werden. Descartes selbst wollte vermutlich die Vernunft nicht als Vermögen zu rechtfertigen verstehen. Hier geht es nur darum zu sehen, daß seine neue Landkarte des Geistes einen herausgehobenen Ort für ein Vermögen zu rechtfertigen verlangt.

Wenn die Vernunft das Vermögen zu rechtfertigen ist, ist sie auch das Vermögen, Gründe abzuwägen und als triftig oder zwingend einzuschätzen, und wenn sie Gründe einschätzen kann, fällt sie dann nicht auch das Urteil? Fallen Urteilkraft und Vernunft daher nicht zusammen? Descartes setzt die Urteilskraft nicht mit der Vernunft gleich; er gebraucht *ratio* in den *Meditationen* vielmehr in einem so weiten Sinn, daß es gleichbedeutend mit dem nichtsinnlichen Erkenntnisvermögen ist.[17] In jedem Fall hatte er einen guten Grund, sie nicht gleichzusetzen. Die Urteilskraft ist das Vermögen, ein Urteil zu fällen, und zwar in beliebiger Weise, vernünftig und unvernünftig; wir können uns, wie Descartes hervorhebt, in unserem Urteil, weil es vom Willen bestimmt werden kann, auch über die evidentesten Gründe hinwegsetzen, und das heißt: wir können auch unvernünftig oder gegen die Vernunft urteilen.

Wir müssen daher anerkennen, daß das Vermögen zu rechtfertigen zwar ein Vermögen ist, Gründe einzuschätzen und nach ihnen zu urteilen, daß es aber dennoch nicht mit dem Vermögen zu urteilen zusammenfällt. Das heißt nichts anderes als die bekannte Tatsache, daß wir zwar Gründe einschätzen und erkennen können, zu welchem Urteil sie verpflichten, wir aber dennoch oft unbekümmert um die Rechtfertigungsgründe entscheiden. Wir könnten zwar das Wort *Urteilskraft* so gebrauchen, daß wir es nur anwenden, wenn unser Urteil den besten Gründen folgt, und etwa das Wort *Entscheidungsvermögen* (oder *Willkür*) für Urteile reservieren, die sich um Gründe nicht kümmern. In dem Fall würden Urteilskraft (im Unterschied zum Entscheidungsvermögen) und Vernunft zusammenfallen. Zur Erinnerung daran, daß wir auch ohne Rücksicht auf Gründe urteilen, ist es jedoch sinnvoll, nicht zwischen Urteilskraft und Entscheidungsvermögen, wohl aber zwischen Vernunft und Urteilskraft zu unterscheiden.

(v) Das Selbst

Wenn wir so an Descartes angelehnt zwischen Vernunft und Urteilskraft unterscheiden, müssen wir eine weitere cartesische Änderung in der aristotelischen Landkarte des Geistes verzeichnen, die nicht nur unser Vernunft-, sondern vor allem unser *Selbst*verständnis betrifft, das Verständnis von dem, was wir selbst sind oder was uns ausmacht.

Die rationale Metaphysik des 17. und 18. Jahrhunderts betrachtete das Selbst als eine Substanz, von der wir eine unfehlbare Kenntnis als einfach (und daher unauflöslich und unvergänglich) und als dieselbe durch alle Zeit unsres Lebens hindurch haben (und daher als verantwortlich für alles, was wir im Lauf unseres Lebens tun). Hume verwarf diese Annahme zu recht, behauptete aber darüber hinaus, es sei in jeder Hinsicht falsch, uns als eine lebenslang dauernde Einheit zu betrachten. Denn wir seien «nur ein Bündel verschiedener Wahrnehmungen, die einander in unvorstellbarem Tempo folgen und in beständiger Bewegung sind». Ebensowenig könne man dem Geist Identität zuschreiben: «Der Geist ist eine Art Bühne, auf der verschiedene Wahrnehmungen in unendlicher Mannigfaltigkeit von Haltungen und Situationen nacheinander auf- und abtreten, wiederkehren, verschwinden und sich mischen. Genau genommen gibt es in ihm weder *Einfachheit* zu einer Zeit noch *Identität* zu verschiedenen Zeiten, wie sehr wir auch natürlicherweise uns Einfachheit und Identität vorstellen möchten.»[18]

Hume stützt seine Kritik auf die Prämisse, «Es muß *einen* Sinneseindruck geben, der jede wirkliche Idee entstehen läßt.»[19] Da es für die Idee des Selbst in der Tat nicht *einen* Sinneseindruck gibt, verwirft er sie als nicht «wirklich». Aber seine Prämisse ist leicht anfechtbar; wir halten viele Begriffe für sinnvoll oder «wirklich», obgleich ihnen nicht eine einzige bestimmte Erfahrung entspricht, wie den des Geldes, der Arbeit, der Löslichkeit von Zucker in Wasser und tausend andere.[20] Wir können daher seine Kritik an der rationalen Metaphysik des Selbst anerkennen, ohne den Begriff als sinnlos zu verwerfen. Wir können uns in dem Sinn ein Selbst zuschreiben, daß wir uns das Vermögen zuschreiben, auf die Reize, denen wir ausgesetzt sind, orientiert an einem unser gesamtes Leben betreffenden Ziel zu reagieren. Mit einem Selbst schreiben wir uns daher keine unsterbliche Seele zu, sondern etwas, das gleichbleibend unser Handeln bestimmt und für es verantwortlich ist.

Die Frage bleibt jedoch, in welchem unserer Vermögen oder Leistungsarten wir unser Selbst finden oder wo auf der Landkarte des Geistes wir unser Selbst ansiedeln sollten. Die Antwort der antiken Philosophen, auch wenn sie nicht den Begriff eines Selbst gebrauchten, war eindeutig: was eigentlich uns selbst ausmacht, ist die Vernunft. Die Vernunft ist für sie das edelste, göttliche Vermögen, weil es uns zur Erkenntnis unvergänglicher Dinge und Prinzipien befähigt. Sie kann Unvergängliches nur erkennen, weil sie selbst unvergänglich ist. Unser Selbst nicht in der Vernunft zu sehen, hieße uns mit etwas unter unserm besten Vermögen identifizieren und unsere Würde verletzen. Wir sind in unserem Wesen Vernunft, und vernunftlose Lebewesen und Menschen haben genau genommen gar kein Wesen, weil sie vergänglich sind; bloße Bündel nicht nur von Wahrnehmungen, sondern auch von Begierden; ebenso substanzlos wie die Humeschen Bündel.

Auch wenn man die Vernunft nicht mehr für das Vermögen der Erkenntnis des Unvergänglichen, sondern der Rechtfertigung hält, bleiben Gründe, uns mit der Vernunft zu identifizieren. Als das Vermögen zu rechtfertigen liefert uns die Vernunft die Rechtfertigungsgründe, nach denen wir über die Richtigkeit aller unserer Entscheidungen und Urteile entscheiden. Ohne sie hätten wir keinen Begriff von der Richtigkeit des Handelns; ohne sie würden wir blind entscheiden. Ohne sie hätten wir auch, wie schon argumentiert, keine Welt identifizierbarer Gegenstände, sondern nur eine Umwelt von Reizen, auf die wir zwar intelligent reagieren, die wir aber nie als Objekte uns entgegenstellen und von uns unterscheiden könnten. Ohne Vernunft würden wir uns nicht als Selbst erkennen. *Sind* wir daher nicht Vernunft?

Nach Descartes sind wir es deshalb nicht, weil wir auch gegen die Vernunft entscheiden können. Wir hören nicht auf, wir selbst, wir hören auch nicht auf, verantwortlich zu sein, wenn wir unvernünftig entscheiden. *Wir* sind daher nicht Vernunft, sondern der Wille oder die Urteilskraft, die auf die Vernunft hören, aber ihren Rat auch in den Wind schlagen kann. Kant, wie wir sehen werden, wollte an unserer Identifizierung mit der Vernunft festhalten. Daher setzt er den freien Willen, den er wie Descartes mit dem Selbst identifiziert, mit der Vernunft gleich. Daher kann er unvernünftiges Handeln weder als freies noch als *unser eignes* Handeln anerkennen und hat keinen Platz für zugleich böses und verantwortliches Handeln. Descartes entgeht diesen Problemen. Wir sind der Wille, der frei ist, aber auch frei, gegen die Vernunft zu handeln. Wir sind daher nicht Vernunft.

Kant hatte für seine Auffassung einen guten Grund. In unseren Wahrnehmungen, so argumentiert er, hängen wir von den Reizen der Außenwelt ab; in unserem Verstand, der die Reize verarbeitet, zeigen wir zwar «Selbsttätigkeit», können aber nur «Begriffe hervorbringen», die «bloß dazu dienen, um die *sinnlichen Vorstellungen unter Regeln zu bingen* und sie dadurch in einem Bewußtsein zu vereinigen» und über sie Gedanken fassen zu können, die wahr oder falsch sein können. Nur die Vernunft zeige «eine so reine Spontaneität» oder Selbsttätigkeit, daß sie auch von den sinnlichen Vorstellungen unabhängig ist und «ihr vornehmstes Geschäft darin beweist, Sinnenwelt und Verstandeswelt voneinander zu unterscheiden, dadurch aber dem Verstande selbst seine Schranken vorzuzeichnen».[21]

Kants Argument deckt sich mit unsrer Überlegung, daß die Vernunft als Vermögen der Rechtfertigung auch den Verstandesanspruch auf erfahrungsunabhängige Erkenntnis prüfen und zurückweisen kann. Er sah richtig, daß wir selbst (oder unser Selbst) nicht wären, was wir sind, wenn wir keine Vernunft hätten. Zu unseren Entscheidungen gehört, daß sie auf ihre Richtigkeit geprüft werden können. Ohne Vernunft kein menschliches Selbst. Wir hören auf, wir selbst zu sein, und unsere Handlungen hören auf, unsere Handlungen zu sein, wenn wir unsere Vernunft verlieren. Aber daraus folgt nicht, daß unsere Entscheidungen aufhören, unsere zu sein, oder wir aufhören, wir selbst zu sein, wenn wir nicht auf die Vernunft hören. Daher ist unser Selbst nicht die Vernunft, sondern unser Urteilsvermögen oder Wille, mit dem wir nach der Abwägung von Gründen und immer aus bestimmten Gründen entscheiden, aber nicht unbedingt nach den Gründen, die wir nach sorgfältigem Abwägen auch außerhalb des Drangs der Entscheidungssituation für die besten halten.[22] Nur solche aber sind die Gründe, denen die Vernunft zu folgen verlangt.

Wenn wir unser Selbst mit Descartes in unser Gründen folgendes Urteilsvermögen oder den *Willen* setzen, können wir auch Tieren Vorformen des Selbst zusprechen, soweit sie handlungsfähig sind. Für Descartes war diese Konsequenz ohne Belang, da er Tiere nicht für handlungsfähig hielt; ihre Bewegung hielt er ebensowenig für Handlungen wie die von Automaten. Für uns Heutige ist die Konsequenz dagegen ein Argument für die cartesische Distanzierung des Selbst von der Vernunft. Wenn wir Tieren Vorformen des Selbst zuschreiben können, können wir unser Selbst und unsere Verantwortlichkeit leichter als Produkt der Evolution verstehen. Dem Selbst der Tiere fehlt gewiß Freiheit und Verantwortlichkeit, aber es steht nicht nur für ihre Handlungsfähigkeit und einheitliche Orientierung, sondern ist ihnen auch in grundsätzlich derselben Weise gegeben wie uns unser Selbst, zwar nicht durch ein *Selbst*bewußtsein, wohl aber durch eine einfachere Form des Bewußtseins.[23]

Descartes' erste These über die Leistungen des Bewußtseins ist, wie wir sahen, daß es aus seinem Träger ein *handelndes* Wesen macht. Diese Eigenschaft müssen wir auch den einfachsten Lebewesen zuschreiben, wenn wir ihnen nur Lust- oder Schmerzempfindungen zuschreiben können. Die Pflanze, die ihre Blätter nach dem Licht dreht und ihre Wurzeln nach der Feuchtigkeit streckt, betrachten wir trotz der Aktivform in der Beschreibung, daß *sie* die Blätter *dreht* und die Wurzeln *streckt*, nicht als aktiv, sondern als bloß passiv auf Reize reagierend. Ein Grund für diese Betrachtung ist, daß sie zwar auf ihr förderliche Reize wie Licht und Wasser reagiert, aber nicht (oder kaum) auf ihr schädliche, wie Trockenheit oder Pflanzenfresser. Tiere beweisen dagegen durch ihre Flucht oder andere Schutzmaßnahmen vor ihnen erkennbaren Gefahren, daß sie nicht hinnehmen, was ihnen zufällt, sondern aktiv oder *selbst* zu ihrem Geschick beitragen. Eine Bedingung solcher Selbsttätigkeit ist ein Bewußtsein von dem, was ihnen widerfährt und wohin sie streben. Dies Bewußtsein ist ihnen in den Empfindungen von Schmerz und Lust gegeben. In ihnen sind ihnen nicht nur die äußeren Reize und Gefahren, sondern auch die eigenen Strebungen und mit diesen sie sich selbst gegeben. Auch das rudimentärste Bewußtsein ist daher eine Form der Selbstgegebenheit. Aber es ist dies nur, weil es immer mit Selbsttätigkeit verbunden ist. Daher ist auch das einfachste Selbst, das wir Tieren zuschreiben können, immer etwas Aktives.

Wenn wir auch Tieren ein Selbst zuschreiben können, obgleich ihnen Vernunft und Willensfreiheit fehlen, wird es unplausibel, daß unser Selbst erst das Produkt der Reflexivität unseres Bewußtseins ist, wie manche Autoren im Anschluß an Kant annehmen.[24] In den spezifisch menschlichen Tätigkeiten, zu denen Tiere nicht fähig sind, sind wir (und unser Selbst) zwar von den Tieren radikal verschieden. Aber auch das, was wir unser Selbst nennen können, hat Vorformen in den Tieren.

4. Eine vorläufige Landkarte des Geistes und ihre weißen Flecken

a. Ist Leben oder Bewußtsein das Kriterium des Mentalen?

Versuchen wir nun aus Aristoteles' und Descartes' Beiträgen zur Landkarte des Geistes eine Landkarte zu zeichnen, von der wir Hilfe bei der Lösung von Fragen zur Vernunft, dem Geist und dem Bewußtsein erwarten können.

Wo oder mit wem sollen wir die Grenze zwischen mentalen und körperlichen Phänomenen ziehen, mit Aristoteles oder mit Descartes? Wir sind natürlich in allen terminologischen Fragen frei, unsere Begriffe nach Belieben zu definieren. Aber hier geht es nicht um Terminologie, sondern um das Urteil, wo objektiv solche Unterschiede bestehen, die wir zur Vermeidung begrifflicher Verwirrungen gebührend hervorheben sollten. Die cartesische Grenzziehung betont die radikale Verschiedenheit materieller und bewußter Vorgänge, die aristotelische dagegen die Gemeinsamkeit psychischer und intellektueller Vorgänge mit den vegetativen. Sie unterstützt die moderne evolutionäre Betrachtung, nach der bewußte Vorgänge sich aus bewußtlosen Lebensprozessen entwikkelt haben und der Sprung von der unbelebten zur belebten Materie radikaler ist als der von bewußtlosen zu bewußten.

In dieser Hinsicht ist die aristotelische Landkarte der cartesischen überlegen. Wir würden auf den Stand der Theorie vor den Diskussionen und Entdeckungen zurückfallen, durch die die Evolutionstheorie überzeugt hat, wenn wir nicht mit Aristoteles und gegen Descartes die Phänomene des Bewußtseins als eine entwickelte Form der Lebensphänomene betrachteten, die zu ihrer Entstehung und Existenz bewußtlose Lebensprozesse voraussetzen. Die aristotelische Grenzziehung entspricht der evolutionistischen Betrachtung auch darin, für mentale Vorgänge spezifische Leistungen anzunehmen, durch die sie zur Lebensführung eines Lebewesens beitragen: die Leistung der vegetativen Prozesse ist die Assimilation der umliegenden Materien an die Form des Lebewesens; die Leistung der Wahrnehmungen die Assimilation oder Anpassung des Lebewesens an die umliegenden Formen, die Leistung des Denkens die Abstimmung der eigenen Bewegungen und Zielsetzungen mit den wahrgenommenen Bedingungen. Sie bestätigt das Prinzip der Evolutionstheorie, nach dem Lebensphänomene, wenn sie eine längere Epoche überdauern, den Lebewesen eine spezifische Leistung erbringen. Sie zeigt an, daß alle mentalen Vorgänge zur Entfaltung von Lebensformen beitragen und dadurch der Erhaltung der Lebewesen zwar nicht unbedingt nützen, aber jedenfalls nicht schaden und für ihr Leben eine bestimmte Bedeutung haben.

Wenn wir daher mentale Phänomene als Eigenschaften materieller Lebewesen verstehen, müssen wir zu ihnen deshalb dennoch nicht auch vegetative und allgemeiner bewußtlose Vorgänge zählen. Ein, wenn nicht das zentrale Problem für das Verständnis des Geistes, das die meisten anderen nach sich zieht, ist das der Interaktion von Bewußtsein und Materie. Dies Problem mag ein Pseudoproblem sein, aber auch Pseudoprobleme verlangen ihre Auflösung, und die aristotelische Grenzziehung macht es nicht leichter, dieses Problem zu lösen. Denn auf der aristotelischen Landkarte kann die Einwirkung eines vegetativen Prozesses auf einen bewußten Prozeß und umgekehrt nicht als ein *Problem* vermerkt werden, weil sie alle im selben Medium des Psychischen stattfinden. Diese Eigenschaft hat zwar den Vorzug, der Tatsache zu entsprechen, daß es in der Tat keine Probleme in der Einwirkung eines vegetativen Prozesses auf einen bewußten und umgekehrt gibt. Aber sie hat den Nachteil, nicht hervorzuheben, daß wir bei Betrachtung bewußter Vorgänge Probleme haben zu verstehen, wie die Einwirkung eines bewußten Prozesses auf einen materiellen möglich ist.

Wir verstehen eben nicht, wie es zwischen so verschiedenen oder verschieden scheinenden Bereichen, wie es Bewußtsein und Materie sind, Interaktion geben kann. Zwischen dem Bewußtsein und der Materie scheint eine unüberbrückbare Kluft zu bestehen. Wir (oder die meisten Zeitgenossen) sind heute zu recht davon überzeugt, daß es diese Kluft nicht gibt, aber das hebt den *Anschein* der Kluft nicht auf. Mit der aristotelischen Klassifizierung laufen wir Gefahr, das Interaktionsproblem oder den Anschein einer Kluft zwischen Bewußtsein und Körper nicht ernst genug zu nehmen. Wir glauben dann leicht, in der Tatsache, daß bewußte Vorgänge eine Entwicklung aus vitalen Vorgängen oder eine besondere Form des Verhaltens der belebten Materie sind, die Antwort auf die Frage zu finden, wie wir durch unser Bewußtsein auf Körper einwirken können. Tatsächlich aber beantwortet jene Tatsache diese Frage nicht. Wir können sicher sein, daß bewußte Vorgänge ein evolutionäres Produkt sind, die der Erhaltung einer Art nützen oder doch nicht schaden. Aber das trägt nichts bei zum Verständnis, wie ein Gedanke, ein Gefühl, eine Entscheidung auf materielle oder neuronale Vorgänge einwirken können.

Eine philosophische Landkarte des Geistes muß auf dies Problem aufmerksam machen und zugleich zu erkennen geben, wie es sich auflöst. Folgen wir der cartesischen Grenzziehung unter der Voraussetzung, daß bewußte Vorgänge eine besondere Form von Lebensvorgängen sind, so laufen wir keine Gefahr, die Probleme im Verständnis des Mentalen unangezeigt zu lassen. Wenn wir das Bewußtsein (einschließlich des Bewußtseinsfähigen, um Freud Rechnung zu tragen) zum Kriterium des Mentalen machen, fassen wir den ganzen Bereich des Seins zusammen, dessen Betrachtung uns (natürlich nur unter bestimmten hartnäckigen Prämissen, die wir noch identifizieren müssen) zum Interaktionsproblem führt. Wir erkennen mit dieser Klassifizierung das Mentale als Quelle eines Problems an, das nicht nur Teile, sondern das Mentale oder den Geist insgesamt betrifft und deshalb nur durch ein richtiges Verständnis des Geistes insgesamt lösbar ist. Wir stellen unsere Kartographie damit unter die Forderung, zu erkennen zu geben, einerseits warum eine Kluft zwischen Geist und Körper zu bestehen scheint, anderseits warum sie nur scheinbar ist.

Unsere Landkarte des *Geistes* sollte daher nur bewußte oder bewußtseinsfähige Vorgänge und Zustände zeigen. Allerdings unter zwei Bedingungen. Erstens darf sie nicht nur solche mentalen Vorgänge zeigen, die Descartes' Begriff der *cogitatio* entsprechen; denn dieser faßt das Bewußtsein zu eng; sondern auch bloße Empfindungen von Lust und Schmerz, die man auch rein körperlich nennt, um anzuzeigen, daß sie keine Intentionalität und keinen Gedanken enthalten. Zweitens muß sie die Anschlußstellen zur Landkarte der physiologischen Vorgänge angeben. Sie muß anzeigen, wie es eine Interaktion von Geist und Körper geben kann oder wie eine solche Interaktion zu verstehen ist.

b. Empfindungen, Wahrnehmungen, Begehrungen und Handlungen

Auf dieser Grundlage können wir *Empfindungen* und *Wahrnehmungen* in unsere Landkarte als die Prozesse eintragen, in denen ein Lebewesen Reize vermerkt, deren bewußte Vermerkung für sein Leben eine spezifische Bedeutung hat. Was diese spezifische Bedeutung ist, können wir vorerst nicht klären. Gemäß dem Prinzip der Evolutionstheorie, nach dem Lebensphänomene, wenn sie eine längere Epoche überdauern, eine spezifische Leistung erbringen, können wir vermuten, daß das Bewußtwerden physischer

Prozesse ihre Effizienz erhöht. Da wir auch annehmen können, daß das Bewußtsein die Lebensvorgänge vieler Wirbeltiere und vielleicht auch einiger anderer Stämme schon seit einigen hundert Millionen Jahren begleitet, folgt aus dem Prinzip der Evolutionstheorie in jedem Fall, *daß* das Bewußtwerden eines Vorgangs einem Lebewesen nutzt.

Warum unterscheiden manche Sprachen, wie die germanischen und romanischen, Empfindungen, *sensationes,* von Wahrnehmungen, *perceptiones?* In Wahrnehmungen vermerken Lebewesen Reize der *Umwelt* oder *außerorganismische* Reize, in Empfindungen *innerorganismische* Reize oder solche, die wir nicht als Reize der Umwelt vermerken. Umweltreize geben uns etwas darüber zu erkennen, was in der Umwelt der Fall ist. Innerorganismische Reize signalisieren dagegen einen Zustand des Wohl- oder Unwohlseins, in dem sich der Organismus befindet, eine Lust oder einen Schmerz. Sie verbinden wie die Signale der Signalsprache die Anzeige dessen, was *ist*, mit der, was sein oder nicht sein *soll.* In ihnen präsentieren sich dem Lebewesen seine *Begehrungen*, seine Neigungen und Abneigungen, was es sucht und flieht. Das Vermerken von Umweltreizen kann für ein Lebewesen nur wichtig sein, wenn es, bewußt oder bewußtlos, begehrt. Ohne Begehrungen bliebe ihm die Umwelt indifferent. Die Umwelt eröffnet sich ihm als das Feld, in dem seine Begehrungen erfüllt oder versagt werden. Wenn ihm seine Begehrungen bewußt werden, dann wird das vermutlich für die Qualität seiner Wahrnehmungen Folgen haben.

Begehrungen und Wahrnehmungen können, aber müssen nicht bewußt sein. Wir können nicht nur von niederen Tieren vermuten, sondern wissen von uns selbst, daß wir begehren und wahrnehmen können, ohne zu wissen, daß wir begehren und wahrnehmen. Wir können unserem Verhalten entnehmen, daß wir manchmal etwas begehren oder wahrnehmen, ohne zu empfinden, daß wir begehren oder wahrnehmen. Von Empfindungen sprechen wir dagegen nur, wenn sie bewußt sind. Wenn Begehrungen bewußt sind, stellen sie sich als Empfindungen dar. Aber nicht alle Empfindungen sind bewußte Begehrungen. Wir sprechen etwa auch von Farb- oder taktilen Empfindungen, mit denen wir die Unterschiede zwischen den spezifischen Gegenständen des Auges oder des Tastsinns vermerken. In solchen Empfindungen fehlt der

Charakter, durch den sie von Wahrnehmungen unterscheidbar sind, nämlich etwas über das Wohl- oder Unwohlsein des Lebewesens anzuzeigen. Daß wir dennoch lieber von Farb- und taktilen *Empfindungen* statt *Wahrnehmungen* sprechen, liegt vermutlich daran, daß solche Vermerkungen feiner Unterschiede notwendig bewußt und oft das Ergebnis eines bewußten Aufmerkens auf Unterschiede sind, die wir gewöhnlich nicht bewußt vermerken.

Wenn Empfindungen und Wahrnehmungen die Formen sind, in denen ein Lebewesen inner- und außerorganismische Reize teils notwendig, teils nicht notwendig bewußt vermerkt, können wir annehmen, daß ihnen auf der motorischen Seite Formen entsprechen, in denen das Lebewesen das Ergebnis seiner Verarbeitung der verschiedenen auf es eintreffenden Umwelt- und innerorganismischen Reize in einer bewußtseinsfähigen Form *ausführt.* Solche Bewegungsformen sind bewußte zielgerichtete *Handlungen.* Der Begriff der Handlung ist in der gewöhnlichen Sprache nicht sehr eindeutig. Manche Autoren wollen ihn nur für die intentionalen Bewegungen von Menschen oder intelligenter Lebewesen gebrauchen. Für eine philosophische Landkarte des Geistes brauchen wir jedoch einen der Umgangssprache nicht allzu fernstehenden Begriff zur Bezeichnung solcher motorischen Bewegungen von Lebewesen, mit denen diese auf die bewußte Rezeption von Reizen, auf ihre Empfindungen und Wahrnehmungen, reagieren. Es ist unwahrscheinlich, daß die Reizreaktion bewußtseins*un*fähig ist, wenn die Reizrezeption bewußt oder bewußtseinsfähig ist. Und selbst wenn sie faktisch bewußtseinsunfähig ist, sollten wir einen Begriff für die bewußtseinsfähige Reizreaktion auf eine bewußtseinsfähige Reizrezeption haben.

Für diesen Begriff möchte ich das Wort *Handlung* reservieren. Jede bewußtseinsfähige motorische Reaktion auf eine Empfindung oder eine bewußtseinsfähige Begehrung eines auch zu bewußten Wahrnehmungen fähigen Lebewesens nenne ich Handlung. Ich impliziere nicht, daß ein Lebewesen, das handelt, notwendig denkt oder gar ein Bewußtsein seiner selbst, geschweige denn Willensfreiheit hat. Die Nichtimplikationen folgen dem gewöhnlichen Sprachgebrauch, nach dem man auch die Jagd eines Raubtiers, sogar den Flug eines Käfers zu einer Lichtquelle seine Handlung nennen kann. Diese Möglichkeit entspringt vermutlich der schon erwähnten Vorstellung, daß mit dem Auftreten von Bewußtheit ein Wesen, dem auch nur manche seiner Veränderungen bewußt werden, zu etwas wird, dessen Veränderungen *für* es gegeben sind, zu einem *Für-sich-sein*, und daß die Bewegungen eines solchen Für-sich-seins von ihm als seine eigenen erlebt werden können und daher seine *Handlungen* sind. Diese Vorstellung, die wir von Descartes' erster These über die Leistungen des Bewußtseins impliziert fanden, ist so tief in unsere Auffassungen von der Natur des Bewußtseins und des Geistes eingebettet, daß wir starke Gründe brauchen, sie zu verwerfen, und solche Gründe sehe ich nicht. Daher ist es keine terminologische Willkür, *Handlung* in dem hier vorgeschlagenen weiten Sinn zu verstehen.

c. *Die «oberen» Seelenvermögen: Verstand, Urteilskraft, Vernunft*

Empfindungen, Wahrnehmungen und Begehrungen gelten traditionell als Betätigungen der *unteren* Seelenvermögen, denen als die *oberen* Denken und Wollen entgegengesetzt wurden. Zwischen ihnen steht schon bei Aristoteles die Phantasie oder *Einbildungskraft*, kraft der wir die in den Empfindungen und Wahrnehmungen gelieferten Eindrücke von den Gelegenheiten ihres Eintretens lösen und als Phantasiebilder, Vorstellungen oder Ideen willkürlich und oft, wie im Traum, phantastisch verbinden können. Kraft unseres *Verstandes* verbinden wir die Ideen dagegen nicht willkürlich, sondern verstehend; nämlich so, daß wir die Eindrücke nach Regeln Namen und Begriffen oder singulären und generellen Termen zuordnen oder subsumieren und durch Verbindung mittels der Kopula zu Gedanken machen können, die wahr oder falsch sein können. Durch das *Verstehen* der Eindrücke verwandeln wir sie in wahrheits- (und allgemeiner richtigkeits-) fähige Form und ermöglichen *Erkenntnisse.* Weil Erkenntnisse ungeprüften Eindrücken überlegen sind, gelten der Verstand und alle an ihn anschließenden Vermögen als *obere* Vermögen.

Wir verwandeln durch das Verstehen auch Begehrungen in eine Form, in der wir sie auf ihre Richtigkeit oder Angemessenheit an moralische, rechtliche oder sonstige Normen, Ideale oder Tugenden prüfen können. Die philosophische Tradition hat keine Meinungen zum Verhältnis von Verstehen und *Begehrungen* entwikkelt, die denen zum Verhältnis von Verstand und *Meinungen* in Klarheit und allgemeiner Anerkennung vergleichbar wären. Aber wenn wir die Begrifflichkeit Freges anwenden, erkennen wir die Analogien. Wir verstehen dann die Verwandlung von Eindrücken in wahrheitsfähige Gedanken als die Umformung von Wahrnehmungen in *theoretische Propositionen* (oder in Propositionen für theoretische Urteile) und die Verwandlung von Begehrungen in etwas, das auf seine Richtigkeit geprüft werden kann, als ihre Umformung in *praktische Propositionen* (oder in Propositionen für praktische Urteile). Wir müssen dann auch Descartes in der Zuweisung der Entscheidung über die Proposition an die *Urteilskraft* folgen und die Rolle des Verstandes auf die Verwandlung von Eindrücken in Propositionen beschränken.

Wenn wir Verstand und Urteilskraft diese Funktionen oder Kompetenzen zuweisen, können wir sie auch klar von der Vernunft unterscheiden. Deren Kompetenz ist, wie wir in den beiden ersten Kapiteln gefunden haben, die Rechtfertigung. Das heißt, sie expliziert Rechtfertigungsgründe für spontan nahegelegte Entscheidungen, sucht weitere, die sich *gegen* oder auch *für* sie anführen lassen, wägt sie ab und empfiehlt ein Urteil, muß aber nach unseren Grenzziehungen das Urteil der Urteilskraft überlassen.

Worin unterscheiden sich Verstand und Vernunft? Auch der Verstand empfiehlt ja nach unserer jetzigen Grenzziehung ein Urteil, dem die Urteilskraft nicht folgen muß. Wir müssen hier erinnern, daß wir Rechtfertigungsgründe erst dann suchen, wenn unsere Urteile, sei es darüber, was der Fall ist, sei es darüber, was sein soll, Zweifel oder Anfechtungen wecken. Ohne solche Zweifel urteilen wir *spontan* nach den Regeln, nach denen der Verstand die zu beurteilenden Gegenstände seinen theoretischen oder praktischen Regeln unterwirft. In den allermeisten Fällen des täglichen Lebens urteilen wir in dieser Weise nach den Regeln des Verstandes. Wir blicken auf die weiße Wand vor uns und urteilen spontan und zweifelsfrei, daß sie weiß ist. Wir hören, daß ein Autofahrer ein Kind angefahren hat und verbluten ließ, um unerkannt zu fliehen, und urteilen fast ebenso spontan und zweifelsfrei, daß er verwerflich handelte. Wir berufen uns für solche Urteile nicht auf Gründe, auch wenn wir sie haben. Wir folgen vielmehr dem Verstand, der durch unsere Erziehung und unsere Natur so beschaffen ist, die optischen Eindrücke von der Wand unter den Begriff *weiß* zu subsumieren und die Eindrücke vom Handeln des Autofahrers unter die Regel *verwerflich*. In solchen spontanen Urteilen brauchen wir keine vom Verstand unterschiedne Urteilskraft. Der Verstand empfiehlt hier nicht, sondern urteilt selbst.[25]

Die Unterscheidung von Verstand und Urteilskraft tritt erst dann ein, wenn die Vernunft auftritt. Denn diese tritt auf, wenn wir Zweifel an den spontanen Urteilen des Verstandes durch die Explikation, Suche, Abwägung von Gründen zu beheben suchen. Erst wenn wir das Geschäft der Rechtfertigung beginnen, können wir kraft unserer Urteilskraft willkürlich urteilen. Es gibt daher keinen möglichen Gegensatz zwischen Verstand und Urteilskraft, sondern nur einen möglichen Gegensatz zwischen Vernunft und Urteilskraft. Wenn wir uns mit unsrer Urteilskraft über die Empfehlungen unseres Erkenntnisvermögens hinwegsetzen, setzen wir uns nicht über den Verstand hinweg, sondern über die Vernunft.

Ich habe schon zu erklären versucht, warum Descartes' Zuordnung eines Wahrheitsurteils (oder Wahrheitsanspruchs) an den Willen statt an den Verstand paradox ist: weil sie nicht auf die Masse unserer spontanen theoretischen Urteile anwendbar ist, sondern nur auf Urteile, die einer Abwägung von Rechtfertigungsgründen folgen. Dieser Erklärung bin ich auch in meinen jetzigen Ausführungen gefolgt. Wir finden unsere Erklärung dafür bestätigt, warum Descartes mit guten Gründen Urteilskraft und Willen gleichsetzt. Die Zweifel und Anfechtungen, denen spontane Urteile ausgesetzt werden, treten öfter, schwerer behebbar und meist mit dramatischeren Folgen bei *praktischen* als bei theoretischen Urteilen auf. Wenn unser Urteil nicht dem Rat der Vernunft folgt, urteilen wir typischerweise praktisch; darüber, was sein *soll*, nicht darüber, was ist. Wir setzen uns typischerweise dann über die Vernunft hinweg, wenn wir etwas anderes *wollen*, als die Vernunft rät. So ist es typischerweise der Wille, der im Urteil der Vernunft entgegengesetzt ist.

Sollten wir deshalb zwischen Urteilskraft und Willen unterscheiden? Ist es nach Abwägung der Gründe wenigstens für ein theoretisches Urteil nicht der Wille, sondern die Urteilskraft, die das Urteil fällt? Wir könnten so unterscheiden wollen, um den Willen vom Feld der theoretischen Urteile zu weisen. Aber wir sollten der bewährten Ockhamschen Regel folgen, Entitäten nicht ohne Not zu vermehren, und ganz auf die Kategorie der Urteilskraft verzichten. Denn urteilen wir spontan, so gebrauchen wir den Verstand; urteilen wir nach Abwägung von Gründen, können wir zwar der Vernunft folgen, müssen es aber nicht. Was wir tun, liegt in unserem Belieben oder unserer Willkür. Wenn wir ein Vermögen für solche Urteile ansetzen, liegt es näher, es Willen zu nennen.

Diese Terminologie impliziert nicht, daß wir nach Abwägung der Gründe für ein theoretisches Urteil ebenso leicht oder gern willkürlich entscheiden wie nach Abwägung der Gründe für ein praktisches Urteil. Sie impliziert allerdings, daß wir uns auch über die einleuchtendsten Gründe für ein theoretisches Urteil hinwegsetzen *können*. An dieser Möglichkeit können wir nicht ernsthaft zweifeln. Wir brauchen nicht lange nachzudenken, um uns Beispiele für unsere erstaunliche Fähigkeit vorzuführen, uns der stärksten Evidenz zu sperren, uns von ihr abzuwenden und kraft unseres Willens ein unvernünftiges theoretisches Urteil zu fällen.

Jedoch kommt es hier nicht darauf an, eine Terminologie zu propagieren, sondern die Funktionen unserer geistigen Leistungen in ihren Besonderheiten und Unterschieden zu erkennen. Der Begriff der Urteilskraft ist heute stark durch den Titel von Kants drittem kritischen Werk, der *Kritik der Urteilskraft*, geprägt, einer Kritik der ästhetischen und der teleologischen Urteilskraft. Was Kant dort Urteilskraft nennt, ist nicht der Wille, sondern die Vernunft, die ästhetische und teleologische Rechtfertigungsgründe abwägt. Kant hätte das Unternehmen seiner Kritik klarer durch die Titel der Kritik der theoretischen, der praktischen und der ästhetischen und teleologischen Vernunft als durch die von ihm tatsächlich gewählten Titel anzeigen können. Wie immer wir den Begriff der Urteilskraft gebrauchen, wir sollten uns über seine Bedeutung im klaren sein.

d. Das Geschäft der Vernunft

Wenn wir einmal dabei sind, den Verzicht auf vertraute Begriffe zu erwägen, sollten wir uns noch einmal fragen, ob wir wirklich zwischen Verstand und Vernunft unterscheiden müssen. Denn wenn der Verstand seine Gegenstände spontan unter theoretische und praktische Regeln subsumiert, hat er da nicht in den Eindrükken, die er unter seine Regeln subsumiert, die Rechtfertigungsgründe für seine Urteile? Wenn ich etwa spontan urteile, daß die Wand vor mir weiß ist, ist da nicht der Rechtfertigungsgrund meines Urteils der, daß meine visuelle Anschauung genau von der Art ist, daß ich die Regel anwenden darf, die Wand weiß zu nennen? Finde ich nicht ebenso in der Betrachtung des rücksichtslosen Autofahrers den hinreichenden Grund für mein spontanes praktisches Urteil, sein Handeln sei verwerflich? Warum sollte ich für das Hervorheben solcher Gründe ein eigenes Vermögen der Rechtfertigung ansetzen, statt es demselben Vermögen zuzuschreiben, kraft dessen ich spontan urteile, dem Verstand?

Weil ein spontanes Urteil etwas anderes ist als ein Urteil, das nach Abwägen von Gründen erfolgt, und weil es für spontane Urteile noch gar keine Rechtfertigungsgründe, sondern nur Motive gibt. Das spontane Urteil ist nicht mehr spontan, wenn es gerechtfertigt wird. Erst in der Rechtfertigung erweist sich, ob das Motiv oder der treibende Grund des spontanen Urteils gerechtfertigt und als Rechtfertigungsgrund ausgewiesen werden kann oder ob es nicht nur ein Motiv ist, das nicht zu rechtfertigen ist.

Spontane Urteile müssen wir als signalsprachliche und nicht als propositionalsprachliche Akte verstehen. Sie lassen sich auch noch nicht in praktische und theoretische Urteile unterscheiden. Wir müssen sie auch intelligenten Tieren zusprechen, ohne diesen den Gebrauch einer propositionalen Sprache unterstellen zu müssen. Wir können Tiere dazu dressieren, auf bestimmte Umweltreize in bestimmter Weise zu reagieren, etwa auf verschiedene Farben oder Töne verschieden oft die Pfote zu heben. Wir richten sie dann dazu ab, auf die Reize nach bestimmten Regeln zu reagieren. Sie lernen durch unsere Dressur, aber auch ohne Dressur durch ihre bedürfnisorientierte Erfahrung, die Reize unter Regeln zu subsumieren, und das heißt nichts anderes als daß sie ihren Verstand gebrauchen lernen.[26]

Wir treiben dagegen ein anderes Geschäft als die Subsumtion eines Reizes unter eine Regel, auf ihn zu reagieren, wenn wir die Regel, nach der wir einen Reiz subsumieren, erstens explizieren, zweitens fragen, ob sie angemessen ist und es nicht angemessenere gibt (wir suchen dann nach Rechtfertigungsgründen der Regeln), und drittens die möglichen Regeln darauf abwägen und ordnen, wie angemessen sie sind und ob und wann man ihnen folgen *sollte*. Die so untersuchten Regeln sind (nach den Ausführungen des dritten Kapitels) Rechtfertigungsgründe in der Rolle von Maiorprämissen. Diesem mehrgliedrigen Geschäft sollten wir den Titel der Vernunft vorbehalten, weil es wichtig und von andern Geschäften unterschieden genug ist, einen eigenen Titel zu verdienen, und darüber hinaus ein Geschäft, das viele, wenn nicht die meisten Philosophen Vernunft nannten, wenn sie auch oft diesen Begriff noch auf andere Geschäfte anwandten.

Wenn wir zum Geschäft der Vernunft die Klärung rechnen, welche der möglichen Regeln, auf Reize zu reagieren, angemessen sind, stehen wir sofort vor der Frage, wie eine solche Angemessenheit überhaupt zu erörtern und gar zu erkennen ist. Das werde ich in den folgenden Kapiteln zu beantworten suchen. Vorerst sollte ich hervorheben, daß die *Rechtfertigung eines Geltungsanspruchs*, als dessen Prüfung und Einlösung ich das Geschäft der Vernunft zuvor bestimmt habe, die Prüfung der Angemessenheit der Regeln der Reizsubsumtion impliziert und umgekehrt diese Prüfung jene Rechtfertigung. In einem ersten Schritt besteht die Rechtfertigung eines Geltungsanspruchs nur darin nachzuweisen, daß ein Urteil regelkonform gefällt wurde. Ich zeige etwa, daß auf dem Tisch fünf Teller stehen, indem ich sie nach der anerkannten Zahlenreihe abzähle. Ein solcher Nachweis aber kann wiederum angefochten werden, etwa durch den Zweifel, ob die gebrauchte Zahlenreihe die richtige oder angemessene ist; nachdem in der Geometrie das Euklidsche Parallelenaxiom angefochten wurde, wie sollen wir sicher sein, daß nicht auch in der Algebra vertraute Axiome durch konkurrierende ersetzbar sind?

Wir können in der Tat den Nachweis der Regelkonformität eines Urteils nicht als ausreichende Rechtfertigung anerkennen, sobald Zweifel an der Richtigkeit der Regeln auftreten, und solche Zweifel können wir nicht dadurch ausschließen, daß wir die Regeln für unantastbar erklären oder behaupten, man könne nicht über die Angemessenheit von Regeln streiten; man müse sie einfach hinnehmen. Wir haben historische Beispiele dafür, daß Regeln der Reizsubsumtion durch solche ersetzt wurden, die man für angemessener hielt. Man subsumierte lange Zeit Walfische unter die Fische (man reagierte auf die von Walen unseren Sinnen dargebotenen Reize nach der Regel, sie als von einer Fischart hervorgerufen zu subsumieren), bis sich die Regel durchsetzte, nur Kiemenatmer als Fische anzuerkennen. Man subsumierte lange die Forderung von Frauen, gleiche Rechte wie Männer zu haben, unter die Kategorie widernatürlichen Verhaltens (man reagierte auf die von emanzipatorischen Frauen dargebotenen Reize nach der Regel, sie als von widernatürlichen Exemplaren der menschlichen Gattung hervorgerufen zu subsumieren), bis diese Forderung als Regel anerkannt wurde.

Es geht hier noch nicht darum zu klären, wie oder ob eine solche Ersetzung gerechtfertigt werden kann, sondern nur darum festzustellen, erstens *daß* solche Ersetzungen vorkamen und mit dem Anspruch verbunden wurden, sie seien gerechtfertigt, und zweitens daß die bloße Behauptung, über die Angemessenheit von Regeln könne nicht gestritten werden, nicht das historische Phänomen des Wechsels von Subsumtionsregeln nach vorausgehenden Abwägungen der Angemessenheit konkurrierender Regeln berücksichtigt. Ich werde in den folgenden Kapiteln dafür argumentieren, daß wir in den empirischen Wissenschaften die Institution gefunden haben, über die Angemessenheit von Regeln der Subsumtion unter Begriffe in *theoretischen* Urteilen rational zu entscheiden, und daß die entsprechende Institution zur rationalen Entscheidung über die Angemessenheit von Regeln der Subsumtion unter Begriffe in *praktischen* Urteilen normative Wissenschaften (einschließlich der Philosophie) sein sollten, die ihre Theorien nach einem ähnlichen Verfahren der Falsifikation entwickeln wie die empirischen Wissenschaften.

Als den wichtigen Unterschied von Verstand und Vernunft können wir nun festhalten, daß der Verstand mit der Subsumtion von Reizen unter Regeln zu tun hat, die wir spontan und ohne Bewußtsein und Erörterung möglicher Alternativen entwickeln und befolgen, die Vernunft dagegen mit der Subsumtion unter Regeln, die zu rechtfertigen sind, in einem Prozeß der Rechtfertigung, der nicht ohne Bewußtsein, Erörterung von Alternativen und Abwägung ihrer Angemessenheit möglich ist.

Stellen wir diese Unterscheidung von Verstand und Vernunft in eine evolutionstheoretische Perspektive, so wird die erstaunliche Bedeutung und der gewaltige Anspruch des Geschäfts der Vernunft erkennbar. Die spontanen Urteile des Verstandes sind die Urteile, die den Regeln der Reizverarbeitung folgen, zu denen wir durch unsere Erziehung abgerichtet worden, die uns durch Gewohnheit vertraut und oft von unserer Natur diktiert sind. Solchen Regeln zu folgen kann sich über Jahrtausende bewährt haben, und für sie mag es gute Gründe geben. Aber bevor wir solche Gründe (die soweit nur Motive sein können) nicht expliziert und mit Gründen für alternative Regeln verglichen und abgewogen haben, wissen wir nicht, wie gut die Gründe sind, und haben keine Rechtfertigung, ihnen zu folgen.

Wir werden in den folgenden Kapiteln sehen, daß alle Rechtfertigungsgründe nicht ausreichen, eine Überlieferung oder ihre Alternative *endgültig* oder unrevidierbar als richtig zu erweisen. Das impliziert nicht, daß die Vernunft ihren Anspruch nicht erfüllen kann. Es läßt die Möglichkeit offen, daß sie ihn nur revidier- und daher unabschließbar erfüllt. Wenn sie nicht zeigen kann, *warum* wir bestimmten Regeln folgen müssen, kann sie doch zeigen, *warum* wir manchen Regeln *nicht* folgen dürfen.

5. Einwände gegen die Landkarte

Betrachten wir einige Einwände und Bedenken gegen die soweit skizzierte Landkarte des Geistes. In ihrer Erörterung kann ich meine Karte nach üblichen philosophischen Titeln beschreiben, ihre Eigenarten und weißen Flecken hervorheben und hoffentlich einige Mißverständnisse beheben, die ihre bisherige Vorstellung nahelegt.

a. Die Landkarte zeigt den Geist als einen Reizverarbeitungsapparat

Zuerst ein allgemeines Bedenken: verzerrt die Landkarte unsere Seelenvermögen nicht allzu rationalistisch und mechanistisch? Kann man den Geist als einen *Reizverarbeitungsapparat* darstellen, dessen Tätigkeit in der Reaktion auf Reize besteht? Ist die Karte nicht mit dualistischen und idealistischen Geistdeutungen unvereinbar, und sollte eine philosophische Landkarte des Geistes nicht Festlegungen auf eine Ontologie vermeiden?

Meine Landkarte ist allerdings unvereinbar mit Deutungen, nach denen der Geist eine eigene, von Körpern unabhängige Substanz ist, wie es der philosophische Dualismus und Idealismus annehmen. Es ist richtig, daß sie den Geist als einen Reizverarbeitungsapparat darstellt. Sie hat philosophische Implikationen, die man nach der üblichen Terminologie am ehesten die eines monistischen Materialismus nennen könnte. Diese Terminologie ist allerdings nicht glücklich, weil, wie schon erwähnt, der Begriff der Materie in der heutigen Physik den traditionellen Gegensatz zum Geist verloren hat. Daher würde ich die Konsequenzen lieber nur monistisch nennen. Aber warum soll das gegen die Karte sprechen? Wenn eine philosophische Landkarte vor dem Verlaufen in philosophischen Problemen bewahren soll, wird man von ihr auch eine Orientierung in der Frage erwarten müssen, ob der Geist eine Form der Materie oder eine eigene Substanz ist. Wie er eine Form der Materie sein kann, habe ich allerdings bisher nicht gezeigt. Dieser Aufgabe soll der dritte Teil nachgehen.

b. Die Landkarte zeichnet den Geist als etwas Passives

Ein etwas bestimmterer Einwand könnte so lauten: die Karte wird nicht der Tatsache gerecht, daß der Geist und besonders die Vernunft etwas wesentlich Aktives sind. Das Geistige ist das eigentlich Tätige, während alle körperlichen Bewegungen bloß passive Reaktionen auf Druck und Stoß und andere Reize sind. Eine Karte aber, die den Geist als Reizverarbeitungsapparat darstellt, kann ihn nur als reaktiv darstellen. Wie kann sie zeigen, daß der Geist die Quelle von Ideen ist, die unserem Leben Sinn und Ziel geben: der Idee der Freiheit, des Rechts, der Wahrheit, eines übergreifenden Ganzen und der Transzendenz? Nach meiner Landkarte müssen wir die Werke Platons, Shakespeares und Bachs als Ausgabe von Apparaten verstehen, die mit bestimmten Eingaben gefüttert wurden. Ist das nicht lächerlich?

Dieser Einwand übersieht, daß meine Landkarte als die spezifische geistige Tätigkeit *Urteile* darstellt. Intellektuelle Tätigkeiten sind nach ihr nie bloße Reizreaktionen, da sie immer Reize in etwas verwandeln, wozu wir durch ein Ja oder Nein Stellung nehmen. Die Vernunfttätigkeit ist dadurch ausgezeichnet, daß sie die bejahende oder verneinende Stellungnahme, die auch das Verstandesurteil darstellt, auf ihre Gründe und die Regeln befragt, nach denen es erfolgt. Sie setzt einen Bruch mit den spontanen Reizreaktionen und naturwüchsigen Regeln voraus, nach denen die Menschen unreflektiert handeln und urteilen, und trennt den

Menschen unwiderruflich von den Naturimpulsen und der allgemeinen Naturdetermination. Die Hemmung der Naturimpulse, ohne die es nicht zur Vernunftentscheidung über die Richtigkeit einer Entscheidung vor ihrer Ausführung kommen könnte, schafft den Raum für die Selbsttätigkeit des Menschen und für seine schöpferischen Ideen und Werke.

Meine Karte zeichnet daher den Geist nicht als etwas Passives. Sie gibt vielmehr den Ort an, in dem die wunderbare Verwandlung eines außengesteuerten Lebewesens in ein sich selbst steuerndes und die Welt nach seinen Ideen veränderndes Vernunftwesen stattfindet. Evolutionstheoretisch muß man diesen Sprung als mindestens so radikal anerkennen wie den von der unbelebten zur belebten Materie. Wir werden zudem noch sehen, daß die wichtigste und naturunabhängigste unter diesen Ideen die der Vernunft selbst als eines Vermögens ist, das den Menschen zur Achtung der gleichen Freiheit eines jeden Menschen verpflichtet. Die Vernunft wird in dieser Form aus einem Vermögen der Rechtfertigung zum wichtigsten Maßstab der Rechtfertigung.

Die Karte macht allerdings nicht verständlich, warum manche Menschen auf bestimmte Reize mit dem Komponieren des *Wohltemperierten Klaviers* und anderen wunderbaren Werken reagieren. Eine solche Aufklärung sollte man von einer philosophischen Landkarte des Geistes auch nicht verlangen. Es wäre schon viel, wenn sie zeigte, warum solche außerordentlichen Werke nicht unmöglich sind, und das leistet sie in der Tat, wenn sie zeigt, wie radikal die Wandlung von Reizen in Urteilsgründe durch den Reizverarbeitungsapparat Geist ist.

c. Die Karte folgt einem szientistischen Vorurteil

Die Karte unterstellt, daß wir nach *Regeln* urteilen. Ist das nicht nur ein szientistisches Vorurteil? Sind wir in unseren geistigen Akten nicht völlig frei auch von Regeln?

Es ist richtig, daß ich ohne Begründung unterstellt habe, daß wir nach Regeln urteilen; es ist auch richtig, daß die empirischen Wissenschaften derselben Unterstellung folgen. Es *ist* ein Vorurteil. Ihm sind nicht nur empirische Wissenschaftler, sondern auch die Logiker und Philosophen gefolgt, die den Verstand als ein Vermögen der Regeln oder Regelbefolgung verstanden haben.

Aber deshalb kann man das Vorurteil dennoch szientistisch nennen. Ich sehe darin nichts Schlechtes. Immerhin spricht einiges für das Vorurteil. Wir können unsere Urteile in einer Sprache formulieren und müssen dazu Zeichen gebrauchen, deren Bedeutung wir lernen und lehren können. Die meisten Theoretiker sind darin einig, daß der Zeichengebrauch Regeln folgt. Daher liegt die Annahme nahe, auch unsere Urteile folgten Regeln.

Aber es ist anzuerkennen, daß die Annahme nicht zwingend ist. In der Tat sind wir auf sie nicht angewiesen. Die Landkarte legt uns nur darauf fest zu behaupten, daß wir Regeln befolgen, wenn wir *vernunftbestimmt* handeln und kommunizieren wollen. Vernunftbestimmtes Handeln ist gerechtfertigtes Handeln, rechtfertigen können wir nur nach der Abwägung von Gründen, und Gründe sind immer auf Regeln bezogen, weil sie nur Gründe im Rahmen eines Syllogismus sind, der in seiner Maiorprämisse mindestens eine Regel enthält. Wenn ich etwas als Rechtfertigungsgrund für eine Entscheidung anerkenne, lege ich mich darauf fest, eine Regel anzuerkennen, nach der man in allen vergleichbaren Fällen ebenso entscheiden darf. Es wird zwar immer Probleme geben zu bestimmen, wann Fälle vergleichbar sind, aber das ändert nichts an der Regelbezogenheit von Gründen und Rechtfertigungen. Daher folgen wir im vernunftbestimmten Handeln Regeln und müssen sie auf ihre Berechtigung prüfen, wenn wir dem Vernunftanspruch genügen wollen.

Der Einwand ist auch berechtigt, wenn er darauf besteht, daß wir im spontanen Urteilen und Entscheiden Regeln gewöhnlich nicht *befolgen*, sondern ihnen höchstens *gemäß* handeln. Die Regeln des spontanen Handelns sind keine Maiorprämissen-Gründe, sondern Gesetze, Gesetzmäßigkeiten oder Handlungsdispositionen, die zusammen mit Antezedensbedingungen, den Motiven, unser Handeln *verursachen*. Die Verwandlung verständigen Handelns in vernünftiges ist eine Verwandlung regelkonformen in regelbefolgendes Handeln und ersetzt unbegründete Regeln, Regeln, deren Befolgung nur kausal determiniert und nicht gerechtfertigt ist, durch begründete, die als Maiorprämissen fungieren. Dafür aber, daß unser spontanes Handeln kausal determiniert ist, habe ich kein Argument vorgebracht, sondern es dogmatisch oder szientistisch unterstellt. In der Tat soll diese Unterstellung nur vorläufig gelten.

d. Die Landkarte schließt nichtspontane geistige Tätigkeiten aus.

Meine bisherige Verteidigung hat noch keine Antwort auf die Frage: Wo bleibt in meiner Landkarte Raum für *nichtspontane* geistige Tätigkeiten, für die es doch keine Regeln gibt, denen sie folgen? Wenn wir wichtige Entscheidungen über unser Leben, unser Verhältnis zu Freunden, Verwandten, Partnern treffen müssen, entscheiden wir nicht spontan, sondern erwägen tausend Umstände, martern uns oft lange und schlaflos im Durchlaufen alternativer Möglichkeiten, bis wir vielleicht bei einer von ihnen mit dem unsicheren Gefühl des kleinsten Übels stehen bleiben. Daß wir hier je nach Regeln urteilen könnten, für die es auch noch Rechtfertigungsgründe geben sollte, ist absurd. Ebenso absurd ist die Annahme, auf die meine Landkarte festzulegen scheint, die unzähligen einzelnen Entscheidungen, die ein Schriftsteller oder Maler beim Herstellen seines Kunstwerks in Abwägung der gewünschten und unerwünschten Effekte eines Worts oder Pinselstrichs trifft, könnten durch Gründe zu rechtfertigen sein.

Dieser Einwand trifft in der Tat eine Lücke in meiner bisherigen Kartographie. Sie scheint mir jedoch nur durch die Knappheit meiner Darstellung und ihre Konzentration auf die Leistung der Vernunft zu entstehen und durch eine Klarstellung der Kartographie behebbar. Der Einwand knüpft daran an, daß meine Landkarte alle mentalen Vorgänge und Zustände zwischen die Pole der Reizein- und der Handlungsausgabe spannt. Daraus schließt er, daß mentale Vorgänge ihren Platz nur auf dem Weg finden können, der zu den Filtern der überlieferten Regeln des Verstandes und der gerechtfertigten Regeln der Vernunft verläuft. Diesem Schluß möchte ich zuvorkommen. Wir müssen zwar alle mentalen Vorgänge und Zustände als Stationen auf dem Weg zwischen Reizeingabe und Handlungsausgabe verstehen (und beachten, daß zu den Handlungen auch Urteile gehören). Aber wir dürfen nicht erwarten, daß alle Handlungen durch den Filter des Verstandes oder der Vernunft laufen.

Offensichtlich gibt es ein *Fühlen* oder Empfinden, mit dem außer- und innerorganismische Reize ungefiltert durch die überlieferten Regeln des Verstandes und die gerechtfertigten Regeln der Vernunft auf unser motorisches System und unser Handeln einwirken. Ein Ausbruch von Zorn, der wütende Faustschlag, Weinen und Lachen und viele andere emotionale Reaktionen sind Beispiele für Wege zwischen Input und Output außerhalb der Schleusen des *Denkens*, die Verstand und Vernunft errichten. Nennen wir solche Wege vorläufig *nichtrational.* Wir müssen nun beachten, daß die nichtrationalen Wege die Handlungen, in die sie münden, nicht auf animalische Reaktionen beschränken. Ihre Nichtrationalität impliziert nicht, daß die von ihnen hervorgebrachten Handlungen nur von der Art sind, wie sie auch Lebewesen ohne Verstand und Vernunft hervorbringen. Sie können vielmehr ihre *eigene* Rationalität oder Vernunft haben. Tiere können wie Menschen wütend, aber sie können nicht zornig oder empört sein; sie können nicht weinen und lachen. Emotionen hängen vom Stand der Intelligenz oder der Fähigkeit zu differenzierter Reizvermerkung ab. Intelligentere Tiere können ähnlich wie Menschen trauern, eifersüchtig und neidisch sein. Menschen sind mehr oder weniger feinfühlig, je nachdem wie differenziert sie ihre Umwelt wahrnehmen.

Was die emotionalen von den verständigen und vernünftigen Reaktionen unterscheidet, ist daher gar nicht ihre Rationalität. Emotionale Reaktionen können zwar unseren Verstand trüben und durch das Ausmaß ihrer Erregung verhindern, daß wir so handeln, wie wir bei klarem Verstand handeln würden. Aber erstens brauchen wir auch beim Abwägen von Gründen, wie schon im ersten Kapitel unter Verweis auf Damasio festgestellt, unser Gefühl. Zweitens sind unsere emotionalen Reaktionen selbst ein Weg, ihren Gegenstand zu erschließen und ihn uns besser bekannt zu machen. Die Erregungen, die sie begleiten, müssen unsere Wahrnehmung und deren Verarbeitung durchaus nicht behindern; sie können sic vielmehr intensivieren und differenzieren. Sie sind nicht weniger rational als verständige Reaktionen, sie haben vielmehr ihre eigene Rationalität. Sie sind nicht *diskursiv*, sondern *intuitiv*. Wir dürfen daher nicht einen nichtrationalen Weg der Entscheidungs- und Handlungsbildung einem rationalen gegenüberstellen, sondern nur einen intuitiven einem diskursiven. Verstand und Vernunft sind nur ein Weg, eine Mannigfaltigkeit an Reizen zu verarbeiten; daneben gibt es intuitive Wege, die, gerade weil sie die Reize nicht Regeln unterwerfen, zu differenzierteren Handlungen führen können. Auf sie stützen wir uns in vielen alltäglichen und außeralltäglichen Situationen; sie unterscheiden die Kunst von den Wissenschaften.

Es ist anzuerkennen, daß es zu den Schwächen der rationalistischen Philosophie gehört, die intuitiven Wege der Reizverarbeitung unbeachtet gelassen zu haben. In dieser Hinsicht sind die meisten Philosophen Rationalisten gewesen und geblieben. Sie übersehen den nichtdiskursiven Weg der Reizverarbeitung, der seine spezifischen Vorzüge, aber auch seine spezifischen Gefahren hat. Zu den Vorzügen gehören die Schnelligkeit und die Differenziertheit des Erfassens der Gegenstände der intuitiven Verarbeitung, zu den Gefahren ihre Immunität gegen Kritik und Fehleraufdeckung. Literarische Kunstwerke sind ein Paradigma der intuitiven Reizverarbeitung. Sie können ihren Gegenstand differenzierter darstellen als eine soziologische oder psychologische Studie. Gewöhnlich sind es Künstler und nicht Wissenschaftler, denen es zuerst gelingt, ihre Zeit in einer Weise wiederzugeben, die sie ihnen selbst und anderen verständlicher macht. Aber ihre Werke sind nicht im selben Sinn kritisierbar wie wissenschaftliche Untersuchungen. Die Kunstkritiker können ihre Opfer loben und tadeln, aber sie können sie nicht falsifizieren. Die Fehler, die sie ihnen vorhalten können, sind Vorwürfe, die ebenso subjektiv und falsifikationsresistent sind wie die kritisierten Arbeiten.

Die Unangreifbarkeit intuitiver Entscheidungen schließt die Kommunikation der Intuitionen, denen sie folgen, nicht aus. Wir können auf Intuitionen verweisen, indem wir Situationen vorführen, in deren Betrachtung wir mit Intuitionen reagieren, die wir mit mehr oder weniger Erfolg explizieren und verständlich machen können. In einer solchen Explikation von Intuitionen können wir Intuitionen zu Rechtfertigungsgründen machen, wenn wir sie begrifflich beschreiben können. Dann machen wir aus dem intuitiven Weg einen diskursiven. Wäre das immer möglich, gäbe es keinen eigenen Raum für intuitive Wege. Aber oft genug ist die begriffliche Explikation von Intuitionen unmöglich. Es bleibt dann die Explikation durch das Hinweisen: «Denk nicht, schau!» Sie setzt jedoch zu ihrem Erfolg eine Geistesverwandtschaft, eine gleiche Gestimmtheit voraus, die nicht unter allen Menschen gegeben und nicht universalisierbar ist und Universalisierbarkeit auch nicht beansprucht. Die begriffliche Explikation dagegen beansprucht, universal verstanden zu werden und die in ihren Gründen explizierten Entscheidungen universal verbindlich als wahr oder falsch rechtfertigen zu können.

Blaise Pascal, der jüngere Zeitgenosse, Bewunderer und Kritiker Descartes', hat die Eigenart der intuitiven Entscheidungen im Satz zusammengefaßt *Le coeur a ses raisons que la raison ne connaît point*, das Herz hat seine Gründe, die die Vernunft nicht kennt. Der Satz lebt von der Doppeldeutigkeit des Worts *raison*, das im Singular *Vernunft* und im Plural *Gründe* heißt. Das Herz, unser Vermögen, Situationen intuitiv zu erfassen, folgt in seinen Intuitionen nicht weniger als die Vernunft Rechtfertigungsgründen; aber der Vernunft, die wie der Verstand nur diskursiv vorgehen kann, bleiben diese Gründe verschlossen. Eben deshalb bleiben die Fehler der Intuition unbeweisbar; Fehler lassen sich nur diskursiv beweisen.

Wenn wir so zwischen Herz und Vernunft unterscheiden, legen wir nicht ohne Willkür eine Terminologie fest. Wir könnten uns auch für einen weiteren Vernunftbegriff entscheiden und das Herz, weil es auch Gründe erwägt und deshalb ein Vermögen zu rechtfertigen ist, eine Art der Vernunft nennen, die intuitive Vernunft im Unterschied zur diskursiven. Wie Pascal selbst werde ich aber den Begriff der Vernunft gewöhnlich nur auf die diskursive Vernunft beziehen, weil das dem gewöhnlichen Sprachgebrauch eher entspricht. Es kommt hinzu, daß die intuitive Vernunft wegen ihrer mangelnden Universalität kein idealer Gegenstand für die nichtempirischen Aussagen der Philosophie ist. Was der Philosoph über sie sagen kann, betrifft kaum mehr als ihre Unterschiede zur diskursiven Vernunft. Ich habe oben schon von der eigenen Rationalität oder Vernunft der emotionalen Reaktionen gesprochen. Wir können sie nun intuitiv nennen.

Wie kann es überhaupt eine intuitive Vernunft, aber keinen intuitiven Verstand geben? Der Verstand ist notwendig diskursiv, weil sein Verstehen darin besteht, Reize in solche Zeichen einer Signal- oder propositionalen Sprache zu verwandeln, auf die wir nach Regeln reagieren. Unsere spontanen Verstandesurteile unterscheiden sich von intuitiven Entscheidungen darin, daß wir für sie Regeln identifizieren können, nach denen die Urteile zustande kamen. Mein spontanes Urteil etwa, daß die Wand vor mir weiß ist, ist ein Verstandesurteil, weil wir Regeln dafür angeben können, Gegenstände von der Art, wie es der ist, auf den ich mein

Urteil beziehe, *Wand*, und Farben von der Art, wie sie die Wand vor mit hat, *weiß* zu nennen. Einen Satz dagegen wie «Die Wand vor mir sieht aus wie Helmut Kohl» nennen wir kein Verstandesurteil, weil eine Regel, nach der das Prädikat vom Satzgegenstand ausgesagt wird, nicht erkennbar ist. Trotzdem kann der Satz für mich einen guten Sinn haben; vielleicht deshalb, weil mich die meisten Politiker an Wände erinnern. Ich könnte daher auch daran zweifeln, ob die Wand vor mir wirklich wie Helmut Kohl und nicht etwa wie Kurt Biedenkopf aussieht, und diesen Zweifel könnte ich durch Abwägen verschiedener Aspekte der Wand und der Politiker entscheiden. Eine solche Entscheidung würde auf einer Abwägung von Rechtfertigungsgründen beruhen und daher eine Vernunftentscheidung sein; offensichtlich aber keine der diskursiven, sondern der intuitiven Vernunft. Wir könnten das spontane erste Urteil, die Wand sehe aus wie Helmut Kohl, ein intuitives Urteil nennen; es aber Verstandesurteil zu nennen, würde allzusehr gegen den üblichen Sprachgebrauch verstoßen.

Der Anhänger der Intuition könnte gegen meine Behauptung, intuitive Entscheidungen seien nicht allgemeinverbindlich als wahr ausweisbar, behaupten, die Intuition sei unfehlbar oder es genüge, ihre Fehler durch Intuition zu entdecken. Aber die Erfahrung zeigt, daß verschiedene Menschen oft verschiedene Intuitionen haben und ihre Herzen selten dieselbe Sprache sprechen. Der Vorwurf des unangemessenen Rationalismus an meine Landkarte wäre nur berechtigt, wenn diese uns darauf festlegte anzunehmen, unsere gewöhnlichen Urteile folgten den Regeln des Verstandes oder der Vernunft. Das wäre ein Irrtum. Ohne intuitives Erfassen und Beurteilen der Wirklichkeit und ebenso dessen, was sein soll, könnten wir unser Leben nicht bewältigen. Viele Entscheidungen treffen wir intuitiv. Vom intuitiven Erfassen der Wirklichkeit lebt die große Kunst. Ohne sie wäre unser Leben nicht nur deshalb ärmer, weil wir ohne ihre Produkte der Phantasie und Imagination leben müßten, sondern auch weil wir weniger von der Wirklichkeit und unseren Idealen verständen. Aber Glanz und Genialität der intuitiven Vernunft haben ihre Kehrseite in der nichtuniversalen Prüfbarkeit. Sie ist ein Engel, der fällt, wenn er *nur* gefällt.

Die diskursive Vernunft ist dagegen die «strenge, unermüdliche, überlästige Hofmeisterin».[27] Wenn wir nicht unsere privaten, sondern öffentliche Probleme allgemeinverbindlich lösen wollen, Probleme, die größere Gruppen und daher Menschen mit verschiedenen Herzen betreffen, dann müssen wir den langsameren, langweiligeren, plumperen, aber kontrollierbaren und nicht falsifikationsresistenten Weg der Vernunft gehen. Vorausgesetzt, sie *kann* Urteile über die Welt ebenso wie über die ideale Wirklichkeit allgemeinverbindlich rechtfertigen. *Ob* sie es kann, wird in den folgenden Kapiteln untersucht.

ZWEITER TEIL

Falsifikation und Moral

5.
Wie das Vernunftgeschäft universal verbindlich sein kann

1. Universalität, Objektivität und Fehlbarkeit von Geltungsansprüchen

Nach traditionellem Verständnis gelten Wahrheitsansprüche *universal* und *objektiv*. Wer die Wahrheit eines Satzes oder einer Theorie behauptet, behauptet nach diesem Verständnis ihre *Universalität* in dem Sinn, daß *alle* urteilsfähigen Wesen der Wahrheit des Satzes oder der Theorie zustimmen müssen, wenn sie Satz oder Theorie nur verstanden haben. Er behauptet auch ihre *Objektivität* in dem Sinn, daß er erstens jede *Relativität* der Wahrheit oder ihrer Anerkennung auf Bedingungen einer bestimmten Kultur, Epoche, Gesellschaft oder individuellen Psyche leugnet, und zweitens ihre unrevidierbare Übereinstimmung mit der Wirklichkeit postuliert.

Für den Geltungsanspruch der *moralischen Richtigkeit* behaupten *kognitivistische* Ethiker dieselbe Universalität und eine ähnliche Objektivität wie für den Geltungsanspruch der *Wahrheit*. Wir können danach für singuläre moralische Forderungen («Du darfst dein Kind jetzt nicht belügen!») und für moralische Prinzipien («Du darfst nicht lügen!») eine Richtigkeit behaupten, die ebenso universal ist wie die Wahrheit deskriptiver Sätze und Theorien, weil wir für normative ebenso wie für deskriptive Sätze Rechtfertigungsgründe anführen können, die *universal* sind oder *allen* einleuchten. *Objektive* Richtigkeit dagegen dürfen wir nach den Kognitivisten für moralische Sätze nur in dem Sinn beanspruchen, daß sie sowenig *relativ* auf Bedingungen einer bestimmten Kultur, Epoche, Gesellschaft oder individuellen Psyche sind wie objektive Wahrheiten, dagegen nicht im Sinn einer Übereinstimmung mit der Wirklichkeit, da sie die Möglichkeit einer solchen Übereinstimmung nur für deskriptive, nicht für präskriptive Sätze annehmen.

Den Philosophen, die die Möglichkeit universaler und objektiver Geltungsansprüche behaupten, schreibt man traditionell den Glauben an eine universale und objektive *Vernunft* zu. Darin kommt die Verbindung von Vernunft und Rechtfertigungsvermögen zum Ausdruck, eine Verbindung, die nach meiner These sogar als Identität verstanden werden sollte. Wer nur an die Möglichkeit universaler und objektiver *Wahrheits*ansprüche glaubt, gilt als Anhänger einer objektiven *theoretischen* Vernunft, wer an die Möglichkeit universaler und objektiver *moralischer Richtigkeits*ansprüche, als Anhänger einer objektiven *praktischen* Vernunft. Nach dieser Terminologie plädiere ich im folgenden für die Anerkennung einer universalen und objektiven theoretischen und praktischen Vernunft.

Zur Vermeidung von Mißverständnissen werde ich aber nicht für eine universale und *objektive* Vernunft plädieren, sondern für eine universale und *nicht-relative*. Denn ich behaupte, daß die zweite Bedingung der Objektivität eines Geltungsanspruchs, seine *Übereinstimmung* mit der Wirklichkeit, sich nicht halten läßt. Im Fall von Ansprüchen der moralischen Richtigkeit scheint mir das offensichtlich. Solche Ansprüche werden für Forderungen oder präskriptive Aussagen erhoben, und diese wären nicht präskriptiv, sondern deskriptiv, wenn sie sich auf eine Wirklichkeit bezögen, mit der sie schon übereinstimmten. Wahrheitsansprüche dagegen behaupten zwar die Übereinstimmung des Satzes, für den die Wahrheit beansprucht wird, mit der Tatsache, die er zu beschreiben beansprucht. Aber sie können nach den Verfechtern der *fehlbaren* Vernunft, denen ich folge, nie endgültig und unrevidierbar eingelöst werden. Wir müssen immer damit rechnen, daß sich ein Wahrheitsanspruch, und ebenso (wenn wir eine Analogie zwischen Wahrheits- und moralischen Richtigkeitsansprüchen annehmen) ein moralischer Richtigkeitsanspruch, nicht halten läßt, obgleich alle *verfügbaren* Rechtfertigungsgründe für ihn sprechen. Daher können wir zwar die *Nichtrelativität* von Geltungsansprüchen, aber nicht ihre Objektivität in dem Sinn behaupten, in dem sie eine Übereinstimmung von Satz und Wirklichkeit einschließt.

Worauf es hier in jedem Fall ankommt, ist die Unterscheidung von *Fehlbarkeit* und *Relativität* unserer Behauptungen und Geltungsansprüche. Erkennt man die Fehlbarkeit unserer empirischen und moralischen Aussagen und Theorien an, so erkennt man noch lange nicht ihre Relativität auf eine Kultur oder individuelle Psyche oder sonstige Umstände außer den Rechtfertigungsgründen selbst an.

Tatsächlich muß man, wie ich argumentieren werde, die Fehlbarkeit aller unserer empirischen und moralischen Aussagen und Theorien anerkennen. Diese Einsicht unterscheidet die Gegenwart sowohl von der antiken wie von der neuzeitlichen Philosophie des 17. und 18. Jahrhunderts, von Platon und Aristoteles ebensowohl wie von Descartes, Locke und Kant. Viele heutige Theoretiker ziehen daraus den Schluß, alles sei relativ, und wollen deshalb sich und die Gegenwart von der Antike ebenso wie von der Moderne als *Postmoderne* unterscheiden, als die Epoche, die die Ansprüche der Vernunft, nämlich Universalität und Verbindlichkeit, als Illusion entlarvt habe. Ein Ziel meiner folgenden Ausführungen ist, die Falschheit dieser Annahmen zu zeigen. Die Anerkennung der Fehlbarkeit unserer Aussagen ist mit ihrer Nichtrelativität nicht nur vereinbar, wir können vielmehr unsere Fehlbarkeit nur deshalb erkennen, weil wir nichtrelativ, allein durch Rechtfertigungsgründe bestimmt, urteilen können.

2. Wie werden Geltungsansprüche eingelöst?

Ich untersuche im folgenden nur die Einlösung zweier Geltungsansprüche: der *empirischen Wahrheit*, den wir mit Aussagen über die erfahrbare Welt erheben, und der *moralischen Richtigkeit*, den wir mit solchen normativen Aussagen erheben, die nicht, wie technische, methodologische, Konventions-, Spiel- und Sprachregeln, auf Aussagen über den angemessenen Mittelgebrauch zur Erreichung vorausgesetzter Ziele reduzierbar sind. Solche irreduzibel normative Aussagen sind moralische Gebote wie «Du sollst nicht lügen», die *universale* Imperative in dem Sinn sind, daß sie *alle* Handlungen einer bestimmten Klasse (der des Lügens) verbieten; zweitens *singuläre* moralische Imperative wie «Du darfst dieses Kind nicht anbrüllen», die nicht als Empfehlungen zur Erreichung eines vorausgesetzten Zwecks gemeint sind, sondern als unter allen Bedingungen geltende Forderungen.

Die Einlösung empirischer Wahrheitsansprüche kann auf den ersten Blick unproblematisch scheinen, weil, wie schon das Prädikat *empirisch* anzeigt, es offenbar die Empirie oder Erfahrung ist, die sie leistet. Ich löse den Wahrheitsanspruch des Satzes «Die Wand vor mir ist weiß» ein, indem ich meine Wahrnehmung, daß sie weiß ist, vorbringe. Meine Augen sagen mir, daß die Wand vor mir weiß ist. Anderen sagen ihre Augen dasselbe, nämlich daß die Wand vor mir weiß ist. Diese Evidenz reicht in der Tat oft aus zur Rechtfertigung einer empirischen Behauptung wie der, die Wand vor mir sei weiß. Das Problem ist, daß diese Evidenz täuschen kann. Meine Augen sagen mir, daß das Ruder, das in klares Wasser getaucht ist, an der Wasseroberfläche geknickt ist, aber es ist leicht als gerade nachweisbar. Alle meine Sinne sagen mir, daß ich über einer wunderschönen Landschaft fliege, bis ich aus meinen Traum erwache und alles als Trugbild erkenne. So fehlbar unsre Sinne, so fehlbar ihre Evidenz.

Wir können drei mögliche Konsequenzen aus der Fehlbarkeit der Sinne unterscheiden, und diese Konsequenzen sind in der Philosophiegeschichte auch gezogen worden:

1. Wir müssen zuverlässigere Rechtfertigungsgründe finden als die Evidenz der Sinne.
2. Eine allgemeinverbindliche Rechtfertigung ist unmöglich.
3. Die Evidenz der Sinne bleibt trotz ihrer Unzuverlässigkeit die Grundlage der Rechtfertigung.

Die erste Konsequenz ist *infallibilistisch*, die zweite *skeptisch*, die dritte *fallibilistisch.* Die infallibilistische Konsequenz zog zuerst *Platon*, als er versuchte, die Evidenz der Sinne durch die Evidenz der *Ideen* zu ersetzen. Auch Kant hält einen Garanten der empirischen Wahrheit für unentbehrlich, der uns vor der Fehlbarkeit der Sinne schützt. Wie nach Platon jede empirische Erkenntnis an den Ideen teilhaben muß, um wahr zu sein, so muß sie nach Kant mit den reinen Verstandesbegriffen oder Kategorien übereinstimmen. Aber wie Platons Ideen scheinen auch Kants Kategorien unnötig, die Möglichkeit empirischer Erkenntnis zu erklären; sie scheinen eher selbst aus der Erfahrung gewonnen. Hinzu kommt, daß Platon seine Ideenlehre in erster Linie zur Erklärung der Möglichkeit moralischen und mathematischen Wissens entwickelte. Daß wir für solches Wissen Ideen annehmen müssen, dafür spricht, daß es erfahrungsunabhängig ist. Das läßt sich von Erfahrungswissen gerade nicht sagen.

Einen neuen Wahrheitsgaranten schlug Descartes vor, als er im Bewußtsein der unbezweifelbaren Gegebenheit des eigenen Zweifelns die unfehlbare Grundlage aller Erkenntnis gewinnen wollte. Seine Quelle aller Evidenz ist das Bewußtseins des eigenen Bewußtseins. Ein solches unbezweifelbares Bewußtsein haben wir nur von den Inhalten unsres Bewußtseins, von denen wir offen lassen müssen, ob ihnen eine Existenz in der bewußtseinsunabhängigen, allen gemeinsamen Außenwelt entspricht. Daher geben uns die cartesischen Ideen, gerade weil sie unbezweifelbar sind, keine Evidenz von der Welt. Hume und Berkeley erkannten diesen Mangel, hielten aber daran fest, alle Erkenntnis müsse auf unerschütterlichem Wissen beruhen. Da sie solches Wissen nur im Bewußtsein unserer (cartesischen) Ideen fanden, zogen sie die kontraintuitive Konsequenz, eine Welt außerhalb unseres Bewußtseins für unerkennbar oder nichtexistent zu halten.

Der heute populärste Wahrheitsgarant und vorläufig jüngste Fund der Suche nach Infallibilität ist der Konsens. Er hat seine bekannteste Version in Habermas' Diskursprinzip gefunden, das jetzt lautet: «Gültig sind genau die Handlungsnormen, denen alle möglicherweise Betroffenen als Teilnehmer an rationalen Diskursen zustimmen können.»[1] In dieser Version definiert das Konsensprinzip die *moralische Richtigkeit* von Handlungsnormen; es muß aber nach Habermas' Aussagen in seinem früheren Aufsatz *Wahrheitstheorien*[2] auch als Definition der *empirischen Wahrheit* verstanden werden und legt dann fest, daß alle und nur solche empirischen Aussagen wahr sind, denen alle Teilnehmer an rationalen Diskursen über den Gegenstand der empirischen Aussagen zustimmen können. Entscheidend ist an dieser Definition, daß nicht die Evidenz der Sinne oder die Wahrnehmung über die Wahrheit entscheidet, sondern der Konsens der Sachkenner. Ihre Wahrnehmungen werden als fehlbar anerkannt, aber ihrem Konsens Unfehlbarkeit zugesprochen.

Die *zweite* Konsequenz aus der Unzuverlässigkeit der Evidenz der Sinne ist die *Skepsis*. Sie teilt eine Voraussetzung mit dem Infallibilismus: empirische Erkenntnis muß auf einem unerschütterlichen, unfehlbaren Wissen gründen. Anders als der Infallibilismus leugnet sie, daß es eine solche Grundlage gibt. Daher kann es für sie keine Erkenntnis der Welt geben. Sie scheint in dem Maß an Überzeugungskraft zu verlieren, in dem die empirischen Wissenschaften, vor allem die Physik, Gesetze aufstellen, mit deren Kenntnis man die Welt umwälzte. Unsere empirischen Kenntnisse, wie immer gerechtfertigt, sind offenbar zuverlässig genug, um uns zu erlauben, in Flugzeugen zu fliegen, Bilder mit Lichtgeschwindigkeit von einem Ort zum andern zu schicken oder Bücher mit Notebooks zu schreiben. Daher scheint die Skepsis eine vormoderne Erscheinung. Aber der Schein trügt. Nietzsche, Heidegger, Horkheimer und Adorno und viele unter ihren Nachfolgern haben der modernen Wissenschaft die Allgemeinverbindlichkeit abgesprochen und die Skepsis erneuert.

Die modernen Wissenschaftsskeptiker sind nur *eine* Variante der modernen Skepsis. Eine andere entspringt paradoxerweise gerade der Anerkennung eines Prinzips der modernen Physik, nämlich daß alle Ereignisse kausal determiniert sind. Die vollständige Kausaldetermination schließt jede Rechtfertigung aus, da diese beansprucht, über die *Richtigkeit* von Urteilen unabhängig von der Kausaldetermination zu entscheiden. Mit der Kategorie der Richtigkeit kommt ein Aspekt in die Welt, der mit ihrer bloßen Faktizität unvereinbar ist: die Normativität. Wer nur das für wirklich hält, was kausal determiniert ist, kann weder Rechtfertigungen noch der Behauptung der Richtigkeit von Urteilen einen verständlichen Sinn zusprechen. Die Auffassung, die er vertreten muß, ist der *Historismus*.

Wissenschaftsskepsis und Historismus sind beide nicht die heute attraktivste Form der Skepsis. Dies ist vielmehr der Methodenanarchismus, als dessen Parole Paul Feyerabend das Wort *Anything goes* gebraucht hat.[3] Er ist von der Postmoderne beeinflußt, von der manche Vertreter die europäische Vernunfttradition als Ausdruck von Herrschaft und Repression verwerfen. Der Methodenanarchismus sieht in Normen, seien sie moralischer oder methodologischer Art, Mittel der Unterdrückung oder Gängelung spontaner Problemlösungen, die aus den immer spezifischen Bedingungen eines Problems gezeugt werden. Seine erste Forderung ist nicht wie die der antiken Skepsis Urteilsenthaltung, sondern Enthaltung von der Befolgung von Vorschriften und Regeln. Seine Attraktivität besteht in seiner Verteidigung und Artikulierung eines verbreiteten Mißtrauens gegen die Ansprüche der Vernunft, das eine neue Form des Unbehagens an der Kultur ist, das Europa seit dem 19. Jahrhundert begleitet. *Anything goes* heißt:

was immer wir oder unsere philosophisch und methodologisch unverdorbene Natur in uns hervorbringt, klappt. Die Natur sorgt für sich selbst. Die Vernunft, die ein Fremdkörper in der Natur ist, macht nur kaputt.

Die *dritte* Konsequenz, der Fallibilismus, weist die infallibilistische Voraussetzung zurück, an der die ersten beiden festhalten. Sie erkennt an, daß die Evidenz der Sinne unzuverlässig oder fallibel ist. Was immer wir wahrnehmen und unsere Sinne uns zeigen, darin können wir irren. Aber wir haben keine andere Quelle, etwas über die Welt zu erkennen, als die Evidenz unserer Sinne. Wir können an Widersprüchen und anderen Ungereimtheiten erkennen, daß unsere Sinne unzuverlässig sind. Formale Prinzipien wie Widerspruchsfreiheit helfen uns bei der Entdeckung von Irrtümern, geben aber positiv nichts über die Welt zu erkennen. Um von einem Irrtum nicht nur zu dessen Entdeckung, sondern zu einer besseren Erkenntnis der Welt zu gelangen, muß ich mich wieder auf meine unzuverlässigen Sinne stützen, wenn ich dann auch neue, sorgfältigere und raffiniertere Beobachtungen anstellen muß.

Der Fallibilist muß entgegen manchen Meinungen nicht annehmen, es gebe überhaupt keine unfehlbaren Aussagen. Er muß nur annehmen, daß die *hier strittigen* Aussagen notwendig fallibel sind, nämlich erstens Aussagen über die empirische Wirklichkeit, über die objektive Welt, die der Erkenntnis aller normalen Menschen gleich zugänglich ist, zweitens Aussagen darüber, was der Fall sein oder wir tun sollen. Er kann und sollte vernünftigerweise anerkennen, daß analytische Aussagen über die Bedeutung von Wörtern («Junggesellen sind unverheiratete Männer»), logische und mathematische Aussagen, Aussagen über das eigne Bewußtsein («Ich zweifle, also bin ich») und vielleicht noch andere Aussagen, die nicht zu den genannten zwei Klassen gehören, unfehlbar sind. Sowenig der Infallibilist behauptet, *alle* Aussagen seien unfehlbar, sowenig der Fallibilist, *alle* seien fehlbar. Der Fallibilismus ist eine der drei möglichen Reaktionen auf die Unzuverlässigkeit unserer Sinne und unserer moralischen Intuitionen und daher eine Theorie über die Zuverlässigkeit der beiden Klassen von Aussagen, die sich in der einen oder andern Weise auf unsere Sinne und (wie wir gleich sehen werden) unsere moralischen Intuitionen stützen, keine Theorie über jede mögliche Art von Aussage.

Dieser Überblick über die drei möglichen Konsequenzen, die man aus den Schwierigkeiten in der Einlösung empirischer Wahrheitsansprüche ziehen kann, genügt schon zu zeigen, daß Infallibilismus, Skepsis und Fallibilismus drei konkurrierende Konzeptionen unseres (vermeintlichen oder wirklichen) Vermögens sind, deskriptive Aussagen zu rechtfertigen, drei Modelle, wie wir auch sagen könnten, der *theoretischen* Vernunft. Die drei Konzeptionen finden sich aber auch gegenüber moralischen Aussagen und ihrem Geltungsanspruch; auch sie werden als unfehlbar, skeptisch und als fehlbar beurteilt. Die drei Konzeptionen sind auch drei Modelle der *praktischen* Vernunft. Wie ist das möglich? Die drei Modelle der theoretischen Vernunft ergeben sich aus der Unzuverlässigkeit unserer *Wahrnehmungen* oder der Evidenz unserer Sinne, die der ursprüngliche und naive, wenn auch unzuverlässige Wahrheitsgarant sind. Was aber ist der entsprechende ursprüngliche, wenn auch unzuverlässige Garant moralischer Richtigkeit? Womit rechtfertigen wir vor jeder philosophischen Reflektion moralische Aussagen?

Die gewöhnliche Rechtfertigung besteht in einem Appell an allgemeinere Normen und Prinzipien, deren Gültigkeit man als anerkannt voraussetzt, und, wenn anerkannte Prinzipien fehlen, an eine moralische *Intuition* oder an das *Gewissen*. Warum darf ich dieses Kind nicht anbrüllen? Weil es dadurch verängstigt und in seiner Entwicklung gehemmt wird. Warum darf ich es nicht in seiner Entwicklung hemmen? Weil wir Kinder in jeder Hinsicht fördern sollen, soweit wir es können. Warum sollen wir sie so fördern? Wenn uns die Prinzipien ausgehen, hilft nur noch ein Appell an eine moralische Intuition von der Art: «Siehst du denn nicht, daß es gemein (oder in einer andern Weise verwerflich) wäre, Kinder anders zu behandeln?»

Moralische Intuitionen sind Vorstellungen davon, wie etwas sein soll. Alle Menschen stecken voller moralischer Intuitionen, weil wir alle zu solchen Vorstellungen erzogen werden und vielleicht auch, weil wir zu ihrer Entwicklung von Natur aus neigen. Allerdings stimmen wir in ihnen großenteils nicht überein. Das unterscheidet moralische Intuitionen von der Evidenz der Sinne, mit denen wir Wahrheitsansprüche unreflektiert rechtfertigen. In ihr gehen wir selten auseinander. Dennoch läßt sich die Rechtfertigung durch moralische Intuitionen mit der durch die Evidenz der Sinne vergleichen, weil wir faktisch alltäglich moralische Richtigkeitsansprüche ebenso durch Berufung auf moralische Intuitionen stützen wie empirische Wahrheitsansprüche durch Berufung auf die Evidenz der Sinne. Wir können daher ebenso wie die Geschichte der Erkenntnistheorie die Geschichte der Moraltheorie oder Ethik nach drei Reaktionen idealtypisch gliedern und ebenso wie auf die Tatsache der Unzuverlässigkeit der Evidenz der Sinne drei mögliche Reaktionen auf die Tatsache der Unzuverlässigkeit der Evidenz moralischer Intuitionen unterscheiden:

1. den *ethischen Infallibilismus*; man behauptet zuverlässigere Rechtfertigungsgründe als die Evidenz moralischer Intuitionen; die wichtigsten Kandidaten sind hier die platonischen Ideen, Universalisierbarkeitsprinzipien von der Art des kategorischen Imperativs und der diskursethische Konsens;
2. die *ethische Skepsis*; man erklärt allgemeinverbindliche Rechtfertigungen von Ansprüchen auf normative Richtigkeit für unmöglich;
3. den *ethischen Fallibilismus*; man hält die Rechtfertigung durch die Evidenz moralischer Intuitionen für die Grundlage der Rechtfertigung, weil jede Kritik an ihr nur wieder durch Berufung auf die Evidenz einer moralischen Intuition zu rechtfertigen ist.

Da die theoretische und die praktische Vernunft, für die die drei Problemlösungen konkurrierende Konzeptionen darstellen, mit dem, was der Fall ist, ebenso wie mit dem, was der Fall sein soll, daher mit der realen wie der idealen Wirklichkeit zu tun haben, konzipieren sie nicht nur drei Vernunftmodelle, sondern auch drei Modelle, die Wirklichkeit zu verstehen. Wenn die Vernunft und Rechtfertigungen in unserem Leben keine ganz unwichtige Rolle spielen, dann müssen wir die drei Modelle nicht nur in der Philosophiegeschichte wiederfinden, sondern auch in der Gegenwart. In der Tat finden wir sie auch heute als drei konkurrierende Einstellungen, die der Philosoph und Ethnologe Ernest Gellner als *fundamentalism, postmodernism* und *reason* beschrieben hat.[4] Der Fundamentalismus beansprucht unfehlbare Gewißheiten, der Postmodernismus ist die heutige Form der Skepsis, Gellners Vernunft ist die Vernunft der Fallibilisten. Gellners Namensgebung verrät seine Option für den Fallibilismus. Aber ist diese Wahl berechtigt? Welche Argumente kann jedes der drei Modelle für sich anführen?

3. Infallibilismus oder Fallibilismus?

Das stärkste Argument für das infallibilistische Vernunftmodell besteht in folgendem Syllogismus:

I Wenn es keine unerschütterliche Grundlage des Wissens (der Moral) gibt, gibt es überhaupt kein Wissen (keine Moral).
II Es gibt Wissen (Moral).
C. Also gibt es eine unerschütterliche Grundlage des Wissens (der Moral).

All unser Wissen muß nach dem Infallibilisten aus der unerschütterlichen Grundlage ableitbar sein, ohne die es überhaupt kein Wissen gäbe, und nur vermeintliches Wissen ist vermeintlich, weil es sich aus der Grundlage nicht ableiten läßt.

Der Skeptiker folgt der Prämisse I dieses Arguments; auch er sagt: wenn es keine unerschütterliche Grundlage des Wissens gibt, kann es kein Wissen geben; glaubt aber feststellen zu müssen, es gebe keine solche Grundlage, und kommt zum Schluß, daß es kein Wissen gibt.

Nur der Fallibilist bestreitet die Prämisse I und behauptet, es könne auch Wissen (und Moral) ohne unerschütterliche Grundlage geben. Man sollte anerkennen, daß die gemeinsame Prämisse des Infallibilisten und Skeptikers den Anschein für sich hat. Wissen ist, auch wenn diese Definition nicht ausreichen sollte, alle seine notwendigen Eigenschaften aufzuzählen,[5] wahre begründete Meinung. Wie soll man wahre von falscher Meinung unterscheiden, wenn es kein sicheres Unterscheidungskriterium gibt? Und wie soll es ein sicheres Unterscheidungskriterium geben, wenn alles fehlbar ist, auch das Kriterium und seine Anwendung?

Gemäß Prämisse I haben Theoretiker versucht, Wissenschaften auf eine unerschütterliche Grundlage zu stellen. Aristoteles forderte von einer Wissenschaft die Ableitbarkeit ihrer Sätze aus ersten Prinzipien. Das Muster einer solchen Wissenschaft, das die gesamte europäische Wissenschaftsentwicklung bestimmte, ist

Euklids Geometrie. Sie hat nicht nur den Vorteil, den Ort jedes geometrischen Satzes im Ableitungssystem anzugeben, sondern kann sich vor allem auf eine zugleich anschauliche und strenge Evidenz stützen, die unfehlbar scheint. Wer entdeckt oder bewiesen bekommt, daß die Summe der Quadrate über den Katheten (die kürzeren Seiten) eines rechtwinkligen Dreiecks ($a^2 + b^2$) die gleiche Fläche einnehmen *muß* wie das Quadrat über seiner Hypotenuse (c^2), lernt eine Evidenz kennen, die von der Evidenz der Sinne genau so absticht, wie das philosophische Ideal der unfehlbaren Vernunft von der Alltagsvernunft abstechen soll. Auch wer heute im Geometrieunterricht noch dieselben geometrische Beweise vorgeführt bekommt, die die antiken griechischen Mathematiker ihren Schülern vorführten, macht die spezifische Erfahrung, daß die demonstrierten Verhältnisse *notwendig* und unbezweifelbar oder unfehlbar sind.

Mathematische und ebenso logische Aussagen gelten zu Recht als unwiderlegbar. Dennoch sind sie kein Beleg für ein unfehlbares Wissen von dem, was ist oder was sein soll. Denn sie sagen nichts über die Welt (oder gar die Moral), weil sie vielmehr die Regeln festlegen, nach denen wir über die Welt denken und reden. Wie es treffend Einstein formulierte: «Insofern sich die Sätze der Mathematik auf die Wirklichkeit beziehen, sind sie nicht sicher, und insofern sie sicher sind, beziehen sie sich nicht auf die Wirklichkeit.»[6]

Nach dem Vorbild der Euklidischen Geometrie, *more geometrico*, haben viele spätere Theoretiker ihre Theorien dargestellt. Sie galt als die Form, die jede Wissenschaft einmal haben sollte. Tatsächlich ist es keiner Wissenschaft gelungen, diese Form zu erreichen. Nicht einmal die Mathematik erreichte sie. Euklid selbst mußte schon eine Reihe anerkannter Beweisverfahren verwerfen, um die Mathematik seiner Zeit in sein System zu pressen.[7] Im 19. Jahrhundert zeigten Riemann und Lobatschewski unabhängig voneinander, daß Euklids Parallelenaxiom durch ein anderes ersetzbar ist. Die so veränderte Geometrie erwies sich als brauchbar zur Beschreibung der Natur in Einsteins Relativitätstheorie. Der Versuch der Grundlagenmathematiker am Ende des 19. Jahrhunderts, vor allem Gottlob Freges, die Mathematik aus den Gesetzen der Logik abzuleiten, schlug fehl, weil, wie Bertrand Russell nachwies, Freges System bestimmte Paradoxien nicht vermeiden konnte, und weil, wie Kurt Gödel 1930 zeigte, in ihm und vergleichbaren Systemen unentscheidbare Sätze formulierbar sind.

Die Geschichte der Versuche, Wissenschaften nach Euklids Vorbild eine Form zu geben, in der alles Wissen als aus unerschütterlichen Grundlagen ableitbar dargestellt wird, spricht deutlich gegen die Möglichkeit einer solchen Form. Vor allem Gödels Unentscheidbarkeitssätze sind für das euklidische Ideal vernichtend. Sie zeigen nicht, daß Formalisierung überflüssig oder unbrauchbar ist, wohl aber, daß man nicht eine ganze Wissenschaft in nur ein System aus Prinzipien und ableitbaren Sätzen pressen kann. Aber das heißt, daß man nicht streng zwischen einer unerschütterlichen Grundlage und abgeleiteten Sätzen unterscheiden kann. Ist diese Unterscheidung unmöglich, so können zwar Sätze immer noch unterschiedlich verläßlich sein, aber keiner kann als absolut unerschütterlich gelten.[8]

Einmal angenommen, wir verwerfen das infallibilistische Modell für *deskriptive* Theorien und für die theoretische Vernunft. Sollten wir es nicht wenigstens für *normative* Theorien oder die *praktische* Vernunft annehmen? Brauchen wir nicht einen unerschütterlichen Standard der Gerechtigkeit, wenn wir eine Handlung oder Institution als ungerecht verwerfen? Haben wir nicht tatsächlich unfehlbare Maßstäbe des Gerechten in einer Form, die entweder Platons Ideen nahekommt oder Kants kategorischem Imperativ oder dem Konsensprinzip der Diskursethik oder einer anderen Richtung? Denn was immer unser Maßstab des Gerechten ist, wir entnehmen ihn nicht der Erfahrung; wir messen diese an ihm. Wenn wir ihn nicht der Erfahrung entnehmen, muß er dann nicht unerschütterlich sein?

Er muß es nicht sein. Wir könnten unsere praktischen Maßstäbe unseren vagen Vorstellungen oder Intuitionen von dem, was der Fall sein sollte, entnommen und diese in verschiedner Weise aus vagen zu schärferen Vorstellungen gemacht haben. Wir könnten unsicher sein, in welcher Weise wir die vagen oder auch inkonsistenten moralischen Intuitionen zu entscheidungstauglichen Kriterien machen sollten, könnten darüber verschiedener Meinung sein und Meinungsverschiedenheiten durch Argument und Kritik lösen. Wenn das so sein sollte, wie ich in der Tat meine, dann können unsere praktischen Standards nicht unerschütterlich sein. Alle Erfahrung spricht auch gegen ihre Unerschütterlichkeit.

Dazu gibt es zu viele verschiedene Meinungen über das, was gerecht und gut und normativ richtig ist. Selbst Max Scheler, einer der letzten Verfechter der Wesensschau, behauptete zwar, «die evidente Einsicht in das, was gut und böse ist, (kann) wesenhaft nicht täuschen», fügt aber in einer Klammer hinzu, es seien «Täuschungen darüber möglich ..., daß eine solche (evidente Einsicht) vorliege».[9] Wenn wir uns darüber täuschen können, ob eine evidente Einsicht vorliegt, dann ist auch die evidente Einsicht selbst so fehlbar wie die Behauptung, sie liege vor.

Die Konsequenz ist nicht notwendig Skepsis. Wir können vielmehr die moralischen Intuitionen ebenso zur Überprüfung normativer Theorien gebrauchen wie Beobachtungen zur Überprüfung empirischer Theorien. Wir müssen uns dabei klar sein, daß moralische Intuitionen noch leichter von Theorien und Ideen beeinflußbar sind als Beobachtungen, daß sie «weicher» sind. Aber wenn wir einmal anerkennen, daß wir in normativen Aussagen noch weniger Skeptiker sein können als in deskriptiven, erkennen wir auch, daß wir zur Kontrolle normativer Theorien, Prinzipien und Ideen nichts Besseres haben als die gegebenen moralischen Intuitionen. Von ihnen müssen wir ausgehen und zu ihnen müssen wir immer wieder zurückkehren.[10]

In jedem Fall braucht die Behauptung, normative Sätze und Theorien seien nie unfehlbar, heute gewiß mit weniger Widerstand zu rechnen als die Behauptung, deskriptive Sätze und Theorien seien immer fehlbar. Daher liegt die skeptische Reaktion auf die Tatsache der Unzuverlässigkeit unserer moralischen Intuitionen besonders nahe. Warum sollten wir sie also nicht dem Fallibilismus vorziehen? Aus demselben Grund, aus dem wir für deskriptive Sätze und Theorien trotz der Fehlbarkeit aller Sätze den Fallibilismus vorziehen sollten: weil wir die euklidische Form einer Theorie durch die *falsifikative* Form der *Theorieentwicklung* ersetzen können und sollten.

Deskriptive Theorien beanspruchen zu sagen, was wahr, und Moraltheorien beanspruchen zu sagen, was moralisch richtig ist. Aristoteles, Euklid und ihre Nachfolger hofften, die Wahrheit und moralische Richtigkeit von Theorien durch ihre Unterscheidung in unfehlbare Prinzipien und aus ihnen ableitbare Lehrsätze zu garantieren. Sie hielten diese Unterscheidung für sinnvoll, weil sie in den unfehlbaren Prinzipien die Garantie der Wahrheit oder moralischen Richtigkeit auch solcher Sätze sahen, die nicht selbstevident, aber wegen ihrer Ableitbarkeit aus selbstevidenten Sätzen als gültig anzuerkennen sind. Ist die Unterscheidung in unfehlbare und ableitbare Sätze nicht möglich, wie wir es nach Gödel annehmen müssen, so ist dadurch noch nicht jede Unterscheidung in mehr oder weniger überzeugende oder einleuchtende Aussagen aufgehoben. Eine solche Unterscheidung ist vielmehr unerläßlich, wenn man über den Stand des gegebenen oder vorwissenschaftlichen Wissens hinaus will. Müßten wir alle deskriptiven und normativen Aussagen als gleich überzeugend oder gleich wenig überzeugend anerkennen, so müßten wir uns mit dem jeweils gegebenen Stand zufrieden geben und könnten auf keinen Erkenntnis*zuwachs* hoffen. Einen solchen aber hofften auch die Aristoteliker und Euklidiker durch Verfolgung der euklidischen Theorieform zu erreichen. Entscheidend für das Ziel des Erkenntnisgewinns ist daher gar nicht, daß wir zweifelhafte an *unfehlbaren* Aussagen messen, sondern daß wir weniger überzeugende an *überzeugenderen* Aussagen überprüfen.

Eine solche Überprüfung setzt nicht einmal voraus, daß wir schon vor dem Vergleich für einzelne Aussagen angeben können, welche von ihnen überzeugender ist als eine beliebige andere. Eine Überprüfung kann auch dadurch stattfinden, daß wir eine größere Menge von Aussagen darauf betrachten, wie sie am besten zueinander passen. Hier liegt der Vergleich mit einem verdorbenen Puzzle nahe, das nicht nur aus Stücken besteht, die in der richtigen Zusammensetzung ein Bild ergeben, sondern auch aus Stücken, die nicht dazu gehören und als «unrichtig» ausgeschieden werden müssen. Um zur richtigen Unterscheidung zu kommen, brauchen wir weder Sicherheitsgarantien dafür, daß bestimmte Stücke zum unverdorbenen Puzzle gehören, noch ein Wissen davon, daß bestimmte Stücke eher zum unverdorbenen Puzzle gehören als andere. Wir kommen vielmehr zur richtigen Unterscheidung dadurch, daß wir erkennen, welche Stücke zueinander passen und welche am Ende übrig bleiben. Wir verwerfen den Anspruch eines Stückes, zum Puzzle zu gehören, wenn es nicht zu den anderen paßt. Ebenso falsifizieren wir den Gültigkeitsanspruch von Aussagen durch Überprüfen ihrer Kohärenz mit den anderen. Die Methode der *Falsifikation* impliziert die Anwendung eines bestimmten Kriteriums der Gerechtfertigtheit von Aussagen, nämlich der *Kohärenz*. Umgekehrt könnte Kohärenz nichts zur Rechtfertigung einer Aussage betitragen, wenn sie nicht zur Falsifikation von Aussagen führen könnte. Die Methodologie der Falsifikation und der Gebrauch des Kohärenzkriteriums für die Gerechtfertigtheit von Geltungsansprüchen sind unzertrennlich.

In der Tat gehen die empirischen Wissenschaften zugleich falsifikativ und kohärentistisch vor, wenn sie aus ihren zweifelhaften Hypothesen ebenso zweifelhafte Voraussagen ableiten, um sie mit Beobachtungen zu einem vorausgesagten Zeitpunkt zu konfrontieren. Solche Beobachtungen halten wir im allgemeinen für weniger zweifelhaft als die Hypothesen und die aus ihnen ableitbaren Voraussagen. Bestätigen die Beobachtungen die Voraussagen, dann bestätigen sie auch die Hypothesen, aus denen die Voraussagen abgeleitet wurden; erweisen sie sie als falsch, dann auch die Hypothesen. Sie werden dann durch die Beobachtungen, weil sie überzeugender sind als die Voraussagen, zumindest vorläufig *falsifiziert*. In dem Maß aber, wie die aus ihnen ableitbaren Voraussagen durch Beobachtung bestätigt werden, in dem Maß auch, wie die ableitbaren Voraussagen den Erwartungen widersprechen und trotzdem bestätigt werden, in dem Maß werden Hypothesen bestätigt und erhalten selbst eine Überzeugungskraft, die sogar zur Verwerfung von Beobachtungen als unzuverlässig oder unwichtig oder zu ihrer Umdeutung führen kann. Wenn Beobachtungen zu einem relativ sicheren Satz von Aussagen, Hypothesen und Theorien eingeschlossen, nicht *passen* oder mit ihnen nicht *kohärieren*, werden sie nicht akzeptiert. Sie werden umgedeutet oder nicht ernst genommen.

So konnte man zwar aus der ptolemäischen Theorie Voraussagen über Planetenbewegungen ableiten, die sich nicht bestätigen ließen. Dennoch hatte sie genug Erfolge vorzuweisen, um die ihr widersprechenden Beobachtungen für unwichtig zu erklären. Die mit ihr konkurrierende kopernikanische Theorie blieb lange unakzeptabel, weil unsere Beobachtungen zu zeigen scheinen, daß die Sonne um die Erde kreist und nicht, wie die Theorie behauptet, die Erde um die Sonne. Erst als sie erfolgreiche Voraussagen machte, zu denen die ptolemäische nicht fähig war, wurde sie überzeugend genug, um die Beobachtung der sich bewegenden Sonne in den Anschein einer Bewegung umdeuten zu lassen, der durch die Erdbewegung entsteht.

Die Geschichte der Naturwissenschaften zeigt uns, daß wir dadurch zu Erkenntniszuwachs kommen, daß wir *systematisch* zweifelhafte an weniger zweifelhaften Annahmen und Annahmenkomplexen überprüfen. Die Systematik besteht darin, daß die zweifelhaften Annahmen zugleich einem Modell entsprechen, das den jeweiligen Gegenstand der Wissenschaft in eine vom gewöhnlichen Verständnis abweichende, aber mathematisch beschreibbare Form bringt. Werden die aus solchen zweifelhaften Annahmen ableitbaren Voraussagen bestätigt, so werden damit nicht nur irgendwelche zweifelhaften Annahmen bestätigt, sondern ein mathematisches Modell der Natur, das dem, der die Sprache der Mathematik versteht, ein neues und tieferes Verständnis der Natur ermöglicht.

Im allgemeinen sind Aussagen um so zuverlässiger, je partikularer oder konkreter sie sind. Je mehr sie nur wiedergeben, was an einer bestimmten Raum-Zeit-Stelle geschieht, als desto zuverlässiger gelten sie. Aber wie die Geschichte der kopernikanischen Theorie zeigt, kann ein allgemeiner Satz wie der, daß alle Planeten einschließlich der Erde um die Sonne kreisen, unter Umständen einen Beobachtungssatz wie den, daß die Sonne um die Erde kreist, außer Kraft setzen oder umdeuten lassen. Eine Theorie kann durch ihre Voraussageerfolge sogar so glaubwürdig werden, daß man sie für unerschütterlich halten kann, wie es die meisten Philosophen des 18. Jahrhunderts mit der Newtonschen Theorie taten. Mittlerweile wissen wir, daß auch sie nicht nur fehlbar ist, sondern tatsächlich ein Irrtum, so wichtig sie für das Verständnis und die Berechnungen der Bewegungen von Körpern der gewöhnlichen Größenordnung geblieben ist. Ebenso müssen wir den heute anerkannten physikalischen Theorien Fehlbarkeit zusprechen und damit rechnen, daß sie in einigen Generationen als ebenso falsifiziert gelten werden wie heute die Newtonsche Theorie.

4. Kritische Vernunft und historische Kontingenz

Außer dem Gebrauch der *falsifikativen* Methode und der *Kohärenz* einer zu rechtfertigenden Aussage mit den übrigen möglicherweise gültigen Aussagen müssen wir dem Fallibilismus oder der kritischen Vernunft noch eine dritte Eigenart zuschreiben:

ihren Ausgang von *historischen* Kontingenzen. Sie muß in ihrem Versuch, zwischen richtig und falsch zu unterscheiden, von historisch gegebenen, mehr oder weniger kontingenten Annahmen ausgehen. Die Astronomen müssen mit der Überzeugung beginnen, daß die Sonne um die Erde kreist. Auch wenn sie erklären können, wie der falsche Schein zustandekommt, müssen sie sie ernst nehmen und ihre Falschheit nachweisen, und das ist nur möglich, wenn sie auf Annahmen zurückgreifen, die unter den gegebenen historischen Umständen überzeugen. Ebenso müssen die Ethiker von den moralischen Intuitionen ausgehen, die sie vorfinden. Auch wenn sie die Intuition, daß Griechen (oder Männer, Weiße, Moslems usw.) mehr Recht haben als Nichtgriechen, Nichtmänner usw., kausal auf die Neigung zurückführen können, seinesgleichen für besser zu halten, müssen sie sie ernst nehmen und ihre Falschheit nachweisen. Das wiederum ist nur durch Rückgriff auf Annahmen und Intuitionen möglich, die unter den gegebenen historischen Umständen überzeugen.

Impliziert die historisch bedingte Ausgangslage der kritischen Vernunft nicht ihre Relativität auf historische Umstände? Dagegen läßt sich anführen, daß wir zwar von historischen Kontingenzen *ausgehen*, aber nicht bei ihnen stehen bleiben müssen. Die Rechtfertigung der gegebenen Annahmen dient gerade der Unterscheidung zwischen nur historisch gegebenen, faktisch und kontingent anerkannten Annahmen einerseits und anerkennungswürdigen, gültigen und gerechtfertigten Annahmen anderseits. Bei diesem Unternehmen bleiben wir zwar auf nur faktisch anerkannte Annahmen angewiesen. Aber ihre Zahl wird im selben Maß kleiner, wie die der gerechtfertigten wächst. Wir haben allerdings keine Garantie dafür, daß sich der historische Prozeß der Unterscheidung zwischen gerechtfertigten und ungerechtfertigten Annahmen nicht wegen bestimmter sehr überzeugender, aber dennoch falscher Annahmen in eine falsche Richtung bewegt und uns von der Wahrheit und der moralischen Richtigkeit immer mehr entfernt. Müssen wir daher nicht doch einen historischen Relativismus anerkennen?

Zwei Überlegungen scheinen dagegen zu sprechen, erweisen sich aber schließlich doch nicht als ausreichend, die Relativität unserer empirischen und normativen Theorien auf historische Umstände mit Gewißheit auszuschließen. Die erste Überlegung betrifft die Entwicklung der Wissenschaften oder deskriptiven Theorien über die Welt. Wenn ihre Theorien kohärent sind, dürfen sie uns in unserem Umgang mit der Welt nicht enttäuschen. Sie müssen uns Voraussagen über unsere Benutzung von Brücken, Kanonen, Autos, Computern und Weltraumsonden erlauben, auf die wir uns verlassen können. Sie können an der Realität scheitern, mit der wir zu tun haben und in die wir mit ihrer Hilfe immer weiter eindringen. Auch wenn wir ihre Falschheit an der mangelnden Kohärenz ihrer Aussagen erkennen, ist es doch die von unseren Annahmen unabhängige Wirklichkeit, die über ihre Wahrheit richtet. Wir können nie absolut sicher sein, daß die Bereiche der Wirklichkeit, die wir neu entdecken, uns nicht Erfahrungen bieten werden, die eine mehr oder weniger radikale Revision unserer von unserem historischen Ausgangspunkt mitbestimmten Theorien verlangen. Aber es ist doch zunehmend unwahrscheinlich, daß sie unsere bisherigen Annahmen als *völlig* falsch erweisen werden und nicht nur als falsch, soweit wir sie für mehr hielten als Annahmen über einen bestimmten Wirklichkeitsbereich.

Die zweite Überlegung betrifft die Entwicklung der Ethik oder normativer Theorien über das, was sein soll oder wie wir handeln sollen. Sie muß weiter ausholen als die erste. Die Überlegung, die eine immer größere Entfernung unserer *empirischen* Theorien von der Wahrheit unwahrscheinlich macht, nämlich daß sie an der Wirklichkeit scheitern können, mit der wir in unserem Handeln zu tun haben, die aber von unseren Annahmen unabhängig ist, läßt sich auf die Entwicklung *normativer* Theorien offensichtlich nicht anwenden. Denn sie können nicht an der Wirklichkeit scheitern, an der empirische Theorien scheitern können. Was kann uns hier auch nur hoffen lassen, daß wir in ihrer Entwicklung nicht immer weiter von der moralischen Richtigkeit wegkommen? Macht es überhaupt Sinn, von einem Sichentfernen von der moralischen Richtigkeit zu sprechen?

Das muß es in der Tat machen, wenn ich behaupte, daß eine Theorie richtig ist, nicht wenn und weil eine Mehrheit oder alle von ihr überzeugt sind, sondern wenn und weil sie ausreichende *Rechtfertigungsgründe* hat. Daher genügt es nicht, die ausreichend rechtfertigenden Gründe damit zu beschreiben, *daß* sie jeden Verständigen oder Vernünftigen überzeugen. Ich muß vielmehr angeben, *wann* oder unter welchen Bedingungen die rechtfertigenden Gründe überzeugen können oder was wir überhaupt meinen, wenn wir Rechtfertigungsgründe als Rechtfertigungen anerkennen. Das ist bei den Rechtfertigungsgründen *empirischer* Theorien leicht möglich. Man muß sie genau dann als rechtfertigende Gründe anerkennen, wenn sie Theorien oder Aussagen rechtfertigen, die uns die Welt so beschreiben, daß wir uns in ihr verläßlich zurechtfinden. Die anzuerkennenden *Wahrheits*gründe sind solche, die auf eine von unseren Meinungen unabhängigen Wirklichkeit verweisen. Auf welche von unseren Meinungen unabhängige Wirklichkeit aber verweisen die anzuerkennenden *Richtigkeits*gründe, die Gründe, die die Annahme einer normativen Theorie rechtfertigen?

Manche Philosophen haben, um diese Frage zu beantworten, eine der empirischen Wirklichkeit analoge moralische Wirklichkeit und neben den empirischen Dingen auch moralische Entitäten angenommen, eine oder mehrere Ideen des Guten oder, wie Max Scheler, nichtempirische *Wertverhalte* neben den empirischen *Sachverhalten*.[11] Aber die Annahme einer solchen nichtempirischen Wirklichkeit kann uns nicht verständlich machen, wie wir anerkennungswürdige moralische Annahmen von nicht anerkennungswürdigen unterscheiden; sie wirft nur das neue Problem auf, wie wir diese nichtempirische Wirklichkeit erkennen können. Die Übertragung des Falsifikationismus und Kohärentismus aus der Wissenschaftstheorie auf die Ethik legt uns auf einen *ethischen Kognitivismus* fest,[12] für den uns doch die moralische Wirklichkeit zu fehlen scheint, deren Erkennbarkeit wir behaupten, wenn wir behaupten, daß moralische Aussagen nicht deshalb richtig sind, weil *wir* sie dafür halten, sondern weil wir von unseren Meinungen unabhängige Rechtfertigungs*gründe* für sie haben.

Machen wir uns unser Problem möglichst klar. Eine konsequente Übertragung des Falsifikationismus von der Wissenschaftstheorie auf die Ethik verlangt, daß moralische Aussagen wie *Man darf keine Kinder zum Spaß braten* ebenso unabhängig von unseren Überzeugungen richtig sind wie empirische Aussagen wie *Die Erde kreist um die Sonne.* Was eine solche Überzeugungsunabhängigkeit in der Astronomie heißt, wissen wir: die Erde kreist und kreiste auch dann um die Sonne, wenn und als alle Menschen glaubten, sie stehe still. Was aber soll es heißen, daß man Kinder auch dann nicht zum Spaß braten darf, wenn alle glauben, das sei richtig?

Der *ethische* Kognitivismus nagelt uns sowenig auf die Annahme einer moralischen Wirklichkeit neben der empirischen fest wie der *mathematische* Kognitivismus, die allgemein anerkannte Auffassung, daß mathematische Urteile unabhängig von unseren Wünschen wahr sind, auf die Annahme der Existenz mathematischer Tatsachen, die wir wie empirische als Bestandteil der Welt annehmen müßten. Wir können annehmen, daß 2 + 2 = 4 auch dann wahr ist, wenn alle glauben, 2 + 2 sei 5, ohne deswegen annehmen zu müssen, 2 + 2 = 4 sei deshalb wahr, weil diese Gleichung einen spezifisch mathematischen Sachverhalt der Welt beschreibt, von denen es unendlich viele neben den physischen und psychischen gäbe. Denn wir können annehmen, die Gleichung beschreibe einen notwendigen Charakter einer unserer *Handlungsmöglichkeiten*, nämlich des *Zählens*: wenn wir einmal anfangen, Dinge zu zählen, dann müssen wir 2 und 2 so zusammenzählen, daß wir 4 erhalten; andernfalls würden wir nicht zählen.

Ähnlich können wir moralische Sätze für wahr halten unabhängig vom faktischen moralischen Urteil der Menschen, weil wir sie als Beschreibungen eines notwendigen Charakters einer unserer Handlungsmöglichkeiten verstehen können, nämlich des *moralischen Handelns*. Was sollen wir unter moralischem Handeln verstehen? Die Frage läßt sich nicht ohne Moraltheorie beantworten, aber die Moraltheorie muß nicht notwendig einen moralischen Realismus implizieren. Sie kann annehmen, die Eigenart moralischen Handelns bestehe darin, jedem ein Maximum gleicher Freiheit zur Betätigung seiner Anlagen zu sichern. Wenn wir dieses Ziel als den spezifisch moralischen Zweck annehmen, wie ich es tue, dann können wir sagen, daß zu seiner Erreichung bestimmte Regeln eingehalten werden müssen, wie immer die Leute oder die Menschheit insgesamt urteilen. Bei Verletzung dieser Regeln, die die Regeln der Moral sind, hören wir ebenso auf, jedem ein Maximum gleicher Freiheit zu sichern und moralisch zu sein, wie wir aufhören zu zählen, wenn wir 2 und 2 zu 5 zusammenzählen.

Ich habe gesagt, daß mathematische Sätze einen notwendigen Charakter unseres Zählens *beschreiben* und daß moralische Sätze ebenso einen notwendigen Charakter unsres Moralischhandelns *beschreiben.* Das scheint der Annahme zu widersprechen, daß moralische Sätze nicht beschreiben, sondern fordern. Dieser Anschein löst sich jedoch auf, sobald wir erkennen, daß die Beschreibung eines *notwendigen* Charakters einer unserer Handlungsmöglichkeiten auch die Forderung ist, den Charakter einzuhalten. Dieses Verständnis mathematischer und moralischer Sätze erlaubt uns nun ein neues Verständnis moralischer Intuitionen. Wir können arithmetische Intuitionen als ein mehr oder weniger deutliches spontanes Urteil darüber verstehen, was notwendig oder gefordert ist, wenn wir zählen wollen, und ebenso moralische Intuitionen als mehr oder weniger deutliche Urteile darüber, was notwendig oder gefordert ist, wenn wir das Ziel der gleichen Freiheit erreichen wollen. Sowenig wir uns auf unsere mathematischen Intuitionen verlassen, sie vielmehr durch Beweise ersetzen wollen, sowenig auf unsere moralische Intuitionen, die wir ähnlich durch intersubjektiv nachvollziehbare und verläßliche Argumente und die Berufung auf moralische Ideen ersetzen wollen.

Wozu brauchen wir aber überhaupt Falsifikationen und die Annahme der Fehlbarkeit aller moralischen Annahmen, da wir nun moralische Sätze als Beschreibungen dessen verstehen können, was gefordert ist, wenn wir das Ziel der gleichen Freiheit erreichen wollen? Wie verträgt sich meine Verteidigung des ethischen Kognitivismus mit dem Falsifikationismus?

Wir müssen erstens die Annahme über das Ziel des moralischen Handelns, daß es die gleiche Freiheit sei, als fehlbar betrachten; zweitens auch die einzelnen Aussagen darüber, wie man dieses Ziel am besten erreicht. Denn die Richtigkeit solcher Aussagen hängt ab von der Einschätzung der konkreten Handlungssituationen und der Unterscheidung und Gewichtung ihrer vielfältigen eventuell relevanten Aspekte. Hier endet die Parallele der Ethik zur Mathematik. Die Mathematik hat es mit Handlungsmöglichkeiten zu tun, die von empirischen Umständen absehen. Wenn wir in ihr überhaupt von Falsifikationen und fehlbaren Annahmen sprechen können,[13] dann nur in einem viel schwächeren Sinn als in allen Disziplinen, die mit empirischem Material zu tun haben. Mit diesem hat nicht nur die Physik zu tun, sondern auch die Ethik, da sie die empirischen Handlungsumstände berücksichtigen muß.

Wir können nun unsere langwierige zweite Überlegung zur Frage zu Ende führen, ob die kritische Vernunft auf kontingente historisch bedingte Annahmen relativ ist. Obgleich normative Theorien nicht wie empirische an der empirischen Realität scheitern können und obgleich wir keine der empirischen analoge moralische Realität annehmen können, an der sie scheitern könnten, gibt es doch objektive, von unseren Meinungen unabhängige Rechtfertigungsgründe für normative Theorien. Es gibt sie deshalb, weil moralische Aussagen Aussagen über unsere Handlungsmöglichkeiten sind, die festlegen, welche Handlungsweisen verboten und welche preiswürdig sind, und dabei voraussetzen, daß die Preis- oder Tadelnswürdigkeit einer Handlung davon abhängt, wie weit sie jedem Menschen (oder Vernunftwesen) die gleiche Freiheit zur Betätigung seiner Fähigkeiten sichert. Wie weit eine Handlung das tut, ist unabhängig von unseren Meinungen. Wir haben gute Gründe zu hoffen, daß wir im Lauf der Geschichte immer besser erkennen können, wie wir jedem die gleiche Freiheit sichern können.

Wir müssen allerdings in dieser Verteidigung der Möglichkeit moralischen Fortschritts schon eine bestimmte Moraltheorie voraussetzen, nämlich daß das eigentliche Ziel der Moral die Sicherung der gleichen Freiheit ist. Aber auch diese Theorie ist nicht unfehlbar; wir könnten sie revidieren müssen. Wenn wir dennoch an ihr festhalten, könnten wir uns da nicht doch immer weiter von der moralischen Richtigkeit entfernen? Diese Möglichkeit können wir in der Tat nicht ausschließen. Ein analoges Problem besteht jedoch auch in der Entwicklung unserer empirischen Theorien. Denn ihren Fortschritt können wir, wie wir sahen, nur dadurch als plausibel annehmen, daß wir die Möglichkeit des Scheitern empirischer Theorien an der empirischen Wirklichkeit annehmen. Wir müssen, heißt das, eine empirische Wirklichkeit annehmen, an der empirische Theorien unabhängig von unseren Meinungen scheitern können. Die Annahme einer solchen empirischen Realität aber kann ebenso angefochten werden wie die Moraltheorie, nach der das Ziel der Moral die Sicherung der gleichen Freiheit ist, und der Idealismus ist die Theorie, die die Annahme einer empirischen Realität anficht.

Hängt es nun nicht von kontingenten historischen Umständen ab, ob wir dem Idealismus oder einer Moraltheorie folgen, die ein anderes Ziel der Moral als die Sicherung der gleichen Freiheit behauptet? Jedenfalls nicht notwendig. Selbst wenn es von solchen Umständen mitbestimmt wird, können wir doch hoffen, uns zunehmend von ihnen unabhängig zu machen. Wir müssen allerdings anerkennen, daß wir hier nur einem Ideal folgen, für dessen Erreichung wir keine Gewißheit haben. Daß wir einem solchen Ideal folgen können, reicht schon aus, um seine Verfolgung vor der Kritik zu bewahren, sie sei sinnlos. Das ist nicht viel, aber mehr an Gewißheit ist offenbar nicht erreichbar. Wir können nicht behaupten, unsere empirischen und moralischen Annahmen seien *notwendig* relativ auf historische Umstände. Deshalb vertritt der Anhänger der kritischen Vernunft keinen Relativismus. Er kann aber auch nicht behaupten, sie seien mit Gewißheit nicht relativ auf historische Umstände. Die Verwerfung des Relativismus kann für ihn nur heißen, daß er das Ideal der nicht relativen Erkenntnis für verfolgbar, nicht daß er es von irgendeiner Annahme für erreicht hält.

5. Skepsis oder Fallibilismus?

Wie können wir sagen, die heute anerkannten physikalischen Theorien stellten *Wissen* und sogar einen Erkenntnis*zuwachs* gegenüber früheren Theorien wie der Newtonschen dar? Wir haben schon anerkannt, daß wir nicht ausschließen können, daß sich eines Tages die Newtonsche Theorie doch als richtig erweisen könnte, da sich die Quanten- und die Relativitätstheorie als falsch erweisen können und voraussichtlich erweisen werden. Wenn sich aber die Newtonsche Theorie wieder als richtig erweisen kann, dann auch die ptolemäische. Sollten wir da nicht die skeptische Konsequenz ziehen?

Daß die Newtonsche Theorie sich als richtig erweisen könnte, ist nicht absolut, aber praktisch ausgeschlossen, weil es extrem unwahrscheinlich ist, daß die vielen Beobachtungen, die mit ihr unvereinbar sind, alle illusorisch oder in Zukunft irgendwie umzudeuten sind. Es wäre irrational, den Erkenntnisfortschritt als absolute Gewißheit zu behaupten. Aber angesichts der uns bekannten Umstände wäre es ebenso irrational, Erkenntnisfortschritt zu leugnen. Der Erkenntnisfortschritt hört nicht auf, Fortschritt zu sein, wenn wir ihn nicht als absolute Gewißheit, sondern nur relativ auf unser jetziges Wissen behaupten können. Wir haben heute nicht nur mehr Daten über die Welt als früher, wir sind auch berechtigt und verpflichtet, die Daten als Rechtfertigungsgründe für mögliche Theorien abzuwägen und *die* Theorie als wahr zu behaupten, die eindeutig allen Konkurrenten überlegen ist. Daß wir früher oder später Daten haben werden, die unser heutiges Urteil zu revidieren zwingen, hebt die nichtrelative Wahrheit unseres jetzigen Urteils nicht auf, wenn es seine Wahrheit auch fallibel macht.

Die Vereinbarkeit von nichtrelativer Wahrheit und Fehlbarkeit einer Aussage läßt sich an einer so prosaischen Aussage illustrieren wie der, daß der Stuhl, auf dem ich sitze, existiert. Ich habe keinen absolut unwiderlegbaren Beweis, daß ich jetzt nicht nur träume, auf meinen Stuhl zu sitzen, und er nicht existiert. Aber wenn ich auch keine unfehlbaren Daten habe, so habe ich doch für *praktische* Entscheidungen zuverlässige Daten, daß ich nicht träume. Sie sind zuverlässig genug, um mich für verrückt zu erklären, wenn ich wegen ihrer Fehlbarkeit die Existenz meines Stuhls nicht nur als Theoretiker leugnete, sondern mich etwa nicht auf ihn setzen wollte. Ebenso dürfte man mich für verrückt halten, wenn ich aus meiner skeptischen Leugnung des Erkenntnisfortschritts in den Wissenschaften die Konsequenz zöge, man könne eine Sonde zum Mars ebenso nach Berechnungen der aristotelischen wie nach der modernen Astronomie schicken.

In dieser Überlegung wird das wichtigste Argument deutlich, das gegen die skeptische Reaktion auf die Tatsache der Unzuverlässigkeit der Evidenz der Sinne spricht. Wir müssen dem Skeptiker recht geben, daß es keine absolute Gewißheit gibt. Aber daraus folgt nicht, was der Skeptiker annimmt: daß wir nichts wissen können. Wissen ist nicht absolute Gewißheit, sondern der Kenntnisstand, den anzunehmen wir die von einem zeitübergreifenden Standpunkt gesehen besten Gründe haben. Aristoteles hatte vielleicht die zu seiner Zeit besten Gründe anzunehmen, daß die Sonne um die Erde kreist, aber von einem Standpunkt, auf dem wir seine mit den heute verfügbaren Gründen vergleichen können, hatte er schlechtere Gründe als wir; daher können wir nur unseren, nicht seinen Kenntnisstand als Wissen anerkennen, obgleich auch wir keine absolute Gewißheit in der Astronomie haben.

Ebenso haben wir keine absolute Gewißheit, daß der Stuhl existiert, auf dem wir sitzen, aber wir haben die auch von einem zeitübergreifenden Standpunkt gesehen besten Gründe, seine Existenz anzunehmen. Was aber sind die besten Gründe? Wir können sie in einem ersten Anlauf als die beschreiben, auf die wir am besten unser *Handeln* stützen können. Sobald wir daran denken, daß unsere Entscheidungen Handlungen vorbereiten, können wir erkennen, daß die Gründe, die Existenz des Stuhls anzunehmen, für die Rechtfertigung unserer Handlungen nicht nur entschieden besser sind als die Gründe, seine Existenz zu leugnen, sondern auch entschieden besser als die Gründe, sich des Urteils zu enthalten und zu behaupten, wir wüßten weder, daß der Stuhl existiert, noch, daß er nicht existiert. Der Skeptiker impliziert die These, wir hätten die besten Gründe zu behaupten, wir wüßten weder das eine noch das andere. Auf die Frage, ob ich berechtigt bin, mich auf den Stuhl zu setzen, den ich vor meinem Schreibtisch sehe, kann er mir nicht antworten. Diese Implikation widerspricht erstens seiner eigenen Skepsis, weil sie ihn auf eine Aussage festlegt; zweitens ist sie falsch. Die Gründe, die Existenz des Stuhls anzunehmen, sind besser als die, uns des Urteils zu enthalten, weil sie uns anders als die skeptischen Gründe davon überzeugen und sich darin bewährt haben, daß wir auf sie unsere Handlungen gründen können.

Wenn wir die besten Gründe als die beschreiben, auf die wir am besten unser Handeln stützen können, müssen wir jedoch das Handeln qualifizieren. William James hat in seinem Aufsatz *The Will to Believe*[14] den Nichtskeptiker als den Menschentyp charakterisiert, der in seiner Suche nach Wahrheit anders als der Skeptiker die Annahme fehlbarer Wahrheiten dem Vermeiden von Irrtümern vorzieht. Auf diese treffende Unterscheidung gründete er seine pragmatistische Wahrheitstheorie, nach der «das Wahre ... der Name von allem, was sich beim Glauben als gut erweist»,[15] oder «nur das Nützliche bei unserem Denken» ist.[16] Diese Theorie hat Bertrand Russell kritisiert: sie impliziere, «als Glaubensgrund *jede Art* von Befriedigung zuzulassen, die vom Glauben herrührt, nicht nur die theoretische Befriedigung, die die Wissenschaft sucht».[17] Um diesem Einwand zu entgehen, müssen wir die besten Gründe, die uns berechtigen, in einer Annahme Wissen zu sehen, als solche beschreiben, auf die wir am besten das Handeln stützen, das mit der Erforschung der Welt vereinbar ist. Der Skeptiker hat die schlechteren Gründe als der Nichtskeptiker, weil er in seinem Bemühen, jeden Irrtum zu vermeiden, keine Gründe dafür liefert, die Welt zu erforschen.[18]

Wenn wir uns soweit von der Richtigkeit der fallibilistischen Reaktion auf die Tatsache der Unzuverlässigkeit der Evidenz der *Sinne* überzeugt haben, können wir uns auch von ihrer Richtigkeit hinsichtlich der Unzuverlässigkeit der Evidenz der *moralischen Intuitionen* überzeugen. Dieselbe falsifikative Form der Theorieentwicklung und des Erkenntnisfortschritts, die wir in den Naturwissenschaften finden, können wir für normative Theorien annehmen. Allerdings, mit einer gleich zu erwähnenden Ausnahme, eher als ein Ideal, das es erst zu verwirklichen gilt, und weniger als ein Modell, dem die Ethiker mit derselben Sicherheit gefolgt sind wie die Physiker.

Die falsifikative Form der Theorieentwicklung besteht in der systematischen Ausnutzung von Unterschieden der Gewißheit oder Zweifelhaftigkeit von Annahmen. Die zweifelhafteren, aber mit mathematischen *Naturmodellen* verbundenen *Gesetzesannahmen* werden mit weniger zweifelhaften Annahmen, gewöhnlich Beobachtungen von Raum-Zeitstellen konfrontiert, über die sich aus den zweifelhafteren Gesetzesannahmen Voraussagen ableiten lassen. Ihre Widerlegung falsifiziert (unter bestimmten Bedingungen) die Gesetzesannahmen, ihre Bestätigung bestätigt sie. Ähnlich können wir aus den mit *ethischen Ideen* verbundenen *Prinzipienannahmen* der Ethiker Aussagen darüber ableiten, was man in konkreten Entscheidungssituationen zu tun hat, um sie mit den Annahmen zu konfrontieren, die der gewöhnliche, nicht philosophisch voreingenommene Mensch darüber hat, was man in den konkreten Entscheidungssituationen tun sollte. Findet sich Übereinstimmung in den Handlungsempfehlungen, ist die ethische Theorie bestätigt, andernfalls widerlegt. Die Rolle der potentiellen Falsifikatoren, die für empirische Theorien gewöhnlich die *Beobachtungen* spielen, spielen für normative Theorien gewöhnlich die *moralischen Intuitionen*, denen gemäß der Laie zu seinen Handlungsempfehlungen kommt. Aber ähnlich wie eine empirische *Theorie* und das mit ihr verbundene Naturmodell genug Überzeugungskraft gewinnen kann, um mit ihr unvereinbare Beobachtungen außer Kraft zu setzen oder umdeuten zu lassen, kann eine ethische *Theorie* und die mit ihr verbundene moralische Idee die mit ihr unvereinbaren moralischen Intuitionen außer Kraft setzen oder umdeuten lassen.

Ohne Beispiele wird dieser Vergleich dunkel bleiben. Betrachten wir die utilitaristische Ethik. Sie stellt ein ethisches Prinzip oder Gesetz auf: so zu handeln, daß die Handlung mehr Glück oder weniger Unglück hervorbringt als alle ihre Alternativen. Dies Prinzip ist keine beliebige Gesetzesannahme, sondern mit der moralischen Idee verbunden: daß es im Leben auf die Vermehrung von Glück ankommt, und zwar nicht nur und nicht zuerst des eigenen Glücks, sondern aller oder im Zweifelsfall der größten Zahl. Diese Idee hat eine beträchtliche Überzeugungskraft. Aus dem Prinzip lassen sich konkrete Handlungsempfehlungen ableiten. Eine wäre etwa, daß ein Chirurg, wenn ihm fünf Unfallopfer geliefert werden, von denen einer einen schweren Hirnschaden, der zweite eine lethale Verletzung des Herzens, der dritte der Leber, der vierte und fünfte beider Nieren erlitten haben, keine Skrupel haben sollte, dem Hirngeschädigten Herz, Leber und Nieren zu entnehmen und sie den übrigen einzupflanzen. Denn dadurch würde er vier Menschen das Leben retten und einem zwar das Leben nehmen, aber eins, das nicht mehr viel an Glück zu bieten hat. Diese Handlungsempfehlung steht im Widerspruch zum moralischen Urteil vieler Laien, die in ihr eine unzulässige Tötung eines Kranken, einen Mord sehen. Sie folgen in ihrem Urteil ihren moralischen Intuitionen (oder ihrem Gewissen, wie man früher eher gesagt hätte), die ihnen verbieten, der utilitaristischen Empfehlung zu folgen. Ihr Urteil muß als Falsifikation der utilitaristischen Theorie gelten, wenn wir den moralischen Intuitionen dieselbe Rolle der Falsifikation einer normativen Theorie zubilligen wie den Beobachtungen gegenüber empirischen Theorien.

Wenn wir ihnen diese Rolle zubilligen, übertragen wir nicht nur die Methode der Falsifikation von den Naturwissenschaften auf die Ethik, sondern auch die der Rechtfertigung von Geltungsansprüchen durch ihre Überprüfung an den zwar nie unfehlbaren, aber relativ gewissen Annahmen, seien diese aus Beobachtungen oder moralischen Intuitionen gewonnen. Wir übernehmen mit anderen Worten nicht nur die Methode der Falsifikation, sondern auch die der Überprüfung von Geltungsansprüchen an ihrer *Ko-*

härenz mit solchen Annahmen, die wir nicht leicht, wenn auch unter Umständen, aufgeben; entsprechend der Annahme dieses Buchs, daß Falsifikation und der Gebrauch des Kriteriums der Kohärenz untrennbar sind. Daß wir aber in der Ethik das Kriterium der Kohärenz zur Prüfung ihrer Ansprüche gebrauchen müssen (ohne deswegen eine kohärentistische Wahrheitstheorie zu implizieren), hat sich seit den Lehren von Henry Sidgwick und John Rawls in der angelsächsischen Literatur immer mehr durchgesetzt und ist mittlerweile auch in Deutschland eine respektable Position geworden, die insbesondere die Strukturalisten der Stegmüller-Schule vertreten.[19]

Es ist hilfreich, sich die skeptische Alternative zum fallibilistischen oder kritischen Vernunftmodell auch in der Moral zu vergegenwärtigen. Wenn wir sie allgemein als die These beschreiben, es gebe keine verbindliche moralische Forderung, oder der Begriff der *moralischen* Forderung im Unterschied zu nützlichen oder willkürlichen Forderungen sei leer, so wird der Gegensatz zur fallibilistischen Einstellung nicht deutlich genug. Wir sollten uns eher an Humes These über die Unmöglichkeit halten, Entscheidungen nicht als *moralisch* (denn das hält er nicht für unmöglich), sondern als *vernünftig* zu beschreiben: «Es ist nicht gegen die Vernunft, die Vernichtung der ganzen Welt dem Kratzen meines Fingers vorzuziehen.»[20]

Humes These widerspricht massiv unseren Vorstellungen von den Möglichkeiten der Rechtfertigung, damit auch der Vernunft. Sollten wir wirklich nicht allgemein verbindlich rechtfertigen und damit als vernünftig ausweisen können, daß wir trotz des Juckens nicht kratzen dürfen, wenn durch das Kratzen die Welt untergeht? Eine solche Vernunftskepsis scheint verfehlt. Ebenso verfehlt scheint es, für irgendwelche Annahmen Unfehlbarkeit anzunehmen, um sagen zu können, daß es vernünftig ist, bei Gefahr der Weltvernichtung auf das Kratzen zu verzichten. Der richtige Weg scheint bei Betrachtung von Humes Beispiel von vornherein, anzunehmen, wir könnten das Verbot durch Rückgriff auf fehl- und falsifizierbare, aber kohärente moralische Intuitionen (und Intuitionen und Annahmen anderer Art) rechtfertigen.

6. Läßt sich der Falsifikationismus von empirischen auf normative Theorien übertragen?

Zwei Umstände stören die Analogie zwischen der falsifikativen und kohärentistischen Methode in den Naturwissenschaften und der Ethik. Erstens tritt der Ethiker mit seiner Theorie gewöhnlich unter dem Anspruch auf, nur das explizit zu formulieren, was alle Welt schon immer gedacht hat. Er will nicht wie der moderne empirische Theoretiker Gesetze aufstellen, die von den Auffassungen der Laien abweichen und etwas Unbekanntes aufdecken; er will nichts Neues entdecken, sondern das Altbekannte bestätigen. Diese Zielsetzung liegt nahe, weil er die Zustimmung des Laien zu den aus seinem Prinzip ableitbaren Handlungsempfehlungen gewinnen will, ist aber gewöhnlich ein frommer Selbstbetrug. Was die Menschen unabhängig von normativen Theorien, seien sie philosophisch oder religiös, für normativ richtig und falsch halten, stimmt nie vollständig mit dem einen oder den wenigen Prinzipien überein, auf die Ethiker die Regeln des Handelns zusammenschmelzen. Der Ethiker steht gewöhnlich so sehr unter dem Bann seiner moralischen Idee, daß er alles richtige Handeln von ihr bestimmt und alle Menschen ihr gemäß moralisch urteilen sieht. Das ist eine ansteckende Berufskrankheit, die oft zur Überzeugungskraft der Idee beiträgt, die er zum einzigen Maßstab erheben will. Wer ihm folgt, wird gewöhnlich einige seiner ursprünglichen moralischen Intuitionen außer Kraft setzen.

Daß der Ethiker anders als der Physiker für seine Theorie gewöhnlich keine Neuerung beansprucht, ist daher nur Schein; tatsächlich impliziert seine Theorie nicht weniger eine Veränderung der Moralvorstellungen (von dem, was sein soll) als die des Physikers eine Veränderung der Naturvorstellungen (von dem, was ist). Die erste Disanalogie zwischen der Falsifikation einer normativen und einer empirischen Theorie ist daher nur scheinbar. Die *zweite* Disanalogie ist, daß unsere moralischen Intuitionen leichter von den Prinzipien und Ideen der Theorie beeinflußbar sind, für die sie doch die potentiellen Falsifikatoren sein sollen, als unsre Beobachtungen von den Gesetzen der empirischen Theorien. Diese Disanalogie ist kein Schein. Unsere moralischen Intuitionen sind von vornherein geprägt durch moralische Ideen und Theorien. Daher sind wir anfällig für neue moralische Ideen und Theorien und bereit, unsere alten moralischen Intutionen durch neue zu ersetzen. Aber in dieser Beeinflußbarkeit sind moralische Intuitionen nur *graduell* von Beobachtungen unterschieden. Auch diese lassen sich von Theorien beeinflussen, wie das kopernikanische Beispiel zeigt. Wenn die erste Disanalogie nur scheinbar ist, ist die zweite nur graduell.

Unsere Beobachtungen sind grundsätzlich ebenso wie unsere moralischen Intuitionen theorieimprägniert. Der Test einer empirischen Theorie durch *Beobachtungen* ist daher immer auch ihr Test durch eine konkurrierende *Theorie.* Der Test (und die Verwerfung) der kopernikanischen Theorie durch die Beobachtung, daß die Sonne um die Erde kreist, ist ihr Test durch eine von einer ptolemäischen Theorie imprägnierten Beobachtung. Wir können eine beobachtungsimprägnierende Theorie aber explizieren und ihrerseits durch geeignete Experimente testen. Implizit ist das geschehen, als die Astronomen das Für und Wider der ptolemäischen und kopernikanischen Theorie abwogen und schließlich für die kopernikanische Theorie entschieden. Ebenso können wir auch die unsere Intuitionen prägenden normativen Theorien und Ideen explizieren und versuchen, ihr Für und Wider abzuwägen und zu einer begründeten Entscheidung zu kommen. Wir können für solche Entscheidungen zwar keine *kruzialen* Experimente anstellen. Wir können aber sehr wohl im Abwägen des Für und Wider zu begründeten Entscheidungen kommen, wenn wir nur die konkurrierenden Ideen ebenso sorgfältig explizieren, wie die Physiker ihre konkurrierenden Theorien und ihr Für und Wider vermerken. Auch hier sind Beispiele angebracht.

Ich habe schon den Chirurgenfall als ein Beispiel angeführt, mit dem man moralische Intuitionen wecken kann, die den aus der utilitaristischen Ethik ableitbaren Handlungsempfehlungen widersprechen. Die Utilitarismuskritiker haben eine Reihe weiterer Entscheidungssituationen konstruiert, die ebenso utilitarismusunverträgliche moralische Intuitionen provozieren und die utilitaristische Theorie erschüttert haben.[21] Trotzdem gilt der Utilitarismus nicht als endgültig falsifiziert. Der wichtigste Grund dafür ist, daß die bedeutendste konkurrierende ethische Theorie, der Kantianismus, zwar mit den utilitarismusunverträglichen moralischen Intuitionen sehr gut vereinbar ist und als die Theorie gelten kann, die die utilitarismuskritischen Intuitionen prägt oder expliziert, daß er aber seinerseits Handlungsempfehlungen impliziert, die auf unverträgliche moralische Intuitionen stoßen.

Nach dem Kantianismus bemißt sich eine Handlung nicht danach, wieviel Glück sie hervorbringt, sondern danach, ob sie jeden Menschen immer auch als *Selbstzweck* und nie nur als ein Mittel für von ihm nicht selbst gewählte Zwecke behandelt. Genau diese Bedingung erfüllt der Chirurg nicht, wenn er dem hirngeschädigten Unfallopfer die lebenswichtigen Organe entnimmt. Daß er sie verletzt, ist offenbar gerade der Grund dafür, daß wir, oder die meisten Nichtutilitaristen, eine Zwangstransplantation verwerfen. Wir können aber leicht Situationen konstruieren, in denen es *unmoralisch* scheint, einen Menschen nicht als bloßes Mittel für einen Zweck zu gebrauchen, da wir bei uns moralische Intuitionen vorfinden, die einen solchen Gebrauch fordern. Der bekannteste Fall ist die Notlüge, zu der wir uns für berechtigt und oft sogar verpflichtet halten, wenn die Person, die von uns eine Auskunft verlangt, unsere wahre Auskunft zur Ausführung eines Verbrechens benutzt. Diesen Fall führte bereits Benjamin Constant an. Kant verwarf ausdrücklich, obgleich mit verblüffend schlechten Argumenten, die Rechtlichkeit der Notlüge.[22] Was man trotz seiner schlechten Argumente anerkennen muß (von Kant jedoch nicht angeführt wird), ist, daß wir den, den wir belügen, nicht als Selbstzweck, sondern nur als Mittel für einen Zweck (den, dem die Lüge dient), gebrauchen.

Wenn Kants Verwerfung der Notlüge eine Konsequenz der kantianischen Ethik ist, widerspricht sie moralischen Intuitionen, die nur wenige bereit sein werden, zugunsten der kantianischen Ethik fallenzulassen. Wenn sie aber keine Konsequenz aus ihr ist, wie man in der Tat mit guten Gründen argumentieren kann (etwa weil man die Maxime, in Notfällen zu lügen, zum allgemeinen Gesetz machen kann), lassen sich doch andere Handlungsempfehlungen aus der kantischen Ethik ableiten, die ebenfalls von moralischen Intuitionen falsifiziert werden können. So verbietet Kants Ethik die Tötung Unschuldiger, denn diese ist die Behandlung einer Person als ein bloßes Mittel zu einem Zweck, den sie nicht selbst gewählt hat. Es ist auch nicht plausibel, daß man die Maxime, Unschuldige unter bestimmten Bedingungen im Krieg zu töten, zum allgemeinen Gesetz erheben kann. In allen heutigen Kriegen aber werden Unschuldige getötet; sie müßten daher nach der kantischen Ethik absolut verboten sein. Kriege können aber auch heute unter bestimmten Bedingungen gerecht sein. So war der Krieg der Polen gegen die Deutschen im September 1939 gerecht; zumindest werden viele Zeitgenossen auch heute dieser Meinung sein. Aber auch Menschen, die einen gerechten Krieg führen, können nicht vermeiden, Unschuldige zu töten, wie auch vermutlich Polen 1939 unschuldige Deutsche getötet haben. Daß solche Tötungen absolut verboten sind, widerspricht den moralischen Intuitionen all derer, die gerechte Kriege nicht von vornherein für unmöglich erklären.

Findige Moraltheoretiker[23] haben zudem folgenden Fall konstruiert, der zumindest bei manchen Lesern (mich eingeschlossen) moralische Intuitionen weckt, die kantianismusunverträglich sind: Sie, lieber Leser, stehen auf einer Brücke und sehen unter sich eine Straßenbahn auf eine Gruppe spielender Kinder zurasen. Sie erkennen mit Ihrem schnellen Verstand, daß die Bremsen kaputt sind und die spielenden Kinder keine Chance haben, vor der rasenden Straßenbahn davonzulaufen. Sie erkennen ebenso schnell, daß eine Katastrophe nur dann verhindert wird, wenn ein schwerer Körper vor die Bahn gerät und sie aus den Schienen wirft. Sie würden sich ohne zu zögern selbst vor die Bahn werfen, wenn Sie nicht wüßten, daß Sie einfach zu leicht dafür sind. Aber neben Ihnen steht ein großer dicker Mann, der das Geschehen ebenso aufmerksam verfolgt und seinen schweren Körper vor Aufregung schon weit übers Brückengeländer lehnt. Er jedoch hat offensichtlich noch nicht begriffen, wie er das Unglück verhindern kann. Dürfen Sie ihm den Schubs geben, daß er vor die Bahn fällt und das Leben vieler Unschuldiger rettet? Vermutlich nicht, wenn die Kinderschar nicht allzu groß ist. Wenn die Straßenbahn aber nicht nur die Kinder bedroht, sondern in ein Waffendepot rast, das mit Sicherheit explodieren wird und die Stadt vernichten wird, oder das ganze Land oder einen Großteil der Menschheit, dürfen, ja müssen Sie dann nicht schubsen?[24]

Irgendwo wird in dieser Phantasie vermutlich eine Zahl von Menschen erreicht sein, bei der Sie berechtigt und vielleicht sogar verpflichtet sind, den Mann an Ihrer Seite über das Geländer zu stoßen. In dem Fall gebrauchen Sie ihn offensichtlich nur als

Mittel und nicht auch als Selbstzweck, verletzen also die kantische Moral, folgen aber Ihren (oder jedenfalls meinen) moralischen Intuitionen. Ein ähnlich kantunverträgliche moralische Intuitionen weckender Fall ist der eines Terroristen, der durch Fernbedienung eine gewaltige Bombe in, sagen wir, Kairo detonieren will und sich vor der anrückenden Polizei (in, sagen wir, Düsseldorf) durch eine unschuldige Geisel deckt. Darf oder muß die Polizei den Terroristen samt Geisel töten, um eine Katastrophe zu verhindern? Wie in den andern Beispielen sagen mir meine moralischen Intuitionen, daß ab einem bestimmten (aber extrem schwer bestimmbaren) Katastrophengrad die Opferung der unschuldigen Geisel erlaubt und sogar moralisch gefordert wird.

Wenn Sie solchen Intuitionen folgen, werden Sie dann zum Utilitaristen? Nicht notwendig. Sie hören allerdings auf, *Deontiker* oder Pflichtenethiker zu sein; sie urteilen über die Richtigkeit der Handlung offenbar nicht nach der Verallgemeinerbarkeit der Handlungsmaxime, da Sie die Folgen Ihrer möglichen Handlungen im Auge haben. An den Folgen interessiert Sie jedoch nicht notwendig die Menge des Glücks oder der Interessenbefriedigung, sondern der Erhalt bestimmter Werte wie der Existenz der Menschheit oder einer biologischen Art, die Vernunft betätigt.

Es kommt hier nicht darauf an zu entscheiden, welcher Moraltheorie oder welchen Intuitionen man folgen sollte, sondern darauf zu sehen, daß wir Moraltheorien mit moralischen Intuitionen konfrontieren können, ähnlich wie die Physiker ihre Theorien Beobachtungen aussetzen. Wie diese ihr Geschick aufbieten müssen, nicht nur um Theorien zu formulieren, sondern auch, um Experimente auszudenken, die die Theorien kontrollieren können, müssen auch die Ethiker ihr Geschick aufbieten, nicht nur um Theorien zu formulieren, was sie bisher lieber getan haben, sondern auch, um Entscheidungssituationen auszudenken, die beim Betrachter moralische Intuitionen auslösen, mit denen man die Theorien kontrollieren kann.[25] Erst in den letzten vierzig Jahren haben die Ethiker damit begonnen, moralische Intuitionen systematisch zur Kontrolle normativer Theorien und Ideen zu gebrauchen. Wenn sie diesen Weg fortsetzen, wird vermutlich ziemlich schnell aus der großen und unübersichtlichen Zahl von Moraltheorien eine kleine Zahl werden, von denen nach vielleicht einem Jahrhundert intensiver Diskussion eine als die weitgehend anerkannte übigbleibt. (Ein starker Kandidat dafür scheint mir eine aristotelische konsequentialistische Ethik mit starken kantischen Elementen zu sein.) Wir können aber auch trotz unserer Neigung zur Vereinheitlichung, die auf dem Feld des Rechtfertigens ebenso stark ist wie auf dem des kausalen Erklärens, nicht ausschließen, daß wir am Ende nur bereichsspezifische Prinzipien anerkennen, die nicht aufeinander rückführbar sind.[26]

Solche Spekulationen können zu optimistisch scheinen, und auch kohärentistische Autoren, die am «Projekt der Aufklärung», der «Überbrückung interkultureller Differenzen durch ethische Klärung» festhalten, betonen, dieses Projekt könne sich nur «in den Grenzen unserer Lebensformen entwickeln».[27] Dagegen scheint mir, daß unsere ethischen Überzeugungen, auch wenn sie nie von den moralischen Intuitionen der vorgefundenen tradierten Moral unabhängig sein können, eher die Grenzen unserer Lebenformen festlegen als umgekehrt. Die Philosophen haben Grund zum Optimismus, weil sie eine spezielle normative Theorie vorzuweisen haben, die sich ähnlich wie die kopernikanische Theorie in einem Prozeß einerseits der Falsifikation einer vorangehenden Theorie, die sie ersetzte, anderseits des Widerstehens von Falsifikationsversuchen durch konkurrierende Theorien durchgesetzt hat und zu allgemeiner Anerkennung gekommen ist.

Diese normative Theorie ist die Rechtstheorie, nach der alle Menschen einen Grundstock gleicher Rechte haben, zu denen insbesondre das Recht auf Bestimmung über das eigne Leben gehört. Sie wurde wirksam (nach weniger expliziten Formulierungen von Thomas Hobbes) von John Locke formuliert, der gegen die seinerzeit vorherrschende moralische Überzeugung das gleiche Recht aller auf individuelle Selbstbestimmung oder Freiheit behauptete. Für die meisten Menschen des 17. Jahrhunderts war es selbstverständlich, Königen (und ihren Kindern) einen höheren Rechtsstatus zuzusprechen als Knechten (und ihren Kindern). Ihre moralischen Ideen waren von der Beobachtung geprägt, daß Kinder von Königen mehr leisten als Kinder von Knechten. Nach Locke berücksichtigen solche Intuitionen nicht, warum Königskinder mehr leisten. Ebensowenig berücksichtigen nach Kopernikus die ptolemäischen Beobachtungen der Sonnenbewegung, wie die beobachtete Sonnenbewegung zustandekommt. Berücksichtigt man den Einfluß der sozialen Umstände, dann wird erkennbar, daß die größere Leistungsfähigkeit von Königskindern nicht natürlich und ihre Privilegierung nicht zu rechtfertigen ist. So machte Locke Platz für eine moralische Idee, die in anderen Bereichen durchaus anerkannt und keine Neuerung war, für die Idee der Rechtsgleichheit.

Kant brachte Lockes Auffassung auf eine prägnante Formel, als er das Recht den «Inbegriff der Bedingungen» nannte, «unter denen die Willkür des einen mit der Willkür des anderen nach einem allgemeinen Gesetze der Freiheit zusammen vereinigt werden kann».[28] Weil der gesellschaftliche Zustand der gleichen Freiheit aller ein politisches Ziel war, das auf viel Widerstand stieß, waren auch die Versuche von Theoretikern intensiv, die neue Rechtsauffassung zu widerlegen. Daß die Idee der gleichen Freiheit dennoch zu allgemeiner Anerkennung kam, können wir als Beleg dafür werten, daß eine normative Theorie eine Anerkennung, die in ihrer Allgemeinheit und Verbreitung der Anerkennung naturwissenschaftlicher Theorien vergleichbar ist, nur dann findet, wenn sie ähnlich systematisch und intensiv konkurrierenden Theorien ausgesetzt wird und sich auf diesem Weg behauptet.

Die Idee der gleichen Freiheit konnte zu allgemeiner Anerkennung kommen, weil sie demselben Weg der Selektion theoretischer Entwürfe durch systematische Ausnutzung der Ungleichheit der Überzeugungskraft unserer mannigfaltigen Meinungen folgte, den die Naturwissenschaften seit einigen Jahrhunderten mit Erfolg gegangen sind. Wir können hoffen, daß auch andere normative Theorien und eine allgemeine normative Theorie richtigen Handelns auf demselben Weg des Erkenntnisfortschritts durch Falsifikation zu allgemeiner Anerkennung kommen. Ein solcher Weg macht die Arbeit vieler großer Ethiker nicht überflüssig. Im Gegenteil können wir ihre Leistungen erst dadurch richtig einschätzen, daß wir sie als Beiträge zu den Ideen verstehen, mit denen wir die vielen heterogenen moralischen Intuitionen, die sich unter den Menschen finden, zu konsistenten und anwendbaren Systemen vereinen.

7. These und Einwände

Wann sind empirische und wann moralische Aussagen universal und objektiv wahr und richtig? Wann können sie einen allgemein verbindlichen Wahrheits- und moralischen Richtigkeitsanspruch erheben? Wenn sie von falsifikativ geprüften empirischen oder normativen Theorien gestützt werden, und das heißt: aus ihnen mit Hilfe unkontroverser Hilfsannahmen ableitbar sind. Das ist die These dieses Buchs. Daß eine Theorie falsifikativ geprüft ist, heißt, daß sie aus einer Reihe konkurrierender Theorien als diejenige übrig geblieben ist, die einerseits unsere Beobachtungen am überzeugendsten in ein kohärentes System von Naturgesetzen und Voraussagen über die Welt, anderseits unsere moralischen Intuitionen in ein kohärentes System von Normen und Forderungen brachte.

Diese These verlangt einige Qualifikationen. Ich versuche dieser Anforderung durch die Formulierung von Einwänden und Antworten auf sie zu genügen.

Erster Einwand. Nach der These sind Aussagen universal verbindlich, wenn sie durch falsifikativ geprüfte Theorien gestützt werden. Aber wann ist eine Theorie falsifikativ geprüft? Darüber streiten schon die empirischen Wissenschaftler; die normativen Theoretiker werden erst recht darüber streiten. Also haben wir heute keine universal verbindlichen Aussagen und werden sie niemals haben.

Antwort: Aus der These folgt allerdings, daß man für Aussagen, die sich nicht auf allgemein anerkannte Theorien stützen, keine universale Verbindlichkeit beanspruchen kann. Es ist auch richtig, daß es viele Theorien gibt und immer geben wird, die bei manchen Theoretikern als falsifikativ geprüft gelten und bei andern nicht. Aber manche Theorien wie die, daß die Erde um die Sonne kreist und nicht die Sonne um die Erde, sind nach allgemeiner Anerkennung falsifikativ geprüft, auch wenn einzelne sie verwerfen und die genaue Fassung der physikalischen Theorie, aus der man die Aussage über die Erdbewegung abzuleiten hat, umstritten ist. Ähnlich ist die normative Theorie, daß jeder Mensch ein gleiches Recht auf Betätigung seiner Fähigkeiten hat, allgemein anerkannt, obgleich manche sie verwerfen und in der

Bestimmung der konkreten Rechte, die aus dem allgemeinen Recht auf gleiche Freiheit ableitbar sind, keine Einigkeit besteht. Auch die Theorien, die als allgemein anerkannt gelten können, sind faktisch nicht von allen anerkannt. Dennoch kann man für Aussagen, die sich auf sie stützen, überall dort universale Verbindlichkeit beanspruchen, wo ein solcher Anspruch Bedeutung hat, nämlich in öffentlichen Angelegenheiten. Niemand kann unter Berufung etwa auf die allgemeine Anerkennung der Theorie, nach der die Erde um die Sonne kreist, gezwungen werden zu glauben, daß sie um die Sonne kreist; wenn es aber um die Vergabe öffentlicher Mittel geht, kann diese niemand für ein Projekt beanspruchen, das die Wahrheit der ptolemäischen Theorie voraussetzt.

Universale Verbindlichkeit ist daher als Verbindlichkeit in öffentlichen Angelegenheiten zu verstehen. Das wirft die Frage auf, wann die *Öffentlichkeit* eine Theorie als allgemein von der Wissenschaft oder den Theoretikern anerkannt oder auch als allgemein von ihnen verworfen betrachten muß. Die Antwort kann nur sein: wenn es unter den Fachleuten einen Konsens gibt. Solange es ihn nicht gibt, kann die Öffentlichkeit keiner der Aussagen, die sich auf konkurrierende Theorien stützen, universale Verbindlichkeit beilegen. Sie kann und sollte aber dann, wenn Entscheidungen notwendig sind, die nicht ohne Expertenkenntnisse getroffen werden sollten (wie solche über ökologische Maßnahmen gegen die Gefahren der globalen Erwärmung) versuchen, sich selbst ein Urteil über die Kontroversen unter den Experten zu bilden. Das könnte etwa nach Vortrag der konkurrierenden Expertenmeinungen vor einer nach dem Zufallsprinzip ausgewählten Laiengruppe geschehen, die Handlungsempfehlungen ausspricht, die sich auf ihr eigenes Urteil über die Expertenmeinungen stützen.[29]

Zweiter Einwand. Die universale Verbindlichkeit von Beschreibungen wie von Forderungen ist immer revidierbar, weil jede Theorie, die sie stützt, revidierbar ist. Können sie dann wirklich universal verbindlich sein? Wie kann irgendeine Aussage verbindlich sein, wenn alles revidierbar und nichts unerschütterlich ist?

Antwort: Eine Aussage ist für nur *eine* Person verbindlich wahr oder richtig, wenn nur diese entschieden bessere Gründe hat sie anzuerkennen als zu verwerfen oder sich des Urteils zu enthalten.

Sie ist *universal* verbindlich, wenn jeder solche Gründe hat. Ob er solche Gründe hat, ist unabhängig davon, ob er später Gründe findet, sein Urteil zu revidieren. Jeder hat ausreichende Gründe, ein Urteil anzuerkennen, wenn es eine falsifikativ geprüfte Theorie gibt, die es stützt.

Dritter Einwand. Als falsifikativ geprüft kann eine Theorie nur dann gelten, wenn sie nach dem Konsens der Theoretiker richtig oder wahr ist. Also ist der Konsens der unfehlbare Wahrheits- oder Richtigkeitsgarant. Also nehme ich eine unfehlbare Aussage an – daß der Konsens über Wahrheit und Richtigkeit entscheidet – und vertrete einen Infallibilismus.

Antwort: Theorien und Aussagen sind wahr oder richtig, wenn und weil sie ausreichende *Rechtfertigungsgründe* haben, anerkannt (oder nicht verworfen) zu werden, nicht wenn und weil sie einen Konsens erhalten. Wenn und weil sie ausreichende Richtigkeitsgründe haben, sollte jeder ihnen zustimmen. Der Konsens ist die wünschenswerte Folge der Richtigkeit, nicht ihr Grund. Er kommt erst und nur zustande, wenn jeder der Fachleute, die über die Sache urteilen können, von den möglichen Rechtfertigungsgründen überzeugt ist. Ob er überzeugt ist, muß völlig unabhängig vom Urteil der andern sein; sonst würde er nicht von den möglichen Rechtfertigungsgründen, sondern vom Urteil der andern überzeugt werden.

Hängt dann die Wahrheit nicht von subjektiven Umständen ab? Für den Außenstehenden oder den die Wahrheitsfindung beschreibenden Soziologen oder Psychologen allerdings. Aber der über die Wahrheit urteilende Fachmann läßt sich nur von Wahrheitsgründen leiten, und das heißt, daß er nicht subjektiv, sondern objektiv urteilt. Wenn man darin, daß es immer Subjekte sind, die über die Wahrheit urteilen, schon den Beweis der Subjektivität aller Wahrheit und Wahrheitsfindung sieht, dann muß man anerkennen, daß Wahrheit immer subjektiv ist. Aber diese Terminologie trägt nicht dem Unterschied zwischen Urteilen Rechnung, die man willkürlich fällt oder ohne hinreichende Gründe oder ohne vorangehende Versuche, seine erwogenen Urteile zu falsifizieren, und solchen, die sich auf die besten verfügbaren Gründe stützen. Darüber freilich, daß es immer einzelne Menschen mit ihrer Subjektivität und Fehlbarkeit sind, die das letzte Wort über die Wahrheit haben, kommt man nicht hinweg.

Vierter Einwand. Auch wenn Theorien und Aussagen wahr oder richtig sind, wenn und weil sie ausreichende Gründe haben, kann doch der Laie nur am Konsens der Fachleute erkennen, ob sie wahr oder richtig sind. Denn er kann die Relevanz oder Triftigkeit der Gründe, die eine Theorie rechtfertigen, nicht einschätzen. Sein Kriterium ist der Konsens der Fachleute, und dieses Kriterium ist unrevidierbar.

Antwort: Wer in Fragen der empirischen Wissenschaften Laie ist, muß sich in der Tat auf das Urteil der Fachleute verlassen. Dennoch ist nicht ihr Konsens das Wahrheitskriterium, sondern die Eigenschaft der Rechtfertigungsgründe, die Fachleute von einer Theorie zu überzeugen. Ob eine solche Eigenschaft vorliegt, kann umstritten sein und ist umstritten, solange eine Theorie keine allgemeine Anerkennung findet. Aber auch dann, wenn nur Fachleute über die Wahrheit einer Theorie entscheiden können, entscheidet nicht der Konsens über die Wahrheit, sondern das Urteil des Urteilsfähigen gemäß den Rechtfertigungsgründen, die ihm einleuchten oder nicht. Der Konsens ist immer nur die Folge dieser vorausgehenden individuellen Entscheidungen. Der Expertenkonsens ist für die Laien wichtig, weil sie nicht selbst die Gründe beurteilen können, aber wird deswegen nicht zum Wahrheitskriterium.

Der nur sekundäre Charakter des Konsenses und der primäre des Einleuchtens oder Überzeugens von Rechtfertigungsgründen wird besonders deutlich in normativen Theorien. Denn die Rechtfertigungsgründe, von denen ihre normative Richtigkeit abhängt, können von jedem Menschen mit normalem Verstand beurteilt werden. Die Unterscheidung von Laien und Fachleuten fehlt hier notwendig. Um über ihre Rechtfertigungsgründe zu urteilen, muß jeder die Theorie mit ihren potentiellen Falsifikatoren, den eigenen moralischen Intuitionen, vergleichen. Jeder urteilt nach eigenem bestem Wissen und Gewissen. Wäre der Konsens das Richtigkeitskriterium, so könnte es nie zu einer Entscheidung kommen, weil jeder auf das Urteil des andern warten müßte. Weil jeder selbst über die Richtigkeit befindet und befinden muß, ist es so schwer, zu universaler Verbindlichkeit zu kommen. Nur weil wir wissen, daß Menschen als soziale und erziehungsbedürftige Wesen mit einer gemeinsame Natur nicht nur in ihren Urteilen über das, was der Fall ist, sondern auch in ihren

Urteilen über das, was sein soll, ähnlich sind und eine Angleichung suchen, können wir hoffen, daß unsere Nachfahren im Rahmen einer systematischen, generationenübergreifenden und institutionalisierten Diskussion über normative Theorien zu übereinstimmenden moralischen Intuitionen kommen werden, nach denen sie eine und nur eine allgemeine normative Moraltheorie für richtig halten.

Fünfter Einwand. Meine These impliziert, daß der Satz, jede Aussage sei revidierbar, unrevidierbar und unfehlbar ist. Also impliziere ich einen Infallibilismus.

Antwort: Meine These impliziert erstens nur, daß *normative* Aussagen und *empirische* Aussagen *über die objektive,* allen gemeinsam zugängliche Welt nie unfehlbar sind. Ich vertrete keinen Fallibilismus der Art, daß Aussagen jeder Art fehl- und revidierbar sind. Zweitens gehört der Satz, jede empirische und normative Aussage sei fehlbar, nicht zu den genannten zwei Klassen von Aussagen; er ist methodologisch. Aber auch er ist fehlbar. Wir *könnten* eines Tages Umstände erkennen, die uns Grund genug geben, bestimmte empirische oder normative Aussagen für unfehlbar zu halten. Solche Umstände kennen wir bis jetzt nicht, aber wir können nicht ausschließen, sie zu entdecken.

Sechster Einwand. Meine These impliziert die Unrevidierbarkeit des Satzes, eine Aussage sei wahr oder richtig, wenn und weil er ausreichende Rechtfertigungsgründe hat, anerkannt zu werden.

Antwort: Ja, dieser Satz ist unrevidierbar. Aber ich vertrete keinen unbeschränkten Fallibilismus. Der Satz ist ebenso und im selben Sinn unrevidierbar wie der Satz, daß Junggesellen unverheiratete Männer sind. Er ist ebenso wie dieser ein Satz über die Bedeutung von Wörtern, nämlich der Wörter *wahr* und *richtig*. Er ist natürlich in dem Sinn revidierbar, daß auch die Wortbedeutungen revidierbar sind. Wir könnten zu einem neuen Sprachgebrauch kommen und *Junggesellen* nicht mehr unverheiratete Männer, sondern alle Unverheirateten nennen. Ebenso könnten wir *wahr* und *richtig* das nennen, was heute *von einer Mehrheit anerkannt* heißt. Aber dadurch würde das, was heute *Junggeselle*, *wahr* und *richtig* heißt, nicht aufhören zu existieren. Wenn wir das benennen wollen, dann müssen für die Benennungen die Definitionen gelten, die wir heute für die drei Wörter geben können. In diesem Sinn sind die Definitionen unrevidierbar.

Siebter Einwand. Es mag sich auf dem Papier gut lesen, daß es keine unfehlbaren moralischen Sätze gibt. Aber im wirklichen Leben kommt niemand ohne Annahmen und Entscheidungen aus, auf die er sein Leben stellt und für die er eher stirbt als daß er sie bricht. Wissenschaftliche Theorien und Naturgesetze mögen immer falsifizierbar sein; Moralprinzipien sind es nicht. Gesetze der Gerechtigkeit sind hohe Opfer wert, auch das des eigenen Lebens. Um ihr Recht zu verteidigen, sind viele in den Tod gegangen, und das Leben wäre wenig wert, wenn man es nicht auch zu diesem Preis gegen Unrecht verteidigte. Aber das täte man nicht, wenn die Prinzipien nur revidierbar wären.

Antwort: Die Revidierbarkeit eines Moralprinzips impliziert nicht, daß es weniger ernst zu nehmen ist als ein Moralprinzip, das Unfehlbarkeit beansprucht. Ein Moralprinzip ist nur, aber auch immer dann verbindlich, wenn es kraft der Gründe, die seine Anerkennung rechtfertigen, überzeugt. Daß die Gründe einmal aufhören können zu überzeugen, ändert nichts an der Verbindlichkeit des Prinzips und ebensowenig an seinem Wert, für den man leben und sterben kann. Der Infallibilist hat zwar recht zu behaupten: «Hypothesen können den Menschen faszinieren, aber sie befriedigen ihn nicht. Es kommt für alle der Zeitpunkt, wo sie, ob sie es zugeben oder nicht, das Bedürfnis haben, ihre Existenz in einer als endgültig anerkannten Wahrheit zu verankern, welche eine Gewißheit vermittelt, die nicht mehr dem Zweifel unterworfen ist.»[30]

Wir haben alle das *Bedürfnis*, unsere Existenz in einer unfehlbaren Wahrheit zu verankern. Aber dieselbe Liebe zur Wahrheit, die uns unsere Bedürftigkeit anzuerkennen verlangt, verlangt auch anzuerkennen, daß wir unter den vielen konkurrierenden Moralprinzipien nur wählen können nach der Evidenz der moralischen Intuitionen, die wir bei uns vorfinden, und der Evidenz der moralischen Ideen, von denen uns Theoretiker zu überzeugen suchen, und daß diese Intuitionen und Ideen ebenso unzuverlässig und revidierbar sind wie die Beobachtungen, an denen wir empirische Theorien überprüfen, und die Theorieentwürfe, mit denen Theoretiker seit Kopernikus unsere Beobachtungen umzudeuten versuchen.

Achter Einwand. Wenn alle Moralprinzipien revidierbar sind, kann die Moral nur formal sein. Eine Moral kann nicht ernsthaft bestimmte Inhalte vorschreiben, wenn sie zugleich erklärt, daß jeder Inhalt einmal durch einen anderen ersetzt werden könnte. Sie kann nur verlangen, daß Handlungen oder ihre Regeln formalen Kriterien genügen wie dem der Konsistenz oder Universalisierbarkeit. Solche Kriterien sind jedoch mit vielen inhaltlichen Normen vereinbar, die wir als unmoralisch verwerfen müssen. So ist die Norm, jeden zu töten, dessen Nase einem mißfällt, konsistent universalisierbar, aber gewiß niemals moralisch akzeptabel.

Antwort: Die Revidierbarkeit von Moralprinzipien legt nicht auf eine nur formale Moral fest. Der Einwand übersieht die falsifikative Rolle der moralischen Intuitionen, die in der Tat ausschließen, die Norm, jeden zu töten, dessen Nase einem mißfällt, je als moralisch anzuerkennen. Ich werde diesen Einwand im folgenden Kapitel behandeln.

Neunter Einwand. Der Fallibilist behauptet, daß wir genau dann wissen daß p, wenn wir gute *Gründe* haben zu meinen daß p. Er hält das Wissen für fallibel, weil er die guten Gründe für revidierbar hält. Etwas wissen heißt aber, daß das, was wir wissen, so *ist*, wie es gewußt wird, und nicht nur, daß wir gute Gründe haben zu meinen, daß es so ist. Der Fallibilist ist daher ein versteckter Skeptiker. Er kann der Skepsis nur entgehen, wenn er die guten Gründe als unrevidierbar anerkennt, aber dann ist er Infallibilist. Ein Drittes zwischen Skepsis und Infallibilismus gibt es nicht.

Antwort: Der Einwand stützt sich *erstens* auf die Aussage, daß der Satz

(1) «a weiß daß p» (z.B. «ich weiß, daß es regnet»)

nicht nur impliziert

(2) «a hat gute Gründe zu meinen daß p» («ich habe gute Gründe zu meinen, daß es regnet»),

sondern auch einfach

(3) «p» («es regnet»).

Das aber erkennt auch der Fallibilist an; hierüber besteht keine Uneinigkeit. Was die Uneinigkeit hervorruft, ist daß der Einwand *zweitens* daraus, daß (1) (3) impliziert, schließt, daß (2) für die Erläuterung des Begriffs des Wissens unwichtig sei. Der Einwand läßt daher offen, wie wir dazu kommen, ein Wissen zu beanspruchen, und unterstellt, es gebe einen anderen Weg als den, gute, aber revidierbare Gründe für das beanspruchte Wissen zu haben.

Diese Unterstellung ist irrig. Wir können (von der Welt und der Moral) nur etwas wissen, wenn wir gute Gründe haben, diese aber können sich durch neue Evidenzen als unzureichend erweisen.

Obgleich unhaltbar, drückt der Einwand eine tiefliegende Überzeugung vom einzig möglichen Weg zu universal verbindlicher Erkenntnis und Moral aus: er verlangt eine unerschütterliche Grundlage. Diese Überzeugung folgt einem *Bild* von der Art, Wissen zu erlangen, dem die Fallibilisten zu wenig entgegengesetzt haben. Ich erörtere diesen Punkt im übernächsten Kapitel.

6.
Die Moral der kritischen Vernunft

1. Formal oder material?

Im vorangehenden Kapitel habe ich dargelegt, wie man analog zur falsifikativen Methode der Naturwissenschaften eine allgemeinverbindliche normative Theorie des richtigen Handelns entwickeln kann. Ich habe wenig zu den Prinzipien gesagt, die sich durch die falsifikative Methode als ähnlich allgemein anerkannt wie die heutigen physikalischen Gesetze herausstellen könnten. Darüber läßt sich *kaum* mehr voraussagen als über die physikalischen Gesetze, die in Zukunft allgemein anerkannt sein werden. Aber ein moralisches Prinzip läßt sich erkennen. Es ist nicht neu; schon Aristoteles hat es, oder doch ein verwandtes, vertreten. Wenn man mit einem an der Methode der modernen Naturwissenschaften orientierten Ansatz zum selben Ergebnis kommt wie ein antiker Autor, spricht das nicht unbedingt gegen den Ansatz. Es ist auch deshalb bemerkenswert, weil es klarstellt, worauf man sich mit der fallibilistischen oder kritischen Vernunft einläßt, wenn man sie zur Bestimmung praktischer Normen gebraucht.

Das Prinzip ist, daß unser Handeln und unsere Institutionen daran ausgerichtet sein müssen, jedem Menschen die Betätigung seiner spezifischen Fähigkeiten zu ermöglichen. Es schreibt unserem Handeln einen bestimmten Inhalt vor. Daher ist die Ethik, die es vertritt, nicht formal, sondern material oder inhaltlich bestimmt. Das scheint mit der falsifikativen Methode und der kritischen Vernunft schwer vereinbar. Man wird eher erwarten, daß die kritische Vernunft eine *formale* Ethik verlangt, schon weil Kant beanspruchte, eine formale Ethik zu vertreten, und sein Ansatz in der Ethik an eine falsifikative Ethik erinnern kann. Sein kategorischer Imperativ, der verlangt, nur nach Maximen zu handeln, die zum allgemeinen Gesetz erhoben werden können, wählt unter konkurrierenden Maximen ähnlich aus wie der Wissenschaftler unter konkurrierenden Theorien im Verfahren der Falsifikation.

Kant hielt jedoch den Anspruch, einen rein formalen Ansatz zu vertreten, den er in der *Kritik der praktischen Vernunft* vertrat, offenbar für vereinbar mit dem genannten aristotelischen Prinzip, nach dem wir unsere spezifischen Fähigkeiten betätigen müssen. Das zeigt sich, wenn er in der *Grundlegung* den kategorischen Imperativ an einem Beispiel exemplifiziert. Er sagt dort, daß man «als ein vernünftiges Wesen ... notwendig (will), daß alle Vermögen in ihm entwickelt werden»,[1] und erklärt in seiner *Idee zu einer allgemeinen Geschichte in weltbürgerlicher Absicht*: «Alle Naturanlagen sind bestimmt, sich einmal vollständig und zweckmäßig auszuwickeln.»[2] In seiner *Metaphysik der Sitten* erhebt er die «eigene Vollkommenheit» sogar, zusammen mit der «fremden Glückseligkeit», zu einem der «Zwecke, die zugleich Pflichten sind».[3]

Nach einer formalen Ethik bemessen wir die Moralität einer Handlung nicht daran, ob sie bestimmte Inhalte wie Glück oder Tugenden oder die Entwicklung der eignen Anlagen verwirklicht, sondern daran, ob die Regel oder Maxime, der wir in der Handlung folgen, bestimmten formalen Bedingungen genügt. Solche Bedingungen sind Widerspruchsfreiheit der Maxime mit anderen Maximen, ihre Verallgemeinerbarkeit oder die Bedingung, daß sie gemäß einem bestimmten Verfahren festgelegt wurde, etwa durch einen Vertrag oder einen rationalen Diskurs. Die Moral der kritischen Vernunft scheint nur formal sein zu können. Denn wenn wir alles anerkennen können, für dessen Verwerfung wir keine ausreichenden Gründe anführen können, scheinen wir notwendig eine formale Ethik zu vertreten, da wir alles für legitim halten, was das Falsifikationsverfahren übersteht.

In dieser Überlegung übersehen wir erstens, daß der Versuch, moralische Normen und Kriterien auf formale Bestimmungen zu beschränken, eine Konsequenz der *infallibilistischen* Prämisse ist, die eine Moral wie eine Wissenschaft auf einen unerschütterlichen Boden zu stellen verlangt. Formale Prinzipien und Kriterien sind in der Tat unwiderlegbar; wir können die Prinzipien der Widerspruchsfreiheit und der Konsistenz für keine Theorie fallenlassen, weil sie keine Theorien wären, wenn wir sie nicht befolgten. Ebenso muß ein moralisches Prinzip universalisierbar sein; andernfalls wäre es kein Prinzip. Aber zu meinen, daß solche Prinzipien und Kriterien ausreichten, unser Handeln zu bestimmen, ist eine Illusion.

Zweitens verkennen wir in der Annahme, die Moral der kritischen Vernunft müsse formal sein, die Rolle der moralischen Intuitionen, die wir als potentielle Falsifikatoren gebrauchen. Unsere moralischen Intuitionen legen uns immer auf bestimmte Inhalte fest. Sie können überhaupt nur deshalb als Falsifikatoren fungieren, weil sie uns an Forderungen oder Verbote binden, die sich mit den Handlungskonsequenzen normativer Theorien als unvereinbar erweisen können. Moralische Intuitionen sind zwar in ihrer Rolle potentieller Falsifikatoren normativer Theorien, wie schon betont, *weicher* als die potentiellen Falsifikatoren deskriptiver Theorien, Beobachtungen, da sie sich leichter von Ideen und Theorien formen lassen. Sie sind aber zugleich in ihrem Inhalt, in dem, was sie fordern, *eingeengter*. Auch ihr Inhalt ist abhängig von dem, was wir erleben, aber er ist eine Reaktion auf das, was uns begegnet. Der Inhalt von Beobachtungen, das was sie aussagen, ist dagegen selbst das, was wir erleben, nicht erst eine Reaktion darauf. Wie wir in unseren moralischen Intuitionen auf unsere Erlebnisse reagieren, bleibt in bestimmten Grenzen; sonst wäre die Reaktion keine *moralische* Intuition.

Wer etwa auf die Erfahrung, daß Kinder mißhandelt werden, mit der Forderung reagiert, Kinder sollten mißhandelt werden, dessen Intuition erkennen wir nicht als moralisch an. Als moralisch gelten faktisch von vornherein nur Forderungen, die unter einen zwar weiten und vagen, aber nicht inhaltsleeren *Begriff* von Moral passen. Dessen Inhalt ist zwar zu vage, um Entscheidungskriterien für moralische Probleme zu liefern. Aber er erlaubt Aussagen über inhaltliche Rahmenbedingungen, die jede bestimmtere Moral erfüllen muß.

Deshalb ist die Moral der kritischen Vernunft unvereinbar mit allen *konventionalistischen* Ethiken, solchen, die eine moralische Regel damit rechtfertigen, daß sie durch Vereinbarung eingeführt wurde oder die Zustimmung aller Betroffenen erhalten kann. Eine Moraltheorie ist nicht deshalb richtig, weil sie vereinbart wurde oder die Zustimmung aller Betroffenen erhalten kann, sondern weil es keine ausreichenden Gründe gibt, sie zu verwerfen. Nach der Diskursethik ist eine Norm legitim, weil ihr «alle möglicherweise Betroffenen als Teilnehmer an rationalen Diskursen zustimmen können».[4] Tatsächlich ist sie deshalb sowenig legitim, wie eine physikalische Theorie wahr ist, weil die Wissenschaftsgemeinde ihr zustimmt. Empirische Theorien sind wahr, weil sie sich außer auf die Konsistenz der Theorie auf eine Evidenz der Sinne stützen können, die die Zustimmung jedes Verständigen rechtfertigt. Sie sind nicht wahr, weil ihnen die Verständigen zustimmen, sondern diese stimmen ihnen zu, weil sie in der Evidenz der Beobachtungen und der Konsistenz der Theorie ausreichende Gründe haben, sie nicht zu verwerfen, wenn sie sie nur verständig erwägen. Ebensowenig sind normative Theorien richtig, weil die Betroffenen ihnen zustimmen. Diese stimmen ihnen vielmehr zu, weil sie in der Evidenz der moralischen Intuitionen und der Konsistenz der Theorie ausreichende Gründe haben, sie nicht zu verwerfen.

Normative Theorien können daher nur richtig sein, wenn sich ihnen zumindest nach gründlicher Diskussion keine moralischen Intuitionen mehr entgegenstellen. Moralische Intuitionen spielen die Rolle der Stimme des Gewissens; ja sie sind die Form, in der heutige Philosophen von dem sprechen, was frühere Theoretiker das Gewissen nannten. Sie wirken wie die Stimme des Gewissens vorwiegend durch Bedenken und Verbote, sind die letzte Berufungsinstanz, verlangen dennoch eine Bestätigung und Formung durch Ideen und Theorien und drängen sich dem normativen Urteil des einzelnen ähnlich als etwas von seinem Belieben Unabhängiges auf wie Beobachtungen seinem deskriptiven Urteil.

Wenn ich die Abhängigkeit jeder akzeptablen Moral von bestimmten Inhalten unserer moralischen Intuitionen behaupte, setze ich mich einem doppelten Einwand aus. Erstens nehme ich mit diesen Inhalten offenbar unveränderliche Normen an und verletze das Prinzip der Fehlbarkeit alles Prinzipienwissens. Zweitens übersehe ich offenbar, daß moralische Intuitionen oder das Gewissen ebenso wie die tradierten Moralen insgesamt, denen sie Ausdruck geben, mehr oder weniger zufällige Ergebnisse gesellschaftlicher Verhältnisse sind und sich mit diesen ändern.

Dieser doppelte Einwand beruht auf einem doppelten Mißverständnis. Ich behaupte erstens nicht, daß unsere moralischen Intuitionen *notwendig* bestimmte Inhalte vertreten, sondern daß sie es *faktisch* tun. Meine Behauptung ist empirisch und deskriptiv, nicht normativ. Menschen erkennen überall auf der Welt Intuitionen nur dann als moralisch an, wenn sie bestimmten Inhalten genügen. Das könnte anders sein und anders werden. Solange es aber so ist, werden wir etwas nur dann als moralisch anerkennen, wenn es diesen Inhalten entspricht.[5] Genau besehen ist es für unsere normativen Absichten unwichtig, ob die moralischen Intuitionen von Menschen überall auf der Welt in bestimmten Inhalten übereinstimmen. Worauf es ankommt, ist, ob wir überzeugende Rechtfertigungsgründe dafür finden anzuerkennen, daß Forderungen nicht als moralisch gelten können, wenn sie nicht mit bestimmten Inhalten übereinstimmen. Aber eine solche Anerkennung wird uns leichter werden, wenn wir uns davon überzeugen können, daß bestimmte Inhalte faktisch überall oder auch nur fast überall anerkannt sind.

Zweitens unterstelle ich durchaus, daß tradierte Moralen und das Gewissen gesellschaftlich bedingt sind. Ich halte es sogar für eine Aufgabe der Moralphilosophie, die Bedingungen und Motive zu klären, die zu den tradierten Moralen geführt haben. Denn ohne ihre Klärung kennen wir nicht genug mögliche Gründe, eine tradierte Moral zu verwerfen oder zu billigen. Wir sollten den Sinn und Zweck der besonderen Klasse sozialer und individueller Phänomene, die wir moralisch nennen, zu verstehen suchen, nicht um sie aufzulösen, sondern um besser zu entscheiden, ob wir sie beibehalten oder wie wir sie gegebenenfalls verändern sollten. Ich werde auch sogleich nach einem solchen Verständnis suchen.

2. Materiale Rahmenbedingungen jeder Moral

Zuerst aber: Was sind denn die Inhalte, ohne die wir eine Intuition nicht als moralisch anerkennen? Arthur Schopenhauer hat sie beschrieben, als er den Inhalt der Moral auf einen «Ausdruck» zurückführte, «den ich für den allereinfachsten und reinsten halte: Neminem laede; imo omnes, quantum potes, juva»[6] – verletze niemanden, vielmehr hilf allen, soviel du kannst. Regeln oder Forderungen, die dieser Formel widersprechen, die es etwa für richtig erklären, Menschen zu verletzen oder ihnen Hilfe zu verweigern, obgleich man ihnen ohne Mühe helfen könnte, können nicht das Prädikat *moralisch* erhalten. Gebräuche in fremden Kulturen müssen, um als moralisch anerkannt zu werden, so auslegbar sein, daß das Verletzungsverbot und das Hilfegebot anerkannt bleiben.

Um zu zeigen, daß die Anerkennung des Moralbegriffs uns auf keine Inhalte festlegt, auch nicht auf die von Schopenhauer genannten, verweisen manche Theoretiker auf die Eskimo, die ihre Eltern, wenn sie alt sind, im Eis aussetzen, auf die Menschenopfer der Azteken oder die indische Witwenverbrennung. Aber solche Institutionen lassen sich leicht in Übereinstimmung mit Schopenhauers Formel bringen. Die ausgesetzten Eltern, die geschlachteten Jugendlichen, die verbrannten Witwen werden im Verständnis der jeweiligen Völker nicht in ihrer Würde verletzt. Sie haben andere Begriffe von dem, was Verletzung und Hilfe ist, aber deswegen nicht auch von gut und böse. Sie stimmen darin überein, daß destruktives Verhalten oder, wie Platon formulierte, «alles Verderbende und Zerstörende» schlecht und «das Erhaltende und Fördernde» gut ist.[7] Das heißt wiederum nicht, daß unter allen Bedingungen Verderben und Zerstören schlecht und Erhalten gut ist; das Zerstören der Feinde ist gut, ihr Erhalten und Fördern schlecht.

Daß die moralischen Intuitionen überall[8] oder auch nur fast überall die Förderung der *eigenen* Gruppe fordern, läßt sich leicht darwinistisch, aus den Überlebensbedingungen der Menschen, erklären. Horden, die keine Regeln der wechselseitigen Hilfe entwickelten, hatten geringere Überlebenschancen und unterlagen früher oder später Horden mit Moral. Überlegungen derselben Art können auch die Zweiteilung der Moral in das Verletzungsverbot und das Hilfegebot erklären. Diese beiden Prinzipien stehen für durchaus unterschiedliche Forderungen und Einstellungen, die die meisten neuzeitlichen Moraltheoretiker als die der Gerechtigkeit (iustitia) oder die Lehre vom Gerechten (oder Rechtslehre) und als die der Wohltätigkeit (caritas) oder die Lehre vom Guten (oder Tugendlehre) unterschieden. Die Gerechtigkeit fordert nur, alles zu unterlassen, was in die Befugnisse oder Rechte eines andern eingreift; die Wohltätigkeit fordert darüber hinaus, Notleidenden nach eigenem Vermögen zu helfen. Die Pflichten der Gerechigkeit sind genau und, wie Kant sagte, von «*enger* Verbindlichkeit», da sie eindeutig festlegen, was man nicht tun darf; die der Wohltätigkeit sind von «*weiter* Verbindlichkeit» und ihre Befolgung «verdienstlich»,[9] da sie nur ein Handlungsziel angeben und nicht festlegen, wie weit man es erreichen soll. Die Regeln der Gerechtigkeit sind strenge Verbote, deren erzwingbare Durchsetzung man für unbedingt geboten hält und dem institutionalisierten Recht, der Justiz, zur Aufgabe macht. Die Regeln der Wohltätigkeit sind weichere Gebote, für deren Erfüllung man eigene Einsicht und freie Zustimmung voraussetzt und zu deren Befolgung man Erziehung, Argument und Lob einsetzt.

Die Regeln der Gerechtigkeit sind für jede Gesellschaft bei Strafe ihrer Selbstzerstörung unverzichtbar; die Regeln der Wohltätigkeit sind für ihr Überleben wichtig, weil sie die Neigung der Individuen, ihr eigenes Wohlergehen dem des nicht allzu nahestehenden Stammesgenossen vorzuziehen, voraussetzen. Diese Neigung bedroht den Zusammenhalt einer Gesellschaft; ihr muß entgegengewirkt werden. Aber sie darf auch nicht durch einen Altruismus ersetzt werden, in dem die Individuen sich vollständig füreinander aufopfern, da das die Überlebenschancen einer Gesellschaft ebenfalls verringert. Eine Gesellschaft wird offenbar am besten durch ein Moralsystem gefördert, das Regeln der Gerechtigkeit streng und Regeln der Wohltätigkeit weicher durchsetzt.

Soweit habe ich in darwinistischen Bahnen darüber spekuliert, wie sich ein bestimmter zweigliedriger Inhalt moralischer Forderungen vielleicht nicht in allen, aber in vielen Gesellschaften hat durchsetzen können. Unerklärt bleibt dabei, wie sich zumindest in manchen Gruppen, und wie wir sehen werden, in allen Hochkulturen und Weltreligionen, *universale* Forderungen durchsetzen konnten, solche, die sowohl das Verletzungsverbot wie das Hilfegebot nicht nur auf die eigenen Gesellschaften, sondern auf alle übrigen beziehen und *keinen* Menschen zu verletzen und *jedem* Leidenden zu helfen gebieten. Der Wechsel von einer *Binnen-* zur universalen Moral ist in den entwickelten Kulturen Asiens und Europas eingetreten. Allerdings sind universale Forderungen auch hier nur als Forderungen anerkannt, in deren Befolgung man weniger gewissenhaft sein muß als in der Befolgung binnenmoralischer Gebote. Wir wissen nicht, ob der Wechsel je vollständig sein wird. Dennoch gehört er zu den wichtigsten Ereignissen der menschlichen Geschichte. Ehe wir fragen, was ihn *rechtfertigt* und ob wir selbst ihm folgen sollten, könnte es auch hier nützlich sein, eine *Erklärung* zu finden.

Universale moralische Forderungen sind vor allem von Gründern von Weltreligionen aufgestellt worden. Was hat sie zu ihren Forderungen gebracht, und warum fanden sie Anhänger? Eine notwendige Bedingung ist Kontakt mit anderen Gesellschaften, aber diese Bedingung ist trivial, weil ohne Kontakt universale Forderungen überflüssig sind. Sie ist auch nicht ausreichend, weil Kontakt die Binnenmoral bekräftigen kann. Ist die *religiöse* Form universaler Forderungen von Bedeutung? Die Berufung auf einen Gott oder göttliche Mächte belegt, daß die Verkünder universaler Forderungen die Tiefe und Radikalität ihrer Forderungen kannten, aber sie erklärt nicht selbst, warum die Binnenmoral gesprengt wurde. Ein Gott kann ebenso unerbittlich die Einhaltung einer Binnen- wie einer universalen Moral fordern.

Eine mögliche Erklärung der Sprengung der Binnenmoral ist, daß die Verfechter des Universalismus sich der Erfahrung nicht entziehen konnten, daß Menschen unabhängig von ihrer Gesellschaftszugehörigkeit eine Eigenschaft besitzen, die verlangt, niemand zu verletzen und jedem, der leidet, zu helfen. Als solche Eigenschaft gilt auch binnenmoralisch nicht die bloße Gruppenzugehörigkeit. Zu ihr muß hinzukommen, daß ein Mensch, wenn er mißhandelt wird, dagegen aufbegehrt, und wenn er leidet, dem andern gewollt oder ungewollt zu erkennen gibt, daß er Hilfe braucht. Wer seine Verletzung hinnimmt und in unerkennbarer Weise leidet, steht auch binnenmoralisch nicht unter dem Schutz des Verletzungsverbots und Hilfegebots. Wenn aber Aufbegehren gegen demütigende Behandlungen und die Erkennbarkeit des Leidens notwendig sind, um Verletzungsverbot und Hilfegebot anwendbar zu machen, kann die Gesellschaftszugehörigkeit nur dann als weitere Anwendungsbedingung anerkannt werden, wenn sie für die Verletzlichkeit und Leidensanfälligkeit des Menschen wichtig ist. Eine solche Wichtigkeit besteht offensichtlich nicht. Nicht die Zugehörigkeit zu einer bestimmten Gesellschaft macht Menschen verletzlich und leidensanfällig, sondern eine Natur, die alle Menschen teilen.

Die Natur, die alle Menschen teilen, besteht nach dieser Erklärung darin, nicht wie alle Tiere in Notlagen Schmerzen zu empfinden, sondern anders als die Tiere von bestimmten Verhaltensweisen der eigenen Artgenossen verletzt, gedemütigt oder in einer anderen Weise ihrer Natur unangemessen oder unwürdig behandelt werden und gegen eine solche Mißachtung ihrer Menschheit oder ihre mangelnde Anerkennung aufbegehren zu können. Es ist diese Natur, die nach der nun versuchten Erklärung verlangt, niemand zu verletzen und jedem, der leidet, zu helfen. Die Verfechter des Universalismus wären demnach die ersten, die dies erkannten und die praktische Konsequenz zogen.

3. Zur Rechtfertigung des gemeinsamen Inhalts aller moralischen Intuitionen

Vielleicht lassen sich bessere Erklärungen für die Entstehung des moralischen Universalismus als die eben versuchte finden. Hier genügt es, eine *mögliche* Erklärung gefunden zu haben. Denn hier geht es um die Frage, erstens ob sich das Verletzungsverbot und das Hilfegebot, die ich als den Inhalt der Moral überall auf der Welt behauptet habe, und zweitens diese Forderungen in ihrer nicht binnenmoralischen, sondern universalen Form *rechtfertigen* lassen. Sollten *wir* sie als allgemeinverbindlich anerkennen, noch bevor wir sie durch normative Theorien von ihren Vagheiten befreien und auf aktuelle Probleme anwendbar machen? Für diese Frage ist es nützlich zu sehen, daß sich die Anerkennung von Verletzungsverbot und Hilfegebot ebenso wie der moralische Universalismus *erklären* lassen. Denn wir können uns nun fragen, ob wir die *Motive*, die ihre Anerkennung erklären, als ihre *Rechtfertigungsgründe* gelten lassen sollten. Wenn wir so fragen, gebrauchen wir unsere Vernunft in der unseren Fähigkeiten angemessenen Weise: wir untersuchen, wie wir bisher gehandelt haben, darauf, ob wir weiter so handeln sollten. Wir prüfen die spontan oder naturwüchsig entstandenen Handlungsweisen und Institutionen darauf, ob sich nicht Gründe gegen sie anführen lassen und vorzugswürdigere Alternativen bestehen.

In unserer jetzigen Suche nach Rechtfertigungsgründen müssen wir drei Fragen unterscheiden. Als den faktisch gemeinsamen Inhalt moralischer Intuitionen (fast) überall auf der Welt behaupte ich ihre Übereinstimmung mit der Schopenhauerschen Formel aus Verletzungsverbot und Hilfegebot. Wir müssen an dieser Formel erstens ihre Zweigliedrigkeit und zweitens den Umstand beachten, daß sie auf keinen Universalismus festlegt und auch binnenmoralisch verstanden werden kann. Daher stellt sich erstens die Frage, ob wir überhaupt von moralischen Intuitionen einen allen Menschen *gemeinsamen Inhalt* fordern sollten; zweitens, ob wir an der Unterscheidung von Verletzungsverbot und Hilfegebot, von erzwingbarer *Gerechtigkeit* und verdienstlicher *Wohltätigkeit* festhalten sollten; drittens, ob wir bestimmte Forderungen als *universal* anerkennen sollten.

Von der *ersten* Frage hängt nicht viel ab, weil sie terminologisch ist. Intuitionen und Forderungen, die wir nicht als moralisch anerkennen, hören deswegen nicht auf zu wirken und können ihren Einfluß auch unter dem Titel ästhetischer, emotionaler oder sonstiger Forderungen ausüben. Zur leichteren Verständigung ist aber eine Unterscheidung von Intuitionen nach Klassen, wie moralisch, ästhetisch, emotional, religiös, einer Etikette oder einem Distinktionsbedürfnis entsprechend, hilfreich. Sucht man nach einem Unterscheidungskriterium für moralische Intuitionen, ist ein inhaltliches Kriterium wie das Schopenhauersche überzeugender als ein formales wie das der Universalisierbarkeit[10] oder der vorrangigen Dringlichkeit einer Forderung. Die Universalisierbarkeit schließt die Möglichkeit einer nicht-universalen Moral von vornherein aus, und für einen Ästheten können ästhetische Intuitionen die erste Dringlichkeit haben; für einen Religiösen religiöse.

Zweitens, sollten wir an der Unterscheidung von Gerechtigkeit und Wohltätigkeit festhalten? Sie wird vom Utilitarismus angefochten, da dieser nur den einen Standard der Glücksmaximierung anerkennt. Aber unter diesem einen Standard ist kein Platz dafür, im Individuum und seiner Selbstbestimmung einen Selbstzweck zu sehen – der einzige Selbstzweck ist Glücksvermehrung; der Chirurg muß eins der fünf Unfallopfer töten, wenn er dadurch das Glück der größten Zahl vermehren kann. Der Gebrauch zweier Standards dagegen, eines zur Abgrenzung des Verbotenen und eines zur Andeutung eines positiven Handlungsziels, sichert dem Individuum den erforderlichen Raum der Achtung und Würde. Die historische Unterscheidung der Regeln der Gerechtigkeit und der Wohltätigkeit war vermutlich nicht durch die Achtung vor dem Individuum motiviert, aber sie stützt diese, und wenn wir eine solche Achtung beibehalten wollen, sollten wir die tradierte Unterscheidung beibehalten. Sollten wir aber die Achtung vor dem Individuum beibehalten (oder erst durchsetzen)? Da es um die Achtung vor jedem Menschen geht, haben wir hier mit einer universalen Forderung, mit der universalen Anwendung des Verletzungsverbots zu tun, über die wir mit der dritten Frage entscheiden.

Drittens also, sollten wir universale Forderungen anerkennen? Sind insbesondere die möglichen historischen Motive, die zu universalen moralischen Forderungen führten, als deren Rechtfertigungen anzuerkennen? Ist die Verletzlichkeit des Menschen und seine Fähigkeit, gegen Verletzungen in Wort und Tat aufzubegehren, Grund genug, niemanden zu verletzen und jedem zu helfen? Diese Frage verlangt zu klären, warum oder in welchem Sinn Menschen überhaupt verletzlich und rebellisch sind. Denn sie können nicht nur durch körperliche Beschädigung verletzt und rebellisch werden, sondern auch durch Behandlungen, die sie kränken, demütigen, erniedrigen. Die Verletzung seines als berechtigt anerkannten Willens macht die verbotene Verletzung aus. Warum aber und wann ist der Wille des Menschen zu achten, und warum und wann ist seine Verletzung moralisch verboten?

4. Zur Rechtfertigung des Verletzungsverbots

Auf diese Fragen finden wir in der europäischen Philosophiegeschichte zwei einander ergänzende Antworten. Die erste hat am eindringlichsten Thomas Hobbes gegeben. Er geht von der faktischen Gleichheit aller Menschen im Vermögen aus, einander zu schädigen. Daraus leitet er als ein Gebot der Klugheit ab, jeder solle sein natürliches Recht auf alles einschränken auf solche Rechte, Freiheiten oder Prinzipien, die er auch anderen einräumt. Dies Klugheitsgebot ist das «fundamentale Naturgesetz ..., daß man ... mit so viel Freiheit gegen andere zufrieden sein soll, wie man sie anderen gegen sich einräumen würde, wenn die andern damit auch zufrieden sind.» Diese Selbstbeschränkung ist tatsächlich keine Beschränkung der eigenen Rechte, weil sie nur die Hindernisse aus dem Weg räumt, die die Menschen einander bei allseitiger Aufrechterhaltung des Rechts auf alles bereiten. Sie ist vielmehr die Garantie dafür, daß jeder «sein ursprüngliches Recht (originall Right) genießt», oder doch eine «Verringerung der Hindernisse im Gebrauch seines ursprünglichen Rechts».[11]

Die Anerkennung der faktischen Gleichheit der Menschen im Vermögen, einander zu schaden, führt daher jeden, wenn er nur klug genug ist, zum Genuß seines *ursprünglichen* Rechts. Sein ursprüngliches Recht ist nicht sein Recht auf *alles*, sondern auf das, was er beanspruchen kann, ohne mehr als ein anderer zu beanspruchen. Das ursprüngliche Recht ist nicht wie das natürliche eine Freiheit, alles zu tun, sondern eine Freiheit, in der alle gleich sind und die sich durch die Anerkennung der Gleichheit einschränkt, ohne von der Freiheitsforderung abzulassen. Das natürliche Recht schließt als Recht des Naturzustands tatsächlich die Möglichkeit von Recht wie von Unrecht aus.[12] Diese wird erst durch das ursprüngliche Recht möglich. Das ursprüngliche Unrecht ist der Anspruch auf mehr Freiheit, als man den anderen zugesteht. Und warum ist das verboten? Weil andernfalls, so Hobbes, die Menschen ihr Vermögen, einander zu schaden, betätigen und das Leben aller «solitary, poore, nasty, brutish, and short» ist.[13]

Dieser Teil der Hobbesschen Antwort ist weniger überzeugend als der erste, der erklärt, *wann* der Wille des Menschen zu achten und wann seine Verletzung moralisch verboten ist; was ursprüngliches Recht und was ursprüngliches Unrecht ist. Die Menschen wollen als gleiche im Recht, als gleichberechtigt zu allen Handlungen anerkannt sein. Ihr Rechtsbegriff ist an die Vorstellung gebunden, daß überhaupt nur berechtigt sein kann, was die Gleichheit in den Ansprüchen anerkennt. Das schließt *Unterschiede* in Rechten nicht aus, verlangt aber, daß sie durch Pflichten gerechtfertigt werden. Wer etwa regieren darf, muß mehr Verantwortung und Risiken auf sich nehmen als der Regierte. Sonderrechte implizieren Sonderpflichten. Was Hobbes hier wie nach ihm Locke und Kant als Inhalt des Rechts und sogar der Moral insgesamt formuliert, ist die Idee der *gleichen Freiheit*.[14]

Aber gerade weil Hobbes darin überzeugt, *daß* der Wille des Menschen in seinem Anspruch auf gleiche Freiheit zu achten ist, überzeugt er nicht in seiner Antwort, *warum* er zu achten ist. Daß das Leben *aller* andernfalls «solitary, poore, nasty, brutish and short» ist, dagegen spricht die Erfahrung. Die krasse Ungleichheit auch der Rechte hindert in den meisten Ländern die Privilegierten nicht, ein geselliges, reiches, gesittetes, gepflegtes und langes Leben zu führen. Die Gleichheit der Menschen im Vermögen, einander zu schaden, ist keine empirische Tatsache, wie Hobbes annahm; sie ist eine Implikation der *Forderung* nach gleicher Freiheit. Warum diese Forderung gerechtfertigt ist, klärt Hobbes nicht.

Die zweite in der europäischen Philosophie gegebene Antwort auf unsre Fragen finden wir bei Kant. In einer Kurzformel lautet sie: Wir schulden es der Vernunft, jeden, der sie besitzt, in seinem Willen nach gleicher Freiheit zu achten. Kant folgt Hobbes' Vorstellung vom ursprünglichen Recht, wenn er das Recht definiert als den «Inbegriff der Bedingungen, unter denen die Willkür des einen mit der Willkür des anderen nach einem allgemeinen Gesetze der Freiheit zusammen vereinigt werden kann».[15] Denn diese Bedingungen sind dieselben wie die, unter denen nach Hobbes das natürliche Recht zum ursprünglichen wird: daß niemand für sich Rechte oder Regeln beansprucht, deren Ausübung oder Befolgung er nicht auch allen anderen zugesteht. Aber Kant setzt zur Rechtfertigung des Prinzips der gleichen Freiheit keine Gleichheit der Menschen im Schädigungsvermögen voraus, sondern sieht es als Konsequenz der Selbsterkenntnis des Menschen, ein vernünftiges Wesen zu sein. Die Natur vernünftiger Wesen, so Kant, zeichnet «sie schon als Zwecke an sich selbst, d.i. als etwas (aus), das nicht bloß als Mittel gebraucht werden darf», sie schränkt «alle Willkür ein» und ist «ein Gegenstand der Achtung».

Warum nun «stellt sich notwendig der Mensch sein eigenes Dasein» so vor?[16] Weil er als «ein vernünftiges Wesen ... die Kausalität seines Daseins niemals anders als unter der Idee der Freiheit denken (kann) ... Mit der Idee der Freiheit ist nun der Begriff der *Autonomie* unzertrennlich verbunden, mit diesem aber das allgemeine Prinzip der Sittlichkeit.»[17]

Diese Aussage läßt sich vermutlich nicht nur auf eine einzige Weise deuten. Ich möchte sie wie folgt explizieren. Wer vernünftig ist, d.h. wer Geltungsansprüche rechtfertigen und zwischen richtig und falsch unterscheiden kann, betrachtet sich notwendig als fähig, unabhängig von vorausgehenden Motiven oder Ursachen zu urteilen. Er stellt sich notwendig als autonom vor, als ein Wesen, das Ziele nicht um anderer Ziele willen oder wegen bestimmter Motive oder Ursachen verfolgt, sondern weil er sie selbst als die richtigen erkannt hat. Weil er sich als autonom betrachtet, betrachtet er sich als Selbstzweck, denn wer autonom ist, erkennt keinen Zweck an, dem er zu dienen hätte, wenn er ihm nicht zustimmt und ihn durch die Zustimmung zum eigenen Zweck gemacht hat. Er betrachtet sich daher als Selbstzweck in dem spezifischen Sinn eines Wesens, das nur solchen Zielen dient, die es rechtfertigen kann. Denselben Selbstzweckcharakter muß er aber allen Wesen zubilligen, die vernünftig sind, da diese ebenso autonom sind. Deswegen muß er nach dem «allgemeinen Prinzip der Sittlichkeit» handeln, nämlich nach dem uns schon von Hobbes bekannten Gesetz, sich keine Sonderrechte zuzusprechen, sondern nur nach solchen Maximen zu handeln, nach denen er auch jedem anderen Vernunftwesen zu handeln erlaubt.

Dieses Prinzip hat Kant nicht nur als Rechtsprinzip formuliert, das nur ein Prinzip für «äußere Handlungen»[18] ist und nicht die Gesinnung betrifft, sondern auch als «allgemeines Prinzip der Sittlichkeit», als kategorischen Imperativ, der eine moralische *Gesinnung* fordert. Das Rechtsprinzip verlangt nur, daß jede Handlung einer verallgemeinerbaren Regel (oder besser, der Idee der gleichen Freiheit) *gemäß* sei; das Prinzip der Moralität dagegen auch, daß sie *um* der gleichen Freiheit *willen* geschehe. Kant setzt diese *Gesinnungs*forderung mit der Forderung gleich, jedes vernünftige Wesen nie nur als Mittel, sondern immer auch um seiner selbst willen oder als *Selbstzweck* zu gebrauchen. Diese Forderung impliziert das Verletzungsverbot.

Kants Antwort auf das Warum des Verletzungsverbots läßt sich so zusammenfassen: es ist geboten, weil ein Lebewesen, das zwischen richtig und falsch unterscheiden kann, nur solchen Zielen dienen kann, denen es selbst zustimmt. Es als bloßes Mittel zu gebrauchen ist eine Verletzung seiner spezifischen Fähigkeit zu rechtfertigen, der Vernunft. Wir können ihr folgende argumentative Form geben:

(1) Als Vernunftwesen fragen wir nach den Rechtfertigungsgründen von Handlungen.
(2) Wir können etwas nur als Rechtfertigung anerkennen, wenn es uns in unserem Vermögen achtet, nach Rechtfertigungen zu fragen.
(3) Wir werden in unserem Rechtfertigungsvermögen verletzt, wenn wir über die Richtigkeit einer Entscheidung nicht selbst urteilen können.
(4) Wir können Verletzungen nur vermeiden, wenn wir allen Vernunftwesen die gleiche Freiheit einräumen, über alles, was sie selbst betrifft, selbst zu entscheiden.

Dieses Argument setzt sich allerdings der Frage aus, warum wir unserer Fähigkeit zu rechtfertigen den Rang der Grundlage der Gerechtigkeit oder des Verletzungsverbots zubilligen sollten. Warum ist die Vernunft so wichtig? Auf diese Frage können Kant und wir nicht nur an die Einsicht oder Evidenz appellieren, daß ein Leben mit Vernunft, ein Leben, in dem wir nach der Rechtfertigung von Entscheidungen und all dem fragen, was von Entscheidungen abhängt: Handlungen, Charakteren, Institutionen, besser oder menschenwürdiger ist als eins, in dem solche Fragen unmöglich sind. Wir können auch darauf verweisen, daß Menschen *verletzlich* sind und *rebellisch* und füreinander zur Qual und zur tödlichen Bedrohung werden, wenn sie sich in ihren Ansprüchen gedemütigt fühlen. Obgleich wir gegen Hobbes sagen müssen, daß ihre Verletzlichkeit und Auflehnung die Menschen nicht *gleich* im Bedrohungsvermögen machen, und wir das normative Prinzip der gleichen Freiheit nicht auf eine empirische Gleichheit stützen können, erkennen wir den unvergleichlichen Wert unseres Rechtfertigungsvermögens besonders deutlich auf dem Hintergrund der empirischen Tatsachen menschlicher Verletzlichkeit. Das normative Urteil, daß wir auf den Gebrauch unseres Rechtfertigungsvermögens oder ein Leben mit Vernunft um keinen Preis verzichten sollen, läßt sich aus den Tatsachen der Verletzlichkeit und ihrer unangenehmen Folgen nicht ableiten; es ist vielmehr der Rechtfertigungsgrund für die Anerkennung der Idee der gleichen Freiheit. Aber die empirischen Tatsachen liefern notwendige, wenn auch nicht die einzigen und vielleicht nicht einmal die wichtigsten Rechtfertigungsgründe für die Hochschätzung der Vernunft.

Gibt es auf die Frage, warum wir die Vernunft so hoch schätzen sollten, eine bessere Antwort? Welche Antwort könnte besser sein? Man kann (wie Hobbes und viele andere nach ihm) versuchen, Nutzen und Vorteile des Gebrauchs der Vernunft und ihrer Respektierung bei allen nachzuweisen. Aber damit macht man die Vernunft *nur* zum Mittel für solche Vorteile. Man kann zeigen, daß wir uns nur durch Anerkennung der Vernunft eine angemessene Identität geben können (wie es heute Christine Korsgaard tut).[19] Auch damit macht man die Vernunft nur zum Mittel für einen Zweck und wird nicht ihrem Selbstzweckcharakter gerecht. Man kann eine transzendentale Begründung in dem Sinn versuchen, daß man den Gebrauch der Vernunft als Bedingung der Möglichkeit von etwas anderem und Wichtigem nachweist und unterstellt, daß wir darauf um keinen Preis verzichten wollen. Aber auch dann unterstellt man, daß etwas anderes als das Rechtfertigungsvermögen dessen Gebrauch rechtfertigen könnte. Man kann schließlich mit anderen Transzendentalphilosophen argumentieren, daß wir in jedem Versuch, die Richtigkeit eines Prinzips zu beweisen, unser Rechtfertigungsvermögen gebrauchen und implizit die Bedingung der wechselseitigen Achtung aller Vernunftwesen und damit das Verletzungsverbot «immer schon» anerkannt haben. Dies Argument setzt genau das voraus, woran Kant und meine Rekonstruktion seines Arguments als evident und einsichtig appellieren, nämlich daß wir an Rechtfertigungen interessiert sein sollten.

Statt diese Voraussetzung im Begriff des Transzendentalen zu verhüllen, sollte man sie lieber offenlegen. Die Voraussetzung ist allerdings nicht unfehlbar. Daß wir die Vernunft so hoch schätzen sollten, daß wir auf sie die Idee der gleichen Freiheit und das Verletzungsverbot, mit ihnen den Inhalt der Gerechtigkeit bauen sollten, ist kein unfehlbares Urteil. Warum kann dann dennoch das Verletzungsverbot verbindlich gemacht und *erzwungen* werden? Weil es das Prinzip ist, Zwang zu minimieren. Wer ihm folgt, folgt dem Prinzip, Zwang nur dann zu gebrauchen, wenn dieser dazu dient, jemanden daran zu hindern, einem anderen nicht dieselbe Freiheit einzuräumen, die er für sich beansprucht. Wer sich vom Verletzungsverbot nicht zwingen lassen will, will sich nicht dazu zwingen lassen, nicht einen anderen zu zwingen. Man muß es daher nicht selbst anerkennen, um von ihm gezwungen werden zu dürfen. Es genügt, wenn ein einziger es anerkennt, um diesem das *Recht* zu geben, jeden zu seiner Einhaltung zu zwingen. Daher sagt Kant vom Prinzip, daß jeder nur nach Regeln handeln darf, «unter denen die Willkür des einen mit der Willkür des anderen nach einem allgemeinen Gesetze der Freiheit zusammen vereinigt werden kann», es sei «mit der Befugnis zu zwingen verbunden».[20]

Ich habe soweit Kants Ansatz zu einer Rechtfertigung des Verletzungsverbots ohne Rücksicht auf den Wortlaut seiner Aussagen in der mich überzeugendsten Weise rekonstruiert. In zwei Punkten aber weicht Kant von seinem Ansatz (oder meiner Rekonstruktion) deutlich ab. Erstens antwortet Kant auf die Frage, warum wir ein Leben mit Vernunft dem ohne sie vorziehen sollten, mit dem Argument, daß wir bei Befolgung der Vernunft der «Verstandeswelt» oder der Welt der «Dinge an sich» angehören, bei ihrer Nichtbefolgung dagegen der «Sinnenwelt» oder der Welt der «Erscheinungen», die Verstandeswelt aber einen Vorrang vor der Sinnenwelt habe. «Um deswillen muß ein vernünftiges Wesen sich selbst *als Intelligenz* (also nicht von Seiten seiner unteren Kräfte) nicht als zur Sinnen-, sondern zur Verstandeswelt gehörig ansehen».[21] Mir scheint dieser Rückgriff auf Kants eigene Ontologie der Zweiweltenlehre mehr neue Fragen als Antworten aufzuwerfen, unglücklich und überflüssig.

Zweitens legt er das Verletzungsverbot rigide als *kategorischen* Imperativ aus, Menschen *nie* nur als Mittel und nicht auch als Selbstzweck zu gebrauchen. Wenn aber Notlügen unter manchen Bedingungen erlaubt sind, ist Kants Rigorosität moralisch unglaubwürdig. Notlügen und dramatischere Notstandshandlungen verletzen nicht notwendig ein Leben der Vernunft und die Idee der gleichen Freiheit. Im Gegenteil ist es eine Verletzung eines solchen Lebens, wollte man etwa, um Notlügen zu vermeiden, einen Freund verraten. Ein Leben der Vernunft verlangt die Anerkennung der Idee der gleichen Freiheit, aber diese wird durch eine Notlüge oder einen gerechten Krieg nicht verletzt.[22]

Wenn wir aber im übrigen Kants Rechtfertigung des Verletzungsverbots durch den Appell an die Überlegenheit eines Lebens mit Vernunft über ein Leben ohne sie folgen, stehen wir noch vor zwei weiteren Problemen. Erstens, kann der Wert der Vernunft so groß sein, wenn sie als die Instanz, über Geltungsansprüche zu entscheiden, eine lästige Hofmeisterin ist, die unsere Gedanken einschnürt wie spanische Reitstiefel?

Obgleich Kant diesen Aspekt der Vernunft nicht beachtet, sehe ich doch keinen Grund, seinem Werturteil nicht zu folgen. Die Vernunft wird ihren Lastcharakter nie verlieren, aber nur durch ihn ist sie das Vermögen diese Last empfindender Lebewesen, das ihre Kräfte «weit über den Naturinstinkt» erweitert und «keine Grenzen ihrer Entwürfe» kennt.[23] Die Vernunft hat einen unvergleichlichen Wert, aber wir sollten erkennen, daß sie uns gerade dadurch eine Last ist. Das vielzitierte Unbehagen an der Kultur ist das Unbehagen an der Vernunft.

Das zweite Problem, das uns etwas länger beschäftigen wird, ist, daß uns die Rechtfertigung des Verletzungsverbots durch die Berufung auf den Wert der Vernunft auf eine merkwürdige Konsequenz festlegt. Wir verstehen dieses Verbot als ein Gebot der gleichen Freiheit, nach dem jeder über sich und sein Leben selbst entscheiden kann, soweit er jedem andern dieselbe Freiheit einräumt. Diese Idee aber ist offenbar das Produkt der liberalen bürgerlichen Epoche, die im England des 17. Jahrhunderts begann und ihre politische Blüte heute hinter sich hat. Können wir eine solche epochenspezifische Idee zum Kern der Gerechtigkeit machen, des Teils der überall gültigen Moral, deren Inhalt wir hier in Anschluß an Schopenhauer bestimmen und rechtfertigen wollten?

Wir können es, wenn wir nur Formen derselben Idee in anderen Epochen finden. Sie brauchten nicht die universalistische Form des aufgeklärten Liberalismus zu haben, aber müßten zeigen, daß Menschen grundsätzlich jedem, den sie als *ihresgleichen* anerkennen, gleiche Freiheit oder die gleichen Rechte oder Privilegien zusprechen, die sie für sich beanspruchen. Tatsächlich finden wir eine solche Idee schon in der binnenmoralischen Gleichheit der Freien, von der nur ausgeschlossen war, wen die Herrschenden nicht als ebenbürtig anerkannten (Frauen und Sklaven etwa), und in den Standesidealen vieler Schichten, ihresgleichen zu achten und mit aufrichtiger Ehrerbietung zu begegnen. Darüber hinaus finden wir sie in der Anerkennung und Empfehlung der Goldenen Regel in allen Weltreligionen und Hochkulturen.[24] Diese Regel verlangt von jedem, jeden anderen für ebenso wichtig und verletzlich zu halten wie sich selbst. Sie impliziert das Verletzungsverbot ebenso wie das Hilfegebot. Sie hat nicht die bestimmte Form der Idee der gleichen Freiheit angenommen, die die ideologischen und politischen Führer des englischen Bürgertums verfochten. Aber in dem Inhalt, in dem die Idee der gleichen Freiheit das Verletzungsverbot rechtfertigen kann, stimmt sie mit der Goldenen Regel vollkommen überein.

Diese Übereinstimmung belegt, daß wir zwischen der bestimmten historischen Form der frühbürgerlichen Idee der gleichen Freiheit und der abstrakten Form, in der sie das Verletzungsverbot rechtfertigen kann, unterscheiden müssen. Die frühen Bürger – und viele Theoretiker auch noch heute – verstehen die gleiche Freiheit als ein gleiches Recht auf Betätigung der Fähigkeiten, das die Ungleichheiten im faktischen Besitz natürlicher Güter, die auch die Betätigung der eigenen Fähigkeiten sehr ungleich macht, nicht berücksichtigen muß. Diese Inkonsequenz machte ihre Ideale der Freiheit und Gleichheit verdächtig und unakzeptabel für alle, die unter ihr zu leiden hatten. In jedem Fall bleiben die in Europa historisch wirksamen Ideale der Freiheit, Gleichheit und Menschenwürde bis heute weit hinter den Fassungen zurück, die die bürgerlichen Philosophen von Locke bis Kant ihnen gegeben haben, obgleich auch diese nicht den Ansprüchen genügen, die wir heute an dieselben Ideale stellen.

Wir können daher Zeugnisse dafür, daß auch außerhalb Europas Ideen der gleichen Freiheit, der Menschenwürde und der Menschenrechte vertreten wurden, nicht deshalb als unzureichend verwerfen, weil sie die Ideen nicht in der klaren Form vertreten, die wir ihnen heute geben können. Solche Zeugnisse finden wir nun aber nicht nur in der verbreiteten Anerkennung der Goldenen Regel, sondern nachweisbar auch in der chinesischen Geschichte. Ich vermute, daß sich ähnliche Zeugnisse auch in der Geschichte des Islam und in anderen Kulturen finden, beschränke mich aber mangels genauerer Kenntnisse auf den Verweis auf die chinesischen Weisen Mengzi (Menzius) und Xunzi. Sie gehen in ihren Auffassungen über die Natur des Menschen so weit auseinander, daß sie oft als Extreme der chinesischen Philosophie gelten – Menzius als Vertreter der natürlichen Güte, Xunzi als Vertreter der natürlichen Bosheit des Menschen.[25] Aber sie stimmen darin überein, allen Menschen unabhängig von ihrer sozialen Stellung eine Würde zuzusprechen, die ihre Achtung und Nichtverletzung verlangt. Sie verbinden ihre Annahme der jedem Menschen zukommenden Würde sogar mit der These, daß jeder Mensch im Herzen, nach altchinesischer Vorstellung dem Sitz des Denkens, das Vermögen hat, unabhängig von fremden Einflüssen zu urteilen. Wie Kant den Grund der Würde des Menschen in seiner Autonomie findet, so diese Philosophen zwei Jahrtausende vor ihm in derselben Eigenschaft. So Xunzi: «Das Herz ... verbietet und gebietet selbst, es verwirft und wählt selbst, es wird von selbst aktiv, es stellt selbst seine Aktivität ein. Deshalb kann zwar der Mund gezwungen werden, zu schweigen, und der Körper, sich zu beugen oder zu strecken, aber das Herz kann nicht gezwungen werden, seine Ansicht zu ändern.»[26]

An Mengzi und Xunzi anschließend hat, wie der Sinologe Heiner Roetz treffend erläutert, «der Ming-Philosoph Wang Yangming (1472–1529) das folgende Autonomieprinzip des Urteils formuliert: ‹Wenn ich eine Aussage in meinem Herzen untersuche und sie verwerfen muß, dann werde ich nicht wagen, sie für richtig zu halten, auch wenn sie aus dem Munde von Konfuzius stammt .... Wenn ich aber eine Aussage in meinem Herzen untersuche und finde, daß sie richtig ist, dann werde ich nicht wagen, sie zu verwerfen, auch wenn sie aus dem Munde eines mittelmäßigen Menschen kommt.›»[27]

Was Xunzi und Wang Yangming beschreiben, ist genau die Tätigkeit, die wir als das spezifische Geschäft der Vernunft beschreiben müssen, wenn wir, wofür ich plädiere, die Vernunft als das Vermögen zu rechtfertigen verstehen. Sie beschreiben sie treffender als viele europäische Philosophen. Darüber hinaus zeigen sie und Mengzi, worauf es hier ankommt: daß die gleiche Freiheit keine Idee ist, die nur in Europa gefaßt werden konnte. Sie ist vielmehr die Idee, der das gründliche Nachdenken über die Gründe der Moral nicht entgehen kann.

Wir haben soweit die gesuchte Rechtfertigung für das *Verletzungsverbot*. Wie sieht es mit dem *Hilfegebot* aus? Wenn wir wieder Kant folgen, ist die Antwort einfach: unsere vernünftige Natur verlangt nicht nur, daß wir einander in unserem Willen achten, soweit wir in den Grenzen der gleichen Freiheit bleiben; sie verlangt auch, daß wir einander in unseren Zielen fördern. Denn Vernunftwesen haben durch ihre Vernunft selbst einen unvergleichlichen Wert und verdienen es, in ihren Zielen gefördert zu werden, solange diese nur in den Grenzen der gleichen Freiheit bleiben. Demgemäß argumentiert Kant, «das Subjekt, welches Zweck an sich selbst ist, dessen Zwecke müssen ... auch soviel möglich *meine* Zwecke sein»[28] – ich muß die Zwecke der andern wie meine eigenen fördern.

Anderseits gehört es zu vernünftigen Wesen, daß sie die Fähigkeit haben, *selbst* für ihre Zwecke zu sorgen. Warum also sollte ich ihnen dabei helfen müssen? Gemäß dieser Überlegung sagt Kant, «die Menschheit (würde) bestehen können, wenn niemand zu des anderen Glückseligkeit was beitrüge».[29] Die Konsequenz, die Kant aus diesen zwei Argumenten zieht, ist die Einstufung der Befolgung des Hilfegebots als einer nur verdienstlichen oder weiten oder läßlichen Pflicht, die von der Einstufung des Verletzungsverbots als einer unbedingten und strengen abfällt. Das Hilfegebot kann weder erzwungen noch durch genaue Angabe der Größe der Hilfe bestimmt werden; man muß «soviel möglich» helfen, aber wieviel jemandem möglich ist zu helfen, läßt sich nicht festlegen. Zwar, je mehr jemand opfert, desto lobenswerter seine Tat, aber das Hilfegebot befiehlt niemandem, ein moralischer Held zu sein.

Das Hilfegebot ist daher besonders offen für kulturelle und konventionelle Konkretisierungen. Eine Gesellschaft kann unreflektiert oder nach Beratung und Beschluß Standards der *zumutbaren* Hilfe für Notleidende entwickeln und diese durch gewaltfreie Sanktionen durchsetzen, die vom Stirnrunzeln bis zur öffentlichen Kritik durch private Vereine reichen. Solche Standards wirken auch auf die konkrete Fassung des Verletzungsverbots zurück. Denn sie legen fest, wann eine *unterlassene* Hilfeleistung als *Verletzung* des Notleidenden gilt, nämlich wenn sie *zumutbar* ist. So verstehen wir die unterlassene Rettung eines ertrinkenden Kinds aus einem Teich durch einen Passanten, der das Kind ohne Mühe hätte retten können, als eine (unter Umständen sträfliche) *Verletzung* des Kindes, weil wir die Unterlassung als Zustimmung zum Ertrinken verstehen. Ist eine Hilfeleistung dagegen *unzumutbar*, ist ihre Unterlassung keine Verletzung. *Wann* eine Hilfe zumutbar und ihre Unterlassung eine Verletzung (und ihre Nichtunterlassung erzwingbar) ist, das läßt sich nicht a priori entscheiden. Es hängt von den konkreten Umständen ab, nicht zuletzt von den vorherrschenden Standards zumutbarer Hilfe.

5. Kandidaten für universal verbindliche normative Theorien

Lassen sich wegen der Offenheit des Hilfegebots für kulturell bedingte Konkretisierungen die konkreten Fassungen des Hilfegebots und des Verletzungsverbots nur relativ auf die konkreten historischen Bedingungen einer Gesellschaft rechtfertigen? Ist es ausgeschlossen, daß sie je universal verbindlich sind? Ein solcher Schluß wäre voreilig. Die Bevölkerung der Erde zerfällt zwar in verschiedene Gesellschaften, die durch Staaten und Kulturen geprägt sind und ihre spezifischen Begriffe zumutbarer Hilfe und damit auch von Verletzung haben. Aber diese spezifischen Begriffe reichen nicht aus, die vielen Beziehungen zwischen den Gesellschaften zu regeln. Wir brauchen in vielen Bereichen universal verbindliche Normen der zumutbaren Hilfeleistung. Um sie zu entwickeln, genügen nicht Abmachungen zwischen Staaten und anderen global wirkenden Institutionen. Wir brauchen auch eine normative Theorie, die die moralischen Intuitionen der Angehörigen der verschiedenen Kulturen durch praxisleitende Ideen zu einem konsistenten und auf aktuelle Probleme anwendbaren Regelsystem verbindet.

Kandidaten für eine solche universal verbindliche Theorie stehen seit langem bereit. Nicht nur Philosophen haben sie geliefert, sondern auch Religionsstifter und andere Revolutionäre. Die Kandidaten sind einerseits Ideensysteme, deren Ideen die gegebenen praktischen Probleme durch Anleitung zu einer neuen Art des Handelns zu lösen versuchen. Zu solchen Systemen gehören die Erlösungsreligionen, der Kommunismus, der Faschismus und die diversen fundamentalistischen Systeme der Weltreligionen der Gegenwart. Anderseits sind die Kandidaten Ideensysteme, die Kriterien zur Unterscheidung richtigen und falschen oder unakzeptablen Handelns anbieten. Zu ihnen gehören der Utilitarismus, der Kantianismus, der aristotelische Perfektionismus.

Wir sollten die Ähnlichkeit und die Verschiedenheit zwischen den beiden Kandidatenarten sehen. Sie sind ähnlich, weil sie beide beanspruchen, universal verbindliche Ideen zur Lösung möglicher Konflikte zu vertreten; das macht Religionsstifter, Ideologen und Philosophen zu Konkurrenten. Ihre Ideen teilen eine weitere Gemeinsamkeit. Sie geben zugleich ein *letztes Ziel* an, für das wir leben sollten, und *Regeln*, die wir einhalten müssen, welche Ziele immer wir haben. Jedoch gibt es im Vorrang zwischen diesen beiden Angaben einen charakteristischen Unterschied zwischen den ideologischen und religiösen Kandidaten einerseits und den philosophischen anderseits: erstere betonen das Ziel, letztere die Regeln. Erstere entwickeln die Regeln aus dem Ziel, das macht sie zu Fundamentalisten; letztere das Ziel aus den Regeln, das macht sie in den Augen der Fundamentalisten zu Formalisten. Die Fundamentalisten suchen nach einem Ziel, dem alle zustimmen können, an die sie sich wenden: die ewige Seligkeit, das irdische Glück, eine Gesellschaft, in der jeder alles haben kann und tun darf, was er nur will, eine Welt, in der die eigene Klasse, Rasse oder Religion herrscht. An ihrem Ziel messen sie die Regeln, die unser Verhalten bestimmen. Die Philosophen suchen nach Regeln, für die es jeden überzeugende Rechtfertigungen gibt, auf die sich alle einigen können, denen man nicht vermeiden kann zuzustimmen, die man aus Voraussetzungen ableiten kann, die jeder anerkennt oder immer schon anerkannt hat. An ihnen messen sie das Ziel, dem wir unser Leben widmen dürfen oder sollen.

Welcher Weg ist besser? Es liegt näher, zuerst das Ziel und dann die Regeln zu bestimmen; das ist vermutlich einer der Erklärungsgründe, warum Religionen und Ideologien bisher attraktiver als Philosophien waren und bleiben werden. Wir fragen uns gewöhnlich zuerst, was wir wollen, bevor wir über die Regeln nachdenken, unter denen wir es erreichen. Aber sowohl die historische als auch die alltägliche Erfahrung zeigen uns, daß wir uns nur schwer auf gemeinsame Ziele einigen können; dazu sind wir zu verschieden. Diese Erfahrung sitzt bei den meisten Menschen so tief, daß es schon als Gebot der Vernunft gilt, als ein Gebot, dem jeder nur aufgrund seiner Fähigkeit, nach Gründen zu urteilen, zustimmen muß, bei Uneinigkeit über Ziele nach Regeln zu suchen, unter denen man gemeinsam leben kann. Deswegen gehört nicht viel Einsicht dazu, zu erkennen, daß nur der philosophische Weg zu einer universal verbindlichen Moral nicht von vornherein aussichtslos ist. Warum sind dann dennoch die Ideologen und Religiösen attraktiv geblieben? Daß es näher liegt, zuerst das Ziel zu bestimmen, reicht zur Erklärung sicher nicht aus.

Eine weitere Erklärung ist, daß Ideologen und Religiöse Ziele setzen, die die alltäglichen nur universalisieren: *alle* Menschen zu lieben und nicht nur, wie alltäglich, unsere Nächsten und uns Nahestehenden; die ganze Welt für die Verehrung eines Gottes zu gewinnen und nicht nur die eigenen Kinder; die Ideale der eigenen Rasse, Klasse und Religion für alle Gesellschaften verbindlich zu machen. Eine solche Zielsetzung zieht aus der Selbstverständlichkeit binnenmoralischer Überzeugungen den Anspruch auf universale Verbindlichkeit und bleibt für alle attraktiv, die die Notwendigkeit universal verbindlicher Normen erkennen und die Verschiedenheit der Menschen unterschätzen.

Ein dritter Erklärungsgrund liegt in der Art der Verbreitung der beiden Kandidatenarten. Philosophische Ethiken verbreiten sich durch Argument und Begründung, ideologische und religiöse überwiegend durch den Einfluß der Personen, die ihre Lehren verbreiten. Auch die Lehren der Religionen und Ideologien leuchten ihren Anhängern ein, aber weniger infolge der Betrachtung von Gründen und Argumenten, als weil die Personen überzeugen, die sie predigen oder in einer anderen Weise verbreiten. Die Personen müssen nicht einmal durch herausragende Eigenschaften wirken; es kann genügen, daß sie wie jedermann sind, um eine Bewegung zu einer ansteckenden Mode zu machen. Die Verbreitung von Ideen durch Personen wirkt aber ungleich stärker auf Menschen als ihre Verbreitung durch Argumente. Wir verlangen weniger nach Ideen, die uns etwas sagen, als nach Menschen, die uns etwas zu sagen haben. Philosophische Theorien werden daher nie auf Massen wirken, sondern nur auf Minderheiten, die zwischen Argument und der Person unterscheiden, die es vorträgt.

Die genannten Erklärungsgründe scheinen mir noch immer nicht hinreichend zu erklären, warum philosophische Ethiken nicht mehr Anhänger gefunden haben. Denn obgleich sie vielleicht nie auf Massen wirken können, sind sie doch für jeden als das einzige Mittel erkennbar, universal verbindliche Moralprinzipien zu finden. Personen wirken, solange sie leben, gewöhnlich nur in einem kulturell bestimmten Umfeld und selten ohne Gegenbewegungen hervorzurufen, die anderen Führern folgen. Die personale Verbreitung von Ideen schließt daher praktisch ihre universale Anerkennung aus. Der Mißerfolg philosophischer Ethiken ist zumindest zu einem Teil auf ihre eignen Fehler zurückzuführen. Zu ihren Fehlern gehören vor allem zwei. Der erste wird deutlich, sobald man die naheliegende Frage stellt: Warum haben die Moralphilosophen trotz ihres Argumentierens und Begründens seit zweieinhalb Jahrtausenden keine universal anerkannte Moraltheorie auf die Beine stellen können? Sie sind unglaubwürdig geworden und haben dazu das Argumentieren und die Philosophie selbst unglaubwürdig gemacht.

Dieser Fehler ist jedoch korrigierbar. Die für die Moralphilosophen peinliche Frage hätte vor einigen Jahrhunderten auch den Naturphilosophen gestellt werden können: warum habt ihr trotz eures zweijahrtausendalten Argumentierens keine allgemein anerkannte Theorie über euren Gegenstand auf die Beine stellen können? Mittlerweile sehen wir, daß sie es geschafft haben, obgleich sie noch weniger auf die Massen wirken können als die Moralphilosophen. Wir können auch sagen, warum sie es geschafft haben: weil sie die verläßlicheren Teile unseres Wissens von der Natur dazu gebraucht haben, riskantere, aber inhaltsreichere Vermutungen zu testen und unter konkurrierenden Naturtheorien auszuwählen. Daher können und sollten wir auch die Uneinigkeit unter den Moralphilosophen als eine Stufe im Prozeß der falsifikativen Auswahl unter den konkurrierenden Moraltheorien verstehen. Dieser Prozeß ist immer wieder unterbrochen worden durch den Glauben an religiöse und andere personal wirkende Ideen. Nach den Enttäuschungen, die die Menschen mit Heilslehren aller Art gemacht haben und noch machen werden, bestehen Aussichten, daß solche Unterbrechungen kürzer werden und die falsifikative Methode auch auf Moraltheorien Anwendung findet.

Den zweiten Fehler haben nicht alle, aber gerade die heute vorherrschenden Moralphilosophen begangen. Er besteht darin, aus der Befolgung der Regeln, die sie zur Lösung der vielen Konflikte und Probleme des menschlichen Lebens aufstellen, einen Selbstzweck zu machen, der entweder an die Stelle der vielen Zwecke treten soll, die wir alltäglich verfolgen, oder an die Stelle der Zwecke, die Ideologen und Religöse ihren Anhängern setzen. Kants kategorischer Imperativ ist eine Regel, die zu erkennen erlaubt, welche Handlung erlaubt und welche verboten ist. Er setzt uns, wie Kant betonte, keine materialen Ziele; er setzt uns nur eine Form, der unsere Handlungen zu genügen haben: ihre Regeln müssen verallgemeinerbar oder so beschaffen sein, daß sie niemanden nur als ein Mittel behandeln. Nach diesen Bestimmungen ist die Moral, deren Prinzip und Sinn der kategorische Imperativ formuliert, nur ein Mittel zur Sicherung einer Lebensform, in der jeder seinen Zielen in Achtung des Rechts eines jeden nachgehen kann, ebenso seinen Zielen nachzugehen, und diese Ziele sind die, um deretwillen man lebt.

Eine Moral aber, die nur ein Mittel zur Sicherung eines Lebens ist, das man um dieses Lebens oder seiner nicht-moralischen Ziele willen führt, genügte Kant nicht. Die Moral sollte vielmehr selbst das Ziel sein, für das man zu leben hat. Daher fordert er, daß wir den kategorischen Imperativ um seiner selbst willen und nicht etwa zur Sicherung eines Lebens in gleicher Freiheit befolgen. Kant erkennt zwar an, daß «*Tugend* (als die Würdigkeit, glücklich zu sein) ... noch nicht das ganze und vollendete Gut (ist) ...; denn um das zu sein, wird auch *Glückseligkeit* dazu erfordert», aber sie ist ihm doch «die *oberste Bedingung* alles dessen, was uns nur wünschenswert scheinen mag».[30] Daß er sie eine *notwendige* Bedingung für ein wünschenswertes Leben nennen muß, ist klar; warum aber «die *oberste*»?

Einen guten Grund hat Kant für diese Annahme: wäre die Moral insgesamt ebenso wie die Ausübung einer Tugend *nur* ein Mittel zur Sicherung eines Lebens, das man für seine nichtmoralischen Ziele führt, dann hätten Moral und Tugenden nur instrumentellen Wert. Es käme dann nicht darauf an, *wie*, in welcher Gesinnung man das Richtige tut. Wir erwarten aber, daß wir das, was die Moral verlangt, *gern* und nicht widerwillig tun. Aber schulden wir deshalb der Pflicht selbst «Verehrung» und müssen in ihr einen «erhabenen großen Namen» finden?[31] Wenn Kant das behauptet, erhebt er die Moral zum Selbstzweck und folgt den Ideologen und Religiösen in der Aufstellung eines neuen Lebensziels. Er nimmt ihr genau die Eigenschaft, durch die die Philosophen ihre Überlegenheit über die Ideologen und Religiösen zeigen können: die Moral als eine Einstellung zu verstehen, die jedem ein Leben seiner Wahl ermöglicht und zugleich ein Element des Lebens unserer Wahl ist.

Die Utilitaristen haben die Moral noch radikaler zum Selbstzweck erhoben. Bentham erklärte «*pain* and *pleasure*» zum «standard of right and wrong» und zugleich zu den kausalen Ketten, die uns in allem Handeln und Denken regieren.[32] Was immer wir tun, wir suchen unsere Lust zu mehren und Unlust zu meiden, und wenn wir nur aufgeklärt genug sind, erkennen wir, daß wir unsere eigne Lust nur dann vermehren, wenn wir die Gesetze beachten, die die Maximierung des größten Glücks der größten Zahl fördern. Wir können gar nichts anderes tun wollen als das Glück maximieren, und wenn wir das tun, leben wir nicht nur für die Glücksmaximierung, sondern auch für die Moral, die die Glücksmaximierung fordert. Der Utilitarismus garantiert die prästabilierte Harmonie von alltäglicher Glücksverfolgung und Moralität. Da wir uns aber im Fall einer empfundenen Disharmonie an die

Gesetze halten müssen, müssen wir immer für die Moral leben und hoffen, dadurch auch zu unserem Glück zu kommen. Ist die Glücksvermehrung einmal zum moralischen Sollen geworden, kann es außer direkt Unmoralischem überhaupt nichts mehr geben, was wir nicht um der Moral willen tun müßten. In einer so festgelegten Welt erhält die Unmoralität einen eigenen Reiz.

Daß die Moral kein Selbstzweck ist, heißt nicht, daß es unter den Zielen, für die man leben kann und deren selbstgewählte Verfolgung jedem zu sichern für den Theoretiker als die Aufgabe der Moral oder der Achtung vor dem andern erkennbar ist, nicht mehr oder weniger gute Ziele gibt. Jemand, der Hungernden und Kranken hilft, ist moralisch besser als jemand, der im selben Rahmen der gleichen Freiheit sein Leben mit dem Lösen von Kreuzworträtseln verbringt. Aber der moralisch Bessere ist nicht besser, weil er die Moral zum Selbstzweck gemacht hat, sondern weil seine Ziele vor anderen moralisch ausgezeichnet sind. Er ist nur besser, wenn er den Leidenden hilft, um ihr Leiden zu lindern, nicht, um moralisch zu sein (oder das Sittengesetz zu erfüllen oder um das Glück zu mehren oder das Unglück zu mindern).

Wir können auch erkennen, daß jemand moralisch um so besser ist, je mehr er anderen in der konstruktiven Betätigung ihrer Fähigkeiten fördert. Aber auch das heißt nicht, daß ein Leben, das in solcher Förderung der andern aufgeht, der Selbstzweck ist, für den man zu leben hat. Es kann heißen, daß der Hilfreichere und Selbstlosere anderen mit derselben Leidenschaft hilft, mit der er bisher vielleicht Kreuzworträtsel gelöst hat. Er könnte in der selbstlosen Hilfe denselben Selbstzweck sehen, den er vorher im Kreuzworträtsellösen sah. Aber es dürfte kein Selbstzweck sein, der er verfolgt, weil er moralisch ist.

Unter den bekannteren Ethiken ist es nur der aristotelische Perfektionismus, der die Erhebung der Moral zu einem Selbstzweck vermieden hat. Er ist wie der Utilitarismus eine *konsequentialistische* Ethik, die den Wert einer Handlung an ihren Folgen mißt, nicht, wie die *Deontik*, an der Maxime oder Regel, der der Handelnde folgt. Aber er mißt den Wert einer Handlung nicht wie der Utilitarismus an der Glücksmenge, die sie hervorbringt, sondern an der Verwirklichung der Bedingungen eines Lebens, in dem jeder seine Anlagen betätigen kann. Wer seine Anlagen betätigen kann, tut das, worum es ihm im Leben geht; das ist der

Zweck seines Lebens; die Einhaltung der Regeln der Moral ist dafür nur die notwendige, wenn auch leider nicht immer die hinreichende Bedingung.

Aristoteles verkannte allerdings, daß die Regeln der Moral wesentlich von der Idee der gleichen Freiheit bestimmt sein müssen, wenn sie universale Verbindlichkeit beanspruchen sollen. Er glaubte, daß manche Menschen zwar wie alle auf die Vernunft *hören,* aber nicht selbst vernünftig entscheiden können; sie dürfen und sollten als Sklaven gehalten werden.[33] Daher hielt er trotz seiner universalistischen moralischen Idee, die Richtigkeit von Handlungen und Institutionen daran zu messen, ob sie jedem seine eignen Fähigkeiten zu betätigen erlauben, eine Gesellschaft mit einer so krassen Ungleichheit wie der zwischen Herren und Sklaven für moralisch vertretbar. Diesen Mangel könnte man kann leicht korrigieren, ohne aus seiner Ethik einen Selbstzweck zu machen und den spezifischen Vorteil einer philosophischen gegenüber einer釋 religösen oder ideologischen Moral zu verlieren. Ein Weg dahin könnte eine Ethik sein, die solche Dispositionen als Tugenden auszeichnet, die jedem die gleiche Freiheit sichern, aber verbietet, Tugenden als Selbstzweck zu verstehen. Eine solche Ethik wäre eine Tugendethik, weil sie das Handeln an Tugenden und nicht Normen orientiert, aber sie wäre nur eine schwache Form der Tugendethik, weil sie Tugenden an der Idee der gleichen Freiheit mißt.

Die gleiche Freiheit kann nur in Verhältnissen verwirklicht werden, in denen jeder die Möglichkeit hat, seine Fähigkeiten *selbst* zu betätigen. Welche Fähigkeiten jemand hat, zeigt sich normalerweise in dem, was er selbst will. Die politische Verfassung, die der gleichen Freiheit am ehesten genügt, ist die Demokratie. Diese ist für eine konsequentialistische Ethik jedoch kein Selbstzweck, sondern nur ein wichtiges Mittel, das dem Selbstzweck der gleichen Freiheit zur Betätigung der eigenen Fähigkeiten mehr oder weniger dient. Sie kann die demokratischen Freiheiten einschränken, wenn diese die gleiche Freiheit gefährden.

Zu den demokratischen Freiheiten gehören alle Handlungsweisen, auf die sich die Bürger verständigen. Zu ihnen könnten auch Freiheiten gehören, die man nicht gern verwirklicht sehen möchte, wie die zu duellieren, sich in Sklaverei zu verkaufen, einander zu töten, wenn man Lust und Gelegenheit hat, einander auszubeuten und zu belügen und betrügen, alles, worauf man sich vertraglich einigen kann. Jede Begrenzung des Inhalts von Verträgen ist eine Verletzung der individuellen Freiheit, auch wenn wir die Begrenzung für moralisch geboten halten. Schränkt man die Vertragsfreiheit durch Begrenzung der Vertragsinhalts ein, gefährdet man die Demokratie. Aber eine solche Gefährdung ist unvermeidlich, wenn zu jeder Moral und jedem Recht die gleiche Freiheit zur Betätigung der eigenen Fähigkeiten gehört. Denn diese Freiheit kann durch einen freien Vertrag durchaus gefährdet werden, etwa wenn dieser die wechselseitige Ausbeutung erlaubt.

Die Utilitaristen erkannten die Gefahr, daß das Ideal der Freiheit die Freiheit der Schwächeren oder weniger Skrupellosen gefährdet, wenn es nicht an materiale Bestimmungen gebunden wird. Daher ihre Abneigung gegen die Annahme natürlicher Rechte, die zumindest in manchen Fassungen die uneingeschränkte Vertragsfreiheit fordern; Bentham verhöhnte sie als «nonsense upon stilts».[34] Sie glaubten den Mißbrauch der Freiheit durch die Bindung der Handlungen ans Ziel der Glücksmaximierung zu verhindern, legitimierten aber damit Verfassungen, in denen die Freiheit dem Glück geopfert wird, wie es die schwarzen Utopien Huxleys und Orwells ausgemalt haben. Bemerkenswerterweise haben Utilitaristen, die diese Gefahr erkannten, Benthams Glückskriterium, nach welchem gilt: «ist die Lustmenge gleich, so ist Kegeln so gut wie Dichten (push-pin as good as poetry)»,[35] durch Kriterien ersetzt, die dem aristotelischen Konsequentialismus entnommen scheinen. So ersetzt der erklärte Utilitarist Jonathan Glover den Benthamschen Utilitarismus durch einen «komplexen Utilitarismus», der statt dem «eindimensionalen» Ziel, Glück zu vermehren, die Werte der Selbsttätigkeit und Selbstentfaltung und des Kontakts mit der Wirklichkeit und mit anderen Menschen zu fördern verlangt.[36] Er bestätigt die Vermutung, daß ein aristotelischer Perfektionismus aus der Konkurrenz der heute vertretenen Moraltheorien als Sieger hervorgehen wird.

6. Politische Konsequenzen

Wie kann eine demokratische Politik der Rahmenbedingung der gleichen Freiheit Rechnung tragen? Durch zwei Institutionen: eine starke *richterliche* Gewalt, die darüber wacht, daß Mehrheitsentscheidungen den Rahmen nicht verletzen, und eine schwache *akademische* Gewalt: durch Akademien, Universitäten oder andere Institute, die normative Theorien entwickeln, vergleichen, unter ihnen durch Kritik und Falsifikation auswählen, akademisch anerkannte Normen auf aktuelle Probleme und Streitfragen anwenden und ihre Lösungen der Politik empfehlen, ohne selbst Durchsetzungsmacht zu haben. Die erste Institution ist in Form von Verfassungsgerichten in vielen demokratischen Staaten, insbesondere den USA, anerkannt; die zweite dagegen umstritten, besonders in den USA. Ein wichtiges Argument gegen sie hat der amerikanische Ökonom und Nobelpreisträger James Buchanan formuliert. Die Beeinflussung der Politik durch akademische Institutionen und ihre Kriterien der Richtigkeit untergrabe die Demokratie, denn:

«wird implizit die Existenz eines unabhängigen politischen Ziels behauptet, mag es Wahrheit oder Allgemeinwohl heißen, und Politik als die Suche nach diesem Ziel verstanden, so müssen Wahlen, die nach verbreitetem Verständnis Demokratie ausmachen, weder als notwendig noch wünschenwert gelten. Wirksame politische Entscheidungskompetenz kann dann einem Expertenausschuß, einer Gruppe von Philosophenkönigen, der herrschenden Clique einer einzigen Partei, einer Militärjunta oder einem Monarchen zufallen, die man alle für fähiger als gewöhnliche Wahlentscheidungen mit umfassendem Stimmrecht halten kann, ‹das für alle Gesellschaftsmitglieder Gute› zu verwirklichen.»[37]

Buchanan setzt hier voraus, daß die Wissenschaft ein autoritärer Prozeß ist, der in keiner Weise ein Vorbild für eine demokratische Politik sein kann. Er hat zwar darin recht, daß über die Wahrheit deskriptiver und die Richtigkeit normativer Theorien nicht durch Abstimmung entschieden wird – «Es wäre verrückt zu glauben, Übereinstimmung unter kompetenten Wissenschaftlern werde durch Kompromiß erreicht»[38] –, aber berücksichtigt nicht, daß über sie erst nach kritischer, grundsätzlich jedem zugänglicher Diskussion konkurrierender Hypothesen entschieden wird, in einem Verfahren, das auch für die Politik vorbildlich sein kann. Er hat zwar recht zu sagen: «Der Wissenschaftler, der entdeckt hat ..., daß die Welt rund ist, muß alle, die sie für flach halten, im Irrtum sehen, als Personen, die in ihrer Unwissenheit zu bemitleiden und zu überzeugen sind, damit auch sie erleuchtet werden .... Er kann ihren Wahrheitsanspruch in keinem reziproken Sinn achten.»[39] Aber er irrt, wenn er hinzufügt, die wissenschaftlich Unaufgeklärten seien nach dem Wissenschaftler «möglicherweise sogar zu verfolgen, wenn sie zu halsstarrig bleiben».[40]

Der Wissenschaftler hört auf, Wissenschaftler zu sein, wenn er seinen Opponenten mit Gewalt verfolgt. Er muß zudem immer die Möglichkeit seines eigenen Irrtums anerkennen und dem Anhänger der Erdscheibe recht geben, wenn dieser die besseren Argumente hat. Er kann auch definieren, wann eine deskriptive Theorie die besseren Argumente hat, ohne sich dazu auf seine eigene Theorie zu stützen: wenn sie riskantere richtige Voraussagen erlaubt. Ähnlich läßt sich für eine normative Theorie sagen, daß sie dann die besseren Argumente als ihre Konkurrenten hat, wenn die aus ihr ableitbaren Handlungsempfehlungen besser mit den moralischen Intuitionen der Handelnden übereinstimmen.

Dennoch hat Buchanan völlig recht zu behaupten, daß der Rückgriff auf normative Theorien zur Lösung aktueller politischer Probleme die Freiheit politischer Entscheidungen und der demokratischen Festlegung von Gesetzen einschränkt. Wenn er diese Freiheit aber damit verteidigt, daß eine demokratischen Gesellschaft ihre Gesetze ganz nach ihrem Belieben schaffen kann, wenn sie nur in einem demokratischen Verfahren festgelegt werden, irrt er:

«Die Regeln des Zusammenlebens – das politische Grundgesetz – werden buchstäblich in einem partizipatorischen Prozeß aus Diskussion, Analyse, Überredung und wechselseitigem Einverständnis geschaffen. Die Verfassung ... erwächst nach dieser Konzeption aus der Übereinstimmung derer, die in den von ihr gesetzten Schranken bleiben. Die Stufe der Verfasungsgebung, die Gesetz und Politik einschließt, wird am besten in Begriffen eines Tausches von Zugeständnissen unter partizipierenden Gesellschaftsmitgliedern verstanden. Diese stimmen Enschränkungen ihrer Freiheiten im Austausch mit vergleichbaren Einschränkungen der Freiheiten anderer zu. Die Metapher ist die eines Gesellschaftsvertrags. Und Übereinstimmung ist selbst das Kriterium der Güte oder Wahrheit .... An diesem Punkt trifft sich der Vertragsdiskurs mit den Bemühungen jener Philosophen, die, wie Habermas und Ackerman,[41] die Bedeutung des Dialogs unter Partizipierenden betonen.»[42]

Buchanan beruft sich hier mit Habermas auf ein Legitimitätskriterium des Konsens, das nur auf die Grundlage eines Infallibilismus überzeugt. Für den Fallibilisten kann nicht die Zustimmung aller Betroffenen Recht erzeugen. Vielmehr ist alles, was die Betätigung der eigenen Fähigkeiten verhindert, Unrecht, auch wenn es die Zustimmung aller Betroffenen hat. Sklaverei wird auch nicht dann legitim, wenn alle Sklaven ihr zustimmen. Umgekehrt sind Institutionen schon dann rechtlich, wenn sie jedem die Betätigung seiner Fähigkeiten erlauben, auch wenn sie nicht die Zustimmung aller Betroffenen haben. Demokratische Entscheidungen können daher für die Entwicklung rechtlicher Verhältnisse weniger wichtig sein als auf anerkannte normative Theorien gestützte Entscheidungen.

Buchanans Sorge ist, daß der Einfluß der Wissenschaft auf die Politik die politische Tätigkeit der gewöhnlichen Bürger überflüssig macht. In der «Wahrheitskonzeption (truth judgment conception)» der Politik, «gibt es keine oder wenig Grundlage für demokratische Gleichheit.»[43] In einer demokratischen Politik müsse dagegen der «am kollektiven Entscheidungsprozeß Mitwirkende *seine eigenen Bewertungen* der möglichen Alternativen ausdrükken können».[44] Buchanan hat recht festzustellen, daß der Einfluß der Wissenschaft diese Bedingung verletzen kann. Aber er irrt zu meinen, daß man diese Gefahr durch ihren Ausschluß aus der Politik verringert. Diese Hoffnung führt Buchanan zu einem zu einfachen Bild der politischen Probleme, deren Lösung die Aufgabe der Politik ist.

Buchanan nimmt an, «Politik habe die Funktion, Konflikte zwischen individuellen Interessen und Werten auf verschiednen Ebenen zugleich zu lösen, nicht nur zwischen wohldefinierten legalen Strukturen, die erst aus der Politik auf ihrer Regeln schaffenden Stufe erwachsen».[45] Diese Bestimmung wird allgemeine Zustimmung finden. Konflikte der beschriebenen Art betreffen etwa die richtige Form der Besteuerung, der Kranken- und Rentenversicherung, der militärischen Rüstung und die Legitimität der Abtreibung und der Forschung an frühen Embryonen. Betrachten wir aber Buchanans Beispiele für die Lösung politischer Probleme, finden wir nur die Wahl zwischen «A, Ferien im Juni, und B, Ferien im August». Seine Problemlösung ist überzeugend: jeden selbst entscheiden zu lassen, ob er seine Ferien im Juni oder

August nimmt.[46] Sie entspricht seiner These, politische Prozesse seien als «Verallgemeinerung von Marktprozessen»[47] zu verstehen und zu behandeln. Denn die Lösung wird dadurch ermöglicht, daß die eine Konfliktpartei der anderen etwas gibt und dafür von ihr etwas nimmt.

Aber Probleme wie das der Legitimität der Abtreibung oder der richtigen Besteuerung lassen sich nicht durch einen Austausch von Freiheiten, als den Buchanan die Politik konzipiert, lösen. Wie immer man sie löst, man legt sich mit der Lösung auf eine bestimmte Lebensform fest und verwirft die konkurrierende der Kontrahenten. Diese erhalten für ihren Verzicht auf ihre Lebensform anders als der Tauschpartner, der auf seine Ware verzichtet, keine Gegenleistung. In der Politik geht es eben nicht um Gewinn, sondern um Gerechtigkeit. Über die Gerechtigkeit aber lassen sich normative Theorien aufstellen, die mittels unserer moralischen Intuitionen ähnlich falsifizierbar sind wie empirische Theorien durch Beobachtungen. Jede Politik wäre schlecht beraten, wenn sie sich um solche Theorien nicht kümmerte.

7.
Warum nicht

1. Was der kritischen Vernunft fehlt

Zu den Stärken des infallibilistischen und des skeptischen Vernunftmodells gehört etwas, was der kritischen Vernunft fehlt: ein schlüssiges Bild von dem, wie und wozu und mit welchen Folgen wir die Vernunft oder ein bestimmtes Erkenntnisvermögen gebrauchen sollten oder nicht gebrauchen sollten. Der Infallibilist entnimmt sein Bild dem Aufbau der euklidischen Geometrie: wir vergewissern uns der unerschütterlichen Grundlagen einer Wissenschaft, die wir von anderen eben durch ihre Grundlagen unterscheiden können, und finden in den Grundlagen den Felsen, auf dem wir die höchsten und verzweigtesten Gebäude errichten können, wenn nur alle ihre Geschosse durch den Zement logischer Ableitungen mit dem Grund verbunden sind. Dieses Bild harmoniert mit unseren Vorstellungen von dem, wie vernünftige Menschen ihr Leben angehen. Sie haben sich in ihrer Jugend der Prinzipien des richtigen Handelns vergewissert und bauen auf sie ihre Entscheidungen in den vielfältigen Situationen, die im Lauf ihres verantwortlichen Lebens auf sie zukommen.

Ähnlich legen Institutionen, die auf sich halten, ihrem Handeln Regeln zugrunde, nach denen sie verläßlich und berechenbar entscheiden; so Staaten nach ihren Verfassungen, Kirchen nach ihren Dogmen, Vereine nach ihren Statuten. Ihre Regeln sind der Fels, auf dem sie bauen; sind sie nicht unerschütterlich, bauen sie auf Sand. Ebenso sind vernünftige Personen, seien sie natürlich oder juristisch, vernünftig, weil sie unerschütterliche Prinzipien haben, aus denen sie jede ihrer Entscheidungen ableiten und den Sinn schöpfen, der ihrer Existenz Identität und Substanz gibt. Wie gebrauchen wir die Vernunft? Wie Euklid. Wozu? Um unseren Handlungen Konsistenz und unserem Leben Identität und Prinzipienfestigkeit zu sichern. Mit welchen Folgen? Wir machen unsere Welt verläßlich. Wir schalten den Zusammenbruch unserer Ordnungen aus.

Auch der Skeptiker hat ein suggestives Bild. Er behauptet zwar die Unmöglichkeit allgemeinverbindlicher Erkenntnis, aber das hindert ihn nicht, ein Bild von dem zu entwerfen, was man Wissen nennt. Sein Bild stellt unser Wissen als das Ergebnis zufälliger Reaktionen lernfähiger und nutzenmaximierender Lebewesen auf chaotische Reize dar. Jedes Lebewesen häuft sich seine Erfahrungen auf und zieht aus ihnen seine Lehren. Es beeinflußt und wird von dem beeinflußt, was die übrigen Lebewesen aus ihren Erfahrungen ziehen. Aber für solche Lehren kann es keine Verbindlichkeit geben. Sie sind das kontingente, zufällige Produkt zufälliger Ereignisse, und alles könnte auch anders sein.

Die umfassenden Theorien, die Infallibilisten ebenso wie Fallibilisten entwickeln, sind für den Skeptiker nur Versuche propagandistisch veranlagter, herrschsüchtiger Exemplare der menschlichen Gattung, die die zufälligen Ergebnisse ihrer zufälligen Erfahrungen allen übrigen Menschen vorschreiben möchten. Die Vernunft ist der Herrschaftsrausch der Intellektuellen. Immer wenn die Gesellschaft ihnen geringe Chancen bot, die Lust der direkten Macht zu genießen, suchten sie sie in der Philosophie. Wie gebrauchen wir die Vernunft? Wie Aristoteles und andere rationalistische Philosophen, aber ihre Prinzipien sind phantasiert. Wozu? Um die Lust der Macht zu genießen in einer Welt, in der diese Lust immer weniger genießbar wird. Mit welchen Folgen? Die Menschen verhindern selbst die Möglichkeiten ihrer spontanen ungehemmten Entwicklung.

Das Bild des Infallibilisten und das des Skeptikers stellen zwei Grundmuster der Deutung menschlichen Wissens und menschlicher Geltungsansprüche dar, die eine klare Alternative ausmachen: entweder ist unser Wissen nicht bloß Meinung, und dann sollte ihm genau die Eigenschaft fehlen, die Meinung zu bloßer Meinung macht, nämlich daß sie sich als falsch erweisen kann, oder es ist nur Meinung mit einer gewissen gesellschaftlichen Akzeptanz, und dann ist es nicht echt und kann schnell zum Repressionsmittel werden. Der Fallibilist, der weder dem Infallibilisten noch dem Skeptiker folgen will, ähnelt dem Typ des unentschlossenen Zauderers, der nicht weiß, was er will. Auch wenn die meisten Menschen diesem Typ angehören, mögen wir ihn nicht. Wir lieben nicht die Schwankenden, die weder Ja noch Nein sagen, die Lauen, die sich für keine Seite erhitzen, die Mäkler, die auf beiden Seiten Falsches finden. Entweder ist Wissen bloß Meinung, oder es ist unerschütterlich, ein Drittes gibt es nicht. Es gibt keinen Platz für den Fallibilisten und seine kritische Vernunft.

Was hat der Fallibilist darauf zu antworten? Daß der Skeptiker sich täuscht zu meinen, er erhebe keine Allgemeinverbindlichkeitsansprüche, und daß der Infallibilist irrt anzunehmen, die Prinzipien der Wissenschaften und die unseres Handelns seien unerschütterlich. Das ist zwar die typische Antwort eines Mäklers, aber er kann sie auch positiver formulieren: wir können Allgemeinverbindlichkeitsansprüche nicht vermeiden und brauchen für sie doch keine Unfehlbarkeit zu behaupten. Oder ganz positiv: Wir müssen Allgemeinverbindlichkeit beanspruchen, wenn wir überhaupt zu unserem Wissen und Meinen Stellung nehmen, und ein solcher Anspruch ist vereinbar mit der Anerkennung der Fehlbarkeit alles materialen Wissens. Diese Antwort verbindet sich allerdings mit keinem Bild, das dem des unerschütterlichen Fundaments des Infallibilisten und dem der zufälligen Erfahrungsanhäufung des Sekptikers an Suggestivität vergleichbar wäre.

2. Neuraths Schiffsumbau

Otto Neurath, Mitglied des Wiener Kreises, lieferte ein Bild. Er kritisierte Carnaps Programm einer «aus *sauberen Atomsätzen* aufgebauten *idealen Sprache*»[1] und behauptete: «*Es gibt kein Mittel, um endgültig gesicherte saubere Protokollsätze zum Ausgangspunkt der Wissenschaften zu machen*». Er war Fallibilist. Sein Bild ist folgendes:

«Es gibt keine tabula rasa. Wie Schiffer sind wir, die ihr Schiff auf offener See umbauen müssen, ohne es jemals in einem Dock zerlegen und aus besten Bestandteilen neu errichten zu können.»[2]

Es gibt weder eine tabula rasa noch ein sicheres Erkenntnisfundament. Wir müssen von den Erkenntnissen ausgehen, die uns am zuverlässigsten scheinen. Unser Ausgangspunkt ist zufällig, und was uns oder einer bestimmten Kultur zuverlässig scheint, kann einer anderen unzuverlässig scheinen. Soweit stimmen Neurath und jeder andere Fallibilist mit dem Skeptiker überein. Aber wir können uns nicht damit begnügen, in dem Wissensstand zu bleiben, in den wir hineingeboren wurden. Wir können leicht erkennen, daß der gegebene Wissensstand unzureichend ist, voller Lükken und Ungereimtheiten. Wenn wir das Schiff unseres Wissens umbauen, dann versuchen wir an Hand der zuverlässigsten Teile die weniger zuverlässigen zu testen und dadurch zu einer zuverlässigeren Anordnung der Teile zu kommen. Wir können für Aussagen, die nach einem solchen Umbau gewonnen sind, Allgemeinverbindlichkeit beanspruchen, weil sie einem Testverfahren ausgesetzt wurden, das Allgemeinverbindlichkeit beanspruchen kann.

Neuraths Bild von den auf hoher See ihr Schiff umbauenden Schiffern kann den Bildern vom unerschütterlichen Wissensfundament und der zufälligen Erfahrungsanhäufung standhalten. Aber es hat auch eine kleine Schwäche. Es legt Fragen nahe, die es nicht beantwortet. Wie kommen die Schiffer zu den Prinzipien oder Zielen des Schiffsumbaus? Neurath wollte die Annahme ausschließen, sie seien unfehlbar, denn er sagt: «Ein neues Schiff erwächst aus dem alten, Schritt für Schritt –, und während sie noch bauen, mögen die Seefahrer bereits an einen neuen Bau denken, und sie werden nicht immer einer Meinung sein. Die ganze Sache wird in einer Weise vorangehen, die wir heutzutage nicht einmal erahnen können.»[3]

Wenn aber die Schiffer keinen verbindlichen Umbauregeln folgen, wie unterscheiden sich dann ihre Ergebnisse von den zufälligen Erfahrungsanhäufungen, als die der Skeptiker das Wissen sieht? Das Kriterium, daß das Schiff nicht untergehen darf, können auch die Skeptiker anerkennen. Neurath hat vermutlich den Aspekt des Wissensfortschritts im Auge, wenn er sagt, die Schiffer wollen «die Form ihres schwerfälligen Schiffes von einer mehr runden zu einer mehr fischähnlichen verändern».[4] Wie man einen solchen Umbau vornimmt, ist abhängig von den vorgefundenen zufälligen Umständen. Das Bild entspricht dem Kohärenzprinzip der kritischen Vernunft, aber es macht nicht klar, wie es zu einem Wissens*fortschritt* kommen kann. Dazu müßte es die falsifikative Methode des Fallibilismus zum Ausdruck bringen, die den Schiffsumbau organisiert und von Beliebigkeit und Unberechenbarkeit befreit und dennoch keine Unfehlbarkeit beansprucht. Der Fallibilist braucht nicht ein Bild, das zeigt, wie man unvollkommene Elemente des Wissens zu einem Neubau gebraucht, der beliebigen Zwecken dient; er braucht etwas, das zeigt, wie man trotz fehlender konkreter Richtigkeitskriterien und trotz immer unvollkommen bleibenden Wissens (sowohl von dem, was ist, wie von dem, was sein soll) dieses Wissen dennoch vermehren und verbessern kann. Wodurch aber wird Fortschritt in der Erkenntnis wie in der Moral möglich? Dafür brauchen wir ein Bild oder eine griffige Formel.

3. Warum nicht

Der Infallibilist verlangt von allem Wissen die Grundlegung in einem Prinzipienwissen. Er fordert, daß wir alle Geltungsansprüche durch Rückgriff auf unerschütterliche Prinzipien rechtfertigen können. Die Vernünftigkeit unseres Wissens wie unseres Handelns besteht darin, daß wir erklären können, *warum* wir unser Wissen für wahr und unsre Handlungen für richtig halten. Der Skeptiker hält dagegen alle Warumfragen, die auf Rechtfertigung zielen, für unsinnig. Es kann nach ihm *kein Warum* der Rechtfertigung geben.

Der Fallibilist hält mit dem Infallibilisten daran fest, daß die Warumfrage eine Rolle spielt. Aber wie der Skeptiker leugnet er, genau genommen, daß wir sagen können, warum wir unser Wissen für wahr und unsere Handlungen für richtig halten, wenn wir sie für wahr und richtig halten dürfen. Er behauptet, daß wir nur sagen können, *warum* wir unser Wissen und unsere Handlungen *nicht* für falsch halten müssen, wenn wir sie für wahr oder richtig halten. Der Infallibilist hält Meinungen und Handlungen nur für gerechtfertigt, wenn wir sagen können, warum wir sie anerkennen müssen. Der Skeptiker hält sie alle nicht für rechtfertigbar. Der Fallibilist hält sie immer für gerechtfertigt, wenn wir sagen können, warum wir sie *nicht* verwerfen müssen. Der Infallibilist sieht die Leistung der Vernunft im Nachweis des *Warum* einer Meinung und Handlung, der Skeptiker sieht keine Vernunftleistung, der Fallibilist sieht sie im Ausschluß eines *Warum nicht* einer Meinung und Handlung.

Die Frage *warum nicht* unterscheidet nicht nur Fallibilisten von Infallibilisten und Skeptikern, sie zeigt auch an, wodurch Fortschritt in Wissenschaft und Moral möglich wird: durch die Zulassung alles Neuen, aller neuen Hypothesen und Lebensweisen, unter der Bedingung, daß das Neue zwei ehernen Bedingungen genügt: einerseits, in der Wissenschaft, riskantere Voraussagen und umfassendere Erklärungen zu ermöglichen, anderseits, in der Moral, niemandes Rechte zu verletzen oder jedem den gleichen Spielraum in der Betätigung seiner Fähigkeiten einzuräumen. Es ist richtig, daß auch der Fallibilist für viele Handlungen und Einstellungen positive Gründe hat. Er hat vor allem für die meisten seiner Handlungen einen positiven Grund in der Wertschätzung des Vernunftgebrauchs und der Achtung der Freiheit eines jeden vernunftbegabten Lebewesens. Aber die Anerkennung dieser positiven Gründe beruht auf der Anerkennung des Rechts eines jeden zu tun, was ihm richtig scheint, solange nicht etwas gegen seine Handlung spricht.

Es scheint nur ein formaler Unterschied, ob man fragt, *warum* man etwas für *wahr* hält, oder fragt, *warum* man etwas *nicht* für *falsch* hält. Ähnlich kann es nur formal verschieden scheinen, ob man fragt, warum man etwas tun darf, oder fragt, warum man etwas nicht tun darf. Aber der Unterschied ist substantiell. Wer rechtfertigt, warum er etwas für wahr oder richtig hält, muß mehr an Rechtfertigung leisten, als wer rechtfertigt, warum er etwas nicht für falsch hält. Frage ich nur nach dem *warum nicht*, so kann ich alles für richtig halten, wovon ich nicht zeigen kann, daß es falsch oder verboten ist. Ich darf alles tun und glauben, was nicht nachweisbar verboten oder falsch ist, während ich nach dem Infallibilisten nur das tun und glauben darf, was nachweisbar von den Prinzipien befohlen wird.

Auch für den Fallibilisten bleibt die Vernunft Schopenhauers strenge Hofmeisterin oder der enge Schnürstiefel Goethes. Sie verlangt für alle Annahmen und Handlungen, für die wir Wahrheit oder Richtigkeit beanspruchen, daß wir zeigen, daß sie nicht falsch sind. Aber die Ersetzung der positiven Rolle, die sie im dogmatischen Modell spielt, durch die negative oder selektive hat zwei tiefgreifende Konsequenzen. Erstens nimmt sie vollständig die Rolle der sokratischen Hebamme an, die nicht in die Rolle des Zeugers oder der Gebärerin einer Handlung schlüpfen kann. Zweitens folgt sie in der Hebammenrolle zwar der falsifikativen Methode, weil sie verwirft, was ihren Standards nicht genügt; sie gebraucht dabei aber sowenig wie Sokrates ein für allemal festliegende Prinzipien oder Kriterien der Auswahl oder Unterscheidung von gültig und ungültig. Was gilt und was nicht, muß sich vielmehr in der kritischen Prüfung selbst erweisen.

Warum nimmt die kritische Vernunft die Rolle einer Hebamme an? Weil die Vernunft keine Handlungsquelle, sondern das Vermögen der Rechtfertigung ist. Sie kann einer vollzogenen oder erwogenen Handlung nur bescheinigen, ob sie gerechtfertigt werden kann. Sie bestätigt oder verwirft sie. Sie wirkt nur durch das Veto ihrer Verwerfung, über das wir uns auch noch vermöge unseres Willens oder der Urteilskraft hinwegsetzen können. Sie schnürt ein, aber nicht zwingend, sondern nur beratend, und nicht am Ursprung einer Handlung, sondern erst wenn sie aus ihren ersten Anfängen entbunden und begutachtbar geworden ist. Sie ist eine Hebamme, die unter den schon geborenen Kindern des Geistes auswählt. Sie entscheidet, ob das kraft der Phantasie Gezeugte in die Welt der Wirklichkeit eintreten darf.

Die Beschränkung der Rolle der Vernunft auf das Rechtfertigen verletzt, wie ich schon anerkannt habe,[5] solche semantischen Intuitionen, nach denen zur Größe der Vernunft schöpferische Potenzen gehören. Im Interesse der Klarheit darüber, was wir können und nicht können, ist es jedoch wichtiger, die Verschiedenheit unserer Leistungen hervorzuheben und auch das Geschäft der Rechtfertigung von dem des Hervorbringens von Gedanken, Problemlösungen, Ideen, Theorien, Kunstwerken und anderen Schöpfungen des Geistes zu unterscheiden. Wenn wir nun das Motto der Vernunft in der Frage *warum nicht* statt in der Frage *warum* finden, können wir die Intuitionen, die der Vernunft Schöpfertum zusprechen, zwar nicht rechtfertigen, aber erklären. Sie bringt die Kinder des Geistes sowenig wie eine Hebamme die leiblichen Kinder hervor. Aber sie steht der Hervorbringung so nahe wie eine Hebamme. Sie arbeitet, auch wenn sie wie eine strenge Hofmeisterin auftreten und wie spanische Reitstiefel einschnüren muß, im Interesse des Schöpferischen wie die Hebamme im Interesse des Gebärens.

Warum folgt sie dabei keinen festliegenden Kriterien? Nach dem Infallibilisten gibt es unerschütterliche und unveränderliche Prinzipien, denen alles vernünftige oder richtige Handeln folgen muß. Mit ihnen können wir nicht nur alles Handeln rechtfertigen, sondern ihr Bewußtsein ist auch die Ursache, die Triebfeder und der erklärende Grund vernünftigen Handelns und Urteilens. Nach dem kritischen Vernunftmodell ist die Annahme einer solchen Ursache, die zugleich erklärender und rechtfertigender Grund des

Handelns und Entscheidens ist, das Produkt einer Kategorienvermengung. Erste Ursache unseres Handelns sind die spontan und unabhängig von Überlegungen der Vernünftigkeit oder Richtigkeit zum Handeln und Meinen führenden Motive, denen auch alle übrigen Lebewesen folgen. Die Auswahl unter ihnen, die zur zweiten Ursache der Handlung werden, sie aber auch ganz verhindern kann, folgt nicht ewigen und unfehlbaren Kriterien, sondern fragt, was gegen die Handlung spricht; warum wir ihr *nicht* folgen sollten. Dafür, ihr nicht zu folgen, können wir zwar die schon genannten Bedingungen angeben: sie macht, wenn es sich um die Bejahung einer Hypothese handelt, unsere Voraussagen nicht besser oder behindert, wenn es sich um die Bejahung einer Handlungsregel handelt, die gleiche Freiheit. Aber wie der Nachweis zu führen ist, daß die Bedingungen nicht verletzt sind, ist nicht festlegbar.

Um im Hebammenbild zu bleiben: die Hebamme muß grundsätzlich eine zustimmende Haltung zum Leben einnehmen und alles zulassen, wogegen nicht ein zwingender Grund der Verwerfung zu finden ist. Ein Neugeborenes braucht keinen positiven Grund, zum Leben zugelassen zu werden; es genügt, daß nichts gegen sein Leben spricht. Ebenso haben ansetzende Meinungen und Handlungen ein Grundrecht auf Ausführung; sie brauchen keinen positiven Grund, ihre Ausführung zu rechtfertigen. Nur wenn ich einen Grund finde, sie zu verwerfen, muß ich ihre Ausführung verbieten. Die Hebamme und die kritische Vernunft dürfen nicht fragen, *warum* zuzulassen ist, was ihnen vorliegt, sondern nur: *warum nicht?*

Der Fallibilist gibt wie der postmoderne Skeptiker den spontanen Kräften der Natur Freiheit zur Initiierung von Handlungen, Normen und Institutionen, Meinungen und Theorien. Er fördert diese Freiheit, weil eines der Kriterien, nach denen er Handlungen verbietet, deren Unvereinbarkeit mit der gleichen Freiheit aller ist. *Warum* zu fragen lähmt auf die Dauer das Handeln und Denken; *warum nicht* befreit es. Aber er verzichtet nicht wie der Skeptiker auf Sichtung und Selektion. Er hält wie der Infallibilist fest am Sinn und Wert der Rechtfertigung. Er sieht, daß es etwas zu rechtfertigen gibt, weil wir nicht nur frei sind, Neues hervorzubringen, sondern auch frei, Neues wie Altes zu verwerfen, wenn es anerkannte Regeln oder vorherrschende moralische Intuitionen verletzt.

Wenn man die Eigenart der fallibilistischen oder kritischen Vernunft durch die Welteinstellung beschreibt, die in der Frage *warum nicht* zum Ausdruck kommt, läuft man Gefahr, ihr die frivole oder nonchalante Färbung zu geben, die die Frage *warum nicht* und vielleicht noch stärker die französische Version *pourquoi pas* in manchen Kontexten hat. Diese Gefahr sollte nicht die Einsicht trüben, daß die Frage *warum nicht* der treffende Ausdruck der kritischen Vernunft ist. Daß die Frage nonchalant werden kann, ist nur möglich, weil sie die kritische Vernunft genau trifft. Sie wirkt frivol, wenn Gegengründe gegen die mit der Frage verteidigten Handlung bekannt sind, auf die der potentiell durch die Frage Herausgeforderte nicht hinzuweisen wagt. Der Fragende darf voraussetzen, daß ein jeder seine Handlung für berechtigt hält, wenn es tatsächlich keine Gegengründe gegen sie gibt. Mit der Frage *warum nicht* fordert er die Mitwelt zur Angabe eines Gegengrunds heraus. Erhält er keine Antwort, darf er jedem unterstellen, daß er anerkennt: *Ja, warum nicht?*

4. Das «warum nicht» in der Geschichte

Wenn wir die Besonderheit der kritischen Vernunft in der Frage *warum nicht?* zusammenfassen, lassen sich ihre weit in die Antike zurückreichenden Wurzeln und die Tiefe ihrer Bedeutung für unsere Auffassung der Welt und des Lebens erkennen. Vernünftiges Handeln unter die Frage *warum nicht* zu stellen führt nicht nur in der Beurteilung menschlicher Verhältnisse zu anderen Ergebnissen als die Fragestellung *warum*; es führt auch zu einer anderen Perspektive, in der man als ein möglicher Weltenschöpfer oder Demiurg auf eine mögliche Welt blickt. Man muß nicht an einen göttlichen Weltenschöpfer glauben, um eine solche Perspektive einzunehmen; es gehört vielmehr zu unseren spezifisch menschlichen Fähigkeiten, in deren Betätigung wir unsre spezifische menschliche Lust erfahren, sich auf einen metaphysischen Standpunkt, auf einen Standpunkt jenseits der vorgefundenen Natur zu stellen und nach den möglichen Gründen zu fragen, die ein vernunftbegabtes Wesen dafür hätte, eine Welt, wie wir sie kennen, oder eine Alternative zu ihr zu schaffen.

Diese Frage nach den möglichen Gründen, unsere oder eine andere Welt zu schaffen, steht vor dem Problem, daß die Welt außer ihren schönen Seiten auch unangenehme wie Tod, Leid und Bosheit oder auch nur Schlamperei bietet und die Frage aufwirft: warum das? Unzählige Generationen haben sich über dieser Frage den Kopf zerbrochen. Die einfachste und fruchtbarste Reaktion auf sie ist ihre leichte Veränderung zu: *warum nicht?* Warum sollte es *nicht* eine Welt geben, in der es Tod, Leid und Bosheit gibt? ‹Laßt uns sehen, wie die Menschen damit fertig werden; wir haben ihnen genug Verstand, Vernunft, Willen und ein nicht allzu kurzes Leben gegeben, mit ihren Problemen fertig zu werden.› Ist ein Weltenschöpfer, der so denkt, böse? Nein – schließlich schenkt er das Leben Wesen, die frei sind, sein Geschenk zurückzugeben, wenn es ihnen nicht gefällt. Ein Gott, der eine Welt schafft, die Tod, Leid und Bosheit und zugleich Menschen enthält, die an der Schlechtigkeit der Welt Anstoß nehmen, nach den Gründen ihres Schöpfers fragen und sich von der Welt verabschieden können, tut nichts Böses; er schafft im Gegenteil Gutes von besonderer Qualität.

Diese Überlegung entspricht der kritischen Vernunft, die nicht *warum*, sondern *warum nicht* fragt. Wir finden sie schon bei einem Vertreter der unfehlbaren Vernunft angedeutet, nämlich in Platons Dialog *Timaios.*[6] Platon fragt dort, «welcher Grund den Ordner alles Entstehens und dieses Weltganzen, es zu ordnen, bestimmte», versichert, «Er war gut», und begründet seine Antwort damit, daß der Gott wollte, «daß alles ihm selbst möglichst ähnlich werde» und «alles gut und, soviel wie möglich, nichts schlecht sei». Platon setzt mit dem «soviel wie möglich» voraus, daß der Gott auf Grenzen seiner Möglichkeiten stößt und vor der Wahl stand, aus der vorgefundenen Unordnung eine Welt zu schaffen oder nicht zu schaffen. Hätte er sie nicht geschaffen, hätte er allen Unglücklichen ihr Unglück erspart. Aber er hätte die Möglichkeit unverwirklicht gelassen, etwas ihm Ähnliches zu schaffen, das zwar wegen der Grenzen seiner Möglichkeiten nicht seine Vollkommenheit erreicht, aber wegen seiner Ähnlichkeit mit ihm nicht schlecht sein kann. Die Möglichkeit einer Schöpfung nicht zu nutzen, wäre nach Platon «Mißgunst», *phthonos*, gewesen, zu der der Gott nicht fähig sei.

Dies Argument ist unplausibel, wenn man an das Leid denkt, das Unschuldige gelitten haben. Warum kann ein guter Gott das

Leiden Unschuldiger wollen oder in Kauf nehmen? Das Leiden Unschuldiger scheint ein unabweisbarer Grund dagegen, eine Welt wie die unsere zu erschaffen. Fragt man dagegen, warum ein guter Gott *nicht* eine Welt erschaffen sollte, in der zwar Unschuldige leiden, aber es auch viel Großartiges gibt, verlangen wir ausreichende Gegengründe gegen die Erschaffung einer Welt, in der es Großartiges gibt. Wir blicken zuerst auf die Großartigkeiten und dann auf die Mängel und fragen, ob sie dem Projekt die Rechtfertigung entziehen. Das zu Rechtfertigende, das Leiden Unschuldiger, ändert sich zwar nicht, ob wir *warum* oder *warum nicht* fragen. Aber wir sind eher bereit, es zu rechtfertigen, wenn wir *warum nicht* fragen.

Wenn wir daher Platons Argument unterstellen, es folge der Frage *warum*, dann ist es nicht plausibel. Plausibel wird es erst, wenn wir ihm die Frage *warum nicht* unterstellen. Warum sollte ein guter Gott *nicht* eine ihm ähnliche Welt schaffen, in der zwar Unschuldige leiden, aber ihr Leiden entweder selbst beenden können oder bei zu großer Stärke oder Dauer sterben? Der Schöpfungsakt ist unter dieser Fragestellung nicht deshalb gerechtfertigt, weil es ausreichende Gründe gibt, das Leid zu dulden, sondern weil es keine ausreichenden Gründe gibt, den Akt zu verwerfen. Durch diese Umkehrung der Rechtfertigungslast setzt sich Platon von Parmenides' Auffassung ab, nach der nur das, was vollkommen ist, wirklich ist und sein darf. Wie es der Ideenhistoriker Arthur Lovejoy formulierte, verwandelt Platon den Begriff des Guten von dem einer «selbstgenügenden Vollkommenheit» zu dem einer «selbstüberschreitenden Fruchtbarkeit».[7] Das ist nur möglich durch Umkehrung der Beweislast beim Urteil, was gerechtfertigt ist: weg von der Suche nach einem ausreichenden Grund, etwas zu tun, hin zur Suche nach einem ausreichenden Grund, etwas zu unterlassen.

Ein Gott, der die Welt nach der Frage *warum nicht* erbaut, hat einen andern Charakter als ein Gott, der sie nach der Frage *warum* erbaut. Ebenso hat eine Gesellschaft, die über die Richtigkeit von Handlungen nach der Frage *warum nicht* entscheidet, einen anderen Charakter als eine Gesellschaft, die darüber nach der Frage *warum* entscheidet; insbesondere dann, wenn sie einen Gott verehrt, dessen Handeln nur verständlich ist, wenn man ihm die Frage *warum nicht* unterstellt. Die europäischen Gesellschaften verehrten einen solchen Gott, denn der christliche Gott unterscheidet sich vom platonischen Demiurgen nur dadurch, daß er aus dem Nichts erschafft und keine widerspenstige Materie vorfindet, die der Demiurg nur «soviel wie möglich» seinen Zielen unterwerfen kann. Der Gott Abrahams entscheidet in absoluter Freiheit; für ihn kann es überhaupt keine ausreichenden Gründe zu handeln geben. Sehr wohl aber kann es für ihn ausreichende Gründe *nicht* zu handeln geben; auch er darf nicht nach Belieben töten und strafen; der gute Wille eines Menschen ist Grund genug, ihn vor göttlicher Willkür zu bewahren. Gemäß diesem Charakter ihres Gottes sind die zehn Gebote des Juden- und Christentums, soweit sie sich nicht auf das Verhalten zu Gott selbst (und den Eltern) beziehen, *Verbote*: Forderungen, solche Handlungen zu unterlassen, gegen die es ausreichende Gründe gibt.

Eine Vernunft ebenso wie eine Religion und eine Welteinstellung, die für jede Handlung und für jedes Phänomen, das man als Ergebnis einer menschlichen oder göttlichen Handlung betrachten kann, ausreichende Rechtfertigungsgründe verlangt, schnürt das Handeln ein, bevor es sich entfalten kann. Eine Vernunft und eine Welteinstellung, die nur nach Gründen fragen, eine mögliche Handlung *nicht* zu tun, schnürt *destruktive* Handlungen ab, und das sind solche, die die Betätigung eines Maximums unserer Fähigkeiten durch ein Maximum von Menschen verhindern. Eine Vernunft, die nur destruktive Handlungen verbietet, fördert positiv das Handeln und die Initiative der Menschen. Daher ist nicht verwunderlich, daß die europäischen Gesellschaften, die der kritischen Vernunft und ihrem Motto des *warum nicht* folgten, lange bevor ihre Eigenart in der falsifikationistischen Wissenschaftstheorie expliziert wurde, einen ungewöhnlichen Reichtum des Handelns auf fast allen möglichen Betätigungsfeldern boten.

Max Weber stellte seine Religionssoziologie unter die berühmt gewordene Frage: «welche Verkettung von Umständen hat dazu geführt, daß gerade auf dem Boden des Okzidents, und nur hier, Kulturerscheinungen auftraten, welche doch – wie wenigstens wir uns gern vorstellen – in einer Entwicklungsrichtung von *universeller* Bedeutung und Gültigkeit lagen?»[8] – nämlich vor allem die modernen Wissenschaften, der moderne Staat und der moderne Kapitalismus, die mittlerweile offensichtlich für die nichteuropäische Welt ebenso «schicksalsvoll»[9] sind wie für die europäische.

Zur Verkettung, nach der er fragt, gehört die Einstellung, die nicht nach dem *warum*, sondern dem *warum nicht* fragt.

Der historische Einfluß dieser Einstellung wird in der Stellung deutlich, die das *Recht* und das *Gewissen* in Europa einnahmen. Gesellschaften, die ihr Handeln nicht an positiven Rechtfertigungsgründen, sondern an nur ausreichenden Gründen, etwas nicht zu tun, orientieren, können nur gedeihen, wenn die Individuen von zwei Seiten in ihrer immer möglichen Destruktivität gehindert werden: von außen durch das Recht, von innen durch ihr Gewissen. Sie brauchen einerseits Institutionen, die darüber wachen, ob eine Handlung dem Handelnden nicht mehr an Freiheiten läßt als einem andern. Eine solche Überwachung muß jedoch, wenn sie nicht tyrannische Züge annehmen soll, von der Gesinnung der Individuen unterstützt sein, die selbst der Maxime folgen müssen, nicht *mehr* an Freiheiten zu beanspruchen, als jeder zur Betätigung seiner Fähigkeiten beanspruchen kann.

Die äußere Instanz des Rechts und die innere des Gewissens stimmen darin überein, dem Handelnden keine positiven Ziele zu setzen, sondern das Verbotene anzuzeigen. Diese Rolle können sie nur spielen, wenn das Recht nicht als eine Erziehungsanstalt, sondern als ein Kontroll- und Strafapparat verstanden und gebraucht und das Gewissen in den Individuen durch eine Erziehung gefördert wird, die die Grenzen des Erlaubten und die Destruktivität des Verbotenen in aller Schärfe und Eindringlichkeit klar macht. Nur die rigorose Durchsetzung des Rechts ohne Rücksicht auf die Motive eventueller Rechtsbrecher und nur eine Erziehung zur Gewissensbildung schafft Raum für die kritische Vernunft.

5. Die goldene Regel und das *warum nicht*

Ich habe schon hervorgehoben, daß für den Infallibilisten der entscheidende Grund und Maßstab dafür, eine Handlung nicht zu tun, der ist, daß sie einen andern in der gleichen Freiheit einschränkt, über sich und sein (individuelles und kollektives) Eigentum zu verfügen. Wann aber genau und konkret eine Handlung die gleiche Freiheit eines andern einschränkt, das ist eine notorische Streitquelle sowohl in der Praxis in allen ihren mannigfaltigen Formen wie in der Theorie vor allem unter Philosophen, Juristen und Politikern. Der Fallibilist kann empfehlen, diesen Streit durch kritische und falsifikative Diskussion von Vorschlägen, wie die Grenze zwischen den gleichen Freiheitsspielräumen der Individuen zu ziehen ist, zu lösen. Aber diese Empfehlung hilft in den aktuellen Streitfällen, die hier und heute zu lösen sind, natürlich nicht weiter. Auch die Einstellung des Infallibilisten hilft in solchen Fällen nicht weiter. Selbst wenn es unfehlbare Moralprinzipien gäbe, wäre mit ihrer Anerkennung nicht entschieden, wie sie auf den konkreten Streitfall anzuwenden sind. Tatsächlich streitet man in den alltäglichen Fällen nicht über ewige Moralprinzipien, die vielmehr meist von beiden Parteien anerkannt werden, entsprechend der Vorherrschaft der infallibilistischen Einstellung, sondern darüber, wie sie anzuwenden sind. Vom Skeptiker ist in jedem Fall nur der Kommentar zu erwarten, daß Macht oder Zufall entscheiden.

Mit seiner Haltung des *warum nicht* kann der Fallibilist aber auch in aktuellen Streitfällen weiterhelfen. Er hat seinen Konkurrenten voraus, außer einer langfristigen Einstellung, die vor allem das gesellschaftliche und institutionelle Handeln betrifft, eine die Gegenwart und das persönliche Handeln betreffende Einstellung empfehlen zu können. Es ist die Einstellung, nicht nach Gründen zu fragen, die eine Handlung rechtfertigen, sondern nach Gründen, eine Handlung zu unterlassen. Diese Einstellung stimmt mit der überein, die die ordinäre Moral ebenso wie alle Weltreligionen fordern, wenn sie die *Goldene Regel* empfehlen: *Was du nicht willst, was man dir tu, das füg auch keinem andern zu.* Nicht so sehr, daß so viele verschiedene Traditionen mit der Haltung des *warum nicht* übereinstimmen, bestätigt diese, als daß ihre Anhänger in der Goldenen Regel eine Handlungsorientierung fanden, die zur Lösung alltäglicher Konflikte ausreicht.

Aber stimmt die Haltung des *warum nicht* wirklich mit der Goldenen Regel überein? Ich habe im vorausgehenden Kapitel dafür argumentiert, warum der Anhänger der kritischen Vernunft die Idee der gleichen Freiheit anerkennen muß. Diese Idee verpflichtet ihren Anhänger dazu, nur solche Freiheiten zu beanspruchen, die er auch jedem andern zugesteht. Was aber besagt diese Verpflichtung? Eine naheliegende Auslegung ist, (i) daß jeder alle Rechte beanspruchen darf, die er allen andern zugesteht. Diese Auslegung erlaubt mir, das Recht zu beanspruchen, jeden mit Gewalt anzugreifen oder zu betrügen, wenn ich nur auch allen andern erlaube, mich mit Gewalt anzugreifen und zu betrügen. Das wäre auch dann legitim, wenn ich anders als die andern die Mittel habe, mich gegen ihren Gebrauch von Gewalt und Betrug zu schützen. Eine solche Auslegung wäre aber mit der Idee der gleichen Freiheit unvereinbar, weil sie manchen Individuen erlaubte, andere unter ihren Willen zu zwingen.

Eine angemessenere Auslegung wäre die, (ii) daß ich nur solche Rechte beanspruchen darf, deren Ausübung durch mich *Folgen* für andere hat, die ich auch selbst ertragen will. Diese Auslegung schließt aus, daß ich das Recht auf Gewaltgebrauch in der Sicherheit, mich selbst vor Gewalt schützen zu können, beanspruche, wenn ich die Folgen, die mein Gewaltgebrauch für andere hat, für mich selbst nicht ertragen will. Aber wenn ich bereit bin, solche Folgen zu ertragen, etwa weil ich als Krieger erzogen worden bin, für den ein Leben ohne Gewaltgebrauch nicht einmal vorstellbar ist, erlaubt auch diese Auslegung die Legitimierung von Rechten, die mit der gleichen Freiheit unvereinbar sind.

Angemessen scheint daher eine Auslegung, die berücksichtigt, (iii) ob nicht nur ich, sondern auch die andern die Folgen der Ausübung einer Freiheit oder eines Rechts wünschen werden. Jedoch kann das, was die andern wünschen, sowenig allein über die Legitimität einer Freiheit entscheiden wie das, was ich wünsche. Solange verschiedene Menschen Verschiedenes wünschen, und das werden sie voraussichtlich und hoffentlich noch lange tun, kann die Berücksichtigung der Wünsche der andern sowenig zur Entscheidung über die Legitimität einer Freiheit ausreichen wie die Berücksichtigung der eigenen Wünsche. Nur soweit die Menschen in ihren Begehrungen übereinstimmen, läßt sich daher der Idee der gleichen Freiheit überhaupt eine konkretere Form geben. Eine solche Übereinstimmung ist aber trotz der Verschiedenheit ihrer *positiven* Wünsche darin gegeben, daß sie alle bestimmte Dinge *nicht* wollen: sie wollen in der Befolgung ihrer Wünsche, in der Verwirklichung ihres Willens, in der Bildung ihrer Urteile und Entscheidungen nicht behindert und von Hindernissen in solchen Tätigkeiten, insbesondere von Schmerz, Leiden und Not, befreit werden.

Wir finden daher eine angemessene Auslegung der Konsequenz der Idee der gleichen Freiheit in der Bedingung, (iv) nur solche

Freiheiten zu beanspruchen, deren Ausübung – durch mich oder einen andern – andern möglichst wenig Schmerz, Leid, Not und Zwang zufügt. Zwar kann jede Handlung, sei sie auch noch so gut, jemand enttäuschen und in irgendeiner Form Leid zufügen. Ebenso kann die Ausübung jeder Freiheit einem andern Schmerz bereiten. Dennoch liefert die Bedingung, möglichst kein Leid zu erzeugen, eine relativ zuverlässige Handlungsorientierung, wenn wir voraussetzen, daß jeder mehr oder weniger gut weiß, einerseits daß jeder selbst über sein Leben entscheiden darf und es nicht nach den Wünschen der andern einzurichten braucht, anderseits, was andern Leid zufügt. Das aber können wir voraussetzen; das erste, weil es der Idee der gleichen Freiheit entspricht, das zweite, weil wir sehr viel besser von andern (wie auch von uns) wissen, was Leid zufügt, als was glücklich macht.

Die Bedingung, für sich nur Freiheiten oder Handlungsregeln zu beanspruchen, deren Ausübung durch mich oder einen andern möglichst wenig Leid hervorbringt, fällt mehr oder weniger mit der Bedingung zusammen, die die Goldene Regel ans Handeln stellt: andern nichts zuzufügen, was man nicht selbst zugefügt haben möchte. Das wird schon daran deutlich, daß die Schwierigkeiten, die Idee der gleichen Freiheit auszulegen, in den Schwierigkeiten der Auslegung der Goldenen Regel wiederkehren. Auch sie läßt sich so auslegen, daß sie mit der Idee der gleichen Freiheit unvereinbar ist. Wenn wir sie aber als die Forderung verstehen, andere nicht nach Regeln oder Freiheiten zu behandeln, von denen wir sicher (wenn auch nie unfehlbar sicher) sein können, daß sie die Folgen ihrer Ausübung lieber nicht ertragen möchten, dann verstehen wir sie in Übereinstimmung mit der Idee der gleichen Freiheit und zugleich so, wie sie vermutlich von den meisten, wenn nicht allen ihren Befürwortern verstanden wurde. Zu diesen gehören auch die Begründer der meisten Weltreligionen.

Von Zarathustra ist die Regel überliefert *Tu andern nie an, was auch für dich nicht gut wäre*; von Konfuzius *Tu andern nicht an, was du nicht dir selbst angetan haben willst*; von Mahavira, dem Begründer des Jainismus, *Ein Mensch sollte überlegen, alle Geschöpfe so zu behandeln, wie er selbst behandelt werden möchte*; von Buddha *Verletze die andern nicht durch etwas, was dich selbst leiden lassen müßte*; aus dem hinduistischen Mahabharata *Tu andern nicht an, was du nicht dir selbst angetan haben möchtest, und wünsch auch den andern, was du selbst begehrst – das ist das ganze Dharma*; vom Rabbi Hillel (1. Jahrhundert v. Chr.) *Tu andern nicht an, was du nicht dir selbst angetan haben möchtest – das ist das Herz der Thora, der Rest ist Kommentar*; von Jesus *Alles was ihr wollt, daß es euch die Menschen tun, das sollt auch ihr ihnen tun; denn darin besteht das Gesetz und die Propheten*; von Mohammed *Die höchste Religion ist die: daß ihr andern wünschen sollt, was ihr euch selbst wünscht, und was ihr bei euch für Schmerz haltet, haltet das auch bei andern für Schmerz.*[10]

Die Formulierungen unterscheiden nicht immer zwischen der negativen und der positiven Fassung der Goldenen Regel; immerhin aber überwiegt die negative Fassung. Alle empfehlen oder implizieren eine Orientierung daran, den anderen nicht etwas zuzufügen, was man unter Voraussetzung einer gewissen Normalität nicht selbst zugefügt haben möchte. Ihre Verfechter wußten vermutlich ebensogut wie heutige Kritiker der Goldenen Regel, daß man sie anders auslegen kann, als sie selbst sie verstehen wollten; sie vertrauten aber darauf, daß man sie so verstehen wird, wie sie sie verstehen wollten. Daß sie mit der Haltung des *warum nicht* tatsächlich übereinstimmen, ist daran zu erkennen, daß auch sie keine Gründe angeben, etwas zu tun, sondern Gründe, etwas zu unterlassen. Sie bestimmen zudem als Gründe, warum eine Handlung nicht zu tun ist, dieselben Gründe, die der Liberale anerkennen muß: die Eigenschaft von Handlungsfolgen, Schmerz, Leid, Not und Zwang zu erzeugen oder nicht zu mildern.

Daß manche Philosophen mit Verachtung auf die Goldene Regel herabblickten, erklärt sich nicht nur aus dem Berufsdünkel, der die eigenen Formeln denen des Volkes für überlegen hält, sondern auch aus ihrer Orientierung am infallibilistischen Vernunftmodell. So spricht Kant trotz seiner Versicherung, «daß es ... keiner Wissenschaft und Philosophie bedürfe, um zu wissen, was man zu tun habe, um ehrlich und gut, ja sogar um weise und tugendhaft zu sein»,[11] herablassend vom «trivialen *quod tibi non vis fieri usw.*» und ermahnt den Leser, «ja nicht» zu denken, der kategorische Imperativ sei etwas von der Art. Die Goldene Regel könne «kein allgemeines Gesetz sein, denn (sie) enthält nicht den *Grund*» bestimmter Pflichten.[12] Für Kant muß eben ein Moralprinzip den positiven Handlungsgrund liefern; es genügt nicht, daß es Unterlassungsgründe angibt.

Dagegen hat Hobbes in der Goldenen Regel denselben Inhalt erkannt, den auch sein zweites Naturgesetz ausspricht, das anders als das erste den spezifischen, vom Natur*recht* unterschiedenen Gehalt des Naturgesetzes festlegt, nämlich daß jeder «*mit so viel Freiheit gegen andere zufrieden sein soll, wie er sich selbst gegen andere einräumt* ... Das ist das Gesetz des Evangeliums: *Alles was ihr wollet, daß euch die Leute tun sollen, das tut ihr ihnen.* Und das Gesetz aller Menschen: *Quod tibi fieri non vis, alteri ne feceris.*»[13] Hobbes kann diese Gleichsetzung akzeptieren, weil er von vornherein das Naturgesetz definiert hat als eine «allgemeine Regel, die die Vernunft herausfindet und die dem Menschen zu tun verbietet, was seinem Leben schadet»:[14] als ein Gebot, bestimmte Handlungen zu *unterlassen*.

Auch Sozialwissenschaftler, deren empirische Forschung sie an der Orientierung am infallibilistischen Vernunftmodell hindert, haben die Rolle der Goldenen Regel in einer (kohärentistischen) Rechtfertigung der Prinzipien der Moral und nicht zuletzt der Menschenrechte besser erkannt als die meisten Philosophen. Der Sinologe Heiner Roetz hat nicht nur darauf hingewiesen, daß sie im Zentrum der konfuzinaischen Ethik steht, sondern (unter Verweis auf Arnold Gehlen, Marcel Mauss, Claude Lévi-Strauss und Marshall David Sahlins) auch darauf, daß ihr das «Gegenseitigkeitsmotiv ... von archaischer Provenienz» zugrundeliegt,[15] und in den «elementary rules of reciprocity» den «wellspring of human rights» gesehen.[16] Diese Aussagen scheinen mir grundsätzlich richtig. Man muß jedoch den Begriff der Gegenseitigkeit mit Vorsicht gebrauchen. Er verdeckt zwei Schwierigkeiten: erstens die zu bestimmen, was man den andern antun darf, wenn man von den eigenen Wünschen ausgeht, zweitens die, daß die Goldene Regel ebenso wie das Verletzungsverbot und das Hilfegebot die Unterlassung von Verletzungen und Ausübung von Hilfe nicht nur als Erwiderung auf entsprechendes Handeln des andern fordern, sondern auch als Eröffnung zwischenmenschlicher Beziehungen. Es ist gerade der *nicht* reziproke, Beziehungen stiftende Aspekt moralischen Handelns, der durch die *negative* Fassung der Goldenen Regel zum Ausdruck kommt: dem andern nichts anzutun, was man nicht selbst angetan haben will. Diese Fassung setzt das spontane Eröffnen von Beziehungen voraus, heißt sie grundsätzlich wie alles Neue gut und verbietet nur solche Eröffnungen, die man sich selbst verbittet. Sie entspricht genau der Haltung des *warum nicht*.

6. Wie kann das *warum nicht* entstehen und bestehen bleiben?

Können wir erwarten, daß die Haltung des *warum nicht* gesellschaftlich wirksam wird? Diese Frage entscheidet über die gesellschaftliche Stellung des kritischen oder fallibilistischen Vernunftverständnisses, des einzig angemessenen, wie dies Buch klarmachen möchte, und daher über die Möglichkeit einer Lebensführung, die den menschlichen Fähigkeiten gerecht wird. Kann sich die Haltung des *warum nicht* als gesellschaftlich wirksam erweisen, so ist entweder eine sich selbst durchsichtige Lebensführung nur für Minderheiten möglich oder das kritische Vernunftverständnis falsch. Ich glaube, daß man beide Konsequenzen vermeiden kann, obgleich die Gegenwart dafür spricht, daß die Haltung des *warum nicht* zum Untergang verurteilt ist.

Am auffälligsten ist der Niedergang der Haltung des *warum nicht* im Aufkommen einer Wissenschafts- und Technikfeindschaft, die ihre Vertreter zwar nicht daran hindert, die Früchte der modernen Wissenschaft zu genießen, aber deren weitere Entwicklung ersticken könnte. Näher besehen sollte uns die Wissenschaftsfeindschaft jedoch nicht verwundern. Es ist erstaunlich genug, daß die Haltung des *warum nicht* überhaupt eine gewisse Ausbreitung fand. Menschen neigen eher dazu, (dogmatisch) nach den positiven Rechtfertigungsgründen von Meinungen und Handlungen zu fragen oder (skeptisch) Rechtfertigungen von vornherein für illusionär zu halten. Vielleicht noch hinderlicher ist, daß die Haltung des *warum nicht* eine Moral erfordert, in der ein strenges Recht und eine empfindsame Gewissenskultur zusammenwirken. Eine solche Moral bestand in Westeuropa vom 17. bis ins 19. Jahrhundert. Heute ist von ihr nicht viel übrig geblieben. Das Recht wird nicht in der Strenge angewandt, die zur Durchsetzung einer Grenze zwischen dem Erlaubten und dem Verbotenen notwendig ist, und das Gewissen dient weitgehend als Instanz, auf die man sich beruft, um unbequeme Rechtfertigungsforderungen abzuwehren.

Die frühere Moral aus strengem Recht und Gewissen war ein Muster dessen, was amerikanische Ethnologen *guilt culture*, Schuldkultur, nannten; sie war einmal der Stolz der europäischen Sozialwissenschaftler, da sie in Europa die frühere *shame culture*, die Schamkultur, ablöste und deren Verhaltenssteuerung über die Erwartungen der sozialen Umwelt, von der die meisten Menschen psychisch abhängig bleiben, ersetzt durch eine Verhaltenssteuerung über die konventionsunabhängigen moralischen Überzeugungen der Individuen selbst. Heute beneidet man die asiatischen Gesellschaften darum, (angeblich) bei der Schamkultur geblieben zu sein, da sie vielen als zuverlässigerer sozialer Kitt gilt.[17]

Wie kann die Haltung des *warum nicht* überhaupt entstehen? Ein Erklärungsgrund ist, daß durch sie das Problem der Theodizee gelöst wird; er leitete vermutlich Platon. Ein weiterer ist, daß sie die Einstellung ist, die eine zuverlässige Handlungsorientierung liefert, wie sie in der Goldenen Regel Ausdruck fand. Ein dritter ist, daß sie entgegen erstem Anschein in der Wissenschaft gefordert ist. Denn diese entwickelt sich nicht in der Suche nach positiven Rechtfertigungsgründen für Theorien, sondern in der nach falsifizierenden Gründen. Diese Ursachen haben offenbar ausgereicht, das *warum nicht* eine Zeitlang historisch wirksam zu machen, wenn auch nicht, es auf Dauer einzurichten.

Die Verfechter der kritischen, falliblen Vernunft haben jedoch keinen Grund zu resignieren. Die Haltung des *warum nicht* ist in fast allen Kulturen durch die Goldene Regel angelegt und mit der Wissenschaft unvermeidlich verbunden. Die Wissenschaften sind heute bei Strafe des Tods großer Teile der Bevölkerung unverzichtbar. Es ist zwar nicht unmöglich, aber unwahrscheinlich, daß sie als Herd und Quelle des *warum nicht* unterdrückt werden können. Die heutige Wissenschaftsfeindlichkeit läßt sich nicht allein aus der menschlichen Neigung zu Dogmatismus und Skepsis erklären. Vielmehr ist eine gewichtige Ursache eine falsche Anwendung der Wissenschaft, die selbst dem Glauben an eine unfehlbare Vernunft entspringt. Wird diese falsche Anwendung erkannt und durch eine angemessene ersetzt, werden sowohl die Wissenschaften wie die Haltung des *warum nicht* wieder aufleben.

Wissenschaften und die ihr entspringenden Techniken werden oft als Allheilmittel zur Lösung aller möglichen Probleme verstanden. Marx erwartete die Auflösung aller gesellschaftlichen und individuellen Probleme von der Ersetzung einer marktgesteuerten durch eine wissenschaftlich gelenkte Produktion, die Ressourcen und Bedürfnisse ohne die Krisenanfälligkeit und Abhängigkeit von einer Eigennutzenmaximierung der Märkte vermitteln würde. Die Verfechter von Kernkraftwerken der 50er Jahre des 20. Jahrhunderts waren nur wenig bescheidener, als sie in ihrer Lieblingsidee die Lösung aller Energieprobleme der Menschheit fanden. Die Neoliberalen der letzten Jahrzehnte sahen in der Deregulierung der Märkte das Wundermittel zur Behebung der meisten sozialen Leiden. Die Eingriffe der Marxisten, Neoliberalen und vieler anderer Wissenschaftsgläubiger hatten unerwartete Nebenwirkungen, die sich oft als verheerend erwiesen und auch die beabsichtigten Folgen unerwünscht machten. Ihnen fehlte die Beachtung einer in der Theorie einfachen, in der Praxis allerdings schwer einzuschätzenden Regel: daß wissenschaftliche Theorien, weil sie nie unfehlbar sind, zur Lösung praktischer Probleme nur vorsichtig und immer im Bewußtsein ihrer Falsifizierbarkeit angewandt werden dürfen.

Antike Theoretiker sahen in der Ausbeutung wissenschaftlicher Theorien zur Lösung praktischer Probleme eine Profanierung der Theorie. Moderne Wissenschaftler sehen in ihr zu recht eine Gelegenheit zu ihrer Bestätigung. Aber die moderne Sicht impliziert, daß die praktische Anwendung der Theorie diese auch falsifizieren kann; nur dann kann sie sie auch bestätigen. Die Ausbeutung wissenschaftlicher Theorien zur Lösung praktischer Probleme darf daher immer nur probeweise und vorbehaltlich des Erweises ihrer Falschheit sein. Die kritische Vernunft erlaubt und fordert eine *Sozialtechnik*, aber nur eine *stück-* und *probeweise*. Die Haltung des *warum nicht* fordert den Gebrauch wissenschaftlicher Theorien, obgleich diese nie endgültig verifiziert sind. Aber sie legt zugleich fest, wie sie gebraucht werden müssen: probe- und stückweise.[18]

Die stückweise Sozialtechnik kann irreversible Entscheidungen nicht ausschließen. Irgendwann in der Anwendung wissenschaftlicher Theorien in der Praxis kommt ein Zeitpunkt, in der unumkehrbare Entscheidungen fallen. Was sie ausschließen muß, sind unumkehrbare Entscheidungen, die ohne Kenntnis der Öffentlichkeit und ohne Kontrolle durch demokratisch legitimierte Instanzen fallen. Es ist eine stark vernachlässigte Aufgabe der Medien und der Regierungen, die Theorien, auf die Regierungen ihre Entscheidungen stützen, öffentlich bekannt und einem Veto durch die Bevölkerungsmehrheit zugänglich zu machen. Das Veto der Bevölkerung könnte zweifellos unqualifiziert sein. Aber ebenso unqualifiziert könnte die Zustimmung durch die Regierung sein, deren Vertreter normalerweise von den Theorien, auf die sie ihre Entscheidungen gründen, nicht mehr verstehen als der Mann auf der Straße. Es ist nicht leicht, die Meinung der Experten oder ihrer Mehrheit zu der der Bevölkerung oder ihrer Mehrheit zu machen. Aber es ist nicht nur wünschenwert, sondern die Entscheidung der Bevölkerung muß auch eine notwendige Bedingung der Sozialtechnik sein. Sie fällt nicht mit der Bedingung zusammen, stück- und probeweise zu sein, aber sie ergänzt und sichert sie.

Die stückweise Anwendung der Wissenschaften zur Lösung der vielen aktuellen Probleme der Gegenwart wird die Haltung des *warum nicht* fördern. Niemand kann die Zukunft unfehlbar voraussagen; auch nicht, wie die Wissenschaften angewandt werden. Aber so schlecht stehen die Chancen für das *warum nicht* nicht.

DRITTER TEIL

Vernunft und Natur

8.
Willensfreiheit

1. Meine These

Es gibt viele Formen der Skepsis gegen die Ansprüche der Vernunft. Eine der wichtigsten entspringt der Annahme, ihre Ansprüche seien sinnlos, weil alles, was geschehen kann, nach den Gesetzen der Physik geschieht. Nach dieser Skepsis legt uns die Physik auf ein Weltbild fest, in dem für das, was die Philosophen sowohl der dogmatischen wie der kritischen Vernunftkonzeption der Vernunft zuschreiben, kein Platz ist. Welche Eigenschaften die Vernunft aus der Welt der Physik verbannen, darauf gibt es mehrere Antworten, die einander nicht ausschließen. Am verbreitetsten ist wohl die Annahme, es sei die *Willensfreiheit*, die man dem Menschen zuschreiben müsse, wenn er das Geschäft der Vernunft ausübt. Als weitere mit der Physik unverträgliche Voraussetzungen von Vernunftansprüchen werden genannt das *Selbst*, das wir als Subjekt der Vernunft anzusetzen haben, die *Normativität* der Ansprüche der Vernunft und die *Bewußtheit* der Vernunfttätigkeiten.

Die These, die ich in den folgenden Kapiteln verteidigen werde, ist, (1) daß wir der Vernunft, oder uns im Geschäft des Rechtfertigens, in der Tat alle diese genannten Eigenschaften zuschreiben müssen, und zwar nicht in einer abgemagerten, den Verfechtern eines mechanistischen Weltbilds angepaßten Form, sondern so, wie auch die Verfechter der infallibilistischen Vernunft Willensfreiheit, Selbst- und Bewußtheit annehmen, (2) daß sie aber entgegen dem Anschein mit der Welt der Physik vereinbar sind. Ich behaupte insbesondere, (3) daß wir uns, wenn wir unsere Vernunft nach dem Modell der kritischen Vernunft betätigen, die Willensfreiheit im strengen metaphysischen Sinn zuschreiben müssen und (4) daß wir es tun können, ohne die Prinzipien der neuzeitlichen Physik, weder der klassischen newtonschen noch der modernen quantenmechanischen, zu verletzen.

Daß Vernunft und Physik unvereinbar scheinen, ist nach meiner These weniger das Ergebnis einer falschen Orientierung an der Physik als einer falschen Konzeption des Geistes. Die Physik verlangt nur, daß alles, was in der Welt geschieht, *immanent* und nicht *transzendent*, nur nach in Raum und Zeit nachweisbaren Kräften und nicht übersinnlich erklärt wird. Diese Forderung wurde verschieden *ausgelegt*, je nachdem, welche Kräfte man als immanent anerkannte. Nach der *mechanistischen* Auslegung müssen die Kräfte mechanisch sein; sie müssen, heißt das, Kräfte der *Nahwirkung* sein, die durch *Stoß* oder *Zug* wirken. Diese Auslegung findet schon lange keine Anhänger mehr. Nach einer Auslegung, die ich *physikalistisch* nenne, obgleich dies Prädikat sehr verschieden gebraucht wird, müssen sie nur in *materiellen Prozessen* nachweisbar sein. Der Physikalismus verlangt nach dieser Bedeutung, alle bewußten Prozesse, daher auch die Tätigkeiten der Vernunft, in materiellen, konkreter in *neuronalen* Prozessen nachzuweisen.

Meine These ist, daß wir die für die Tätigkeit der Vernunft traditionell vorausgesetzten Eigenschaften der Willensfreiheit, des Selbst, der Bewußtheit und der Normativität anerkennen können, ohne die physikalistische Forderung zu verletzen. Wir können die neuronale Nachweisbarkeit aller Vernunfttätigkeiten annehmen, ohne ihre Bewußtheit und unsere Freiheit zu leugnen. Daß hier eine Unvereinbarkeit zu bestehen scheint, ist Folge einer falschen Konzeption des Geistes, die ich mit der philosophischen Kartographie des Geistes kritisieren werde, die ich im 4. Kapitel begonnen habe. Zur falschen Konzeption des Geistes gehört eine Unklarheit darüber, was Willensfreiheit ist. Daher beginne ich mit ihrer Klärung.

2. Warum verlangt eine Untersuchung der Vernunft eine Klärung der Willensfreiheit?

Warum verlangt überhaupt eine Untersuchung der Vernunft eine Untersuchung der Willensfreiheit? Die traditionelle Auffassung ist, daß wer Vernunft hat, auch willensfrei ist. Wenn aber Vernunft das Vermögen der Rechtfertigung ist und ihr Besitz sich im Umgang mit Rechtfertigungsgründen zeigt, dann müßte nach der traditionellen Auffassung jeder Umgang mit Rechtfertigungsgründen Willensfreiheit implizieren. Wie wir sogleich (im 4. Abschnitt) sehen werden, ist das jedoch nicht der Fall. Eine Anerkennung und Befolgung von Rechtfertigungsgründen ist auch als vollständig determinierter Prozeß denkbar.

Dennoch ist die Verbindung von Vernunft und Willensfreiheit berechtigt. Ihr Rechtfertigungsgrund besteht in einem Aspekt des Umgangs mit Rechtfertigungsgründen, dem ich trotz seiner Mißverständlichkeit den provokanten Namen der *Doppelweltlichkeit* geben möchte. Sobald wir zwischen Ursachen und Rechtfertigungsgründen, zwischen Erklärungen und Rechtfertigungen unterscheiden können, sehen wir die Welt notwendig unter zwei Aspekten. Wir unterscheiden zwischen dem, was ist, und dem, was sein soll. Sobald wir Rechtfertigungsgründe für unser Handeln erkennen können, unterscheiden wir zwischen dem, was geschieht, und dem, was *wir tun sollen*. Denn Rechtfertigungsgründe geben nie an, was ist oder geschieht, sondern was sein soll oder wie wir handeln sollen. Sie sind notwendig normativ und werfen auf die Welt der Tatsachen eine Folie des Gesollten. Das Gesollte muß nicht das moralisch Gesollte sein, es kann auch bloß das von technischen oder Spielregeln Gesollte sein. In jedem Fall zwingt uns der Umgang mit Rechtfertigungsgründen oder jegliche Art von Rationalität zu einer Weltsicht, die neben dem Reich der Tatsachen ein Reich des Gesollten, der Normen, Werte und sonstigen Inbegriffe des von Gründen Geforderten anerkennt.

Die Erkenntnis der Doppelweltlichkeit, in der uns unsere Rationalität zu leben verurteilt, macht die Annahme unvermeidlich, daß rationale Wesen willensfrei sind, wenn sie jedenfalls Handlungsgründe nicht nur erkennen, sondern auch befolgen können. Denn in der Befolgung von Rechtfertigungsgründen vollziehen wir notwendig etwas, was kein bloßes Geschehen oder nur eine Tatsache ist, denn das täten wir nur, wenn wir nur Ursachen und nicht Gründen folgten; wir verwirklichen vielmehr das vom Rechtfertigungsgrund Geforderte. Was aber unterscheidet das Geschehen von der Tat? Die Antwort liegt zumindest nahe: der freie Wille. Meine Handlung ist nicht etwas, was nur mit mir geschieht, weil ich frei entschieden habe, sie auszuführen.

Es gibt mehrere Wege, dieser Antwort zu entgehen. Man kann Rechtfertigungsgründe als eine Klasse von Ursachen deuten, die

die Unterscheidung von Sein und Sollen entweder gar nicht oder nur in einem schwachen Sinn impliziert. Man kann auch den freien Willen, der Geschehen und Tat unterscheiden soll, als eine besondere Art der Verursachung deuten. Dennoch ist die Verbindung von Rationalität und Normativität stark genug, zumindest den Anschein der Doppelweltlichkeit und eines tiefen Unterschieds von Handlungen und Geschehen zu erzeugen, den man durch die Annahme zu erklären geneigt sein kann, daß rationale Wesen einen freien Willen haben. Daher müssen wir, wenn wir besser verstehen wollen, was die Vernunft ist, auch klären, ob wir willensfrei sind. Versuchen wir zuerst zu klären, was überhaupt unter Willensfreiheit zu verstehen ist.

3. Was ist Willensfreiheit?

Die Scholastik entwickelte einen Begriff der Willensfreiheit, der bis zu Kants Zeit den Philosophen wohlbekannt war, heute aber weder geläufig noch gar in seiner Differenziertheit anerkannt ist. In Anschluß an den spätscholastischen spanischen Philosophen Molina[1] definiere ich sie wie folgt:

Willensfreiheit = df das Vermögen, eine Proposition
ebenso zu bejahen wie zu verneinen.

Beachten wir, was Willensfreiheit nach dieser Definition ist und was nicht. Sie ist ein Vermögen des *Auswählens* und nicht des Erschaffens. Kant definierte die Willenfreiheit als «das Vermögen, einen Zustand *von selbst* anzufangen, deren Kausalität also nicht nach dem Naturgesetze wiederum unter einer anderen Ursache steht, welche sie der Zeit nach bestimmte».[2] An einer anderen Stelle definiert er sie mit etwas anderen Worten, aber demselben Gedanken als das «Vermögen ..., eine Reihe von Begebenheiten von selbst anzufangen, so, daß in ihr selbst» – gemeint ist jetzt die «reine Vernunft», die Kant mit der Willensfreiheit gleichsetzt – «nichts anfängt, sondern sie, als unbedingte Bedingung jeder willkürlichen Handlung, über sich keine der Zeit nach vorhergehende Bedingungen verstattet».[3] Kraft der Willensfreiheit schaffen wir nach Kant aus dem *Nichts* einen Zustand oder eine Reihe von Begebenheiten.

Nach dem scholastischen Ansatz dagegen *wählen* wir kraft der Willensfreiheit zwischen zwei Möglichkeiten, vor denen wir stehen, sobald wir urteilen. In jedem Urteil haben wir die Wahl, das Prädikat dem Urteilsgegenstand *zu-* oder *ab*zusprechen, und zwar sowohl in theoretischen oder deskriptiven wie in praktischen oder präskriptiven Urteilen.[4] Mit der Annahme, daß wir kraft unserer Willensfreiheit dieselbe Proposition ebenso bejahen (oder das Prädikat dem Gegenstand zusprechen) wie verneinen (oder es absprechen) können, impliziert der Verfechter des scholastischen Freiheitsbegriffs zwar wie Kant, daß der Urteilende «*ganz von selbst*» eine «Reihe von Begebenheiten» anfängt,[5] nämlich den Urteilsakt. Aber er impliziert nicht, daß dem Urteilsakt nichts vorausgeht, was ihn erst ermöglicht. Vielmehr setzt er voraus, daß der Urteilende die zu beurteilende Proposition oder den Gedanken kennt und sich von Urteilsgründen, die auch Rechtfertigungsgründe sind, zum sei es positiven sei es negativen Urteil bewegen lassen *kann*, aber nicht *muß*.

Wenn man daher dem Menschen diese Willensfreiheit zuspricht, schreibt man ihm keine Freiheit zu, beliebige Reihen von Begebenheiten von selbst anzufangen, sondern nur die Freiheit, einem ihm schon in den Sinn gekommenen Gedanken zuzustimmen und ihn zur Ausführung kommen zu lassen oder aber ihn zu verneinen und seine Ausführung zu verhindern. Die Willensfreiheit der Scholastiker ist ein Vermögen, gegen einen auf seine Annahme im Handeln oder Fürwahrhalten drängenden Gedanken ein Veto einzulegen. Sie ist, wie es Locke genannt hat, der irrigerweise glaubte, zugleich die scholastische Willensfreiheit verworfen zu haben, eine besondere Art von *Suspensionsvermögen.*[6]

Die Annahme eines solchen Vermögens ist für den Physikalisten von vornherein weniger problematisch als die Annahme des kantischen Vermögens, eine Reihe von Begebenheiten ganz von selbst anzufangen. Nach dem kantischen Begriff müssen wir, um willensfrei zu sein, eine Handlung aus dem Nichts *erschaffen*. Es ist schwer zu sehen, wie das möglich sein sollte. Nach dem scholastischen Begriff müssen wir, um willensfrei zu sein, einen Handlungsimpuls, den wir als einen Gedanken, etwas zu tun oder für wahr zu halten, erfahren, der aber auch physisch, physiologisch oder neurologisch nachweisbar ist, *suspendieren* können. Das heißt, logisch gesprochen, wir müssen ihn negieren oder eine andere Alternative zu ihm bilden und diese ebenso wählen können wie den ursprünglichen Gedanken. Es ist weniger schwer zu sehen, wie das möglich sein sollte.

Nach dem scholastischen Begriff der Willensfreiheit können die Gedanken, die uns kommen, determiniert und als physiologische Prozesse in unserem Organismus nachweisbar sein. Dagegen die Kontrolle darüber, ob ein Gedanke ausgeführt wird, sei es in Form einer Handlung, sei es in Form einer Meinung, die wir für wahr halten, müßten wir uns *selbst* als einen Akt zuschreiben, der wiederum determiniert sein muß, aber nicht durch die Ursachen, die den Gedanken hervorgerufen haben, sondern durch Zielsetzungen, die wir als unsere *eigenen* anerkennen können. Wir *müssen* eine solche Determination annehmen und können den Akt der Kontrolle oder der Entscheidung, ob der Gedanke zu bejahen oder auszuführen ist oder nicht, nicht als Zufall oder indeterminiert betrachten; sonst könnten wir ihn nicht uns selbst als *unsere* willensfreie Handlung zuschreiben. Auch diesen unseren Akt müßten wir physiologisch nachweisen können. Die eigentliche Schwierigkeit, in einer von uns selbst determinierten Kontrolle spontan kommender, kausal determinierter Gedanken unsere Willensfreiheit zu erkennen, besteht im Verständnis der Determination unseres Handelns durch uns selbst. Wenn wir verstanden haben, wie sie möglich ist, haben wir den schwierigsten Teil des Problems der Willensfreiheit gelöst.

Was die Hirnwissenschaft über das «Bereitschaftspotential» berichten kann, das sich vor einer willentlichen Handlung aufbaut, entspricht dem scholastischen Verständnis der Willensfreiheit. Bereitschaftspotentiale sind von Kornhuber und Mitarbeitern schon in den 60ern nachgewiesen worden.[7] Auf den ersten Blick sind sie mit der Willensfreiheit unvereinbar, weil sie die willentliche Handlung nicht als einen Akt zu verstehen erlauben, der «keine der Zeit nach vorhergehende Bedingungen verstattet».[8] Aber die Unvereinbarkeit besteht nur bei Voraussetzung des kantischen Freiheitsbegriffs. Benjamin Libet hat seine eignen Experimente und die Kornhubers treffend so beschrieben:

«Versuchspersonen wurde die Absicht zu handeln 350–400 ms nach Beginn des RP [readyness potential, Bereitschaftspotential] bewußt, aber 200 ms vor dem motorischen Akt. Der Wollensprozeß wird daher unbewußt initiiert. Dennoch könnte das Bewußtsein das Ergebnis kontrollieren: es kann die Handlung blockieren. Die Willensfreiheit wird nicht ausgeschlossen. Diese Ergebnisse schränken Auffassungen darüber ein, wie der freie Wille handelt: er kann eine Handlung nicht initiieren, aber könnte ihre Durchführung kontrollieren.»[9]

Die scholastisch definierte Willensfreiheit sollte nicht nur der physikalistischen, sondern auch der phänomenologischen Betrachtung akzeptabler sein als die kantische. So argumentiert Peter Bieri, der eine Phänomenologie der Formen der Freiheit und Unfreiheit mit schönen Analysen der Phänomene geliefert hat, gegen den «unbedingt freien Willen», den er überwiegend nach der kantischen Definition versteht:

«Nehmen wir an, Sie hätten einen unbedingt freien Willen. Es wäre ein Wille, der von nichts abhinge: ein vollständig losgelöster, von allen ursächlichen Zusammenhängen freier Wille. Ein solcher Wille wäre ein aberwitziger, abstruser Wille. Seine Losgelöstheit nämlich würde bedeuten, daß er unabhängig wäre von Ihrem Körper, Ihrem Charakter, Ihren Gedanken und Empfindungen, Ihren Phantasien und Erinnerungen. Es wäre, mit anderen Worten, ein Wille ohne Zusammenhang mit all dem, was Sie zu einer bestimmten Person macht. In einem substantiellen Sinne des Worts wäre er deshalb gar nicht *Ihr* Wille. Statt zum Ausdruck zu bringen, was *Sie* – dieses bestimmte Individuum – aus der Logik Ihrer Lebensgeschichte heraus wollen, bräche ein solcher Wille, aus einem kausalen Vakuum kommend, einfach über Sie herein, und Sie müßten ihn als einen vollständig entfremdeten Willen erleben, der meilenweit von der Erfahrung der Urheberschaft entfernt wäre, zu deren Rettung er doch eingeführt wurde.»[10]

Das ist eine schöne Beschreibung und berechtigte Verwerfung eines unbedingt freien Willens, aber nicht der scholastisch verstandenen Willensfreiheit. Denn diese ist gerade nicht losgelöst von allen ursächlichen Zusammenhängen, kommt nicht aus einem kausalen Vakuum und erlaubt dem Handelnden, sein höchstpersönlicher Wille zu sein.

Wir müssen ferner beachten, daß der willensfreie Akt (welcher die Durchführung der Handlung kontrolliert) nicht nur die Entscheidung ist, einen *Handlungs*impuls zuzulassen oder zu blokkieren, sondern auch die Entscheidung, einen Impuls, etwas für *wahr* zu halten, zuzulassen oder zu blockieren. Der willensfreie Akt kann, gemäß der zwei Grundkräfte oder Arten illokutionärer Akte (Beschreibung und Befehl) ebenso ein theoretisches wie ein praktisches Urteil sein, und er muß immer ein *Urteil* sein. *Wie* der willensfreie Akt zugleich willensfrei und determiniert durch die eigene Entscheidung sein kann, müssen wir noch klären. Halten wir vorerst fest, daß die scholastisch verstandene Willensfreiheit grundsätzlich vereinbar mit dem Physikalismus ist, wenn man nur klären kann, wie der kontrollierende Akt *unser* zugleich freier und determinierter Akt sein kann.

Ist die Annahme der scholastisch definierten Willensfreiheit mit dem philosophischen *Determinismus* vereinbar? Traditionell galt sie als unvereinbar, weil die Willensfreiheit als unvereinbar galt mit einem vor Zeitbeginn determinierten Ablauf der Ereignisse, die die Welt ausmachen. Wenn wir jedoch annehmen können, wie ich zeigen möchte, daß auch der willensfreie Akt determiniert ist, zwar nicht durch die Gegebenheiten der Natur und Geschichte, aber durch das Selbst oder das Ich-Ideal des Handelnden und die Handlungsgründe, die ich gemäß meinen Ich-Ideal zulasse, dann ist die Willensfreiheit mit einem Determinismus vereinbar, der zu den Determinanten des Handelns auch solche Faktoren zählt, die vom Handelnden selbst gesetzt werden. Aber er ist unvereinbar mit einem Determinismus, der die Determiniertheit des Weltablaufs behauptet, also mit der Annahme der *Prädetermination*. Denn wenn wir frei sind, einen Handlungs- oder Meinungsimpuls ebenso zu bejahen (oder zuzulassen) wie zu verneinen (oder zu suspendieren), dann liegt der Weltlauf nicht fest; er ist nicht determiniert, auch wenn unsere Entscheidung für ein Ja oder Nein von uns selbst determiniert ist. Die scholastisch definierte Willensfreiheit ist vereinbar mit der (richtig verstandenen) Determination, aber nicht der Prädetermination allen Geschehens. Nicht die These der Determination, sondern der Prädetermination von Handlungen ist das Kriterium, an dem sich erkennen läßt, ob ein Autor dem Menschen Willensfreiheit zuspricht. Wenn er zwar behauptet, die Willensfreiheit zu vertreten, aber vom Handelnden doch sagt, es sei «*nicht offen, welche seiner Vorstellungen am Ende die Oberhand gewinnen und seinen Willen bestimmen wird*»,[11] spricht er dem Menschen nicht die traditionell verstandene Willensfreiheit zu.

Von der Willensfreiheit müssen wir die Handlungsfreiheit unterscheiden. Diese kann in Anschluß an Aristoteles' Bestimmung *freiwilliger* Handlungen wie folgt definiert werden:[12]

Handlungsfreiheit = *df* das Vermögen, nach dem eigenen Willen zu handeln.

Handlungsfreiheit impliziert nicht Willensfreiheit. Wenn zu einer Handlung der eigene Wille determiniert, aber man zu einer Handlungs- oder Meinensmöglichkeit nicht ebensowohl Nein wie Ja sagen kann, ist man handlungs-, aber nicht willensfrei. Auch umgekehrt impliziert Willensfreiheit nicht Handlungsfreiheit. Man kann fähig sein, zu einer praktischen Proposition ebenso Nein wie Ja zu *sagen* oder so oder so zu *urteilen*, und doch unfähig, nach dem eigenen Urteil zu *handeln*, sei es aus psychischen Hindernissen, etwa wenn ein Schachfreund seine Entscheidung, abends zu arbeiten, nicht ausführt, weil er unfähig ist, das Angebot eines Schachspiels abzuschlagen, sei es aus physischen Hindernissen, etwa wenn ein Selbstmörder, der sich von einem Felsen gestürzt hat, während seines Sturzes aufrichtig urteilt, er sollte lieber am Leben bleiben, aber mangels seiner Fähigkeit zu fliegen nicht nach seinem Willen handeln kann (dieses Beispiel war aus leicht erkennbaren seelsorgerischen Gründen unter den Scholastikern beliebt).[13]

Die Handlungsfreiheit ist anders als die (scholastisch verstandene) Willensfreiheit nicht nur mit der Determination, sondern auch der Prädetermination des Weltablaufs *verträglich*. Daher liegt es nahe, wenn man die Probleme der Annahme, Menschen hätten die prädeterminismus*un*verträgliche Willensfreiheit, vermeiden will, diese mit der Handlungsfreiheit gleichzusetzen. Das haben gerade Philosophen des 20. Jahrhunderts gern getan.[14] Auch Peter Bieri kommt nicht darüber hinaus, die Willensfreiheit als Handlungsfreiheit zu deuten. Wenn er die Freiheit des Willens darin liegen sieht, «*daß er auf ganz bestimmte Weise bedingt ist: durch unser Denken und Urteilen*»,[15] beschreibt er das, was traditionell als ideale Form menschlicher Handlungsfreiheit galt.

Aber daß Bieri nur die Handlungsfreiheit beschreibt, liegt nicht daran, daß er die Willensfreiheit statt als Unbedingtheit als eine ganz bestimmte Weise der Bedingtheit versteht, sondern daß er sie als Freiheit des *Wollens* und nicht als Freiheit des *Urteilens* versteht. Die Frage, ob wir willensfrei sind, wurde traditionell nicht als Frage verstanden, ob wir durch unser Denken und Urteilen unser Wollen bestimmen können, sondern ob wir auch in unserem Urteilen frei sind. Man mag diese Frage für unsinnig oder es für offensichtlich halten, daß wir in unserem Urteilen nicht frei sind, aber es ist eine historische Tatsache, daß Willensfreiheit von den Scholastikern und den neuzeitlichen Philosophen bis zu Hume von Handlungsfreiheit nur als das Vermögen unterschieden wurde, über eine Proposition ebenso mit Ja wie mit Nein zu *urteilen*. Da ich nur diese Unterscheidung für sinnvoll halte, gehe ich im folgenden nicht der Frage nach, ob Menschen ihren *Willen* durch Denken und Urteilen bestimmen können, was kaum jemand bestreitet, sondern ob es sinnvoll und vielleicht sogar wahr ist zu sagen, daß sie eine Proposition ebenso bejahen wie verneinen können.

4. Willensfreiheit, Vernunft und Moral

Sehen wir uns zuerst das Verhältnis von Vernunft, Willensfreiheit und Moral näher an. Unbestritten kann es ohne Vernunft keine Moral geben, da keine Moral ohne das Abwägen von Gründen und daher Vernunft auskommt. Aber ist *Moralischsein* (verstanden als das Befolgen der Regeln der Moral, wie immer wir diese verstehen) *dasselbe* wie *Vernünftigsein* (verstanden als das Ausüben des Geschäfts der Vernunft)? Hume verneinte: «Reason is, and ought only to be the slave of the passions»:[16] die Vernunft sei nie *rein* praktisch, da sie nie Handlungsziele setze, sondern nur Mittel zu ihrer Erreichung; Ziele setzen die *passions*, und einige Ziele, nämlich geistige Eigenschaften, die uns uneigennützig gefallen, seien moralisch. Wir könnten zwar ohne Vernunft nicht moralisch sein, weil wir sie zur Erkenntnis der Mittel brauchen. Aber das heißt, daß die Vernunft die Magd ist, die den Interessen dient, unter denen einige moralisch sind und andere nicht. Kant versicherte dagegen, «daß es *reine* praktische Vernunft gebe»:[17] unser Handeln werde genau dann nur von der Vernunft bestimmt, wenn wir moralisch handeln, und wir handeln genau dann moralisch, wenn wir nur der Vernunft folgen.

Was muß unsere Antwort auf die Frage sein, ob Moralisch- und Vernünftigsein dasselbe sind, wenn wir dem kritischen Vernunftmodell folgen? Die Ziele werden weder allein von den Interessen oder Leidenschaften gesetzt noch allein von der Vernunft. Sie werden spontan von den Leidenschaften vorgeschlagen, aber wir unterwerfen ihre Vorschläge einem Verfahren der Falsifikation, in dem wir sie darauf prüfen, ob sie unseren moralischen Intuitionen, Ideen und akzeptierten Moraltheorien entsprechen. Dieses Geschäft ist das der Rechtfertigung oder Kritik der spontanen Handlungsimpulse: das Geschäft der Vernunft. Die Vernunft ist daher nicht die Magd der Leidenschaften, sondern ihr Zensor. Um moralisch zu sein, müssen Handlungen dem Urteil der Vernunft genügen. Aber daß sie der Vernunft genügen müssen, heißt nicht, daß sie nur formalen Kriterien der Widerspruchsfreiheit oder Verallgemeinerbarkeit genügen müssen, sondern daß sie unseren moralischen Intuitionen und ihren inhaltlichen Forderungen entsprechen müssen, ohne die das Geschäft der Vernunft, Kritik und Falsifikation, nichts zu verhandeln hätte.

Wenn wir moralisch entscheiden, entscheiden wir daher auch immer vernünftig. Aber entscheiden wir auch umgekehrt immer moralisch, wenn wir vernünftig entscheiden? Wenn wir vernünftig entscheiden, heißt das, daß wir gemäß den Rechtfertigungsgründen entscheiden, die uns einleuchten; diese müssen aber durchaus nicht mit der anerkannten Moral übereinstimmen; sie müssen nicht einmal mit dem eigenen Gewissen übereinstimmen. Ich kann mich durch Gründe gerechtfertigt glauben, über die Stimme meines Gewissens hinwegzugehen und unmoralisch zu handeln. In dem Fall handle ich zugleich vernünftig und nicht nur objektiv, sondern auch subjektiv unmoralisch.

Vernünftigkeit ist daher die notwendige, nicht die hinreichende Bedingung der Moral. Nach Kant ist sie dagegen schon ihre hinreichende Bedingung. Kant kommt zu dieser Annahme, weil er von der Vernünftigkeit einer Entscheidung ihre Willensfreiheit und von dieser ihre Moralität garantiert sieht. In der Befolgung der Regeln der Vernunft sieht er einen und zudem den einzigen Weg, uns von der Determination der Naturkausalität zu befreien, auf dem wir zugleich unsere Moralität sichern: «das moralische Gesetz (drückt) nichts anderes aus als die *Autonomie* der reinen praktischen Vernunft, d.i. der Freiheit.»[18]

Kants Idee ist bestechend einfach: Ich erreiche meine Freiheit, wenn ich nicht meinen Neigungen folge, sondern nur dem Prinzip der Vernunft, nach Maximen zu handeln, denen der andere ebenso folgen darf wie ich. Das Vernunftprinzip ist zugleich das Moralprinzip. Daher fallen wir auf den Status reizreagierender und moralunfähiger Organismen zurück, sobald wir nicht vernünftig handeln. Das Vernunftprinzip ist aber auch ein Prinzip einer Selbstgesetzgebung. Daher ist meine Vernunft zugleich meine Tugend, meine Willensfreiheit und meine Autonomie. Diese elegante Konstruktion hat die Kehrseite, daß auch moralische Schlechtigkeit, Heteronomie und Naturdeterminiertheit zusammenfallen und kein Platz für meine Freiheit und Verantwortlichkeit bleibt, *moralisch falsch* zu handeln. Wir können keinen verantwortlichen und zugleich *bösen* Willen haben. Handeln wir falsch oder unmoralisch, dann handeln wir nicht nach der reinen Vernunft und ebensowenig willensfrei; also auch nicht verantwortlich. Kant erkannte zwar an, daß «die Erfahrung oft genug beweist», «daß das vernünftige Subjekt auch eine wider seine (gesetzgebende) Vernunft streitende Wahl treffen kann», hielt aber daran fest, «daß die Freiheit nimmermehr darin gesetzt werden kann, daß das vernünftige Subjekt» eine solche Wahl treffen kann.[19]

Die scholastische Definition der Willensfreiheit erlaubt dagegen eine mühelose Unterscheidung von freiem Willen, Vernunft und Moral. Ein Lebewesen, das die scholastisch definierte Willensfreiheit hat, ist in seinen bewußten Urteilen willensfrei und urteilt kraft seines freien Willens, nicht kraft seiner Vernunft. Die Vernunft legt ihm oder uns in der Rolle des Urteilens ihre Empfehlungen vor, den für das Urteil sprechenden Gründen zu folgen, aber wir können den Empfehlungen ebensowohl folgen wie sie in den Wind schlagen. Folgen wir ihnen nicht, urteilen und entscheiden und handeln wir unvernünftig, aber noch immer willensfrei. Wir urteilen, wie wir es schon in Anschluß an unsere Erörterung von Descartes[20] (dessen Ahängigkeit von der scholastischen Definition wir nun erkennen können) feststellten, nicht kraft unsrer Vernunft, sondern kraft unsres Willens. Wenn die Moral mit den Vernunftratschlägen übereinstimmt, handeln wir, wenn wir die Vernunftratschläge in den Wind schlagen, unmoralisch und unvernünftig, aber dennoch frei und verantwortlich.

Ebensowenig verlangt die scholastische Definition der Willensfreiheit, daß die Vernunftratschläge, die wir frei befolgen wie nicht befolgen können, mit der Moral übereinstimmen. Wir können gute Handlungsgründe sehen und unsere Handlung für gerechtfertigt halten, obgleich die Gründe unmoralisch sind. Unser von der scholastischen Definition der Willensfreiheit unabhängiges Verständnis der Vernunft als Vermögens zu rechtfertigen impliziert zwar, daß vernünftige Handlungsgründe auch Handlungsgründe sind, die zu rechtfertigen sind; können sie aber gerechtfertigt werden, so sind sie auch moralisch richtig. Ob sie aber zu rechtfertigen sind, läßt sich nicht allein an formalen Eigenschaften wie ihrer Konsistenz oder Universalisierbarkeit erkennen; vielmehr müssen sie unseren moralischen Intuitionen genügen. Die Frage, ob Moralischsein und Vernünftigsein dasselbe sind, wird aber gewöhnlich als die Frage verstanden, ob Handlungen, die der nicht durch inhaltliche moralische Intuitionen geleiteten «bloßen» oder «reinen» Vernunft entsprechen, schon moralisch sind. Diese Frage muß der Anhänger der fallibilistischen Vernunft verneinen.

Auf der andern Seite muß er bejahen, daß *letzten Endes* nicht nur eine moralische Handlung vernünftig, sondern auch eine vernünftige Handlung moralisch sein muß. Eine vernünftige Handlung kann nur solange unmoralisch sein, wie die Rechtfertigungsgründe, denen sie folgt, nicht mit unseren eigenen moralischen Intuitionen und Ideen oder Moraltheorien übereinstimmen. Wenn wir einmal, untereinander ebenso wie mit uns selbst, in unseren moralischen Intuitionen und Ideen übereinstimmen, können wir eine Handlung, die unmoralischen Rechtfertigungsgründen folgt, nicht mehr als vernünftig anerkennen.[21] Dann werden wir die Befolgung eines unmoralischen Rechtfertigungsgrunds als ebenso unvernünftig und widersprüchlich betrachten wie die Wahl eines ineffektiven Mittels zur Erreichung eines gewünschten Ziels. Außerdem messen wir schon heute, wie wir gesehen haben, die moralische Richtigkeit von Handlungen an der Idee der gleichen Freiheit; daran, ob sie jedem erlauben, seine eigenen Fähigkeiten, und das heißt vor allem: sein eigenes Rechtfertigungs- oder Vernunftvermögen zu betätigen.

Moralische Handlungen müssen daher nicht nur deshalb vernünftig sein, weil ihre Rechtfertigungsgründe letzten Endes mit unseren moralischen Intuitionen und Ideen übereinstimmen müssen, sondern auch deshalb, weil unsere moralischen Rechtfertigungsgründe an der Wertschätzung der Vernunft und ihrer Betätigung durch jeden orientiert sind. Trotz dieser doppelten Bindung des Vernünftigen ans Moralische sollten wir dennoch festhalten, daß unter der heutigen Bedingung mangelnder Übereinstimmung unserer moralischen Intuitionen und Ideen und des geläufigen formalen Vernunftverständnisses zwar eine moralische Handlung vernünftig, aber ein vernünftige Handlung nicht unbedingt moralisch heißt.

Fassen wir zusammen. Wir können unterscheiden zwischen den Bedingungen, die uns willensfrei, die uns vernünftig und die uns moralisch machen. Unsere Willensfreiheit macht uns *moralfähig* und *moralisch verantwortlich* und zurechenbar, aber deswegen nicht moralisch oder tugendhaft. Unsere Vernunft erlaubt uns, zwischen (formal) vernünftigen und moralischen Handlungen zu unterscheiden. Unsere Moral setzt Willensfreiheit und Vernunft voraus, geht in ihnen aber nicht auf. Wir können das Verhältnis von Willensfreiheit, Vernunft und Moral durch folgende Definitionen klarstellen.

Willensfrei handeln wir, wenn wir eine Handlung (oder ein Urteil) H ebenso vollziehen wie unterlassen können.

Vernünftig handeln wir, wenn wir Gründe für und gegen H anführen, abwägen und den uns einleuchtenden Gründen folgen.

Moralisch handeln wir, wenn die Gründe, nach denen wir handeln dürfen oder müssen, moralisch richtig sind. Moralisch richtig sind sie, wenn sie oder die Theorien, die sie stützen, von unseren moralischen Intuitionen und Ideen nicht falsifiziert werden.

Nach der scholastischen Definition der Willensfreiheit können wir, müssen aber nicht annehmen, daß wir frei handeln, wenn wir vernünftig handeln. Nur wenn wir den Gründen, denen wir folgen müssen, um vernünftig zu handeln, ebensowohl folgen wie nicht folgen können, impliziert Vernünftighandeln Freihandeln. Aber wir hören nicht auf, vernünftig zu handeln, wenn wir den Gründen, denen wir im Vernünftighandeln folgen, folgen *müssen*. Tatsächlich können Gründe so evident sein, daß wir ihre Befolgung nicht verweigern können, wenn oder solange wir sie nur betrachten. In jedem Fall können wir nicht behaupten, daß das Vernünftighandeln Freihandeln *impliziert*; zum Vernünftighandeln gehört nur das Befolgen der besten Gründe, sei dies determiniert oder willensfrei. Wir können uns daher ohne Widerspruch Wesen denken, die vernünftig, aber nicht frei sind, gegen ihre Vernunft zu entscheiden. Kant schrieb solchen Vernunftwesen einen heiligen Willen zu,[22] weil er, wie erwähnt, die Vernunftbefolgung mit moralischem Handeln gleichsetzte. Auch wenn wir diese Gleichsetzung verwerfen, müssen wir anerkennen, daß jemand nicht aufhört, *vernünftig* zu handeln, wenn er das von der Vernunft Geforderte *notwendig* täte.

Allerdings müßten wir ihm einen Willen zuschreiben, der die außerordentliche Qualität hat, das von ihm Bewirkte *notwendig* hervorzubringen und es dennoch von einem bloßen Geschehen zu unterscheiden. Wir brauchten besondere Argumente, wie der Anschein, daß Rationalität Normativität und Normen folgendes (im Unterschied zu gesetzmäßigem) Verhalten Willlensfreiheit voraussetzt, aufzulösen ist. Wir hätten ein geschlosseneres und einfacheres Bild von der Vernunft, wenn wir tatsächlich an der traditionellen Vorstellung festhalten könnten, daß Vernunft ohne Willensfreiheit unmöglich ist, zumindest bei Lebewesen wie den Menschen, deren Wille offensichtlich nicht immer heilig ist.

Zwischen den drei Handlungsweisen der Moralität, Rationalität oder Vernünftigkeit und Willensfreiheit besteht folgendes begriffliches Verhältnis:

(1) Wenn wir moralisch handeln, handeln wir notwendig vernünftig. Denn um moralisch zu handeln, müssen wir nach moralischen Gründen handeln, und wenn wir nach Gründen handeln, handeln wir vernünftig.
(2) Wenn wir moralisch handeln, handeln wir notwendig frei. Denn wenn wir moralisch handeln, handeln wir verantwortlich; Verantwortlichkeit setzt Willensfreiheit voraus.
(3) Wenn wir frei handeln, handeln wir weder notwendig vernünftig noch notwendig moralisch, weil wir alle Handlungsgründe in den Wind schlagen können.
(4) Wenn wir vernünftig handeln, handeln wir nicht notwendig frei, weil wir in der Befolgung von Gründen determiniert sein könnten.
(5) Wenn wir vernünftig handeln, handeln wir nicht notwendig moralisch, denn die Gründe, denen wir im vernünftigen Handeln folgen, können unmoralisch sein.

Kurz: Moralität impliziert Vernunft, aber formale Vernunft impliziert keine Moralität. Moralität impliziert Freiheit, aber Freiheit keine Moralität. Und Freiheit impliziert weder Vernunft noch umgekehrt Vernunft Freiheit. Und doch müssen wir anerkennen, daß idealerweise Vernunft Moralität impliziert und wir uns eine Vernunft ohne Willensfreiheit bei Menschen nicht leicht vorstellen können.

5. Die Rolle des Selbst und der Überlegung

Können wir uns die scholastisch definierte Willensfreiheit zusprechen? Die wichtigste Teilfrage zu dieser Frage ist: wie können wir zugleich determiniert und frei (oder in der ganz bestimmten Weise der Bedingtheit, in der Freiheit besteht) unsere spontan und kausal determiniert aufkommenden Handlungs- und Meinensimpulse kontrollieren? In einer Hinsicht ist die Antwort klar: wir dürfen nur *selbst*gesetzten Zielen folgen, denn dann sind wir determiniert, nämlich von unseren Zielen, und doch frei, *wenn* wir sie uns frei gesetzt haben. Aber wie können wir sie frei gesetzt haben? Sind wir nicht notwendig in der Wahl unserer Ziele determiniert, derart daß, wie Bieri konsequent anerkennt, «*nicht offen*» ist, welche unserer Impulse «*am Ende die Oberhand gewinnen*» wird?[23] Wenn wir nachweisen wollen, daß die Menschen nicht nur handlungs-, sondern auch willensfrei sind, müssen wir zeigen, daß ihre Handlungen zwar (durch sie selbst, was immer das heißen mag) determiniert sind, denn andernfalls wären es nicht *ihre* Handlungen, aber nicht *prä*determiniert.

Kant folgte der Überlegung, daß wir durch selbstgesetzte Ziele zugleich determiniert und willensfrei sind, als er erklärte, man könne sich «unmöglich eine Vernunft denken, die mit ihrem eigenen Bewußtsein in Ansehung ihrer Urteile anderwärtsher eine Lenkung empfinge, denn alsdann würde das Subjekt nicht seiner Vernunft, sondern einem Antriebe die Bestimmung der Urteilskraft zuschreiben. Sie muß sich selbst als Urheberin ihrer Prinzipien ansehen, unabhängig von fremden Einflüssen, folglich muß sie als praktische Vernunft oder als Wille eines vernünftigen Wesens von ihr selbst als frei angesehen werden; d.i. der Wille desselben kann nur unter der Idee der Freiheit ein eigener Wille sein ...»[24]

Kant setzt hier voraus, daß wir *selbst* unsere Vernunft sind (oder in der Betätigung des Vernunftvermögens unsere uns selbst ausmachende Tätigkeit finden) und als vernünftige Wesen dem Ziel folgen, «unabhängig von fremden Einflüssen» über die Wahrheit von Beschreibungen und die normative Richtigkeit von Forderungen zu urteilen. In unseren Urteilen können wir nur bei Strafe des Verzichts darauf, vernünftige Wesen zu sein, «anders *als unter der Idee der Freiheit*» handeln und sind «ebendarum in praktischer Rücksicht wirklich frei».[25] Wir können uns nicht als Vernunftwesen betrachten, wenn wir uns nicht als willensfrei betrachten.

Es gehört zur Eigenart der menschlichen Vernunft, daß wir in ihrer Betätigung frei in dem hier von Kant angenommenen Sinn von frei «von fremden Einflüssen» sind. Denn wenn wir etwas rechtfertigen, schreiben wir bestimmten Ereignissen, den Sprechakten, die mit Geltungsanspruch erhoben werden, die Eigenschaft *gerechtfertigt* zu, die den Sprechakten nicht deshalb zukommt, weil sie von bestimmten *Ursachen* bewirkt wurden, sondern weil für sie *Rechtfertigungsgründe* angeführt werden können. Wir müssen daher, solange wir an der Unterscheidung zwischen *von den und den Gründen gerechtfertigt* und *von den und den Ursachen bewirkt* festhalten, in unseren mit Geltungsanspruch erhobenen Urteilen von Gründen und nicht von Ursachen determiniert sein. Oder wenn Gründe, wenn sie handlungswirksam werden, eine besondere Klasse von Ursachen sind, dann müssen wir in unseren Urteilen von einer besonderen Klasse von Ursachen bestimmt sein – vermutlich solchen, die uns nicht prädeterminieren.

Der Unterschied von Ursachen und handlungsbestimmenden Gründen kann, wie Kant wußte, nicht zeigen, daß wir in unsrer Determination durch Gründe nicht wiederum kausal prädeterminiert sind. Denn die Frage bleibt, ob «die Vernunft selbst in diesen Handlungen, dadurch sie Gesetze vorschreibt,» – wie in normativen Urteilen – «nicht wiederum durch anderweitige Einflüsse bestimmt sei, und das, was in Absicht auf sinnliche Antriebe Freiheit heißt, in Ansehung höherer und entfernterer wirkender Ursachen nicht wiederum Natur sein möge».[26] Diese Frage hält Kant für unbeantwortbar. In ihrer Beantwortung verstricke man sich notwendig in eine Antinomie der reinen Vernunft.[27] Aber die Frage sei auch nur «spekulativ», da wir sie, «so lange als unsere Absicht aufs Tun oder Lassen gerichtet ist, beiseite setzen können».[28] Kant behauptete sogar, daß «man niemals zu dem Wagstücke gekommen sein würde, Freiheit in die Wissenschaft einzuführen, wäre nicht das Sittengesetz und mit ihm praktische Vernunft dazu gekommen und hätte uns diesen Begriff nicht aufgedrungen».[29]

Ist aber die Frage, ob wir in unserer Determination durch Rechtfertigungsgründe nicht wiederum durch Ursachen prädeterminiert sind, wirklich unbeantwortbar? Können wir noch von Naturursachen prädeterminiert sein, wenn wir einmal erfahren haben, daß wir natürliche Reize suspendieren und über ihre Zulassung oder die von Alternativen nach Rechtfertigungsgründen entscheiden können? Kant folgte vermutlich folgender Überlegung. Wir haben grundsätzlich zwei Möglichkeiten, eine Entscheidung zu fällen: entweder nach Gründen oder nach Reizen (oder Motiven oder Neigungen) zu entscheiden. Kraft unseres Suspensionsvermögens können wir Gründen, kraft desselben Vermögens können wir aber auch Reizen folgen. Wie wir unser Suspensionsvermögen gebrauchen, ob wir nach Gründen oder nach Reizen entscheiden, könnte in jedem Fall kausal determiniert sein. Und selbst wenn wir entscheiden, nach Gründen zu entscheiden, könnten wir in unserem Urteil von den Gründen prädeterminiert sein, die uns einleuchten oder nicht einleuchten.

Man muß anerkennen, daß die Annahme allein, daß Menschen ein Suspensionsvermögen haben und fähig sind, nach Gründen zu entscheiden, nicht ausreicht, die Frage der Willensfreiheit zu entscheiden. Denn in der Tat könnten wir darin prädeterminiert sein, wie wir auf Reize reagieren. Ob wir ihnen spontan folgen oder sie suspendieren, ob wir über die Zulassung oder Zurückhaltung suspendierter Impulse nach Gründen entscheiden oder in anderer Weise, könnte prädeterminiert sein. Man muß auch anerkennen, daß wir uns oft von Launen oder Umständen bestimmen lassen, wie wir auf Reize reagieren, ob «rational», durch Erwägung möglicher Rechtfertigungsgründe, oder nicht rational. Es bleibt daher die Frage, ob wir durch eigene Zielsetzungen, etwa durch den Willen, bei wichtigen Fragen nur nach reiflicher Überlegung zu entscheiden, der prädeterminierten Kausaldetermination entgehen können.

Auf den ersten Blick ist das unmöglich. Denn in unseren Zielsetzungen sind wir ja wieder kausal determiniert. Auf der anderen

Seite folgen wir in unserem alltäglichen Umgang mit anderen Menschen durchgehend der Vorstellung, daß die anderen ebenso wie wir selbst zugleich determiniert sind durch Entscheidungen, die wir selbst gefällt haben, etwa eine Verabredung einzuhalten, und doch Entscheidungen nicht deshalb einhalten, weil wir *prädeterminiert* wären, sie einzuhalten, sondern weil wir uns dazu in einer Weise entschieden haben, die wir jederzeit verwerfen und in den Wind schlagen könnten. Wenn wir es dennoch nicht tun, dann, weil wir bei der Entscheidung bleiben *wollen* und bewußt und absichtlich bei der Zustimmung bleiben, die wir gegeben haben. Nur deshalb können wir aufeinander und auf uns selbst böse, wütend, verletzt, beleidigt, empört sein, wenn wir oder die andern die Vereinbarung nicht einhalten, und dankbar und anerkennend, wenn wir sie trotz Schwierigkeiten einhalten. Wir unterstellen, daß wir durch unsere Entscheidungen determiniert, aber nicht prädeterminiert sind. Haben wir es dagegen mit Hunden, kleinen Kindern und Psychotikern zu tun, dann loben und schimpfen wir zwar, wir können sogar vor Wut über den uns gezeigten Ungehorsam toben und schlagen, aber nehmen nicht an, wenn wir nicht selbst unnormal sind, daß sie hätten anders handeln können.

Versuchen wir nun, die Vorstellung eines determinierten, aber nicht prädeterminierten Entscheidens zu explizieren. Was müssen wir als die Regel eines solchen Entscheidens formulieren? In einem ersten Anlauf könnten wir folgende Entscheidungsregel angeben:

N* Sei frei von allen Determinationen außer der,
frei von allen Determinationen zu sein.

Eine Befolgung von N* ist offensichtlich nicht möglich, weil N* ohne Handlungsbestimmung bleibt. Wir entgehen jedoch der Leere der Handlungsbestimmung, wenn wir die Regel durch zwei Bedingungen qualifizieren. Erstens schränken wir die Freiheit von Determinationen auf die Freiheit von fremden Determinationen ein, von solchen, die nicht *eigene* Determinationen sind. Zweitens verlangen wir, daß der Handelnde dann, wenn ihm eine Voraussage seines Verhaltens bekannt wird, so handelt, daß er die Voraussage falsifiziert. Die erste Bedingung erläutern wir dadurch, daß als eigene Determination nur zählt, was solchen Handlungsgründen entspricht, die vom Ich-Ideal, Über-Ich, Selbstbild oder einer andern verinnerlichten Erziehungsautorität des Handelnden als zu befolgen anerkannt werden. Die zweite Bedingung müssen wir aufstellen, um eine Prädetermination auszuschließen. Statt N* hätten wir nun

N (a) Handle nur nach Gründen, die deinem Ich-Ideal entsprechen, und (b) falsifiziere, wenn dir eine angebliche Prädetermination deines Verhaltens bekannt wird, diese durch dein Verhalten.

Könnten Menschen der N-Regel folgen? Es scheint, daß wir die Frage dann verneinen müssen, wenn Computer ihr nicht folgen könnten. Daß Computer ihr folgen könnten, scheint jedoch eher unplausibel. Vielleicht könnten wir Computern ein Analogon zu einem Ich-Ideal einbauen, vielleicht könnten wir ihnen auch einen Zufallsmechanismus einbauen, der dafür sorgt, daß dann, wenn ihnen eine Voraussage über ihr Verhalten eingefüttert wird, sie in unberechenbarer Weise reagieren. Dennoch scheint eine Übertragbarkeit der Beobachtungen an Computern auf Menschen und umgekehrt zweifelhaft. Den Grund dafür können wir aber leicht angeben. Computer können überhaupt nicht, wie N verlangt, *Gründen* folgen. Sie können nur auf Zeichen und Signale reagieren, aber nicht zwischen Gründen und Ursachen unterscheiden. Sie haben eben kein Vermögen zu rechtfertigen, keine Vernunft, zumindest in ihrer bisherigen Ausstattung. Daher können sie auch nicht N folgen.

Müssen wir Menschen, die N folgen, die Willensfreiheit im scholastischen Sinn zusprechen? Wenn sie N folgen, sind sie durch N zwar determiniert. Das aber schließt ihre Willensfreiheit nicht aus, sondern nur, wenn sie auch prädeterminiert wären. Durch Bedingung (b) aber wird die Prädetermination ausgeschlossen. Denn wenn der Handelnde bei Bekanntwerden der behaupteten Prädetermination so handelt, daß diese nicht wahr wird, kann sein Verhalten nicht durch die Vergangenheit und seine früheren Lebensbedingungen festgelegt sein. Er wird zwar durch seine Kenntnis der Voraussage determiniert, das Vorausgesagte nicht zu tun, aber diese Determination ändert nichts daran, daß sie die Prädetermination aufhebt.

Wir müssen an der Falsifikation der Prädeterminationsaussage einige Punkte beachten. *Zuerst* einmal, daß sie die Voraussage nicht dadurch unmöglich macht, daß sie zeigt, daß die Umstände, die ein Verhalten prädeterminieren könnten, zu kompliziert, zu schwer zu berechnen, zu wenig bekannt oder gar keine Kausalfaktoren sind. Wegen solcher Komplikationen der eventuell prädeterminierenden Umstände ist es schwer oder unmöglich, das Wetter und das Verhalten mancher Elementarteilchen vorauszusagen. Im Fall menschlichen, eine Voraussage absichtlich falsifizierenden Verhaltens liegt dagegen ein Faktor vor, der das Verhalten *voraussehbar unvoraussehbar* macht. Das Handeln von Menschen unterscheidet sich vom Verhalten toter Körper durch seine bewußte Berücksichtigung der auf sie einwirkenden Umstände und die Fähigkeit, einer Idee zuliebe (wie der der Freiheit) eventuell prädeterminierende Faktoren auszuschalten.

Diese Fähigkeit wird in einem *zweiten* Aspekt der absichtlichen Falsifikation der Voraussage durch mein Verhalten noch deutlicher. Daß ich eine Voraussage absichtlich falsifizieren kann, zeigt nicht nur, daß die Prädetermination aufgehoben wird, wenn die Voraussage dem Handelnden bekannt wird. Die absichtliche Falsifikation ist vielmehr der Beweis für meine Fähigkeit, trotz der Determination durch gegenwärtige Handlungsbestimmungen unabhängig von vorausgegangenen möglichen Handlungsfaktoren zu handeln. Daß eine Voraussage, die mir nicht bekannt wird, durch mein Verhalten *bestätigt* wird, zeigt nicht, daß mein Verhalten prädeterminiert ist. Es zeigt nur, daß unter bestimmten Umständen zurückliegende Faktoren mein Verhalten bestimmen *können*. Da aber meine Falsifikation einer mir bekannten Voraussage zeigt, daß ich fähig bin, vermutete Prädeterminationen zu brechen, zeigt die Bestätigung einer Voraussage durch mein Verhalten nur, daß ich mich auch von zurückliegenden Faktoren determinieren lassen *kann*, aber nicht *muß*.

Das Versagen der Prädetermination dann, wenn ich von der Voraussage weiß, beweist, daß der Mechanismus oder die Dynamik meiner Verhaltensbestimmung grundsätzlich nicht von prädeterminierenden Faktoren abhängt, daß diese vielmehr einen Überlegungsprozeß durchlaufen, in dem sie ihre prädeterminierende Kraft verlieren. Unsere Überlegung, wie wir entscheiden sollen, hebt nicht die determinierende Kraft möglicher Handlungsfaktoren auf, aber treibt ihnen ihre Prädetermination aus; sie depotenziert sie durch ihre Entzeitlichung. Wie ist das möglich?

Dadurch, daß ich zum Handlungsimpuls, dessen ich bewußt werde, mindestens eine Alternative denken kann, nämlich ihre Negation, kann und muß ich meine Handlung *wählen*; ich muß meine Handlung als eine unter möglichen aussuchen. Die Möglichkeit, die ich wähle, determiniert mich zwar zur Wahl durch die Attraktionen, die sie mir zeigt, aber sie determiniert mich nur als eine unter Konkurrenten, die mich auch determinieren könnten, wenn sie nur attraktiver wären. Sie determiniert mich nicht durch ihre oder meine Vorgeschichte, sondern durch ihre Stellung in einem Wettbewerb, in dem allein die mir im Augenblick der Wahl gegenwärtigen Vorzüge gelten. Daher ist jede Handlung, die wir wählen oder nach einer Gründe abwägenden Überlegung beschließen, zwar determiniert, aber nicht prädeterminiert. Unsere Vernunft entzeitlicht. Wir finden hier den Grund der traditionellen Auffassung von der Zeitlosigkeit der Vernunft. Vor dem Gerichtshof der Vernunft gibt es nur Gegenwart, auch wenn über die Vergangenheit und Zukunft geurteilt wird.

Haben wir einmal die entzeitlichende Kraft der Vernunft verstanden, so wird ein *dritter* Punkt an der absichtlichen Falsifikation einer Voraussage durch mein Verhalten deutlich. Ich hebe die Prädetermination nicht nur dann auf, wenn ich das Gegenteil des Vorausgesagten tue. Es genügt vielmehr, daß ich einmal gezeigt habe, daß ich das Gegenteil tun *kann*, um zu beweisen, daß ich nicht prädeterminiert bin. Der Trotz eines Kinds kann gewiß seiner Entdeckung und Einübung des Vermögens förderlich sein, sich von vorausliegenden Faktoren nicht prädeterminieren zu lassen (wie sich trotzgeschädigte Eltern vielleicht zum Trost vorhalten können). Aber er ist bestenfalls eine vorübergehende Stufe in der Entdeckung der Willensfreiheit und keine Dauerbedingung.

Kommen wir auf die N-Regel zurück. Sie sollte nur der Klärung der Bedingungen dienen, die die scholastisch definierte Willensfreiheit an eine Handlung stellt. Wenn wir uns fragen, ob Menschen ihr folgen können, scheint es mir ein gut begründeter empirischer Satz zu sein, daß sie es können. Sie können Gründen folgen, weil sie eine propositionale Sprache sprechen. Sie haben als soziale Lebewesen Ich-Ideale oder ähnliche verinnerlichte Erziehungsautoritäten; dazu sage ich noch etwas im letzten Abschnitt dieses Kapitels. Und sie können ihnen bekannt werdende Voraussagen durch ihr Verhalten absichtlich falsifizieren. Wenn aber die Befolgung der N-Regel die Willensfreiheit sichert, dann haben Menschen die Willensfreiheit im scholastischen Sinn.

Was implizieren wir, wenn wir uns Willensfreiheit zuschreiben? Nicht daß wir sie in allen unseren Entscheidungen betätigen, sondern nur in einer *kleinen* Klasse von Entscheidungen. Zu dieser Klasse gehören offensichtlich nicht die Entscheidungen, die keine Urteile sind. Denn nur wenn wir eine Proposition erwägen und entscheiden, ob wir sie bejahen oder verneinen sollen, können wir willensfrei sein. Aber auch in vielen, wenn nicht den meisten Fällen, in denen wir eine Proposition erwägen, sind wir nicht willensfrei. Wenn die Gründe, die für die Proposition sprechen, evident sind, wie im Fall der Proposition, daß zweimal zwei vier ist oder die Wand vor mir weiß, bin ich nicht willensfrei; ich muß vielmehr zustimmen.

Insbesondere sind wir gewöhnlich nicht unmittelbar vor den Handlungen willensfrei, für die wir verantwortlich gemacht und gelobt und getadelt und verurteilt werden. Um Bieris Musterbeispiel zu nennen, Raskolnikovs Ermordung der alten Pfandleiherin in Dostojewskis *Schuld und Sühne*, so ist es nicht der Augenblick, bevor Raskolnikov die Axt zum tödlichen Schlag ausholt, in dem er willensfrei ist, wie Bieri als die Meinung der Anhänger der traditionellen Willensfreiheit unterstellt.[30] Denn in diesem Augenblick ist Raskolnikov durch seine zuvor gefaßten Entschlüsse und seinen zum Durchhalten von Entscheidungen fähigen Charakter zum Mord prädeterminiert. Seine Willensfreiheit betätigt er vielmehr nur in den Augenblicken, in denen er mit Ruhe und Urteilskraft entscheidet, die Gründe auf sich wirken zu lassen, nach denen manche Menschen sich als Ausnahmemenschen betrachten und sich über die Moral erheben dürfen. Nur in den wenigen Fällen, in denen wir überlegen, ob wir eine Proposition betrachten und ihre Gründe abwägen sollten, sind wir willensfrei. Unsere Willensfreiheit, genauer: ihre Reichweite, ist *beschränkt*.

Obgleich ihre Reichweite beschränkt ist, ist sie *absolut* in dem Sinn, daß wir dort, wo sie hinreicht, nicht freier sein könnten: wir können die erwogene Proposition ebenso verneinen wie bejahen, und mehr an Willensfreiheit kann es nicht geben. Auch wenn ich nur in wenigen Fällen überlegen kann, ob ich eine Proposition betrachten und ihre Gründe abwägen oder mich ihnen nicht lieber von vornherein verschließen sollte, genügt schon die Möglichkeit, das zu tun, um mir ohne Einschränkung das Vermögen zuzusprechen, eine Proposition ebensowohl zu bejahen wie zu verneinen. Von der Willensfreiheit gibt es kein Mehr oder Weniger; sie ist ein vollkommenes Vermögen in dem im ersten Kapitel erläuterten Sinn. Entweder man hat sie oder man hat sie nicht, ein Mittleres gibt es nicht.

6. Warum wir eine prädeterminismusunverträgliche Willensfreiheit annehmen müssen

Ähnlich wie man sich fragen kann, ob man wirklich neben dem Verstand und seinen vielen Formen und Funktionen und seinen Defiziten noch eine Vernunft mit ihrer spezifischen Funktion des Rechtfertigens oder Kritisierens annehmen muß, kann man auch fragen, ob man wirklich neben den vielen Formen und Funktionen der Handlungsfreiheit und ihren Defiziten (wie sie Peter Bieri eindringlich beschrieben hat) noch eine Willensfreiheit mit einer spezifischen Fähigkeit annehmen muß. Hier ist die Frage noch dramatischer und die Antwort folgenreicher. Denn daß wir die Funktion der Vernunft, die Rechtfertigung, ausüben können, steht nicht ernsthaft in Frage. Ob wir dagegen das spezifische Vermögen der Willensfreiheit, das Sowohl-bejahen-wie-verneinen-können einer Proposition, besitzen, ist heftig umstritten. Heben wir daher hervor, warum wir überhaupt eine Willensfreiheit neben den Handlungsfreiheiten annehmen sollten.

Der wichtigste Grund, sie anzunehmen, ist, daß nur ihr Besitz die Aufrechterhaltung der moralischen Praxis des Lobens, Tadelns und Strafens und unserer moralischen Gefühle der Empörung und Entrüstung, des Grolls und der Demütigung, der Dankbarkeit und der Bewunderung rechtfertigt. Dieser Grund entspricht dem Grund, zwischen Vernunft und Verstand zu unterscheiden: die Unterscheidung soll sichern, daß wir in der Gemeinsamkeit der Vernunft trotz der Verschiedenheit der Menschen in ihren Verstandeskräften einen hinreichenden Grund finden, allen Menschen einen Grundstock von Menschenrechten und Gerechtigkeitspflichten zuzuschreiben. Ebenso sichert die Annahme einer allen Menschen gemeinsamen Willensfreiheit trotz ihrer großen Unterschiede im Ausmaß und Charakter ihrer Handlungsfreiheit, daß wir allen Menschen grundsätzlich Verantwortlichkeit für ihre Handlungen zuschreiben. Diese Annahme schließt nicht aus, daß wir jemanden unter bestimmten Umständen für unzurechenbar erklären. Aber dafür brauchen wir besondere Indizien, die unabhängig vom Ausmaß der Handlungsfreiheit der Individuen sind und der Vorstellung folgen, daß sie die Willensfreiheit (durch Drogen oder andere Einflüsse) außer Kraft setzen oder das Individuum hindern, von seiner Willensfreiheit den Gebrauch zu machen, zu dem er unter normalen Umständen fähig wäre. Diese Vorstellung entspricht der, daß jemand auch von seiner Vernunft unter Umständen nicht den angemessenen Gebrauch machen kann, zu dem er normalerweise fähig wäre.

Die Anhänger einer prädeterminismus*verträglichen* Willensfreiheit geben sich viel Mühe nachzuweisen, daß auch bei Annahme einer Prädetermination menschlichen Verhaltens diese moralische Praxis und innerliche Einstellung sinnvoll bleibt. Auch Bieri will diesen Nachweis führen, an Hand einer Diskussion zwischen Raskolnikov, der auf die Prädetermination seines Handelns verweist und die Unfairneß seiner moralischen Verurteilung behauptet, und seinem Richter, der die Prädetermination sowenig wie Bieri bestreitet[31] und wie er, oder mit seiner Hilfe, auf der Richtigkeit der moralischen Verurteilung besteht.[32]

Aber in dieser Diskussion hat Raskolnikov notwendig die besseren Karten. Denn gesteht man ihm einmal die Prädetermination des Handelns zu, ist es *sinnlos*, ihn *moralisch* zu verurteilen. Man kann ihn natürlich verurteilen, um der Gesellschaft eine bestimmte Disziplin zu geben. Strafe wäre dann nicht dazu da, wie auch Bieri die Strafe verstehen will, dem Bestraften die moralische Ächtung durch die Gesellschaft anzuzeigen, sondern nur dazu, wie sie der konsequentere Prädeterminist Hobbes verstand:[33] um die Wiederholung gesellschaftlich unerwünschten Verhaltens weniger wahrscheinlich zu machen durch negative Sanktionen, die man gegen lernfähige Tiere ebenso wie gegen Menschen anwendet. Wie argumentiert Bieri gegen Raskolnikov? Er sagt, es gebe «*keinen Standpunkt ..., von dem aus man den Vorwurf der Unfairneß*» der Verurteilung Raskolnikovs – «erheben könnte».[34]

Das ist wahr, weil der Vorwurf der *Unfairneß* moralisch ist und Raskolnikov in der Tat nicht die moralische Unrichtigkeit seiner Verurteilung behaupten kann, nachdem er selbst sich durch seinen

Mord außerhalb der moralischen Gemeinschaft gestellt und die Pflichten der Moral verworfen hat. Aber Raskolnikov braucht nur statt Unfairneß die Sinnlosigkeit seiner moralischen Verurteilung zu behaupten, um einen Standpunkt zu finden, von dem aus er seine Verurteilung verwerfen könnte. Wenn alles Verhalten prädeterminiert ist, sind moralische Gefühle und Verurteilungen sinnlos. Wenn es prädeterminiert ist, daß ich einen wichtigen Termin verschlampte, hat mein Freund, der vergeblich auf mich wartete, keinen Grund, mir böse zu sein. Wenn wir der Sinnlosigkeit moralischer Entrüstung in einer prädeterminierten Welt entgehen wollen – was zur Aufrechterhaltung einer gesellschaftlichen Ordnung durchaus nicht notwendig ist, wie Hobbes zeigte –, müssen wir eine prädeterminismus*un*verträgliche Willensfreiheit annehmen, wie sie der scholastische Begriff liefert und wie wir sie uns zusprechen können, wenn es richtig ist, daß wir der N-Regel folgen können.

Ein weiterer und verwandter Grund dafür, außer den vielen Formen der Handlungsfreiheit eine Willensfreiheit anzunehmen, hat mit unserem Begriff der Urheberschaft und des Selbst zu tun. «Urheberschaft und Subjektsein», so Bieri, «bestehen darin, daß wir es sind, die durch Überlegen bestimmen, wie unser Wille sein soll.»[35] Das ist richtig, aber hebt einen wichtigen Charakter der Urheberschaft nicht hervor: daß wir nicht nur durch Überlegen bestimmen, wie unser Wille sein soll, sondern auch frei sind zu überlegen, wie unser Wille sein soll. Zu unserer Urheberschaft gehört nicht nur, daß wir unseren Willen formen, sondern auch, daß wir entscheiden können, ob wir überhaupt Überlegungen anstellen. Wir sind nicht zum Überlegen verdammt, auch wenn manche Philosophen das vielleicht wegen ihrer Neigung zu überlegen meinen. Wir sind auch dafür verantwortlich, ob wir überhaupt unsere Überlegungen und Erwägungen auf einen Gegenstand richten. Die Entscheidung darüber ist für unsere Verantwortlichkeit grundlegend. Die Annahme einer nur prädeterminismusverträglichen Willensfreiheit erlaubt uns dagegen, uns in einer Weise zu verstehen, in der wir für die Entscheidung darüber, ob wir unsere Erwägung auf einen Gegenstand richten, nicht verantwortlich sind.

Ein solches Verständnis ist nun in der Tat naheliegend. Denn wenn zu unserer Verantwortlichkeit auch die Entscheidung gehört, ob wir überhaupt etwas erwägen, hat das beunruhigende Konsequenzen. Erstens können wir das Ergebnis einer Überlegung nicht voraussagen. Nach welchen Gesichtspunkten sollen wir da verantwortlich entscheiden, ob wir unsere Überlegungen auf einen möglichen Gegenstand unseres Überlegens richten sollen? Da diese Entscheidung gerade zu den wenigen, wenn nicht den einzigen gehört, in denen wir unsere Willensfreiheit betätigen können, scheint es, daß wir unsere Willensfreiheit zumindest hier nur blind betätigen können. Ein zweiter, ebenso verwirrender Punkt wird am Beispiel Raskolnikovs deutlich. Ich sagte, Raskolnikov betätige seine Willensfreiheit nicht unmittelbar vor seinem mörderischen Axthieb, sondern in den ruhigen Augenblicken, in denen er entscheidet, die Gründe zu betrachten, nach denen manche Menschen sich als Ausnahmemenschen betrachten und sich über die Moral erheben dürfen. Wenn Raskolnikov aber in diesen ruhigen Augenblicken seine Willensfreiheit betätigt, müssen wir ihn auch wegen der hier getroffenen Entscheidungen verurteilen. Das jedoch ist paradox; denn wir verurteilen ihn wegen seines Mords und nicht wegen seiner Entscheidung, sich Nietzscheanischen Gedanken hinzugeben (oder besser, Dostojewskischen Gedanken, die Nietzsche weiterspann).

Das Paradox läßt sich jedoch auflösen. Wir verurteilen ihn zwar wegen seines *Mords*, aber wir verurteilen *ihn*. Der Mord ist ein Indiz von Zügen seines Charakters, denen unsere moralische Verurteilung gilt. Wir verurteilen, auch moralisch, die Tat nur, soweit wir in ihr einen Mord und nicht eine unkontrollierbare Affekthandlung, einen Unfall oder ein Versehen erkennen. Wir machen den Mörder für die Tat verantwortlich, soweit sie ihn selbst zum Urheber hat, und wir betrachten ihn nur soweit als Urheber, wie die Tat in seinen Charakter paßt. Wenn wir ihn daher für die Tat verantwortlich machen, machen wir ihn auch für die verurteilten Charakterzüge verantwortlich. Auch wenn niemand allein für seinen Charakter verantwortlich ist, weil auf die Charakterbildung Faktoren einwirken, die außerhalb der eigenen Kontrolle liegen, machen wir ihn dafür verantwortlich, daß er die zum Verbrechen führenden Charakterzüge zugelassen hat. Dafür können wir ihn aber nur verantwortlich machen, wenn es Augenblicke in seinem Leben gibt, in denen er verantwortlich Entscheidungen getroffen hat, die dic Entstehung jener Charakterzüge nach sich zogen. Diese Augenblicke finden wir dort, wo Raskolnikov entschied, die Gedanken an den moralischen Sonderstatus von Ausnahmemenschen und seiner eigenen Zugehörigkeit zur Klasse der Ausnahmemenschen nicht zu verwerfen, sondern zu pflegen, mit Wohlwollen zu betrachten und zur Grundlage eigener praktischer Konsequenzen und seiner emotionalen Reaktionen zu machen.

Wir sind daher zwar auch dann für unsere Handlungen verantwortlich, wenn wir unmittelbar vor ihrer Ausübung keine Gelegenheit haben, unsere Willensfreiheit zu betätigen. Aber wir sind es soweit, wie sie Charakterzügen entsprechen, für deren Zulassung wir verantwortlich gemacht werden können, und verantwortlich können wir dafür soweit gemacht werden, wie wir entscheiden können, ob wir Gedanken, Einstellungen und Handlungsgewohnheiten folgen oder trotzen. Bis hierhin haben wir eine Antwort darauf, wie wir überhaupt jemand verurteilen oder, bei geschätzten Handlungen, loben oder bewundern können. Uns fehlt aber noch eine Antwort auf die Frage, warum die Entscheidung, ob wir unsere Überlegungen auf einen Gegenstand richten, nicht blind ist, da wir deren Ausgang ja nicht vorhersehen, und nach welchen Gesichtspunkten wir eine solche Entscheidung beurteilen können.

Wenn wir noch einmal Raskolnikov betrachten, können wir erkennen, warum wir in dieser Entscheidung nicht blind sind. Sie wird nicht in einem leeren Raum aktuell; sie trifft uns nie unvorbereitet. Die Gedanken an den Ausnahmemenschen stellen sich für Raskolnikov von vornherein als eine unter mehreren möglichen *Problemlösungen* dar. Wir kommen zur Frage, ob wir unsere Überlegung auf einen möglichen Gegenstand richten sollen, nur, wenn die gewohnten Wege einer Praxis oder Lebensführung unzulänglich sind und uns in irgendeiner Hinsicht nicht befriedigen, und das heißt: sehr oft. So ist es nicht verwunderlich, daß zu ihrer Bewältigung Regeln und Empfehlungen bereitstehen, die jeder in der einen oder anderen Weise gelernt hat. Zu ihnen gehören auch solche der Gerechtigkeit, die verlangen, Probleme nicht auf Kosten anderer oder durch ihre Ermordung zu lösen. Die Entscheidung, Problemlösungen zu betrachten, die von den Regeln der Gerechtigkeit verboten werden, ist daher von vornherein eine Entscheidung, die Möglichkeit der Verletzung der Gerechtigkeitsregeln zu erwägen. Sie stellt sich als eine *Versuchung* dar, die gesellschaftlich anerkannte Moral zu verwerfen.

Wenn Raskolnikov entscheidet, der Versuchung nachzugeben, ist er nicht blind. Er kann zwar nicht das Ergebnis seiner Erwägung voraussehen, aber er weiß, daß er die Ungültigkeit einer bestehenden Regel erwägt. Wenn er der Versuchung nachgibt und die Erwägung beginnt, macht er keinen Fehler. Bestehende Regeln sind oft genug unakzeptabel, und es gehört zu den Pflichten jedes vernunftbegabten Wesens, sich der Akzeptabilität bestehender Regeln zu versichern. Aber er macht einen Fehler, wenn er in der Durchführung der Erwägung die Gründe nicht gewissenhaft prüft, die verbieten, in der Verfolgung der eigenen Interessen andere Menschen zu töten und sie in anderer Weise zu mißachten. Wir halten es aus guten Gründen für einen Fehler, wenn jemand am Ende der Erwägung wie Raskolnikov den Gedanken der eigenen moralischen Sonderstellung bejaht, und ebenso, wenn er diesen Gedanken zur Grundlage seiner Lebensführung und der Entwicklung eines Charakterzugs macht, die schließlich zur mörderischen Tat führen, für die er verurteilt wird.

Der Gesichtspunkt, unter dem wir die Entscheidung beurteilen, seine Überlegung auf einen möglichen Gegenstand zu richten, ist daher der der Moral. Wir prüfen, ob die Entscheidung eine anerkannte Regel der Moral verletzt und verletzen darf. In Raskolnikovs Fall ist das Ergebnis unserer Prüfung relativ leicht zu finden und wenig umstritten: zwar ist nicht die Entscheidung verwerflich, die anerkannte Regel des Ermordungsverbots zu überprüfen, wohl aber die Entscheidung, sie gelte nicht für Ausnahmemenschen. Beide Entscheidungen sind dem Urteilenden zurechenbar. Von beiden nehmen wir an, daß Raskolnikov auch anders hätte entscheiden können. Er hätte erkennen können, daß die Interessen der andern, auch die der Pfandleiherin, grundsätzlich nicht weniger wiegen als seine eigenen. Er wurde bei Abwägung der Gründe für und wider das Mordverbot zwar durch die Gründe gegen das Verbot determiniert, aber er war dazu nicht prädeterminiert. Die Entscheidung lag an ihm und nicht an Umständen in der Vergangenheit.

Wir können und müssen daher unsere Verantwortlichkeit auch auf die Entscheidungen ausdehnen, einen Gegenstand zu erwägen. Die Annahme einer prädeterminismus*un*verträglichen Willensfreiheit legt uns auf eine Konzeption von Selbst und Urheberschaft fest, zu der gehört, daß wir fähig sind, die Urteile, Einstellungen und Gewohnheiten, die wir als Individuen ebenso wie als Mitglieder politischer und anderer Vereinigungen angenommen haben, immer wieder neu zu erwägen und zu revidieren. Gewiß könnten wir diese Fähigkeit auch als eine Form der Handlungsfreiheit deuten. Aber diese Deutung würde uns, da die Handlungsfreiheit prädeterminismus*verträglich* ist, den Problemen der Vereinbarkeit von Verantwortlichkeit und Prädetermination aussetzen. In jedem Fall können wir, nachdem die Kohärenz der Annahme der scholastischen Willensfreiheit erwiesen ist, die Revision unserer einmal gefaßten Entscheidungen und Ideale als eine Betätigung unserer Willensfreiheit verstehen.

Daß wir wegen unserer Willensfreiheit zur laufenden Revision einmal gefällter Urteile fähig sind, hat auch eine Folge, die man gewöhnlich als einen Mangel betrachtet: die Willensschwäche. Ich werde auf diesen Punkt im nächsten Kapitel eingehen. Zuvor noch einige Bemerkungen zum Verhältnis unsrer Willensfreiheit zu den Naturverhältnissen, denen wir oder unsere Vorfahren und mit ihnen auch ihre Willensfreiheit einmal entwachsen sein müssen. Wie sollen wir diesen Prozeß verstehen?

7. Evolution und Willensfreiheit

Auch wenn die Reichweite unserer Willensfreiheit beschränkt ist, entkoppelt sie uns von der Naturdetermination. Vorausgesetzt, alles Geschehen in der Natur ist ein Geflecht von Ursache und Wirkung oder auch nur aus Gesetzen von mehr oder weniger großer Wahrscheinlichkeit, so sind unsere Handlungen von diesem Geflecht getrennt. Denn unsere willensfreien Entscheidungen, eine der dafür in Frage kommenden Propositionen zu bejahen oder zu verneinen, werden durch die vorgegebenen Tatsachen der Natur und der Gesellschaft nicht determiniert. Ihre Determination hängt vielmehr an der Idee, die eigene Unabhängigkeit von allen vorgegebenen Bedingungen zu beweisen. Dieser Faktor gibt der Determination menschlichen Handelns die besondere Eigenschaft, zwar unter gewöhnlichen Bedingungen voraussehbar zu sein, aber unvorhersehbar, wenn man dem Handelnden selbst seine Voraussagbarkeit versichert. Durch diese Eigenschaft unterscheidet sich das menschliche Handeln radikal vom tierischen. Wenn wir aber Produkte der Evolution sind, die sich aus Lebewesen ohne Willensfreiheit entwickelten, muß unsere Willensfreiheit an Eigenschaften angeknüpft haben, die auch in der übrigen Natur zu finden sind. Welche sind es?

Ironischerweise hat gerade der behavioristische Psychologe B.F. Skinner,[36] der mit besonderer Konsequenz versucht hat, menschliches Handeln als determiniert nachzuweisen, in seiner Lerntheorie die gesuchten Eigenschaften ausfindig gemacht. Es ist einerseits die Eigenschaft der meisten, wenn nicht aller Tiere, auf Reize nicht mit einem bestimmten Verhalten zu reagieren, sondern mit einem Verhalten aus einem mehr oder weniger großen Verhaltensrepertoire, anderseits die Steuerbarkeit der Wahl einer Verhaltensweise aus dem Repertoire.

Skinners Lerntheorie ersetzte Pavlovs Theorie der bedingten Reflexe. Nach dieser besteht Lernen in der Assoziation neuer Reaktionen, der sogenannten bedingten Reflexe, mit den angeborenen Reaktionen oder unbedingten Reflexen. Pavlovs Hunde waren die Opfer dieser Theorie: sie lernten, daß Klingeln Futter ankündigt, wenn es vor dem Füttern klingelt. Der Anblick oder Geruch von Futter verursacht bei hungrigen Hunden den unbedingten Reflex des Speichelflusses. Hat es regelmäßig vor dem Füttern geklingelt, läuft den Hunden schon beim Klingeln das Wasser im Maul zusammen. Sie haben nach Pavlov einen bedingten Reflex erworben durch Assoziation des Klingelns mit dem Füttern. Sie haben gelernt, daß auf das Klingeln das Füttern folgt. Nach Skinner dagegen besteht Lernen nicht in der Assoziation eines bedingten mit einem unbedingten Reflex, sondern in der *Verstärkung* solcher Verhaltensweisen aus dem Repertoire seiner Verhaltensweisen, die vom Tier spontan und anfangs ungerichtet und gleichsam probeweise hervorgebracht werden und zu Erfolg, etwa zur Sättigung des hungrigen Hunds führen. Das Verhalten eines Tiers ist das Produkt der Formung seines Verhaltensrepertoires.

Diese Konzeption ermöglicht es, wenn man sich über Skinners engen Behaviorismus hinwegsetzt, dem Tier, der Gattung wie dem Individuum, einen Charakter zuzusprechen, der durch die Formung seines Verhaltensrepertoires entsteht. Sein Charakter ist zwar das Ergebnis von Umständen, die das Tier nicht selbst gewählt hat, aber zugleich eine Disposition, der gemäß das Tier aus dem Repertoire seiner Verhaltensweisen auswählt. Die Ratte, die einen kleinen Hebel mit dem Erfolg, Futter zu erhalten, gedrückt hat, einen großen dagegen ohne Erfolg, wird das Drücken des kleinen Hebels dem des großen vorziehen. Ihre Erfahrungen prägen ihren Charakter. Insofern ist er das passive Produkt ihrer Anlagen und ihrer Umgebung. Aber zugleich ist er der Rahmen, in dem sie selbst *tätig* ist und aus ihrem Verhaltensrepertoire bestimmte Verhaltensweise gleichsam probeweise auswählt. Ihr Charakter ist eine Art von Selbst, dem gemäß sie selbst entscheidet.

Bei Herdentieren wird der Charakter oder das Selbst eines Tiers nicht nur durch die natürliche Umwelt geprägt, sondern auch durch die soziale. Der Wolf, dessen Rudel ein Reh erlegt hat, folgt nicht dem Reiz, das nächstliegende beste Fleischstück zu fressen, wenn ihm sein Leitwolf ein warnendes Zeichen gibt. Er kann unter bestimmten Bedingungen einen Handlungsimpuls an seiner Ausführung hindern, weil eine Autorität es ihm verbietet. Wir können ihm daher ein *Suspensionsvermögen* zusprechen, die Fähigkeit, einen Impuls zu suspendieren oder blockieren, auch wenn er zur Suspension nur in bestimmten sozialen Kontexten fähig ist. Ein derartiges Suspensionsvermögen finden wir auch bei Kindern, solange sie die Autorität ihrer Eltern oder anderer Bezugspersonen anerkennen. Anders als Tiere gehen aber Menschen dazu über, die Rolle der sozialen Autorität selbst zu übernehmen und als Über-Ich oder Ich-Ideal zu verinnerlichen.

Sowohl die Entwicklung dieses Selbst als auch die Verbote, die ein Mensch sich auferlegt, sind determiniert durch die jeweiligen Bedingungen, unter denen er aufwächst. Dennoch erwirbt er mit dem noch unfreien Selbst ein Suspensionsvermögen, mit dem er alle Handlungen suspendieren kann, die er, wodurch auch immer motiviert, sich verbietet. Wenn er über seine eigenen Möglichkeiten nachdenkt, kann er erkennen, daß er grundsätzlich jede mögliche Handlung und Meinung, sobald er sie als eine Proposition oder einen Gedanken erfaßt, ebensowohl verneinen wie bejahen kann und genau das Vermögen besitzt, das die Scholastiker Willensfreiheit nannten. Aber auch wenn er nicht über seine Möglichkeiten nachdenkt, hat er doch objektiv die Willensfreiheit, wie wir, wenn wir selbst reflektieren, erkennen können.

Wir können daher folgende Ergebnisse festhalten, wenn wir nach den evolutionären Bedingungen der Willensfreiheit fragen. Wir finden Vorformen der Willensfreiheit im Charakter der Tiere, der sich bei ihnen notwendig als das Produkt der Formung ihres Verhaltensrepertoires durch Verstärkung bestimmter Verhaltensweisen aus ihrem Repertoire ausbildet. Dieser Charakter verbindet sich bei sozialen Tieren mit einem Suspensionsvermögen, dessen Betätigung durch eine soziale Autorität bestimmt wird. Menschen verinnerlichen die soziale Autorität als Ich-Ideal. Sie können dadurch ihr Suspensionsvermögen gegenüber allen Impulsen, deren Suspension sie selbst wünschen, betätigen. Da sie eine propositionale Sprache sprechen, können sie ihre Handlungs- und Meinensimpulse als Propositionen reflektieren. Dadurch werden sie fähig, jeden Gedanken ebensowohl zu verneinen wie zu bejahen, oder *willensfrei* im Sinn der scholastischen Definition.

Ihre Willensfreiheit befähigt sie gewöhnlich nicht, die Impulse, die sie als Propositionen, und das heißt nur: als Gedanken, ebenso verneinen wie bejahen können, auch praktisch zu suspendieren. Willensfreiheit impliziert eben nicht Handlungsfreiheit, das Vermögen, den eigenen Willen oder das nach dem Ratschlag der Vernunft gefaßte Urteil selbst zu verwirklichen. Aber ihre übrigen intellektuellen und praktischen Vermögen befähigen sie, Bedingungen zu erkennen und zu schaffen, unter denen das, was als gerechtfertigt oder moralisch geboten erkannt wird, leichter ausführbar wird, wenn nicht mehr für die Individuen selbst, die darüber nachgedacht haben, dann doch vielleicht für ihre Nachkommen, die unter Bedingungen aufgewachsen sind und Charaktere ausgebildet haben, die die praktische Umsetzung des rational Erkannten leichter machen. Unsere Willensfreiheit impliziert keine Handlungsfreiheit, aber zusammen mit unseren übrigen Vermögen kann sie unsere Handlungsfreiheit vergrößern.

Zuletzt ein Einwand: angenommen, wir haben tatsächlich die von mir behauptete «scholastische» Willensfreiheit. Könnten wir nicht dennoch in all unseren Handlungen nicht nur determiniert, sondern auch prädeterminiert sein? Wie können wir ausschließen, daß wir in unseren Entscheidungen, anders zu handeln, als uns vorausgesagt wird, nicht doch in aller Ewigkeit vorausbestimmt sind?

Wir können es mit ähnlichen Gründen ausschließen, wie wir ausschließen können, daß wir alles, was wir erleben, nur träumen.

Sowenig es absolute Gewißheit gegen die Skepsis gibt, *fast* sowenig gibt es sie gegen den radikalen Prädeterminismus. Wie wir aus praktischen Gründen entscheiden müssen, ob wir bessere Gründe haben anzunehmen, der Stuhl, auf dem wir zu sitzen glauben, existiere, als Gründe, er sei nur geträumt oder wir müßten uns des Urteils enthalten, so haben wir auch praktische Gründe zu entscheiden, ob wir bessere Gründe haben, die Prädetermination oder keine Prädetermination anzunehmen. Die praktischen Gründe sind die, die von uns verlangen zu entscheiden, ob normal entwickelte erwachsene Menschen für ihr Handeln verantwortlich sind und für ihr Handeln zur Rechenschaft gezogen und gelobt, getadelt und bestraft werden dürfen. Ich hoffe gezeigt zu haben, daß wir bessere Gründe haben, die Prädetermination auszuschließen und Verantwortlichkeit anzunehmen.

In einem Punkt unterscheidet sich jedoch die radikale Skepsis vom radikalen Prädeterminismus. Die radikale Skepsis ist unvereinbar sowohl mit dem Infallibilismus wie dem Fallibilismus. Wenn sie recht hat, kann es weder unfehlbares noch fehlbares Wissen geben. Das Verhältnis zwischen radikalem Prädeterminismus und der These, der Mensch sei im scholastischen Sinn willensfrei, ist komplizierter. Der Anhänger dieser These muß den Prädeterminismus verwerfen, aber der Prädeterminist kann die These akzeptieren. Er *muß* sogar, wenn er (wie ich hier voraussetze) kein anderes Argument gegen die These hat als das des radikalen Prädeterminismus, sagen, wir seien auch im Urteil prädeterminiert, die These der Willensfreiheit zu akzeptieren. Er muß weiter anerkennen, wir seien dazu prädeterminiert, uns für verantwortlich und den Prädeterminismus für falsch zu halten. Also muß er den Prädeterminismus zugleich für wahr und für falsch halten und sich in einen logischen Widerspruch verstricken. Als Prädeterminist wird er auch das nicht für einen hinreichenden Grund halten müssen, den Prädeterminismus ohne Vorbehalt für falsch zu halten, aber für jeden, der noch zwischen Prädeterminismus und der Annahme der Willensfreiheit schwankt, wird dies merkwürdige Paradox Grund genug sein, gegen den Prädeterminismus zu entscheiden.

9.
Willensschwäche

1. Eine Skizze zu ihrer Erklärung

Es gibt viele Arten der Willensschwäche,[1] und die meisten sind alltägliche Phänomene. Beispiele für eine Willensschwäche, die wohl im Mittelpunkt des philosophischen Interesses stand und steht, sind folgende. Ich wälze mich auf die andere Seite und schlafe selig weiter, wenn der Wecker mich um sieben zu einer Arbeit klingelt, die ich mir unbedingt vorgenommen habe. Der Raucher, der geschworen hat aufzuhören, greift zur Zigarette, die ihm angeboten wird, obgleich er nicht süchtig ist, zumindest nicht so süchtig, daß er *diese* angebotene Zigarette rauchen müßte. Willensschwäche oder *akrasia*, um das griechische Wort zu gebrauchen, liegt immer dann vor, wenn jemand etwas gegen seinen Willen und seine Einsicht tut. Willensschwäche ist seit langem ein Gegenstand, über den sich Philosophen den Kopf zerbrechen, weil sie nicht verstehen, wie wir etwas tun können, was wir doch nicht wollen und wovon wir wissen oder glauben, daß es für uns schlecht ist.

Diese Frage wurde zum Problem, weil Philosophen, allen voran Sokrates,[2] davon überzeugt waren, daß Menschen nur das tun, wovon sie glauben, es sei das für sie Beste. Sie hatten ein Handlungsmodell, nach dem das Handeln darin besteht, das zu verwirklichen, was man für das Beste hält. Wenn jemand zur Zigarette greift, obgleich er geschworen hat, nie wieder zu rauchen, und obgleich er öffentlich bekannt hat zu wissen, daß Rauchen ihm schadet, dann greift er nach Sokrates tatsächlich nicht gegen Einsicht und Willen zur Zigarette; er glaubt vielmehr gegen sein öffentliches Bekenntnis doch, das Rauchen sei unter den gegebenen Umständen das für ihn Beste. Wenn er *willens*schwach scheint, hat er tatsächlich ein falsches Wissen und ist *wissens*schwach. Seine Schwäche tritt nicht erst auf, wenn die (wie der Laie sagen würde) Zeit der Versuchung kommt, sondern sie ist schon gegeben, wenn er trotz seines öffentlichen Bekenntnisses die zwar falsche aber von ihm seinem Bekenntnis zum Trotz für wahr gehaltene Meinung faßt, Rauchen sei gut für ihn. Sokrates deutet Willensschwäche in Wissenschwäche um.

Wie kam er dazu? Nach seinem intellektualistischen Handlungsmodell besteht das Handeln im Entscheiden nach Gründen. Wenn man handelt, folgt man nur den Gründen, die man für die besten hält, eine Handlung zu rechtfertigen. Wenn nun die Vernunft das Vermögen ist, Rechtfertigungsgründe zu erkennen, und wir Vernunft haben, kann Sokrates' Handlungsmodell nicht ganz falsch sein. Es wäre vielmehr völlig richtig, wenn wir im Handeln immer den Gründen folgten, die die Vernunft empfiehlt. Wenn wir glauben, wir folgten immer dem, was die Vernunft empfiehlt, muß man Sokrates recht geben. Hält man dagegen seine Erklärung der Willensschwäche für falsch, so muß man schließen, daß wir im Handeln nicht immer den Ratschlägen der Vernunft folgen, und dieser Schluß wird durch die Erfahrung reich bestätigt.

Warum aber folgen wir nicht immer den Ratschlägen der Vernunft? Wenn wir auf diese Frage eine Antwort suchen, scheinen wir wieder bei Sokrates landen zu müssen. Eine erste Antwort könnte sein: weil wir glauben, ohne die Vernunft besser zu fahren. Aber was soll das heißen? Wenn wir glauben, ohne Vernunft besser zu fahren, glauben wir doch, das für uns Gute zu tun. Wir schlagen gar nicht die Ratschläge der Vernunft in den Wind, sondern die der anerkannten Weisheit und folgen tatsächlich der Vernunft, nämlich der eigenen. Wenn wir dieser Konsequenz entgehen wollen, müßten wir sagen: wir folgen nicht immer der Vernunft, weil wir unseren Spaß darin finden, ihr nicht zu folgen. Aber das kann nur zweierlei heißen. Entweder daß uns das vernunftwidrige Handeln als solches Spaß macht. Dann bliebe immer noch wahr, daß wir durch unser Handeln immer das verwirklichen, was wir für das für uns Beste halten, denn das bestände nun darin, vernunftwidrig zu handeln. Oder daß uns das vernunftwidrige Handeln Spaß macht, weil wir darin unsere Freiheit und Unabhängigkeit von allen außerhalb unseres Willens liegenden Instanzen beweisen, auch unsere Unabhängigkeit von der eigenen Vernunft, die eben nicht der eigene Wille ist. Aber wie sollten wir unsere Freiheit von der eigenen Vernunft ausgerechnet durch ein Handeln beweisen können, das darin besteht, gegen den öffentlich geäußerten Vorsatz zu handeln, etwa gegen den Vorsatz, nicht mehr zu rauchen?

Es scheint nur zwei Wege zu geben, der sokratischen Theorie zu entkommen. Erstens, wir nehmen an, wir seien im Handeln *determiniert*. Wir nehmen uns zwar in klarer Kenntnis der Schädlichkeit des Rauchens, mit uneingeschränktem Willen und ohne jedes Hintertürchen vor, nicht mehr zu rauchen, sind aber determiniert, durch welche Umstände immer, zur Zigarette zu greifen, wenn uns eine nette Partybekanntschaft eine anbietet. Wir reden von Willensschwäche und Willensstärke, weil wir wähnen, wir könnten mit unserem Willen in den Ablauf der Naturprozesse eingreifen, der Willensstarke mit überwiegendem Erfolg, der Willensschwache mit überwiegendem Mißerfolg. Tatsächlich sind wir alle durch Naturprozesse in verschiedener Weise *determiniert*, und unser Glaube, wir könnten in sie eingreifen, ist eine Illusion.

Diese Erklärung ist vermutlich zutreffend für das *Suchtverhalten*. Der typische Süchtige ist in der Tat durch den Zustand seines Körpers zu bestimmten Handlungen unter bestimmten Umständen determiniert. Wenn die deterministische Erklärung jedoch alle Arten der Willensschwäche erklären könnte, müßten wir jede Willensschwäche als ein Suchtverhalten betrachten. Das wird den Unterschieden zwischen dem Suchtverhalten und den typischen Formen der Willensschwäche nicht gerecht. Die typische Willensschwäche ist kein Suchtverhalten. Man muß nicht schlafsüchtig sein, um sich beim Klingeln des Weckers auf die andere Seite zu wälzen und weiterzuschlafen. Man könnte durchaus aufstehen, aber schlägt den gestrigen guten Vorsatz in den Wind, weil die Vorteile des Weiterschlafens in der aktuellen Situation der Versuchung, wenn das Bett zum Weiterschlafen einlädt, größer scheinen als die des Aufstehens. Sokrates hatte für seine Erklärung der Willensschwäche nicht das Suchtverhalten im Auge, sondern Handlungen, die der Willensschwache nicht zu tun gezwungen, sondern fähig ist, durch Alternativen zu ersetzen. Will man sein intellektualistisches Handlungsmodell ersetzen, so darf man nicht seinen Erklärungsgegenstand durch einen anderen ersetzen. Das aber tut man, wenn man zur deterministischen Erklärung greift.

Die zweite Möglichkeit, dem intellektualistischen Modell zu entkommen, besteht darin: Wir unterstellen den Menschen Willensfreiheit in seinen Urteilen, aber erkennen die beschränkte

Reichweite der Willensfreiheit an, weil zu ihrer Betätigung ebenso wie zur Durchführung unserer willensfreien Entscheidungen Handlungsfreiheit nötig ist, von der wir alle nicht genug und manche, die Willensschwachen, weniger als andere, die Willensstarken, besitzen. Wir unterstellen, heißt das, die These der *beschränkten Willensfreiheit*.[3] Gemäß dieser These können wir willensschwache Handlungen nach der folgenden Skizze aus 17 Stationen erklären, von denen viele Wiederholungen früherer Stationen sind. Die Skizze zeichnet einen typischen Handlungsverlauf als eine Kette von Entscheidungen. S ist eine nicht allzu willensschwache Person, ein rückfälliger, aber nicht süchtiger Raucher. Man braucht, unterstelle ich, nicht viel Phantasie, um das skizzierte Muster der Erklärung des beschriebenen Falls der Willensschwäche auf andere Fälle zu übertragen, etwa auf das Weiterschlafen, wenn der Wecker schrillt, oder den Kauf einer Currywurst nach dem Vorsatz, nie wieder eine Wurst zu essen.

(1) S übt seine Handlungsfreiheit aus, um sich dazu zu bringen, die (Rechtfertigungs-)Gründe für und gegen sein weiteres Rauchen zu betrachten. Kraft seiner Handlungsfreiheit, die groß genug sein muß, überwindet er seine Abwehr, Gründe für eine Proposition zu betrachten, von deren Betrachtung er fürchten muß, zu einem Urteil gezwungen zu werden, das er lieber nicht fällen würde.

(2) S betrachtet die Proposition p1, ob er über die Proposition p2, daß er weiter raucht, urteilen sollte.

(3) S entscheidet willensfrei und im Einklang mit seinem Interesse, seine Freiheit zu beweisen, positiv, p2 zu betrachten.

(4) Kraft seiner Handlungsfreiheit, die wir weiter als groß genug für diesen Schritt unterstellen, betrachtet S p2 (daß er weiter raucht).

(5) Die Gründe, die gegen das Rauchen sprechen, zwingen S, p2 zu verneinen. Er entscheidet, determiniert durch die Gründe, nicht mehr zu rauchen. Gefragt, ob er sich an seine Entscheidung halten werde, schwört er hoch und heilig und ohne den geringsten Vorbehalt, er werde nie wieder eine Zigarette anrühren.

(6) Kraft seiner Handlungsfreiheit, die wir weiter als groß genug für diese Schritte unterstellen, widersteht S den Versuchun-

gen, bei seiner Arbeit und nach dem Essen zu rauchen. Kraft seiner Handlungsfreiheit führt er sich immer wieder die Gründe gegen das Rauchen vor Augen. Determiniert durch ihre Evidenz, wiederholt er seine Entscheidung, nicht mehr zu rauchen, und raucht trotz starker Versuchungen nicht.

(7) Eine nette Partybekanntschaft bietet S während eines netten Gesprächs eine Zigarette an, während sie sich eine anzündet. Kraft seiner Handlungsfreiheit bringt sich S dazu, die Gründe für und gegen sein weiteres Rauchen zu betrachten.

(8) = (2)

(9) = (3)

(10) = (4)

(11) Die Gründe, die gegen das Rauchen sprechen, werden aufgewogen durch den Grund, daß die Zurückweisung der angebotenen Zigarette den Abend verderben würde.

(12) Determiniert durch den Grund, einen verdorbenen Abend zu verhindern, nimmt S die Zigarette an.

(13) = (2)

(14) = (3)

(15) = (4)

(16) = (5)

(17) = (6)

Was unterscheidet diese Skizze von der sokratischen Erklärung der Willensschwäche? Sie verwirft *nicht* Sokrates' wichtigste Aussage, nämlich daß die Menschen in ihren Handlungen immer das ihnen Beste oder richtig Scheinende verwirklichen. Sie nimmt ebensowenig wie Sokrates an, daß unsere Handlungen determiniert sind und wir nicht die letzten Urheber unserer Handlungen sind. Dennoch kommt sie nicht zum Schluß, daß Willensschwäche eigentlich Wissensschwäche ist. Denn sie nimmt nicht an, daß der Willensschwache bei seinem Entschluß eigentlich nicht an das glaubt, was er als seine Einsicht behauptet, und daß er im Grunde gar nicht das will, was er als seinen Willen verkündet.

Sie vermeidet diese unplausible sokratische Annahme durch eine plausible, nämlich daß der Willensschwache im Augenblick der *Versuchung* seinen zuvor uneingeschränkt gefaßten Glauben und Willen *ändert*. Die Skizze hält diese Änderung für den berechtigten Grund, ihm das Prädikat *willensschwach* zuzusprechen. Sie schließt nicht aus, daß diese Änderung determiniert ist; wir könnten die Skzze in (9) ändern und ausmalen, daß bei S durch das Angebot der netten Partybekanntschaft ein psychischer oder physiologischer Mechanismus ausgelöst wird, der ihn kausal determiniert, zur Zigarette zu greifen. Ein solches Verhalten wäre aber typisch für *Sucht*verhalten und nicht für Willensschwäche und wäre deshalb nicht der Gegenstand, für den wir eine Erklärungsalternative zum sokratischen intellektualistischen Handlungsmodell suchen.

Sowohl an Stationen (5) und (16) als auch an Station (11) folgt S dem, was ihm gut und richtig scheint, aber daß ihm an Station (11) etwas anderes gut scheint als an Station (5) und (16), darin besteht seine Willensschwäche. Diese Schwäche ist keine Schwäche des Wissens oder Intellekts. S zeigt keinen schwachen Intellekt, wenn er zur Zeit von (11) den Grund, daß die Zurückweisung der angebotenen Zigarette den Abend verderben würde, stark gewichtet. Er zeigt vielmehr einen schwachen *Willen*, ein nicht allzu großes Vermögen, an der an Station (5) gefaßten Entscheidung gegen Versuchungen festzuhalten. Die Unfähigkeit, am zuvor gefaßten Entschluß festzuhalten, den man doch bald erneut fassen wird, ist seine Willensschwäche. Ob der zuvor gefaßte Entschluß gut oder schlecht ist, ist dafür, ihm Willensschwäche zuzuschreiben, ganz irrelevant. Ebenso irrelevant ist, ob es gute Gründe gibt, den zuvor gefaßten Entschluß in der neuen Situation zu revidieren.

Relevant ist dagegen, ob der im Augenblick der Versuchung aufgegebene Entschluß später wieder aufgenommen wird. Man kann nur aus der Perspektive des später erneuerten Entschlusses von Willensschwäche und Versuchung sprechen. Hält man dagegen an dem zur Zeit von (11) gefaßten Entschluß und den dann überzeugenden Gründen fest, gilt die Entscheidung von (11) nicht als Willensschwäche, sondern als vernünftige Revision einer unvernünftigen Entscheidung oder als Befreiung von selbstauferlegten Fesseln. Und sie *ist* eine vernünftige Revision, wenn die in (11) befolgten Gründe als die zu befolgenden Gründe allgemein anerkannt sind.

Wie aber urteilen wir, wenn S angibt, an Station (11) ebenso wie an Stationen (5) und (16) den Gründen zugestimmt zu haben, die gegen das Rauchen sprechen, dann aber doch zur Zigarette gegriffen zu haben? In dem Fall müssen wir sein Verhalten als Suchtverhalten deuten. Wenn wir ein solches Verhalten auch Willensschwäche nennen wollen, müssen wir uns im klaren darüber sein, daß es eine grundsätzlich andere Form der Willensschwäche ist als die, in dem kein Suchtverhalten vorliegt. Nur für Willensschwäche, die kein Suchtverhalten ist, ist die obige Skizze der Stationen (1) bis (17) gedacht. Sollten rückfällige Raucher immer süchtig sein, so müßte man das Beispiel eines Rauchers gegen das eines Langschläfers tauschen, der nicht deshalb nach dem Weckerschrillen weiterschläft, weil er schlafsüchtig ist oder nicht aus dem Bett springen könnte, wenn er nur wollte, sondern weil er im Augenblick des Weckerschrillens der Attraktivität der Gründe weiterzuschlafen nachgibt. Gewiß ist der Zustand der Benommenheit nach dem plötzlichen Aufwachen eine dem Nachgeben förderliche Bedingung; er reicht aber nicht aus, mich urteilsunfähig zu machen. Denn wenn ich weiß, daß mich der Wecker zu einem sehr dringenden Termin weckt, gebe ich der Versuchung nicht nach.

Die Skizze gibt dem Begriff der Versuchung nicht nur eine notwendige Rolle in der Erklärung der Willensschwäche, sie unterstellt auch ein bestimmtes Verständnis, worin sie besteht. Zur Versuchung gehört nicht nur und nicht einmal notwendig eine Neigung, das zu tun, was man sich im früheren Entschluß verboten hat, sondern vor allem eine *intellektuelle* Neigung, die *Abwägung* der Gründe für und gegen den früheren Entschluß *wieder aufzunehmen*. Demgemäß gehört zur Willensstärke eine Abneigung, die Gründe eines einmal gefaßten Entschlusses neu zu betrachten. Denn jede erneute Betrachtung der Gründe ist eine Gelegenheit, den früheren Entschluß zu revidieren. Die Erfahrung lehrt zudem, daß die Umstände, in denen ein Entschluß gefaßt wird, den Ausgang des Entschlusses beeinflussen, und daß neue Umstände auch zu einem neuen Entschluß führen, der unter dem Aspekt des zuvor gefaßten und später bekräftigten Entschlusses notwendig Willensschwäche anzeigt.

Willensschwäche ist daher nicht nur *keine Wissens*schwäche, wie Sokrates meinte; sie hat vielmehr eine Affinität zur Betätigung der Vernunft, weil sie von der Lust an der Abwägung von Rechtfertigungsgründen gefördert wird. Je weniger Lust an der Abwägung von Rechtfertigungsgründen jemand hat, je weniger er intellektuell beweglich und je sturer er ist, desto weniger ist er Versuchungen ausgesetzt und desto eher ist er willensstark.

Die Skizze räumt schließlich der Willensfreiheit eine zwar notwendige, aber begrenzte Erklärungsrolle ein. Sie findet die Augenblicke der Willensfreiheit nicht in den Entscheidungen, deren Durchführung Willensstärke fordert, sondern in den Entscheidungen, solche Entscheidungen herbeizuführen, in der Skizze in (3), (9) und (14). Sie impliziert nicht, wie man in der kantischen Tradition erwarten könnte, daß die willensfreien Entscheidungen wegen ihrer Willensfreiheit gut sind; sie sind vielmehr ebenso die Quelle guter wie schlechter Entscheidungen, wenn wir jedenfalls die in (5) und (16) gefällten Entscheidungen für gut und die in (12) gefällte Entscheidung für schlecht halten.

Um zusammenzufassen: die Skizze unterstellt, daß wir die typischen Phänomene der Willensschwäche – solche, die nicht auf Suchtverhalten zurückzuführen sind – nur verstehen können, wenn wir dem Willensschwachen Willensfreiheit zusprechen, daß wir aber die Willensfreiheit in komplexer Weise mit der Handlungsfreiheit verbunden denken müssen. Sie erklärt die Willensschwäche gemäß der These der eingeschränkten Willensfreiheit.

2. Aristoteles' und Searles Erklärungen

Betrachten wir nun zur Vergewisserung dieses Ergebnisses, wie in der Antike Aristoteles und in der Gegenwart John Searle die Willensschwäche erklären. Aristoteles tadelt Sokrates' Theorie als offensichtlich unvereinbar mit den Phänomenen.[4] Er verweist auf die auch uns wohlbekannten Fälle, daß jemand sehr wohl wissen kann, daß etwas Süßes für ihn schlecht ist, und er es trotzdem ißt. Dennoch bleibt seine Lösung der von Sokrates überraschend nah. Zwar hält er gegen Sokrates fest, daß der *akrates*, der Willensschwache, weiß, daß das Schlechte, das er tut, schlecht ist. Aber er folgt Sokrates darin, daß auch er sagt, *wahres* Wissen, *episteme*, sei mit *akrasia* unvereinbar. Der *akrates,* der Willensschwache, wisse zwar, daß sein Handeln schlecht ist, aber er *gebrauche* sein Wissen in einem Sinn nicht, nämlich sowenig wie der Schlafende, Betrunkene oder Wahnsinnige. Daher werde *akrasia* wie Schlaf oder

Trunkenheit durch Mittel behoben, die der *physiologos*, der Naturkundige kenne.

Aristoteles verfehlt mit seiner Erklärung das zu erklärende Phänomen. Er deutet willensschwaches Handeln in süchtiges um, wenn er darlegt, daß der Willensschwache sein richtiges Wissen von dem, was für ihn gut ist, sowenig anwenden könne wie der Betrunkene oder Wahnsinnige. Er impliziert, daß man seinem Wissen von dem, was für einen gut oder richtig ist, notwendig treu bleibt, wenn der normale Mechanismus der Meinungs- und Willensbildung ungestört bleibt. Den normalen Mechanismus aber konstruiert er wie Sokrates nach dem intellektualistischen Handlungsmodell. *Akrasia* ist auch für ihn keine *Willens-*, sondern eine *Wissens*schwäche; genauer eine Schwäche der *Anwendung* des Wissens. Er übersieht wie Sokrates, daß Willensschwäche in der später wieder revidierten Revision einer früheren als unveränderlich verkündeten Entscheidung ist, einer Revision, die überhaupt nicht die Folge einer Störung des normalen Handelns durch Wahnsinn, Trunkenheit oder Schlaf sein muß, sondern oft genug die Entscheidung einer wachen, die Rechtfertigungsgründe neu erwägenden Vernunft ist.

Wenn wir näher betrachten, wie Aristoteles trotz seiner anfänglichen Zurückweisung von Sokrates auf ihn zurückkommt, finden wir in seiner Erklärung normalen menschlichen Handelns eine einflußreiche Annahme, die Searle in seinem Handlungsmodell zu Recht kritisieren wird. Aristoteles erklärt die normale Handlung als Ergebnis eines praktischen Syllogismus aus einer – universalen – Maiorprämisse, etwa «alles Süße sollte man probieren», und einer – singulären – Minorprämisse, etwa «dies Ding ist süß». Sind diese Prämissen gegeben, dann, so Aristoteles, ist es *notwendig, ananke*, dieses Ding zu probieren, vorausgesetzt, man ist dazu fähig und wird nicht gehindert.[5] Wenn nun außer den genannten zwei Prämissen noch eine Maiorprämisse gegeben ist, die das Probieren verbietet, und zugleich ein Verlangen nach dem Süßen, dann schalte dies Verlangen beim Willensschwachen den Gebrauch des Wissens der zweiten, verbietenden Maiorprämisse aus.

Aristoteles' Behauptung, unter gegebenen Prämissen sei es *notwendig*, die aus den Prämissen ableitbare Handlung auszuführen, hält der Erfahrung nicht stand. Auch wenn ich annehme, alles

Süße sollte man probieren, und eine Speise vor mir für süß halte, werde ich sie nicht notwendig probieren. Wie immer wir dieses Phänomen erklären, man muß es zur Kenntnis nehmen und stellt sich vor falsche Probleme, wenn man unserem Handeln hier eine Notwendigkeit unterstellt.

In der Gegenwart hat John Searle wie Aristoteles den Kopf über seine Vorgänger geschüttelt, da sie nicht mit dem Problem der *akrasia* fertig wurden.

«Wie kann es sein, daß jemand eine detaillierte uneingeschränkte Absicht faßt, nichts ihre Ausführung verhindert, und er sie doch nicht tut? Viele Philosophen halten das verblüffenderweise für unmöglich und haben das mit findigen Argumenten zeigen wollen. Die scheinbaren Fälle von Willensschwäche seien tatsächlich etwas anderes. Leider ist sie nicht nur möglich, sondern sehr gewöhnlich.»[6]

Zu Recht hebt Searle hervor, daß man Willensschwäche nicht erklärt, sondern leugnet, wenn man die Voraussetzung jeder Willensschwäche, nämlich die Entscheidung, bestimmte Dinge zu tun oder zu lassen, nicht für bare Münze nimmt und als «detaillierte uneingeschränkte Absicht» anerkennt. Mit Vergnügen liest man auch Searles Spott auf seine Kollegen:

«Es gibt eine Tradition in der analytischen Philosophie des 20. Jahrhunderts, nach der reine Fälle von Willensschwäche nie vorkommen. ... Wenn jemand gegen seine erklärte moralische Überzeugung handelt, zeigt das nach R. M. Hare, daß er sie tatsächlich nicht hatte. Wenn jemand gegen seine Absicht handelt, hatte er nach Donald Davidson tatsächlich keine uneingeschränkte Absicht. Hare und Davidson folgen beide auf ihre Weise derselben Idee: wer ein Werturteil zugunsten einer Handlung fällt, muß sie notwendig tun (natürlich nur, wenn er nicht gehindert wird usw.) Wird die Handlung nicht ausgeführt, so folgt daher nach dieser Idee, daß das geforderte Werturteil nicht vorliegt. Nach Davidson erweist es sich dann, daß es nur ein *prima facie* oder eingeschränktes Werturteil war; nach Hare, daß es keine moralische Überzeugung war.»[7]

Searle findet als den entscheidenden Fehler in Hares und Davidsons Theorien eine Annahme, die schon Aristoteles vertrat, die Annahme nämlich, «wer ein Werturteil zugunsten einer Handlung fällt, muß sie notwendig tun». Diese Annahme vertritt Aristoteles in der Tat, wenn er annimmt, daß wer seine Maior- und Minorprämissen im praktischen Syllogismus gefaßt hat, *notwendig* den Schluß aus ihnen zieht. Diese Annahme schließt alle Willensschwäche aus oder deutet sie in Störungen wie solche des Wahnsinns oder der Sucht um. Searle argumentiert dagegen:

«Davidson glaubt mit vielen andern Philosophen, es gebe bei rational motivierten Handlungen eine kausal notwendige Verbindung zwischen den psychischen Handlungsantezedentien und der absichtlichen Handlungsausführung oder doch dem Handlungsausführungsversuch; die Handlung folge aus ihren Antezedentien durch eine Art kausaler Notwendigkeit. Aber diese Annahme ist falsch. Sie leugnet die Existenz der Lücke.»[8]

Was Searle unter dem *gap*, der Lücke, versteht, wird durch folgende Beschreibung klar, die zugleich seine Erklärung der Willensschwäche ist:

«Um zu sehen, wie Willensschwäche möglich ist, müssen wir an normale, nicht willensschwache Handlungen denken. Fasse ich eine Absicht, muß ich noch nach ihr handeln. Ich kann mich nicht zurücklehnen und darauf warten, daß die Handlung passiert, wie ich es bei der Bewegung von Billardkugeln kann. In der Perspektive der ersten Person ... passieren Handlungen nicht, sie werden *getan*: unternommen, initiiert, durchgeführt. Entscheidungen sind nicht genug, man muß sie auch ausführen. In dieser Lücke zwischen Absicht und Handlung finden wir die Möglichkeit, ja Unvermeidlichkeit zumindest mancher Fälle von Willensschwäche. Wegen der Unvermeidlichkeit widerstreitender Begehren und anderer Motivatoren besteht für die meisten überlegten Handlungen die Möglichkeit, daß der Handelnde auf Wünsche trifft, die beschlossene Handlung nicht zu tun, wenn die Zeit zu handeln eintritt. ... Kurz, Willensschwäche ist nur ein Symptom einer bestimmten Art von Freiheit.»[9]

Der *gap* ist, wie Searle an anderer Stelle erläutert, der Mangel an notwendiger Determination eines Urteils an drei Stellen im Prozeß einer Entscheidung und ihrer Ausführung: zwischen der Betrachtung ihrer Gründe und der Entscheidung, zwischen der Entscheidung und ihrer Ausführung und zwischen dem Beginn der Ausführung und ihrer Vollendung bei solchen Handlungen, die längere Zeit einnehmen.[10] An allen drei Stellen fehlt eine notwendige Determination. Der Begriff der Lücke taugt nicht, wie wir gleich sehen werden, zur Beschreibung der mangelnden Determination, die es beschreiben soll. Aber daß es das Phänomen gibt, darin hat Searle trotz der von ihm kritisierten Tradition recht.

Manche Philosophen haben auf dasselbe Phänomen sogar mit einem ähnlichen Wort wie Searle hingewiesen. Ernst Tugendhat hat im Anschluß an George Herbert Mead hervorgehoben, daß das Handeln der Menschen im Unterschied zu dem der Tiere nicht als Reaktion auf Reize zu verstehen ist, weil es vielmehr durch Urteile über Propositionen oder *propositional* gesteuert ist. Zwischen Reiz und Reaktion trete eine *Kluft*, die das Gründe erwägende Lebewesen von den auf es eindringenden Reizen trennt. Tugendhat nennt diese Kluft den «Hiat zwischen Stimulus und Reaktion, der durch ‹Überlegung› charakterisiert ist».[11]

Searle hat auch darin recht, daß ohne die mangelnde Determination Willensschwäche nicht möglich wäre. Man kann sie daher als Symptom der *Lücke* bezeichnen. Er kann behaupten:

«Willensschwäche entsteht einfach dadurch, daß die Lücke mir jederzeit einen unbestimmt großen Spielraum von Optionen eröffnet und mir manche auch dann attraktiv scheinen werden, wenn ich ihre Verwerfung schon beschlossen habe.»[12]

Unsere Entscheidungen *zwingen* uns nicht zu ihrer Durchführung, wie uns eine Sucht oder eine Aufwallung von Wut, Zorn oder Rührung zu Handlungen zwingt oder hinreißt. Sie lassen uns offen dafür, die Vorteile der ausgeschlagenen Handlungsalternativen zu sehen und sie in einer neuen Situation denen vorzuziehen, für die wir uns zuvor entschieden haben.

Aber Searles Erklärung reicht nur aus zu erklären, warum wir nicht bei unseren einmal getroffenen Entscheidungen bleiben müssen, obgleich wir weder süchtig noch in anderer Weise gezwungen sind, unsere Entscheidung zu ändern: deren mangelnde Determination kann nicht zwingen, bei ihr zu bleiben. Eine andere Frage bleibt offen, die das Phänomen der Willensschwäche auch stellt: warum wir, obgleich nicht vollständig determiniert und determinierbar, uns dennoch als die *Urheber* unsrer Handlungen, auch unserer willensschwachen, betrachten; warum wir uns selbst und einander unsere Handlungen, auch die willensschwachen, zurechnen und für sie verantwortlich machen. Auf diese Frage gibt die Beschreibung der Willensschwäche als Folge der Lücke keine Antwort.

Searle behauptet sogar: «Diese Lücke hat einen traditionellen Namen. Sie heißt *Willensfreiheit*. Wir müssen den freien Willen für rationale Entscheidungen, ja, ... für jedes beliebige rationale Handeln voraussetzen. Wir müssen es, weil auch die Weigerung, rational zu entscheiden, nur verständlich ist, wenn wir die Weigerung als Betätigung von Freiheit verstehen».[13]

Diese Thesen folgen zweifellos nicht aus der Beschreibung des Phänomens der *Lücke*. Searle meint offenbar, man könne das, was traditionell Willensfreiheit hieß, hinreichend durch die Lücke oder die mangelnde Determination menschlichen Urteilens und Handelns beschreiben; jedenfalls gibt er keine andere Bestimmung der Willensfreiheit. Aber wäre Willensfreiheit nur mangelnde notwendige Determination, könnte sie nicht das Vermögen sein, das traditionell als Bedingung der *Zurechenbarkeit* des Handelns galt. Wenn unsere Handlungen nur unzureichend determiniert sind, sind sie, wie schon Hume den Verfechtern der Willensfreiheit entgegenhielt, nicht die Handlungen zurechnungsfähiger Menschen, sondern von «mad-men».[14] Die Beziehung zwischen der Betrachtung der Gründe einer Handlung und allgemeiner einer Proposition einerseits und dem Urteil anderseits ist zwar nicht die einer Notwendigkeit, aber ebensowenig die einer mangelnden Determination oder einer Lücke. Sie ermöglicht, das Urteil dem Urteilenden als seine eigene, ihm selbst entspringende, ihm zurechenbare und ihn schuldig oder verdienstlich machende Tat zuzusprechen. Eine solche Beziehung kann nicht die eines Mangels sein.

Searle ist sich darüber durchaus klar, trotz seines irreführenden Vergleichs der Willenfreiheit mit der Lücke. Es geht ihm in der Hervorhebung der Lücke gerade darum klarzumachen, daß unser Handeln nicht abläuft wie die Bewegung von Billardkugeln: «Handlungen passieren nicht, sie werden ... *getan*».[15] Die Lücke soll unser Handeln nicht ausschließen, sondern ermöglichen. Daher sagt er: «*die Verständlichkeit unseres Handelns in der Lücke verlangt einen unreduzierbaren Begriff des Selbst*».[16] Er nimmt ein unreduzierbares Selbst gegen Humes berühmte These an, das Selbst sei «nur ein Bündel verschiedener Wahrnehmungen, die aufeinander mit unvorstellbarem Tempo folgen».[17]

Aber seine Annahme der Lücke führt ihn zu einer Unterscheidung des Selbst von der leibhaftig handelnden Person. Es sei falsch zu sagen, *ich* sei Urheber oder Ursache meiner Handlung. Denn wäre ich die Ursache, gäbe es «keine kausale Lücke». Dann müßte man annehmen, «die kausale Lücke werde durch eine Person gefüllt, die als Ursache wirkt».[18] Da aber *nichts* die Lücke füllt – «Nothing fills the gap»[19] –, können nicht wir in der Lücke handeln. Vielmehr müsse man annehmen: «das Selbst operiert in der Lücke».[20] Searle unterscheidet vermutlich zwischen der Person oder dem Ich einerseits und dem Selbst anderseits, weil er den Begriff des Selbst zur Bezeichnung eines Agenten reserviert, der nicht *kausal* «operiert». Aber wie läßt sich diese Unterscheidung durchhalten? Kann es etwas geben, das operiert, ohne kausal zu wirken? Kann es etwas geben, dessen Operieren *mich* verantwortlich macht, ohne *ich* oder die *Person* zu sein, die ich bin? Wenn Searle nicht Kants unhaltbare Unterscheidung zwischen einem sensiblen und intelligiblen Ich, einer phänomenalen und einer noumenalen Person wiederholen will, muß er seine Unterscheidung zwischen dem Selbst und der Person fallen lassen.

In jedem Fall hält Searle seine Unterscheidung nicht durch. Auf die Frage, ob er nicht mit der Annahme eines von uns unterschiedenen Selbst einen Homunculus postuliere, «der in der Lücke lebt und für uns entscheidet», antwortet er: «Nein, weil wir in der Lücke leben und entscheiden».[21] Diese Antwort steht im Widerspruch zugleich zu seiner These, nichts fülle die Lücke, und seiner These, nicht ich oder die Person verursache die Handlung.

Der Versuch, die Willensfreiheit als eine Lücke zu verstehen, scheitert hier deutlich. Dennoch hat Searle wichtige Dinge sowohl über die Willensfreiheit wie über das Selbst zu sagen. Er verstrickt sich in Widersprüche, wenn er den Begriff der Lücke buchstäblich nimmt und auf ihrer Unauffüllbarkeit besteht – tatsächlich wäre eine ausgefüllte Lücke ja keine Lücke mehr. Aber er hat recht zu sagen, daß, was bestimmte unserer Bewegungen zu *zurechenbaren Handlungen* macht, nicht die Determination von Billardkugeln sein kann. Nur wenn die Bewegungen von Lebewesen durch eine spezifische Determination von der übrigen Naturkausalität getrennt sind, werden sie zu zurechenbaren Handlungen. Searle hat recht hervorzuheben, daß es keine zurechenbaren Handlungen ohne etwas gibt, das *handelt,* ohne *gezwungen* zu sein.

Ebenso richtig ist, daß zur Eigenart menschlicher Handlungen gehört, daß man sie *aus einem Grund*, «for a reason», tut, und daß «der Grund keine vorausgehende hinreichende Ursache festlegt».[22] Searle trifft hier auf den für das Verständnis menschlichen Handelns zentralen Punkt: wir können Rechtfertigungsgründen in einer doppelt paradoxen Weise folgen. Wir werden erstens von Gründen determiniert, ohne gezwungen zu sein. Weil wir von ihnen *determiniert* sind, sind wir die Urheber der Handlung. Wir sind aber zweitens auch die Urheber der Unterlassung, der Handlung, die wir ausführen, wenn wir dem Grund nicht folgen. Wegen dieses notwendigen Bezugs zurechenbaren Handelns auf Rechtfertigungsgründe erklärt Searle, das Handeln oder Nichtgezwungenwerden sei nicht genug für zurechenbares Handeln; der Handelnde müsse auch ein Selbst sein: «Urheberschaft (agency) ist nicht genug für rationales Handeln. Der Urheber muß ein Selbst sein.»[23] Denn unter einem Selbst versteht er «einen Urheber, der aus einem Grund handeln kann».[24]

Daher auch seine weitere Behauptung: «Weil das Selbst in der Lücke nach Gründen operiert, um zu entscheiden und Handlungen durchzuführen, ist es der Ort der Verantwortlichkeit.»[25] Er macht aber nicht klar, warum es ein Selbst sein muß, das aus Gründen handelt, und warum nicht die Person oder ich aus einem Grund soll handeln können. Dieser merkwürdige Umstand ist nicht bloß terminologisch bedingt, da Searle, wie erwähnt, ausdrücklich nur das Selbst im *gap* handeln lassen will, nicht aber die Person, und da er das Selbst als einen nicht kausal wirkenden Agenten verstehen will.

Searle versäumt nicht, den zweiten Aspekt der paradoxen Eigenschaft zurechenbaren Handelns, von Gründen bestimmt, aber nicht erzwungen zu sein, nämlich daß wir auch dann Urheber der Handlung sind, wenn wir Gründen *nicht* folgen, hervorzuheben. Er betont, gegen heutige Kantianer wie Christine Korsgaard, daß wir das Selbst nicht etwa erschaffen, wenn wir Gründen statt Ursachen folgen: «Ich sage nicht, daß Handeln ein Selbst schafft, sondern daß es eins *voraussetzt*.»[26] Würden wir unser Selbst erst in Befolgung eines Grunds erschaffen, könnten wir nicht für die Nichtbefolgung (wenn wir keinem Grund, sondern einem Motiv folgen) verantwortlich sein und ständen vor Kants Problem, unmoralisches Handeln als heteronom, nicht willensfrei und nicht zurechenbar betrachten zu müssen. Ebenso müßten wir irrationales Handeln und alle Formen der Willensschwäche als nicht zurechenbar betrachten. Dieser Konsequenz können wir nur entgehen, wenn wir ein Gründen zugängliches, aber zu ihrer Verwerfung ebenso wie zu ihrer Bejahung fähiges Wesen voraussetzen.

Ein solches Wesen nennt Searle in Übereinstimmung mit vielen Philosophen Selbst. Aber es ist unvereinbar mit Searles eigenem *common sense*, es vom leibhaftigen Menschen zu unterscheiden. Wir müssen vielmehr annehmen, wir selbst entscheiden nach Gründen, die wir auch zurückweisen können, und müssen uns selbst die mittlerweile gut bekannte scholastische Willensfreiheit zuschreiben, die Fähigkeit, zu einer Proposition, die auch als ein Rechtfertigungsgrund auftreten kann, ebensowohl Ja wie Nein zu sagen. Dennoch dürfen und müssen wir nicht annehmen, wir wirkten nicht kausal, wenn wir willensfrei handeln. Auch dann handeln wir vielmehr kausal. Wir folgen dann jedoch einer Kausalität, die außer von natürlichen und gesellschaftlichen Ursachen auch von der Absicht bestimmt wird, nur solchen Zielen zu folgen, die dem eigenen Ich-Ideal entsprechen, einem Ich-Ideal, zu dem die Forderung gehört, die eigene Unabhängigkeit von allen fremden Einflüssen zu beweisen, notfalls auch dadurch, daß wir anders als vorausgesagt oder erwartet handeln.

Kommen wir zurück zum Problem der Willensschwäche. Es löst sich auf, wenn wir sie nicht als Folge einer Lücke in der Determination unserer Urteile und Handlungen verstehen, sondern als Folge eines positiven Vermögens, des Vermögens, eine Proposition ebenso zu bejahen wie zu verneinen. Diese Freiheit macht uns zu Urhebern unserer Urteile und Handlungen und ermöglicht uns, gegen bessere Gründe und einmal gefällte Entscheidungen zu handeln. Wir können und sollten an Sokrates' Prämisse festhalten, daß wir immer das verwirklichen, was wir für das Richtige oder für uns Beste halten. Aber erstens können wir *beliebige* Ziele für das Richtige halten, sei es auch nur deshalb, weil wir durch ihre Verfolgung unsere Freiheit beweisen wollen und in der Demonstration unserer Freiheit das für uns Richtige sehen. Zweitens können wir kraft unserer Willensfreiheit jede einmal gefaßte Entscheidung revidieren, sowohl wenn in einer neuen Situation neue Handlungsgründe erkennbar werden oder die zuvor erwogenen in ein neues Licht rücken, als auch wenn es uns beliebt, die frühere Entscheidung umzustoßen, um unsere Freiheit zu revidieren.

Drittens und für die Möglichkeit der Willenschwäche entscheidend können wir auch Entscheidungen revidieren, die wir ohne jeden Vorbehalt getroffen haben, weil wir im Augenblick der Revision überwiegende Gründe zu ihrer Revision finden. Eine solche Revision betrachten wir als Willensschwäche, wenn wir sie zu einem späteren Zeitpunkt erneut zugunsten des ersten Entschlusses revidieren und die Situation der ersten Revision den Augenblick der Versuchung nennen. Ohne eine solche zweite Revision betrachten wir die erste nicht als Willensschwäche, sondern als Befreiung von unvernünftigen Fesseln, und was unter dem Gesichtspunkt der zweiten Revision eine Versuchung ist, ist unter dem Gesichtspunkt der aufrechterhaltenen ersten Revision eine Erlösung.

10.
Geist und Gehirn

1. Die vorherrschende Auffassung vom Mentalen

Ich habe zu Beginn des dritten Teils meine These angekündigt, die Prinzipien der Physik seien mit der Annahme unsrer Zurechenbarkeit und der Willensfreiheit unserer Urteile verträglich. Ich will nun zeigen, daß unsere Tätigkeiten weder durch Gesetze prädeterminiert noch Zufall sind und doch in Einklang mit den Prinzipien der Physik stehen. Mein erster Schritt ist die Klärung der eventuellen Interaktion oder Wechselwirkung von Mentalem und Physischem. Unter Mentalem verstehe ich alles Psychische einschließlich solcher Phänomene, die nicht bewußt sind. Dazu gehören nicht nur die von Freud angenommenen Phänomene des Unbewußten, sondern auch prosaischere Dinge wie ein Wissen, das wir nicht gegenwärtig haben, das wir aber erinnern oder vergegenwärtigen können. Die Materialisten nehmen an, die Interaktion von Mentalem und Physischem sei nur Schein; was allein kausal wirke, seien physische Prozesse. Diese These scheint keinen Raum zu lassen für die Annahme, Menschen hätten Willensfreiheit. Denn Willensfreiheit scheint die Einwirkung des Geistes oder jedenfalls mentaler Vorgänge auf Körperliches zu implizieren.

Gemäß diesem Anschein versuchen viele Verteidiger der Willensfreiheit nachzuweisen, daß Mentales auf Körperliches einwirken kann. Zu diesem Zweck untersuchen sie das Verhältnis mentaler Vorgänge zu Hirnprozessen. Dieses Verhältnis findet auch aus einem anderen Grund das Interesse der Philosophen, der Psychologen und der Hirnforscher. Unter ihnen herrscht die Auffassung vor, alles Mentale werde in physischen, näher in neuronalen Prozessen *realisiert.*[1] Der Begriff der Realisierung mentaler Zustände und Vorgänge ist durchaus nicht klar. Er gehört zu einer Vorstellung von der Natur des Mentalen, die etwa folgendes annimmt.

Allem Mentalen entspricht etwas Physisches, in dem es realisiert oder verwirklicht ist. Das Physische, das ihm entspricht, muß nicht mit dem Mentalen identisch sein, wie die strengen Identitätstheoretiker behaupten. Ein Gedanke kann statt in einem bestimmten menschlichen Gehirn auch in einem andern Stoff realisiert sein, etwa in einem Computer oder im zentralen Nervensystem von Organismen, deren Zellen nicht aus Kohlenstoff, sondern Silicium gebaut sind. Aber ohne etwas Physisches kann es nach der Annahme, alles Mentale müsse *realisiert* sein, nichts Mentales geben. Als der Teil des Physischen, in dem das Mentale von Menschen faktisch, aber nicht notwendig realisiert ist, gilt das Gehirn. Was die Realisierung des Mentalen im Physischen oder durch das Physische genauer ist, wird durch diese Erläuterung nicht geklärt. Wir werden auf diese Frage zurückkommen müssen.

Ziel vieler heutiger Verteidiger der Willensfreiheit ist zu zeigen, daß die Realisierung mentaler Prozesse in Hirnprozessen die Wirksamkeit des Mentalen nicht ausschließt. Sie erkennen einerseits das Prinzip an, daß jeder mentale Prozeß in einem physischen Prozeß nachweisbar oder realisiert sein muß. Nennen wir dies das *Realisierungsprinzip*. Dies Prinzip trägt zwei starken und doch entgegegesetzten (nicht moralischen, sondern ontologischen) Intuitionen Rechnung, der des *Physikalismus* im oben festgelegten Sinn, daß alles, was kausal wirkt, in materiellen Prozessen nachweisbar sein muß, und der des *Phänomenalismus*, daß Empfindungen und Gedanken als etwas Bewußtes mit dem physischen Prozeß, in dem sie realisiert sein mögen, nicht *identisch* sind. Das Realisierungsprinzip kann daher von den Anhängern beider in der Theorie des Geistes richtungweisenden Intuitionen anerkannt werden, und auch ich werde an ihm festhalten.

Anderseits glauben einige heutige Verteidiger der Willensfreiheit an ein Prinzip, nach dem mentale Prozesse *als mentale* auf physische einwirken können. Nennen wir dieses Prinzip das der *mentalen Kausalität*. Die beiden Prinzipien sind schwer vereinbar. Eine nichtphysische mentale Kausalität kann nicht die Wirksamkeit eines physischen Prozesses sein, also auch nicht die des Prozesses, in dem der mentale Vorgang als realisiert gedacht wird. Die Annahme, mentale Prozesse müssen realisiert sein, dient gerade der Erklärung, wie mentale Prozesse kausal wirken und bewirkt werden können. Wie ein Prozeß bloß als mentaler und nicht in seiner realisierten Form soll kausal wirken können, ist schwer zu begreifen.

Ein Versuch, es zu begreifen, besteht in Searles (früherer) Annahme, der mentale Vorgang wirke selbst auf seine Realisierung. Dieser Versuch muß scheitern. Nach dem Realisierungsprinzip sind mentale Vorgänge mit körperlichen zwar nicht identisch, aber in ihnen doch verwirklicht wie eine dramatische Person in einem Schauspieler oder eine Zahl in einer Ziffer. Nennen wir das Verhältnis zwischen (realisierendem) Exemplar (Ziffer, Schauspieler) und (realisiertem) Typ (Zahl, Rolle) eine schwache Identität. Die Relation der schwachen Identität schließt eine Kausalität zwischen den Relata aus. Denn wie soll eine Ziffer auf eine Zahl einwirken oder umgekehrt? Nach dem Prinzip der mentalen Kausalität aber soll das Mentale auf das Physische, mit dem es doch schwach identisch (weil mit ihm realisiert) ist, kausal einwirken.

In jedem Fall wird, wenn ich einen mentalen Akt als realisiert in einem physischen Prozeß denke, die Annahme, er wirke trotz seiner physischen Realisierung eigentlich als mentaler, funktionslos. Ich kann zwar behaupten, daß über oder neben den physischen Prozessen ein mentaler abläuft, dessen Ausdruck oder Realisierung der physische ist, aber von der Behauptung hängt nichts ab; sie ist weder zu bestätigen noch zu widerlegen; sie hat die Rolle einer Sonntagsrede, die einen funktionslos gewordenen Glauben beschwört.

John Searle hat die Probleme des gleichzeitigen Festhaltens am Realisierungs- und am Prinzip der mentalen Kausalität klar beschrieben, obgleich er zur selben Zeit an ihnen beiden noch festhielt:

«Das Dilemma ist einfach das: wirken die spezifisch mentalen Aspekte mentaler Zustände und Vorgänge kausal ..., so ist die Kausalbeziehung völlig mysteriös; gebraucht man dagegen den vertrauten Ursachenbegriff, nach dem die kausal relevanten Aspekte von Kausalgesetzen beschrieben werden und alle Kausalgesetze physikalisch sind, dann können die mentalen Aspekte mentaler Zustände keine kausale Wirksamkeit haben. ... Entweder haben wir Dualismus und eine unbegreifliche Verursachung oder eine begreifliche Verursachung, geben aber die Idee der mentalen Kausalität auf zugunsten einer Identitätsthese samt einem Epiphänomenalismus der mentalen Aspekte psycho-physischer Vorgänge.»[2]

Sein letzter Satz formuliert schon die Antwort auf die Frage, warum er trotz der beschriebenen Schwierigkeit an beiden Prinzipien festhielt: weil der Verzicht auf das Prinzip der mentalen Kausalität einen *Epiphänomenalismus* zu implizieren scheint: die Theorie, nach der das Mentale nicht wirksam, daher nicht wirklich und kein Teil der *Wirklichkeit* im genauen Wortsinn ist. Es wäre dann nur ein *Epiphänomen*; etwas was wir empfinden, aber was im Ablauf der Geschehnisse, die die Welt ausmachen, so unwirksam ist wie das Quietschen der Bremsen für den Bremsprozeß.

Mittlerweile hält Searle nicht mehr am Prinzip der mentalen Kausalität fest.[3] Dennoch trägt es zum Verständnis des Mentalen bei, seine Argumente für dieses Prinzip zu betrachten. Das Mentale habe eine eigene Wirksamkeit, weil es eine *emergente* Eigenschaft des Physischen sei. Die physischen Prozesse, aus denen es «emergiert», seien die neurologischen und sonstigen physischen Prozesse, denen man es als mental entgegensetzt; es sei eine Eigenschaft wie die Festigkeit oder Flüssigkeit, die ebenfalls aus dem Verhalten von Mikrostrukturen emergiere. Den Molekülen, die bei bestimmtem Verhalten den Aggregatzustand der Festigkeit oder Flüssigkeit entstehen oder emergieren lassen, entsprechen beim Mentalen die Neuronen. Wie die Festigkeit selbst auf physische Zustände zurückwirke und etwa eine Tasse, die mit größerer Geschwindigkeit auf einen festen Grund trifft, zerbrechen lasse, ebenso wirke das Mentale als Mentales auf physische Zustände ein.

«Meine Meinungen und Wünsche, mein Durst und meine visuelle Erfahrungen sind reale kausal wirksame Eigenschaften meines Hirns, ebenso wie die Festigkeit des Tisches, an dem ich arbeite, und die Flüssigkeit des Wassers, das ich trinke, kausal wirksame Eigenschaften von Tischen und Wasser sind.»[4]

Wie weit trägt Searles Vergleich? Er hilft in mehreren Punkten nicht weiter. Er klärt *erstens* nicht, wie *Mentales* auf Physisches einwirken kann. Die Festigkeit und die anderen emergenten Phänomene, mit denen Searle das Mentale vergleicht, sind physische Phänomene. Es mag bemerkenswert sein, daß sie zugleich aus Mikrostrukturen hervorgehen und auf sie zurückwirken können, aber sie sind immerhin physische Phänomene, und daß Physisches auf Physisches einwirken kann, ist kein Problem. *Zweitens* läßt er dunkel, ob oder wie Phänomene wie die Festigkeit auf *dieselben* Mikrostrukturen zurückwirken können, aus denen sie entstehen. Die Festigkeit des Eises, zu dem die «Mikrostrukturen» der Wassermoleküle bei Fall der Temperatur unter 0° gerinnen, kann nicht auf dieselben Strukturen zurückwirken, denen es «emergiert». *Drittens* klärt er nicht, warum Mentales in der Verursachung einer Körperbewegung nicht überflüssig ist. Er beschreibt die Interaktion mentaler und physischer Vorgänge in folgendem Zweistufenmodell.[5]

Auf der Ebene der «Mikrostrukturen» laufen nur physiologische Vorgänge ab: Neuronen feuern und bewirken physiologische Veränderungen – die neurologischen Veränderungen, die auf der Makroebene etwa zur Armbewegung (oder einer Wahrnehmung) führen. Zugleich aber bewirken die feuernden Neuronen eine Absicht (oder Empfindung), die der Temperaturänderung beim Übergang in einen neuen Aggregatzustand entspricht. Die Absicht wird nicht nur vom Neuronenfeuern bewirkt, sondern sie verwirklicht sich in ihnen wie sich die Temperaturänderung im neuen Aggregatzustand verwirklicht. Das Neuronenfeuern verursacht aber auch mikrostrukturelle physiologische Veränderungen, die wiederum auf der höheren Ebene Körperbewegungen bewirken (die wieder in den physiologischen mikrostrukturellen Veränderungen realisiert sind). Zugleich verursacht aber auch auf der makrostrukturellen Ebene die Absicht die Armbewegung (oder, wenn es sich um eine Wahrnehmung handelt, die Empfindung die Wahrnehmung):

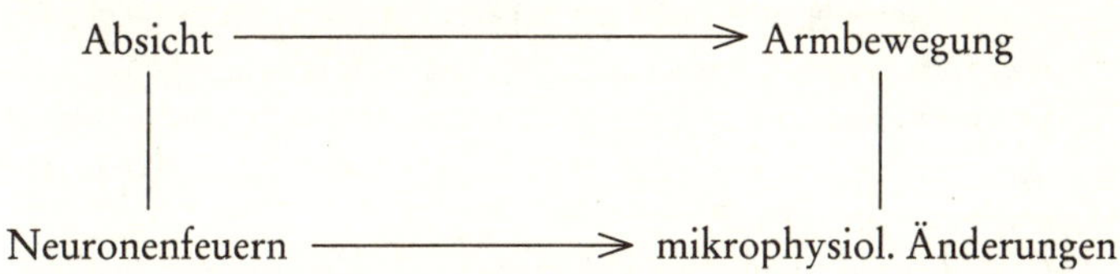

Die senkrechten Striche zwischen den Ebenen zeigen an, daß die Vorgänge der unteren Ebene die der oberen «verursachen und realisieren»;[6] die Pfeile, daß die linke Seite die rechte verursacht.

Die Armbewegung hat demnach *zwei* Ursachen auf verschiedenen Ebenen: auf der Makro-Ebene die Absicht, auf der Mikro-

Ebene das Neuronenfeuern. Die Vorgänge auf der Makro-Ebene laufen nicht nur parallel zu denen auf der Mikro-Ebene; ihre Kausalität ist auch, wie bemerkt, überflüssig. Die Armbewegung auf der Makroebene kann, wie Searle ausdrücklich hervorhebt, auch als *direkte* Wirkung des Neuronenfeuern dargestellt werden – «wir könnten auch diagonale Pfeile ziehen, die ... zeigen würden ..., daß das Neuronenfeuern Körperbewegungen verursacht».[7] Das aber heißt, daß die Absicht überflüssig ist. Entgegen seiner Versicherung zeigt Searle nicht, daß das Mentale kein *Epiphänomen* ist; er bestätigt es im Gegenteil. Diese Mißlichkeit hat er mittlerweile ausdrücklich anerkannt.[8]

Viertens klärt Searles Vergleich nicht, wieso *ich* auf meine körperlichen Zustände durch eine Entscheidung einwirke. Er läßt die *Subjektbezogenheit* mentaler Phänomene außer acht. Searle spricht von mentalen Zuständen und Vorgängen so, als seien sie mit körperlichen problemlos vergleichbar. Aber sie unterscheiden sich dadurch, daß in ihnen ein Subjekt oder Lebewesen etwas tut oder erleidet.

Betrachten wir diesen Punkt näher. Weil Searle die Subjektbezogenheit mentaler Phänomene nicht im Auge hat, wirken seine Vergleiche so, als unterschieden sich mentale von körperlichen Vorgängen nur dadurch, daß in ihnen ein neuer Aggregatzustand wirksam wird, der noch feiner ist als der von Gasen. So wenn er die Kausalität einer Entscheidung vergleicht mit der «Explosion im Zylinder eines Viertakters. Die Explosion wird vom Zünden der Zündkerze verursacht, obgleich Zünden und Explosion in Phänomenen auf einer Mikroebene verursacht und realisiert werden, auf der Beschreibungen wie ‹Zünden› und ‹Explosion› völlig verfehlt sind. Analog will ich sagen, daß die Handlungsabsicht die Körperbewegung verursacht, obgleich Handlungsabsicht und Körperbewegung in einer Mikrostruktur verursacht und realisiert werden, zu der Begriffe wie ‹Handlungsabsicht› und ‹Körperbewegung› nicht passen.»[9]

Meine Armbewegung wird demnach von meiner Entscheidung, den Arm zu heben, verursacht wie die Explosion im Zylinder vom Feuern der Zündkerze. Meine Entscheidung ist ihrerseits die kausale Wirkung von «Mikroprozessen», die mit mir als handelndem Subjekt nichts zu tun haben. Nach dieser Darstellung kommt meine Entscheidung über mich wie das Feuern der Zündkerze über das Auto. Aber wenn sie so über mich käme, wäre sie nicht *meine* Entscheidung. Wenn man die Freiheit von Vernunft- und anderen intellektuellen Akten und die Unreduzierbarkeit des Mentalen auf das Physische verteidigen will, dann muß man erklären, wie sie *unsere* Entscheidungen sein können. Diese Bedingung gilt sogar dann, wenn man für mentale Akte keine Freiheit annimmt. Denn auch kleine Kinder und Hunde, denen wir keine Willensfreiheit unterstellen, erfahren doch alles, was sie tun und wollen, fühlen und wahrnehmen, als *ihre* Gefühle, Wahrnehmungen, Handlungen und Absichten.

Der Mangel an Searles Beschreibung zeigt sich auch in seiner Charakterisierung der Ereignisketten zwischen Überlegung, Entscheidung und Ausführung durch «Lücken», «gaps». Auch wenn wir solche Ereignisketten als etwas erfahren, das uns nicht zum nächsten Schritt *zwingt*, erfahren wir sie nicht als durchlöchert. Wir erfahren sie als etwas, das zu unterbrechen an uns selbst liegt; wir erfahren sie in unserem Vermögen, ihren Ablauf zu *suspendieren*. Die Wahl des Worts *gap* ist nicht deshalb unangemessen, weil sie nur der objektivierenden Perspektive der dritten Person entspräche, sondern weil sie trotz Searles wiederholter Erklärung, das Mentale als die Eigenart von Lebewesen erklären zu wollen, für die Erklärung der mentalen Phänomene die Tatsache ungenutzt läßt, daß es Lebewesen sind, die wollen, handeln und erleiden und in ihren Absichten gestört oder abgelenkt oder gehindert werden können. Autozylinder und andere Maschinenteile und ganze Maschinen würden auch dann nicht wollen, wenn noch so viele Löcher in der Ereigniskette zwischen Entschluß (oder Zünden) und Ausführung (oder Explosion) aufträten.

2. Eine physikalistische Erklärung des Mentalen

Das Scheitern von Searles Programmm, am Prinzip der mentalen Kausalität festzuhalten, ist ein guter Grund, dafür zu argumentieren, daß

a. auch ein Physikalist, der das Prinzip der mentalen Kausalität verwirft, den Menschen Willensfreiheit zuschreiben kann,
b. eine physikalistische Erklärung des Mentalen keinen Epiphänomenalismus impliziert,

c. die Probleme im Verständnis des Verhältnisses von Geist und Materie nicht falschen Vorstellungen von dem entspringen, was Körper oder physische Prozesse sind, sondern von dem, was Geist und mentale Prozesse sind.

In meiner Kartographie des Geistes im ersten Teil habe ich den Geist als eine Reizverarbeitung beschrieben. An diese Beschreibung knüpfe ich nun an. Je undifferenzierter die Reaktion auf Reize, desto primitiver der Geist. Wir müssen drei Stufen des Geistes unterscheiden:

A. Die Seele: das Vermögen zu begehren

Diese Stufe haben alle Lebewesen, die ihr Leben, genauer, ihre bestimmte biologische Form, zu erhalten suchen *und* Störungen in diesem Streben als Schmerz und den Abbau einer Störung (oder die Erfüllung eines Begehrens) als Lust erfahren. Wir wissen nicht, wie Lebewesen gebaut sein müssen, um Schmerz und Lust zu erfahren, und brauchen es für unsere Zwecke nicht zu entscheiden. Wichtig ist nur, daß Tiere Schmerz und Lust erfahren können, ohne ein Bewußtsein ihres eigenen Handelns zu haben. Das Tier muß nur für bestimmte Reize in der Weise empfänglich sein, daß es sie als Schmerz oder Leid erfährt, wenn sie sein mit seinem Leben gegebenes Streben stören, und als Lust, wenn sie es erfüllen.

Wie sind Schmerz und Lust realisiert? Vermutlich in irgendwelchen Erregungen von Nerven oder anderen Körperteilen. Können wir hier eine Einwirkung des Mentalen *als* Mentalem auf Körperliches annehmen, in irgendwelchen Parallelprozessen, wie es Searle für die Einwirkung einer Absicht annahm? Das ist sehr unplausibel. Es wäre absonderlich, wenn der Erregungszustand der Nerven nicht direkt, sondern über den Umweg über mentale Prozesse die Körperbewegungen bewirkte, die dem Vermeiden von Schmerz und dem Erhalten der Lust dienen.

Wenn wir aber Lust und Schmerz in physischen Prozessen realisiert denken, ohne ihnen eine spezifisch mentale Kausalität einzuräumen, stellen sich zwei Fragen. Erstens, sind sie dann nicht nur *Epiphänomene*? Zweitens, *identifizieren* wir sie dann mit phyischen Prozessen? Beachten wir zuerst, daß es sehr unwahrscheinlich ist, daß Lust und Schmerz und allgemeiner das Bewußtsein Epiphänomene sind. Denn es ist sehr unwahrscheinlich, daß die Evolution Phänomene hervorbringt, die zugleich weitverbreitet und überlebens*ir*relevant sind. Das Bewußtsein scheint aber weit verbreitet in der Tierwelt. Wir können vermuten, daß Schmerz und Lust überlebensförderlich sind, weil sie den Erfolg begehrenserfüllender Bewegungen fördern. Empfindungsfähige Lebewesen haben vermutlich größere Überlebenschancen, weil ihre Empfindungen ihre Handlungen oder Bewegungen kräftiger, zielgenauer, reaktionsschneller und ausdauernder machen, gemäß unserer eigenen Erfahrung, daß wir leichter tun, was wir mit Lust tun, und unter dem Stachel eines Schmerzes auch tun, wozu wir keine Lust haben.

Sind nun Lust und Schmerz, die in bestimmten physischen Erregungen realisiert sind und keine mentale Kausalität haben, nicht *Epiphänomene*? Sie sind nicht überflüssig, daher keine Epiphänomene, wenn sie Handlungen intensivieren und erfolgreicher machen. Wenn die Vermutung richtig ist, daß Lust und Schmerz *notwendig* Reizverarbeitungen begleiten, wenn diese eine besondere Intensität erreichen, und daß solche Reizverarbeitungen eine größere Erfolgschance haben, dann sind Lust und Schmerz keine Epiphänomene.

Aber *identifizieren* wir Lust und Schmerz nicht mit den physischen Prozessen, durch die sie kausal wirken, wenn wir ihnen keine mentale Kausalität einräumen? Und ist es nicht unsinnig, Bewußtsein mit dem Physischen zu identifizieren? Ich halte das in der Tat für unsinnig. Bewußtsein kann höchstens die *Eigenschaft* physischer Prozesse sein, aber nicht ein physischer Prozeß selbst. Die Annahme der Identität von Bewußtsein und körperlichen Prozessen ist ein Kategorienfehler wie die Annahme, Zahlen könnten Farben haben. Wenn die These, Lust und Schmerz wirkten nicht in einer spezifisch mentalen, sondern der gewöhnlichen physikalischen Kausalität, die These ihrer Identität mit den physischen Prozessen, die sie realisieren, implizierte, dann wäre das eine *demonstratio ad absurdum*.

Aber sie impliziert nicht die Identitätsthese. Wir können und sollten Lust und Schmerz als irreduzible Bewußtseinszustände der sie erfahrenden Lebewesen anerkennen, auch wenn wir ihnen eine mentale Kausalität absprechen. Sie sind mentale Zustände, die ein Lebewesen hat oder empfindet, wenn sein Nervensystem (oder andere seiner organischen Zustände) in einer bestimmten Weise erregt ist. Der mentale Zustand wirkt durch die Erregung des Nervensystems, aber diese Erregung wäre nicht die, die sie ist, und wirkte nicht so, wie sie wirkt, wenn sie nicht die Bewußtheit des Zustands und das Bewußtsein des Lebewesens von seinem Zustand darstellte oder realisierte.

Aber was soll es heißen, daß der physische Zustand der Erregung des Nervensystems das Bewußtsein des Lebewesens *darstellt* oder *realisiert*? Verursacht er es? Dann gäbe es eine kausale Interaktion, bei der Physisches auf Mentales wirkt, und wenn wir eine Interaktion in dieser Richtung annehmen, können wir schwerlich leugnen, daß es auch eine Interaktion von Mentalem auf Physisches gibt, und nehmen wir das an, haben wir auch eine spezifisch mentale Kausalität angenommen. Da wir sie für unmöglich halten, können wir nicht annehmen, daß die Relation des *Realisierens* eine Verursachung ist. Wenn sie keine Verursachung ist, ist sie dann eine Identität? Das haben wir schon für unmöglich erklärt. Wenn die Rede davon, daß der physische Zustand der Nervenerregung einen Bewußtseinszustand *darstellt* oder *realisiert*, überhaupt sinnvoll ist, dann muß sie etwas anderes meinen als eine Verursachungs- oder eine Identitätsbeziehung. Was aber dann?

Wir müssen hier eine Beziehung eigener Art annehmen. Der physische Zustand verursacht weder den mentalen noch ist er mit ihm identisch. Man könnte sie *schwach* identisch nennen, wie ich es schon tat, um hervorzuheben, daß sie keine Kausalitätsbeziehung ist, aber man klärt damit nicht, inwiefern sie keine Identität ist. Es ist auch nicht glücklich, von einer Realisierung zu sprechen; einerseits weil dieser Begriff unklar ist, anderseits, weil er suggeriert, es gebe den mentalen Zustand irgendwie unabhängig von einem bestimmten physischen Zustand und brauche nur zu seiner Erscheinung und Wirksamkeit einen physischen Zustand wie ein Geist (ein Gespenst) den Leib eines Lebendigen.

Angemessener (und mangels besserer Möglichkeit noch immer am angemessensten) scheint es mir, metaphorisch davon zu sprechen, daß der mentale Zustand der *Innen*anspekt solcher physischer (näher neuronaler) Vorgänge und Zustände oder der von ihnen bewirkten Handlungen ist. Denn die Eigenart solcher Zustände besteht darin, daß in ihnen und durch sie das Lebewesen, das sie hat, sich selbst (wenn nicht in den neuronalen Prozessen selbst, dann in den durch sie bewirkten Handlungen) gegeben ist. Sie versetzen das Lebewesen in einen Zustand, den wir als eine erste Form des Wissens und des privilegierten Zugangs zum eigenen Zustand beschreiben können. Das eigenartige Verhältnis zwischen physischem und mentalem Zustand ist ein *Wissens*verhältnis, durch das aus dem Lebewesen ein wissendes Subjekt oder Selbst wird. Aber dieses Subjekt existiert nicht jenseits oder außerhalb der physischen Zustände, von denen es Bewußtsein hat, sondern in ihnen.

Lust und Schmerz sind die erste Form von Wissen, das ein Lebewesen von sich und der Umwelt hat. Sie sind auch die erste Form eines *privilegierten Zugangs* zu sich, denn ein anderer kann das, was ein Lebewesen in Lust und Schmerz erfährt, wenn überhaupt, nur durch Beobachtung des Verhaltens des Lebewesens erkennen, nicht durch die Quellen, die dem fühlenden Lebewesen selbst zugänglich sind. Als ein solcher Zustand des Wissens kann er auch solche Tätigkeiten fördern, mit denen das Lebewesen auf die Ursachen der Erregung reagiert. Viele Handlungen sind nur dadurch ausführbar, daß wir sie bewußt ausführen. Das setzt nicht voraus, daß ein mentaler Zustand in einer spezifisch mentalen Kausalität wirkt, sondern daß ein physischer Zustand nur wirken kann, wenn er aus dem Lebewesen ein Subjekt macht, dem seine Handlungen bewußt werden.

Ist dann das Bewußtsein nicht doch ein Epiphänomen? Was wirkt, sind ja immer nur die physischen Prozesse. Das Bewußtsein kann in der Tat ein Epiphänomen scheinen, solange wir nicht beachten, daß es das Bewußtsein eines Lebewesens ist, das ohne sein Bewußtsein nicht wirken könnte. Wenn wir das Bewußtsein metaphorisch den Innenaspekt physischer Prozesse nennen, dann heben wir hervor, daß die besonderen physischen (oder näher neuronalen) Prozesse, die Lebewesen zu besonderen Leistungen befähigen, sie nur dann zu ihnen befähigen, wenn sie durch sie zu Subjekten einer ersten Form des Wissens werden, die kraft ihres Wissens handeln. Würden die physischen Prozesse die durch sie bewirkten Handlungen nicht bewußt machen, so würden sie auch nicht die Erfolge haben, die sie haben.

Dieses Argument gegen die Annahme der Epiphänomenalität des Bewußtseins mentaler Vorgänge hat eine falsifizierbare empirische Implikation, nämlich daß auch Computer, die ebenso schnell und differenziert Reize verarbeiten können wie empfindende Lebewesen, Lust und Schmerz empfinden, und daß umgekehrt empfindungs*un*fähige Computer nicht zu den Verarbeitungsleistungen empfindungsfähiger Lebewesen fähig sind. Wird diese Voraussetzung falsifiziert, dann ist auch meine physikalistische Erklärung des Mentalen falsifiziert, und umgekehrt wird sie empirisch bestätigt, wenn die Voraussetzung bestätigt wird.

B. Der Verstand: das Vermögen zu entscheiden

Ein Käfer hat keine Wahl, zur Lichtquelle zu fliegen, wenn er in einem bestimmten Erregungszustand ist und ihn ein Lichtreiz trifft; er *muß* fliegen. Aber wenn er sein Begehren fühlt, *will* er seinen Flug und ist sein Flug seine *Handlung*, während organische Veränderungen an ihm, die er fühlt, aber nicht begehrt, nicht seine Handlungen sind. Daß sein Begehren determiniert ist, ändert nicht, daß es *sein* Begehren ist; dafür sorgt die Bewußtheit des Begehrens. Wird sein Flug gehindert, sucht er das Hindernis zu überwinden. Er hat das Vermögen, seine Natur und seinen Willen zu verwirklichen. Dies Vermögen aber ist die *Handlungsfreiheit* – wenn auch Handlungsfreiheit in ihrer primitivsten Form.

Obgleich er handeln kann, kann der Käfer nicht *entscheiden*. Entwickeltere Tiere, solche mit einer großen Empfänglichkeit für Reize verschiedenster Art, können dagegen unter mehreren auf sie einwirkenden Reizen entscheiden. Die Ratte kann zugleich dem Reiz einer Speise und dem der Erinnerung an den Tod von Artgenossen nach Verzehr einer ähnlichen Speise ausgesetzt sein, der Hund dem Reiz einer läufigen Hündin und dem Befehl seines Herrn, bei Fuß zu bleiben. Sie müssen zwischen Reizen wählen. Sie haben Standards, mit denen sie über die Vorzugswürdigkeit der Alternativen entscheiden. Ihre Standards müssen nicht angeboren sein, wenn auch die Fähigkeit, ihnen zu folgen, angeboren sein muß. Als Standard der Ratte können wir die Überlebenseignung oder Lebensförderlichkeit einer Reizbefolgung annehmen; dem gut dressierten Hund müssen wir den Standard der Übereinstimmung mit dem Willen seines Herrn zuschreiben.

Obgleich sie keine Freiheit haben, ihren Standard zu verwerfen, können sie ihren Standard verfehlen, wenn unter den konkurrierenden Reizen einer übermächtig wird und ihnen die Befolgung ihres Standards der Reizbefolgung unmöglich macht. Sie scheinen daher zwischen *richtig* und *falsch* unterscheiden und ihre Umwelt nicht nur unter dem Aspekt des Faktischen, sondern auch des Normativen betrachten zu können. Müssen wir ihnen einen Begriff des Sollens und der Normativität zuschreiben? Dazu fehlt ihnen ein Begriff von *Welt*, von einer Wirklichkeit, die vom Anschein unterschieden ist. Da sie keine propositionale Sprache sprechen, leben sie nur in einer Umwelt von Reizen, zu denen allerdings nicht nur solche gehören, die unmittelbar auf ihre Sinne wirken, sondern auch solche, die von den Anforderungen der Standards ausgehen, die sie durch Erziehung oder eine von bestimmten Trieben geleitete Erfahrung erworben haben.

Weil sie Standards des Handelns haben, können wir ihnen auch praktische Syllogismen oder Quasi-Syllogismen unterstellen, ähnlich wie Aristoteles sie Menschen unterstellte. Denn ihre Standards stellen sich ihnen als Regeln oder Maiorprämissen dar, etwa daß man immer, wenn der Herr etwas befiehlt, es ausführen muß, derart daß, wenn der Herr nun befiehlt, bei Fuß zu bleiben, man (hund) bei Fuß bleibt. Da sie jedoch über keine propositionale Sprache verfügen, haben ihre Maiorprämissen eine Form, die nicht zwischen Befehl und Beschreibung differenziert und nur das Signal gibt, in bestimmten Umständen in einer bestimmten Weise zu reagieren.

Lebewesen, die zwischen Reizen entscheiden müssen, haben nicht nur ein Bewußtsein von Lust und Leid, sondern auch ihres *Wollens*. Der Käfer geht in seinem Begehren, in seiner Lust und seinem Schmerz auf, weil er keinen Standard hat, an dem er seine Impulse kontrollieren kann. Die Ratte, die zwischen der lockenden Speise und der verbietenden Erinnerung, der Hund, der zwischen Herrn und Hündin entscheiden muß, gehen nicht darin auf. Sie folgen in ihrer Entscheidung zwar einem Standard, der ihnen angeboren oder andressiert ist und ihnen keine Wahl läßt. Dennoch *entscheiden* sie nach dem Standard und unabhängig von ihren Neigungen, wenn diese nicht übermächtig werden. Sie erfahren nicht nur Reize, sondern *sich* und ihr Wollen, die sie von Reizen unterscheiden können. Sie haben eine erste Form von *Selbstbewußtsein*. Der Standard fungiert als *Ichideal*, als ein Muster, nach dem sie ihre Entscheidungen und damit sich selbst formen.

Wie sieht auf dieser Stufe des Mentalen dessen Einwirkung auf Körperliches aus? Müssen wir auch hier die Wirksamkeit mentaler Vorgänge mit der Wirksamkeit der körperlichen Vorgänge identifizieren, in denen sie realisiert sind? Offenbar. Sowohl die Entscheidung für einen der konkurrierenden Reize als auch die Befolgung des anerzogenen oder sonstwie erworbenen Standards der Wahl können wir als körperliche Vorgänge denken. Auch ein Computer würde, wenn man ihn nur entsprechend programmieren könnte, zwischen Reizen nach dem ihm eingegebenen Standard entscheiden.

Ist das Bewußtsein der Tiere daher ein Epiphänomen? Das können wir ausschließen, wenn das Tier, das sich einer Handlung bewußt ist, diese Handlung ohne Bewußtsein nicht ausführen könnte. Wir implizieren mit dieser Behauptung die falsifizierbare Annahme, daß auch ein Computer nur dann wie Hund oder Ratte Reize verarbeiten kann, wenn in seiner Reizverarbeitung ein Bewußtsein der Reize und mit ihm ein begehrendes und zwischen den konkurrierenden Reizen entscheidendes Subjekt entsteht. Das Bewußtsein hat keine spezifisch mentale Kausalität, aber deswegen ist es kein Epiphänomen: es ist notwendig für die physischen Prozesse, die das leisten, was sie tatsächlich leisten.

C. Die Vernunft: das Vermögen, Standards der Reizbefolgung nach Gründen zu beurteilen

Auf der dritten Stufe der Reizverarbeitung wählt ein Lebewesen nicht nur zwischen konkurrierenden Reizen, sondern konkurrierenden Standards der Reizbefolgung. Es hat nicht nur einen Begriff von Normativität, sondern auch ein Bewußtsein seiner Fähigkeit, Normen zu verletzen und zu verändern. Hund und Ratte können auch mehrere Standards der Reizbefolgung haben, aber nicht selbst zwischen ihnen wählen. Sie folgen dem einen oder dem andern Standard determiniert durch Reize oder zufällig. Um selbst zu wählen, braucht man nicht nur ein Suspensionsvermögen, sondern auch eine propositionale Sprache, in der man Alternativen zum gegebenen Standard oder der Maiorprämisse formulieren und die Rechtfertigungsgründe für die eine oder andere Prämisse abwägen kann.

Implizieren wir das Prinzip der mentalen Kausalität oder eine andere physikunverträgliche Annahme, wenn wir behaupten, die Menschen seien fähig, Rechtfertigungsgründe abzuwägen, nach ihnen zu urteilen, aber sie auch zu verwerfen und zu einer Proposition ebensowohl Ja wie Nein zu sagen? Wenn wir eine solche Annahme implizieren, dann jedenfalls nicht deshalb, weil die Betätigungen der Vernunft *bewußt* sind. Denn die *Bewußtheit* von Prozessen können wir, wie wir sahen, physikalistisch erklären, ohne den Epiphänomenalismus zu implizieren. Wir könnten ihn höchstens mit der These der *Willensfreiheit* implizieren. Diese These scheint das Muster der Physikunverträglichkeit, weil eine willensfreie Entscheidung dem Handelnden zurechenbar und soweit determinert sein soll, anderseits aber nicht determiniert von vorausgehenden oder außerhalb des Handelnden liegenden Faktoren; also, wie es scheinen kann, zugleich determiniert und indeterminiert. Dergleichen würde nicht erst die Physik verbieten, sondern schon die Logik. Wenn man daher Menschen Willensfreiheit zuspricht, scheint man allem Widersinn Tür und Tor zu öffnen.

Tatsächlich aber läßt sich das Problem durch die Annahme lösen, daß die willensfreie Handlung durch die Überlegung des Handelnden determiniert, aber nicht durch vorangegangene und außerhalb seines Bewußtseins und Charakters liegende Faktoren prädeterminiert ist. Wir können einerseits im Rahmen der Prinzipien der Physik erklären, warum Lebewesen mit einem Suspensionsvermögen und dem Gebrauch einer propositionalen Sprache die Fähigkeit haben müssen, eine Proposition, daher auch eine Maiorprämisse in einem praktischen Syllogismus, ebensowohl zu verneinen wie zu bejahen. Anderseits können wir im Einklang mit der Physik erklären, wodurch eine Handlung determiniert sein muß, um die kausale Wirkung einer Entscheidung zu sein, die eine Proposition bejaht (oder verneint) und sie doch ebensowohl hätte verneinen (oder bejahen) können, nämlich durch Befolgung eines Ich-Ideals, zu dem die Forderung nach Unabhängigkeit des Handelns von fremden Einflüssen und unter Umständen nach einem Handeln entgegen den Erwartungen gehört.

Daher können wir uns zugleich ein irreduzibles Bewußtsein und die scholastisch definierte Willensfreiheit zusprechen, deren Annahme die Annahme der Prädetermination des Weltablaufs ausschließt, und doch die Annahmen einer spezifisch mentalen Kausalität und einer kausalen Interaktion zwischen zwei ontologisch verschiedenen Substanzen, der der Materie und der des

Geistes, verwerfen. Wir können den Geist als eine Eigenschaft bestimmter komplexer Verbindungen der Elemente der Materie (oder der Grundkräfte des Universums), nämlich entwickelter Lebewesen, betrachten und auf die Ansetzung einer Wirklichkeit jenseits oder hinter der uns bekannten, wenn auch nie vollständig erklärten Wirklichkeit verzichten.

Die Annahme einer Wirklichkeit jenseits der uns bekannten Wirklichkeit ist freilich nicht logisch oder in einem andern Sinn unmöglich. Da wir die uns bekannte Wirklichkeit voraussichtlich nie und heute definitiv nicht vollständig erklären können, ist die Annahme einer jenseitigen Wirklichkeit weder in Zukunft noch heute absurd. Aber wir haben keine guten Gründe für sie. Die Phänomene, auf die wir uns mit den Begriffen des Bewußtseins, der Vernunft und der Willensfreiheit beziehen, schienen lange und scheinen auch heute vielen verläßliche Indizien einer Wirklichkeit jenseits der uns bekannten und von der Physik mit erstaunlichem Erfolg erforschten Wirklichkeit. Tatsächlich liefern sie keine Gründe für die Annahme einer solchen jenseitigen Wirklichkeit.

Wenn wir den Geist und mit ihm Vernunft und Bewußtsein als eine Eigenschaft bestimmter Verbindungen der Elemente der Materie betrachten, hat das nicht nur die Verwerfung einer übernatürlichen Welt oder eines jenseitigen Seinsbereichs zur Folge, sondern auch eine bestimmte Sicht der diesseitigen natürlichen Welt. Wir müssen anerkennen, daß die Elemente der Welt, die Naturkräfte, die die Physik untersucht, Potenzen enthalten, die, wenn sie nur in der geeigneten Konstellation auftreten, in den erstaunlichen Fähigkeiten und Leistungen von uns Menschen zu Tage treten. Natürlich haben die Elemente, die die Physik im Urknall wirken sieht, weder Vernunft noch Bewußtsein. Aber sie haben die Potenz, Wesen hervorzubringen, die Vernunft und Bewußtsein und sogar einen Willen haben, mit dem sie in den Naturablauf und seine Determination nach ihren eigenen Ideen und Plänen eingreifen können. Daß wir unsere eigenen Ideen haben, heißt wiederum nicht, daß wir sie einem übernatürlichen Reich ablesen. Wir entwickeln sie nach unseren Bedürfnissen und kraft unserer Phantasie, unserer logischen Fähigkeiten und unseres Rechtfertigungsvermögens. Wir wählen sie aus unter den Möglichkeiten, die wir in der Natur angelegt finden. Wir sind Geschöpfe der Natur, die begonnen haben, auf die Natur durch die

Auswahl unter den in ihr angelegten Möglichkeiten schöpferisch einzuwirken. Wir sind nicht der große Demiurg, den Platon im *Timaios* als den Weltbaumeister beschrieben hat, wohl aber kleine Demiurgen, die viel zerstören, aber auch einiges verbessern können. Die Natur hat nicht nur schöne Seiten, aber wir lernen verstehen, wie sie besser wirken könnte. Auch das gehört zu ihren Potenzen.

11. Vernunft und Geschichte

1. Vernunft und Evolution

Mit dem Nachweis der Vereinbarkeit von Physik und Willensfreiheit sind noch nicht alle skeptischen Einwände gegen die Möglichkeit ausgeräumt, allgemeinverbindliche Urteile zu fällen. Ein weiterer Einwand geht davon aus, daß wir selbst, die Menschen, zusammen mit allen unseren Fähigkeiten, auch denen der Vernunft und der Willensfreiheit, Produkte der Evolution sind. Produkte der Evolution aber, die wie wir noch nicht ausgestorben sind, müssen den Bedingungen des Überlebens angepaßt sein, sonst hätten sie nicht überlebt. Wie aber kann die Vernunft, da sie doch ein Produkt der Evolution ist, das seine Existenz seiner Nützlichkeit für Überleben und Vermehrung verdankt, *unabhängig* von allen Interessen, auch dem des *Überlebens* oder der *Vermehrung*, zwischen richtig und falsch unterscheiden?

Allerdings ist dieser Einwand unabhängig vom Glauben an eine bestimmte Art von Determinismus schwach. Wenn wir durch die Geschichte unserer Evolution nicht zu bestimmten Verhaltensweisen determiniert sind, ist von vornherein schwer zu sehen, warum unsere Naturgeschichte uns hindern sollte, interessenunabhängig zu urteilen oder Verfahren auszudenken, die wie die des Schiedsrichters oder des Loswurfs interessenunabhängig oder unparteilich entscheiden. Wir müssen zwar vernünftigerweise uns und unsere Vernunft als evolutionäres Produkt betrachten. Aber daraus folgt nicht einmal, daß wir und unsere Vermögen nur zu überlebensfördernden Leistungen fähig sind. Es folgt nur, daß die meisten unserer Eigenschaften oder die wichtigsten nicht überlebenshinderlich sein können; sonst hätten wir eben nicht überlebt. Es folgt nicht, daß unsere Eigenschaften nur dazu dienen, uns am Leben zu erhalten oder unsere Überlebenschancen zu verbessern. Es folgt insbesondere auch nicht, daß wir unsere Eigenschaften nicht zu unserem Lebensgenuß oder der Betrachtung, Erforschung und Veränderung der Welt ganz unabhängig von unseren Überlebenschancen gebrauchen könnten.

Betrachten wir einige auffällige Eigenschaften anderer lebendiger Ergebnisse der Evolution, so gehört eine Art von Fanatismus dazu anzunehmen, sie könnten nur dem Überleben dienen. Wozu dienen die bunten Federn und der manchmal auch menschlichen Ohren angenehme Gesang vieler Vogelmännchen? Sie sind offenbar in einer Hinsicht, unter dem Aspekt der Kausalität, zufällige und dadurch absichtslose Produkte der Evolution, die sich nicht hätten erhalten können, wenn sie die Überlebenschancen ihrer Träger verringert hätten. Aber folgt daraus, daß die Vögel sie nur zum Überleben gebrauchen können? Natürlich nicht. Sie gebrauchen sie, um Weibchen anzulocken und diese und vielleicht auch sich selbst oder ihr Leben oder die Betätigung ihrer Fähigkeiten zu genießen. Im allgemeinen fördert das auch ihr Überleben, aber sicher nicht immer und nicht notwendig. Ihr Genuß des Singens kann sie auch von überlebenswichtigen Handlungen ablenken und die Katze überhören lassen, die sie fängt.

Wie die Empfänglichkeit für den Gesangsgenuß kann sogar die Empfänglichkeit für den mit der Reproduktion direkter verbundenen Geschlechtsgenuß unter Umständen überlebensschädlich werden, nicht nur bei Menschen. Zeigt man der Ratte einen Knopf, mit dem sie Elektroden an ihrem Kopf anschalten kann, die ihr Lustzentrum im Gehirn erregen, so betätigt sie ihn bis zum Zusammenbruch. Die Eigenschaften, die die Evolution hervorbringt, folgen ihrer eigenen Logik. Wie der Gesang und der sexuelle Genuß kann auch die Betätigung der Vernunft zum Selbstzweck werden. Dies geschieht, wenn man ein Leben, in dem jeder seine Fähigkeiten nach seiner eigenen Vernunft betätigen kann, zum Lebensziel macht. Es gefährdet nicht notwendig das Überleben; es kann im Gegenteil die Ausbreitung des Lebens fördern, wenn diese auch nicht sein Zweck ist und es unter Umständen überlebensschädlich werden kann.

2. Zeigt die Geschichte einen Fortschritt der Vernunft?

Ernster zu nehmen ist der skeptische Einwand, die Vernunft oder der Mensch können deshalb nicht die behaupteten Fähigkeiten der verbindlichen Rechtfertigung de- und präskriptiver Aussagen haben, weil die Geschichte das Gegenteil beweise. Die Geschichte zeige keinen Fortschritt, sondern eine Anhäufung von Elend und Bosheit. Wie kann das menschliche Leben soviel Elend in der Vergangenheit und Gegenwart zeigen, wenn wir mit der Vernunft ein Vermögen der allgemeinverbindlichen Entscheidung von Normen und Theorien haben? Hätten wir es, so sollte die Geschichte der Menschheit einen Fortschritt zum Besseren zeigen, weil die Menschen, wenn sie eine Vernunft mit den behaupteten Fähigkeiten hätten, es zur Verbesserung ihres Lebens gebrauchen müßten; andernfalls hätten sie eben nicht solche Fähigkeiten.

A. Kann die Geschichte eine Vernunfttheorie falsifizieren?

Bevor wir fragen, ob die Geschichte tatsächlich keinen Fortschritt zeigt, sollten wir zwei Vorfragen klären. Die erste ist, ob die Geschichte überhaupt eine Vernunfttheorie falsifizieren kann. Denn eine Vernunfttheorie ist zwar nicht nur, aber vielleicht in ihren wichigsten Aussagen *normativ*. Sie sagt ja vor allem, wie man mit Gründen umgehen *soll*, nicht, wie man mit ihnen umgeht oder umgegangen ist. Also kann sie in ihren wichtigsten Aussagen nicht mit deskriptiven Aussagen, auch nicht denen der Geschichte, in Konflikt geraten.

Dagegen spricht jedoch, daß eine Vernunfttheorie nicht *nur* normativ ist. Sie sagt auch, welche Fähigkeiten wir haben und was wir mit ihnen leisten können. So habe ich behauptet, die Vernunft sei das Mittel, zwischen wahr und falsch und recht und unrecht in immer revidierbarer, aber universal verbindlicher Weise zu unterscheiden. Es ist zwar nicht logisch ausgeschlossen, daß die Menschen dieses Mittel bisher nicht oder nur wenig gebraucht haben, aber wenn es so wäre, wäre das erklärungsbedürftig. Wir können erwarten, daß die Menschen ihre Fähigkeiten gebrauchen und in ihrer Geschichte erkennen lassen, was die Fähigkeiten sind, über die sie verfügen. Wenn es keinen Fortschritt in der Erkenntnis der

Wahrheit und der Anerkennung gerechter Normen gibt, dann sind Zweifel berechtigt, daß Menschen ein Vermögen haben, zwischen wahr und falsch und recht und unrecht zu unterscheiden, es sei denn, wir haben eine gute Erklärung für den fehlenden Fortschritt.

Um gleich auf eine mögliche Erklärung zu weisen: Es könnte sein, daß die meisten Menschen ihr Vernunftvermögen gut gebraucht haben; daß es aber keinen *historischen* Fortschritt in der Erkenntnis des Wahrheit und der Anerkennung gerechter Normen gab, weil die generationenübergreifenden Institutionen fehlten, die ermöglichen, den Fortschritt in einem Menschenleben den folgenden Generationen oder gar späteren Gesellschaften weiterzureichen. Daß sie ihnen fehlten, das zu erklären könnte es wieder gute (Erklärungs-)Gründe geben.

Die zweite Vorfrage ist, ob man mit einer auch nur relativen *Verbindlichkeit* entscheiden kann, ob es Fortschritt gibt im Wissen von dem, was ist und sein soll. Ein solches Urteil *könnte* unter Anhängern konkurrierender Vernunfttheorien schon deshalb umstritten sein, weil ihre Deutung der Vernunft von ihrer Deutung der Geschichte und umgekehrt bestimmt ist. Wir können über diese Frage nur in der Auseinandersetzung mit dem skeptischen Einwand selbst entscheiden, nach dem die Geschichte keinen Fortschritt zeigt.

Wir müssen am Einwand zwei Versionen unterscheiden. Die erste appelliert an ein gemeinsames Verständnis von Wahrheit und Gerechtigkeit und ist leicht zurückweisbar, anders als die zweite, die diese Voraussetzung anficht.

B. Erste Kritik: Die Geschichte zeigt keinen Fortschritt

Viele Zeitgenossen halten es für offensichtlich, daß die Geschichte keinen Fortschritt zeigt. Es gilt als naiv, anderer Meinung zu sein. Dagegen scheint mir offensichtlich, daß die Menschen heute mehr über die *Welt wissen* als früher. In den *Wissenschaften*, vor allem den Naturwissenschaften, hat die theoretische Vernunft die generationenübergreifende Institution der Unterscheidung von wahr und falsch gefunden. Die früheren Gesellschaften wußten weniger über die Welt, und was sie wußten, war oft nicht von normativen Auffassungen unterschieden.

Die Unterscheidung zwischen theoretischem und praktischem Wisssen, zwischen dem, was ist, und dem, was sein soll, ist nur wenigen Gesellschaften gelungen, und noch heute gelingt sie manchen Zeitgenossen nicht. Der wichtigste Grund dafür ist, daß Wissensformen, in denen die beiden Bereiche gemischt sind, unter gewöhnlichen Umständen äußerst nützlich sind. Wenn ich etwa weiß, daß Dagobert geizig ist, dann weiß ich zugleich, wie er ist und worin und wie weit er davon abweicht, wie ein Mensch sein sollte. So nützlich solches Wissen aber oft ist, so notwendig ist für die klare Erkenntnis der Welt und für die klare Erkenntis dessen, was sein soll, ihre Unterscheidung. Daß das heute unter Theoretikern fast Konsens ist, ist ein Fortschritt der Vernunft, der fast so beachtlich ist wie die Fortschritte in der Erkenntnis der Welt selbst. Er wäre nicht zustandegekommen, wenn in der Institution der Wissenschaft nicht außer Naturwissenschaften auch Philosophie und andere Formen begrifflichen Wissens ihren Ort hätten.

Unbestreitbar ist der Fortschritt in der Erkenntnis und Anerkennung vernünftiger *Normen* bescheidener als der im Wissen über die Welt. Aber auch er fehlt nicht. Die Sklaverei wurde gegen starke Interessen in allen Gesellschaften offiziell abgeschafft. In fast allen Ländern werden heute alle Menschen als Wesen betrachtet, die darin gleich sind, Rechte zu haben, über ihr Leben und den Gebrauch ihrer Fähigkeiten selbst zu verfügen und vor Versklavung, Ermordung, Verstümmelung, Vergewaltigung geschützt zu werden. Fast alle Menschen bekennen sich heute öffentlich zu solchen elementaren *Menschenrechten*, die in viele internationale Vereinbarungen eingegangen sind. Als Locke ihre Grundlage, das Recht auf Selbstverfügung, vor noch nicht dreieinhalb Jahrhunderten vertrat, war alle Welt davon überzeugt, daß grundsätzlich nur Gott das Recht hat, über die Menschen zu bestimmen, und bestenfalls Könige und einige Aristokraten das von Gottes Gnaden eingeräumte Privileg, über sich und ihre Untertanen zu bestimmen.

Skeptiker und manche Marxisten behaupten, dieser Fortschritt sei scheinbar, weil er den Menschen nur die formale Freiheit gab, die der Kapitalismus (oder eine andere Wirtschaftsform) nötig hat. Aber diese Behauptung ist unplausibel. Eine Wirtschaft, der es um die Verwertung des Kapitals geht, kann auch unter politischen Bedingungen florieren, die nicht allen Menschen das Recht auf Selbstverfügung und die elementarsten Menschenrechte einräumen. Die Erfahrungen mit faschistischen und autoritären Regimen der Zweiten und Dritten Welt widerlegen die Annahme, der Kapitalismus sei auf die Anerkennung der Menschenrechte angewiesen. Und selbst wenn der Kapitalismus auf die Anerkennung der Menschenrechte angewiesen wäre, würde das am moralischen Fortschritt nichts ändern. Was immer die Bedingungen und Motive der Anerkennung der Menschenrechte sein mögen, sie ist ein Fortschritt zur richtigen Erkenntnis dessen, wie die Welt sein soll.

Wenn wir aber nach den Bedingungen und Motiven dieses moralischen Fortschritts fragen (obgleich das jetzt nicht unser Ziel ist), dürfen wir einen Faktor nicht übersehen. Die Menschen, vor allem die herrschenden Gruppen der westeuropäischen Kolonialmächte, mußten erfahren, daß die anderen Menschen der eigenen und der fremden Gesellschaften, denen sie keine Menschenrechte zugestanden, dieselben Fähigkeiten der Intelligenz und der Rechtfertigung besaßen wie sie. Die Anerkennung ihrer Gleichheit folgte, wie so oft in der Geschichte, nach heftigen Kämpfen – Kriegen und Gewalt- und Terroraktionen aller Art, aber auch Arbeitskämpfen wie Streiks –, in denen die zuvor Verachteten ihre gleiche Fähigkeit bewiesen, den anderen zu töten oder zu schädigen, und das gleiche Vermögen, ihre Handlungen zu rechtfertigen. Die Anerkennung folgte der Erkenntnis, daß auch die anderen Vernunft haben. Die Menschen schlossen stillschweigend aus der Gleichheit ihrer Vernunft auf die Gleichheit ihrer Rechte. Sie hatten schon vorher in der eigenen Vernunft den Grund ihres Rechts erkannt, den Rest der Welt ihren Interessen unterzuordnen. Nun mußten sie erkennen, daß dieses Recht die Pflicht impliziert, alle Lebewesen, die das Vermögen zu rechtfertigen haben, als gleichberechtigt zu behandeln.

C. Zweite Kritik: Die Moderne ist kein Fortschritt

Die radikalere Kritik besteht im Argument, daß es zwar nach dem Maßstab der Moderne, aber nur nach ihm einen historischen Fortschritt durch den Vernunftgebrauch gibt. Daß die Gleichheit der Menschen und bestimmte Menschenrechte heute allgemein anerkannt sind, gehört nach dieser Kritik zur Durchsetzung einer historischen Lebensform, des Kapitalismus oder der Moderne. Sie ist nur *eine* Art der Lebensführung neben der etwa des Konfuzianismus oder eines Stamms in Afrika vor der Kolonisierung. Ihnen gegenüber ist die moderne Lebensführung kein Fortschritt, entweder weil wir nicht entscheiden können, ob die Menschen heute glücklicher oder freier sind, oder weil sie heute tatsächlich unglücklicher, unfreier oder unmoralischer sind. Wenn und nur wenn wir diese Kritik zurückweisen können, haben wir unsere Frage, ob die Geschichte einen Fortschritt in der Vernunft zeigt, positiv beantwortet.

Die Kritik läßt sich in logischer Hinsicht leicht zurückweisen, in einer anderen, nennen wir sie expressiv, nicht. In logischer Hinsicht können wir sagen: Wenn wir nicht entscheiden können, ob die Menschen heute oder im alten China glücklicher oder freier waren, können wir auch nicht entscheiden, ob es einen Fortschritt gab. Wenn wir das nicht entscheiden können, dann auch nicht, ob das kritische Vernunftmodell falsch ist. Also bleibt dieses Modell durch die radikale Kritik unangefochten, kann sich aber darauf stützen, daß die moderne Geschichte es nicht falsifiziert, da diese nach ihrem eigenen Maßstab Fortschritt zeigt. Behaupten wir dagegen, die Menschen seien heute unglücklicher, unfreier oder unmoralischer als in früheren Gesellschaften, so müssen wir positive Belege anführen. Aber mangels ausreichender Kenntnisse können wir die heutigen Verhältnisse nicht mit denen früherer Gesellschaften vergleichen.

Mit der expressiven Hinsicht meine ich den Aspekt der Kritik, den man so ausdrücken könnte: Auch wenn wir nicht das Unglück und die Grausamkeit anderer Epochen mit der heutigen vergleichen können, müssen wir doch anerkennen, daß die unglaublichen Grausamkeiten und das Unglück in unserer Epoche verbieten anzunehmen, es habe einen moralischen Fortschritt gegeben. Wie grausam, elend, unmoralisch immer frühere Epochen gewesen sein mögen, angesichts von Auschwitz und Gulag und Pol Poth und vielen anderen Abscheulichkeiten unserer Zeit ihr einen moralischen Fortschritt zuzusprechen ist einfach unakzeptabel.

Diese Kritik ist schwer zurückzuweisen. Dennoch kann man die Schwere der Verbrechen unserer Epoche und die Nichtexistenz vergleichbarer Verbrechen in früheren Epochen anerkennen, ohne zu schließen, die Menschen gebrauchten nicht ihre kritische

Vernunft. Denn man kann die extremen Verbrechen der Neuzeit gerade aus der Einführung der Institution erklären, die für den Fortschritt in der Moral unerläßlich ist, nämlich des Staats oder einer generationenübergreifenden öffentlichen, das Recht anerkennenden und ihm folgenden Instanz zur Durchsetzung von Gerechtigkeit. Wie der Fortschritt in der Theorie nicht ohne die Institution der Wissenschaft möglich war, ist der Fortschritt in der Praxis nicht ohne eine Institution möglich, die die moralischen Einsichten einer Generation der nächsten weiterreicht. Zu einer solchen Institution muß aber nicht nur die Aufgabe gehören, einen Fortschritt in der *Erkenntnis* weiterzureichen, sondern auch und vor allem, solche Einsichten praktisch gegen die Uneinsichtigen, mit denen wir nach unsrer Erfahrung immer rechnen müssen, notfalls mit Gewalt *durchzusetzen.* Anders als die Institution der Wissenschaft braucht die den Fortschritt in der Gerechtigkeit sichernde Institution einen Gewaltapparat, mit dem sie jeden Widerstand brechen kann; sie braucht, heißt das, das Gewaltmonopol.

Die moralische Notwendigkeit einer solchen Institution erkannten und propagierten die politischen Philosophen der Neuzeit: Hobbes und Locke, Bodin und Rousseau, Kant und Hegel. Die Staaten aber und andere den Staaten nacheifernde Besitzer eines Gewaltmonopols wie revolutionäre Parteien oder Organisationen sind es gewesen, die die schlimmsten Verbrechen unserer Epoche begangen haben. Dieselbe Institution, von der sich Philosophen einen Fortschritt in der Durchsetzung von Gerechtigkeit erhofften, hat dazu beigetragen, der Gegenwart jeden Fortschritt in der Gerechtigkeit abzusprechen. War es deshalb falsch oder ein Beweis mangelnder Vernunft, daß viele Philosophen ihn für notwendig, ja für *den* moralischen Fortschritt hielten?

Nur dann, wenn es eine Alternative zur Anerkennung einer Institution des Gewaltmonopols gäbe. Zum moralischen Fortschritt gehört nicht nur ein Fortschritt in der Erkenntnis des Guten, sondern vor allem ein Fortschritt im Tun. Dieser aber ist nicht ohne eine Institution des Gewaltmonopols zu erreichen. Welcher Institution immer man die Durchsetzung von Gerechtigkeit zur Aufgabe macht, sie muß dazu Machtmittel haben, die sie zu einer Institution machen, die faktisch (auch wenn sie sich etwa revolutionäre Partei nennt) der Staat ist. Es war ein großer Fehler früherer Philosophen, das Gewaltmonopol des Staats (oder einer Partei) nur als notwendiges und gefährliches, aber nicht auch kontrollierbares Übel zu erkennen. Hobbes exemplifiziert diesen Fehler. Er genoß es, den Staat nicht nur als notwendiges, sondern auch als äußerst gefährliches Übel zu beschreiben, aber er schloß seine Kontrollierbarkeit ausdrücklich aus.[1] Darin besteht der Witz seiner Wahl des Titels *Leviathan* für den Staat. Er ist Programm: der Staat ist ein furchtbares Ungeheuer wie das biblische Ungeheuer gleichen Namens und ebenso von Gott geschickt und sowenig kontrollierbar wie das biblische Ungeheuer und Gott selbst.

Seit John Locke lehrt die liberale politische Philosophie die Kontrollierbarkeit des Staats durch Trennung von Legislative und Exekutive, allgemeines Wahlrecht, unabhängige Justiz, freie Medien und nicht zuletzt durch ein Universitätswesen, das allein dem Fortschritt in der Erkenntnis der Welt und gerechter Normen dient. Sie hält daran fest, daß es moralischen Fortschritt nur durch eine generationenübergreifende Institution zur Durchsetzung von Gerechtigkeit geben kann, die das Gewaltmonopol hat, aber in dessen Gebrauch kontrolliert werden muß und kann.[2] Zu ihrem Programm gehört konsequenterweise auch die Einsetzung eines Weltstaates, wenn auch nur unter Bedingungen, die die Kontrolle seines Gewaltmonopols sicherstellen, und wenn auch diese Bedingungen nach vorherrschender Meinung heute nicht zu erkennen sind.

Die einzige konsequente Alternative zu diesem Programm ist der Verzicht auf den Versuch, für Gerechtigkeit das Mittel des Gewaltmonopols zu gebrauchen. Manche Menschen meinen nicht nur, die Welt werde dann nicht schlechter als jetzt sein, sie meinen sogar, sie sei überhaupt erst schlecht geworden, seit einige Moralisten versuchten, Gerechtigkeit durchzusetzen. Die Erfahrung, die wir machen können, spricht eindeutig gegen diesen Glauben. Staaten können wie alle Instrumente mißbraucht werden und sind im Europa des 20. Jahrhunderts mißbraucht worden. Dennoch wird die Welt nicht ohne sie auskommen. In Ländern und Städten, in denen ein Gewaltmonopol zur Durchsetzung von Gerechtigkeit fehlt, ist die Verbrechensrate sehr viel höher als dort, wo sie nicht fehlt. Weltgegenden, in denen die Macht der Staaten schwach ist, sind heute die Gegenden mit der höchsten Kriminalität.[3] Wenn es in jenen erträumten Zeiten anders gewesen sein sollte, als es noch keine Staaten und kein Gewaltmonopol gab, ist das ohne Belang für die praktische Entscheidung, die wir nur heute fällen können. Daher wäre es nicht gerechtfertigt, der Alternative zur liberalen Tradition zu folgen, auch wenn wir nicht ausschließen können, eines Tages erkennen zu müssen, daß die Hoffnung falsch war, durch ein institutionalisiertes Gewaltmonopol ähnlich zu einem moralischen Fortschritt zu kommen wie durch die institutionalisierte Wissenschaft zu einem Erkenntnisfortschritt.

Wir können daher anerkennen, daß die Moderne Verbrechen hervorgebracht hat, schlimmer als alle früheren, und dennoch daran festhalten, daß die Menschen eine Vernunft haben und gebrauchen, die das zwar fehlbare, aber einzige Mittel zur Unterscheidung von wahr und falsch und recht und unrecht ist. Wir müssen nur berücksichtigen, daß es Fortschritt nur durch Institutionen gibt, die das, was die einzelnen lernten, den folgenden Generationen zu weiterer Entwicklung hinterlassen. Als solche Institution sind für die Praxis bisher nur der Staat und ähnliche Institutionen entwickelt worden, die durch die Konzentrierung der Machtmittel in ihrer Hand gekennzeichnet sind. Ihre Gefahr ist der Mißbrauch ihrer Machtmittel, ohne die die Verbrechen des 20. Jahrhunderts nicht möglich gewesen wären. Aber dieser Gefahr sind wir nicht hilflos ausgeliefert, auch wenn wir vor Überraschungen aus dieser Gefahrenquelle nicht sicher sind. Der Staat hat sich in der Neuzeit nur mit Hilfe der bürgerlichen Klassen gegen Aristokratie und Klerus entwickeln können; seine kriminellsten Anwendungen stammten nicht von bürgerlichen, sondern nichtbürgerlichen Klassen. Heute dagegen, in der Epoche der Globalisierung und der Konkurrenz der Staaten um die Gunst der globalen Konzerne, könnte Marx' Theorie eine Bestätigung finden, der moderne Staat sei nur das Instrument der bürgerlichen Klassen.

Fortschritt in der *Erkenntnis* war nur möglich, weil Individuen ihn als ihr Ziel wählten und zugleich erstens Methoden entwickelten, vor allem die der sachlichen Kritik an den Lehren ihrer Lehrer, und zweitens Institutionen wie die Akademie und die Universität organisierten, die die Fortschritte der Erkenntnis einer Generation der folgenden überliefern und verbessern konnten. Die Wissenschaft entstand in der griechischen Antike nicht deshalb, weil die Vorsokratiker Lehren entwickelten, die weniger phantastisch und rationaler als die anderer Hochkulturen waren, sondern weil sie zwischen der Autorität des Arguments und der der Person des Lehrers unterschieden und nur die erstere anerkannten.[4] Fortschritt in der *Moral* wird nicht auf gleichem Weg möglich sein. Auch hier sind zwar generationenübergreifende Institutionen notwendig, die das Ziel des moralischen Fortschritts durch Kritik und Falsifikation der bestehenden normativen Theorien verfolgen. Ebenso wichtig aber ist die Etablierung generationenübergreifender Institutionen zur notfalls auch zwangsbewehrten Durchsetzung des schon anerkannten moralischen Wissens. Zu diesem Wissen gehört die Anerkennung des Verletzungsverbots, in dem die moralischen Intuitionen fast überall übereinstimmen. Auch das Hilfegebot gehört zu den Inhalten, in denen die moralischen Intuitionen übereinstimmen; seine Befolgung aber darf anders als die des Verletzungsverbots nicht *erzwungen* werden.

Die bestehenden Staaten haben zwar unter dem Einfluß von Rechtslehrern beansprucht, ihr gewöhnlich illegitim erworbenes Gewaltmonopol zur Durchsetzung des Verletzungsverbots zu gebrauchen; sie sind darin aber nicht sehr erfolgreich gewesen. Dennoch ist schwer zu sehen, welche anderen Institutionen als solche, die ein irgendwie erobertes Gewaltmonopol errungen haben, das Verletzungsverbot durchsetzen könnten. Ihrem immer drohenden Mißbrauch des Gewaltmonopols entgegenwirken kann auf die Dauer nur das klare Bewußtsein der Bürger (der *citoyens*, nicht der *bourgeois*) vom Inhalt der Moral und der beschränkten, aber für den moralischen Fortschritt notwendigen Staatsaufgabe der Durchsetzung der (im Verletzungsverbot zusammengefaßten) Gerechtigkeit und ihre Bereitschaft, für diese Aufgabe mit derselben Energie und Phantasie einzutreten, mit der die Verfechter der wissenschaftlichen Erkenntnis für ihr Ziel eingetreten sind.

12.

Gnostiker, Christen und die Vernunft

1. Was entscheidet die Vernunft in existentiellen Fragen?

Man kann uns viel Schönes über die Vernunft und unser Vermögen zu rechtfertigen erzählen, übersieht dabei aber offenbar eine Schwäche, von der wir sie oder uns nicht freisprechen können: versagt sie nicht vor den wirklichen, den tiefen Problemen unserer Existenz? Dies sind die Fragen nach dem Sinn unseres Lebens und einer Welt, die uns, wenn wir sie nur nüchtern betrachten, nicht freundlich behandelt. Die Existenzialisten, die Gnostiker und viele andere haben unser Leben beschrieben als Geworfenheit in eine Welt, die uns fremd und feindlich entgegentritt. Andere haben uns dagegen davon zu überzeugen versucht, daß die Welt die Schöpfung eines weisen und liebenden göttlichen Vaters ist, ein Ort, dessen feindselige Seiten wir durch unsere eigene Liebe und Klugheit überwinden können und sollen, um so am göttlichen Werk mitzuwirken.

Es gibt metaphysische und theologische Fragen, die ihre Bedeutung verloren haben für Menschen, die sich über die Welt von den Wissenschaften belehren lassen, eine aufgeklärte Moral der gleichen Freiheit vertreten und über dem Bewußtsein der universalen Verbindlichkeit gründegestützter Urteile nicht vergessen, daß auch Wissenschaften und sie selbst in ihren moralischen Intuitionen und Ideen irren können. Zu solchen toten Fragen gehört die, ob die Welt uns unüberwindlich fremd und feindlich oder letzten Endes doch freundlich und entgegenkommend ist, gewiß nicht. Ob wir an einen Gott glauben oder nicht, es bleibt wichtig, wie wir diese Frage entscheiden. Von ihr hängt ab, in welchem Geist und mit welchem Mut wir unser Leben führen, ja ob wir überhaupt weiter leben oder zumindest für ein Leben der folgenden Generationen sorgen sollen. Sie ist in der Tat das, was die Existenzialisten behaupteten und zum Grund ihrer Selbstbenennung machten: existenziell. Und sie ist eine Frage, auf die wir von der

Vernunft, wenn sie, wie hier durchgehend behauptet, ein Rechtfertigungsvermögen ist, eine Antwort erwarten dürfen. Denn in ihr geht es um ein Urteil darüber, ob wir *gerechtfertigt* sind, die Welt als fremd oder freundlich zu betrachten.

Nennen wir der Bequemlichkeit halber diejenigen, die die Welt als unüberwindlich fremd betrachten, *Gnostiker*, und die Gegenseite *Christen*, obgleich es unter den Christen viele Gnostiker gibt und beide Parteien in den meisten Weltreligionen wiederzuerkennen sind.[1] Es scheint, unsere Vernunft kann nicht entscheiden, wer recht hat, die Gnostiker oder die Christen. Man kann den Gnostikern nicht bestreiten, daß die Welt, nicht zuletzt die menschliche Geschichte, nüchtern oder ohne voraussetzungsreiche wohlwollende Deutung ein «Schauplatz» ist, wie Kant sagte, «dessen Anblick uns nötigt, unsere Augen von ihm mit Unwillen wegzuwenden und, indem wir verzweifeln, jemals darin eine vollendete vernünftige Absicht anzutreffen, uns dahin bringt, sie nur in einer andern Welt zu hoffen».[2] Aber *müssen* wir die Welt nüchtern und ohne voraussetzungsreiche wohlwollende Deutungen betrachten? Verlangt das die Vernunft? Die Vernunft oder wir mit unseren Rechtfertigungsfähigkeiten scheinen hier nicht entscheiden zu können. Nur der Glaube bietet eine Antwort, wie die Gläubigen behaupten, nur ein irrationaler Sprung in das Vertrauen, daß die Welt trotz aller Fremdheit gut ist. Die Gnostiker und Christen erheben zwar beide Geltungsansprüche, aber ist es nicht lächerlich, von der falsifikativen Methode eine Entscheidung zu erwarten?

Ich behaupte dagegen, daß wir auch vor der existenziellen Frage nicht auf unsere Vernunft verzichten müssen und nicht verzichten dürfen. Wir sollten erstens anerkennen, daß die Frage sinnvoll ist. Es war eine Zeitlang Mode in der analytischen Philosophie und im allgemeineren intellektuellen Leben, sie für sinnlos und unwichtig zu erklären und die zu verspotten, die sich über sie den Kopf zerbrachen. Diese Mode entspringt, wenn nicht der Dummheit, so der Meinung, Sinnfragen seien Glaubensfragen, vor denen die Vernunft versagt. Zweitens sollten wir sehen, daß der Sprung in den Glauben ein Sprung in ein *blindes* Vertrauen ist, der die Augen vor den Gründen verschließt, die für die gnostische oder die christliche Antwort angeführt werden können. Es gibt Gründe, die die eine wie die andere Antwort rechtfertigen. Wir müssen sie abwägen und können vernünftig entscheiden, welche

Antwort die besseren Gründe hat. Drittens finden wir diese Gründe in der faktischen, empirischen Beschaffenheit der Welt, über die uns nicht nur die Alltagserfahrung, sondern auch die naturwissenschaftlichen Erkenntnisse Auskunft geben. Die Gründe sind nicht wieder ihrerseits abhängig von Glaubensentscheidungen; sie können sie vielmehr rechtfertigen. Betrachten wir deshalb, was uns die Naturwissenschaften für und gegen die gnostische und die christliche Weltsicht zu sagen haben.

2. Physik, Metaphysik und Ethik in der Neuzeit ...

Die neuzeitliche Physik unterscheidet sich von der antiken aristotelischen vor allem durch ihre Verwerfung der *Teleologie*. Aristoteles hielt eine Erklärung der Bewegungen der Naturkörper ohne Rückgriff auf Annahmen über die ihnen immanenten natürlichen Ziele für unmöglich. Man muß annehmen, daß Feuer und Luft natürlicherweise nach oben streben und Erde und Wasser nach unten, um die Natur zu verstehen; ebenso daß jede Substanz einem ihr innewohnenden Ziel oder *telos* folgt. Die Physik kann daher auch den Ethiker belehren und umgekehrt dieser jene, denn Handlungen können ebenso erklärt wie moralisch vorgeschrieben werden, nur wenn man das *telos* des Handelnden kennt. Sein Telos ist das für ihn Gute. Der Ethiker Aristoteles findet das Telos des Menschen in der Betätigung seiner ihm spezifischen Fähigkeiten und lehrt, daß die Menschen ihrem Telos folgen *sollten*, und der Physiker Aristoteles sieht darin eine Bestätigung seiner teleologischen Physik, denn wenn der Ethiker auch beim Menschen ein Telos findet, bestätigt er die teleologische Physik. Die neuzeitliche nichtteleologische Physik entzog der Teleologie in der Ethik den Boden. Wenn die Naturkörper in ihren Bewegungen keinem natürlichen Ziel folgen, kann man auch für die Handlungen der Menschen keine natürlichen Ziele erwarten, in deren Befolgung sie zugleich mit Lust und wie es sein soll handeln.

Die Verbannung der Teleologie aus der Natur mußte die neuzeitlichen Philosophen vor Probleme in der Ethik ebenso wie in der Art der Betrachtung der Natur führen, in der Sinnfragen entstehen und auf die eine oder andere Weise beantwortet werden. David Hume hat diese Probleme am eindringlichsten formuliert.

Er stellte in der Ethik einen ungerechtfertigten Übergang von Beschreibungen zu Forderungen fest: «In jedem System der Moral, das ich bisher kennengelernt habe, ... argumentiert der Autor eine Zeitlang in gewöhnlicher Weise und ... beschreibt menschliche Angelegenheiten, bis ich plötzlich feststellen muß, daß statt der üblichen Satzkopula *ist* und *ist nicht* nur noch Sätze mit *soll* und *soll nicht* vorkommen.»[3] Teleologen kann der Übergang nicht überraschen, weil sie von einem faktischen Telos auf das Gesollte schließen.

Die neuen Probleme der *Metaphysik* artikulierte Hume, als er über die die Natur urteilte, sie ergieße aus ihrem Schoß «ohne Aufmerksamkeit oder Mutterliebe ihre verkrüppelten unfertigen Kinder», und über die Naturwesen klagte, nicht zuletzt die Menschen: «Wie sie einander hassen und zerstören! Wie unfähig sie alle zum eigenen Glück sind! Wie verächtlich und abscheulich für den Betrachter!»[4]

Der Betrachter, der im Verhalten der Naturdinge die Verfolgung ihrer eigenen Ziele sieht, kann der Natur nicht vorwerfen, sie bringe «ohne Aufmerksamkeit oder Mutterliebe ihre verkrüppelten unfertigen Kinder» hervor. Denn die Naturwesen finden alle ihre Lust und Befriedigung in der Verfolgung ihrer Ziele, auch wenn sie in der Verfolgung ihrer Ziele von anderen Lebewesen in deren Verfolgung ihrer Ziele gefressen werden. Das macht sie nicht «unfähig zum eigenen Glück» und «verächtlich und abscheulich für den Betrachter»; es macht sie vielmehr zu Mitspielern in einem kosmischen Schauspiel, an dem sie mehr oder weniger lange mit mehr oder weniger wichtigen Rollen und mit mehr oder weniger glücklichem Ausgang teilnehmen dürfen. Sobald man jedoch die Annahme der je eigenen lustvollen Zielverfolgung fallen läßt und darüber hinaus die Bewegungen aller Naturkörper und Lebewesen von mechanischen Prinzipien determiniert sieht, wird die Natur zu einer blinden, nur Grausamkeiten und Leiden produzierenden Macht.

Die neuzeitliche Physik verurteilte die neuzeitliche Philosophie zum Humeschen Urteil über die Welt. Sie ließ ihr nur zwei Auswege aus der Verzweiflung offen: die Skepsis oder die Natur für die uneigentliche oder doch nur für eine von zwei Welten zu halten, neben oder über oder hinter der die Welt des Geistes, der *res cogitans,* der Dinge an sich oder der Eigentlichkeit existiert. Den ersten Ausweg wählte Hume, den zweiten Descartes, Kant, Heidegger, obgleich diese auch versuchten, die menschliche Geschichte als einen Weg von der Welt der Natur zu der des Geistes zu verstehen. Die gnostische Lösung triumphiert zwar in ihnen nicht über die christliche Lösung, aber feiert erhebliche Erfolge.

3. ... und der Gegenwart

Heute hat die moderne Physik die neuzeitliche abgelöst. Sie führte nicht wieder die Teleologie ein, aber ersetzte den deterministischen Mechanismus durch indeterministische oder nur probabilistische Prinzipien. Die Welt ist nicht mehr ein System atomarer Billardkugeln, sondern von Kraftfeldern, wie von Physikern unter Berufung auf Feynman betont wird:[5] die Felder führen in verschiedenen Konstellationen zu verschiedenen und oft unvorhersehbaren neuen Kräften und Körpern. Vor allem aber ist die Welt nicht mehr ewig, sondern hat einen definitiven Anfang im Urknall oder *big bang* und ein voraussichtliches Ende entweder nach Umkippen der Expansion implodierend in einem *big crush* oder im Kältetod bei unendlich fortgehender Expansion. Unsere Welt mag zwar eine von unendlich vielen aufeinander folgenden sein, die jeweils in einem Urknall anfingen und in einem Endfall enden, aber sie hat eine Geschichte, die wir mehr oder weniger gut kennen. Ihre Geschichte stellt uns wie jede Geschichte vor die Fragen: wozu? worum geht's? was ist der Witz oder die Moral von der Geschicht? was sagt sie über uns und unsern Sinn und Zweck, die wir sie betrachten? Solche Fragen ließ das geschichtslose Universum der neuzeitlichen oder klassischen Physik nicht aufkommen.

Obgleich viele Physiker die faustischen Ambitionen ihrer Vorgänger längst aufgegeben haben und solchen Philosophen vertrauen, die ihnen erzählen, die Physik liefere der Menschheit nur technisches oder Arbeitswissen,[6] gibt es auch heute noch genug Physiker, die Sinn- oder metaphysischen Fragen stellen. Exemplarisch ist Albert Einsteins uns schon aus dem dritten Kapitel bekannte Erklärung:

«Wir wollen nicht nur wissen, *wie* die Natur ist (und *wie* ihre Vorgänge ablaufen), sondern wir wollen auch nach Möglichkeit das vielleicht utopisch und anmaßend erscheinende Ziel erreichen, zu wissen, warum die Natur *so und nicht anders ist.*»[7]

Was aber gibt die moderne Physik über das Warum und den Sinn der Natur und des Menschen zu erkennen? Darüber sind sich die interessierten Physiker durchaus nicht einig. Steven Weinberg und Freeman Dyson, beides anerkannte zeitgenössische Physiker, sind exemplarisch für zwei entgegengesetzte Einschätzungen. Weinberg vertritt die Humesche Sicht. Er erkennt an:

«Wenn wir ... eine Sonderrolle für intelligentes Leben in den letzten Gesetzen fänden, dort, wo die Pfeile der Erklärung zusammentreffen, dürften wir wohl schließen, der Schöpfer der Gesetze sei irgendwie speziell an uns interessiert»[8] Eine solcher Schluß sei unausweichlich, wenn etwa während des Vortrags seiner atheistischen These «ein Blitzschlag mich am Pult niederstreckte».[9] Aber solche «Pfeile der Erklärung» findet er nicht in der Welt.[10]

Die Natur scheine zwar manchmal «schöner als streng genommen nötig» – sie scheint schöner, heißt das offenbar, als es in einer Welt sein müßte, die «für Leben und Intelligenz keinen Sonderstatus» erkennen läßt.[11] Aber «unsere gesamte Erfahrung der Wissenschaftsgeschichte tendierte in die entgegengesetzte Richtung, zu einer frostigen Unpersönlichkeit der Naturgesetze.»[12] Wenn man auf Schönheiten in der Evolution von Vögeln und Bäumen weist, so müsse man bedenken: «der Gott der Vögel und Bäume müßte auch der Gott der Geburtsfehler und des Krebses sein.»[13] Kurz und wie Weinberg schon in einem früheren Buch, *The First Three Minutes*, sagte: «Je verständlicher das All scheint, desto sinnloser scheint es.»[14]

Dagegen behauptet Dyson: «Der Geist hat sich im langen Lauf der biologischen Evolution als eine bewegende Kraft in unserem Winkel des Universums etabliert. Auf diesem kleinen Planeten hat er die Materie durchsetzt und die Kontrolle übernommen.»[15] Die zunehmende Kenntnis der Kosmologie und Biologie zeige uns eine Welt, in der Leben und Geist *gegen* alle Wahrscheinlichkeit entstand, sich ausbreitete und sich noch über das ganze Universum ausbreiten könnte.

Dyson kann sich in der Tat auf die Fakten der Evolution stützen, die den Geist einschließlich der Vernunft hervorbrachte und uns als ihren Träger. Wie kann da Weinberg behaupten, das Universum sei sinnlos, «pointless»? Wie kann es sinnlos sein, wenn es uns hervorbrachte? Wenn wir dank unserer Erkenntnisvermögen das Universum erkennen und in es eingreifen können, wie können wir da die «Sonderrolle für intelligentes Leben in den letzten Gesetzen» leugnen? Weinberg sagt allerdings nicht, daß unser Leben, sondern «nur», daß das Universum sinnlos sei. Denn er erkennt an, man könne und müsse «einen Sinn für unser Leben erfinden, der unseren Versuch einschließt, das Universum zu verstehen».[16] Aber kann man einen Sinn für das eigene Leben *erfinden*, wenn das Universum, dessen Teil wir schließlich sind, wirklich sinnlos ist?

Wenn man das Universum für sinnlos hält, stellt man das menschliche Leben außerhalb des Universums, wie es die Gnostiker taten. Man läuft sogar Gefahr, den Anhängern eines Jenseits zur Bestätigung zu dienen, die eine Verbesserung des menschlichen Lebens nicht zuerst von menschlichen Bemühungen erhoffen, sondern vom Glauben an ein Jenseits und einen der Vernunft unzugänglichen Gott. Es ist kein Zufall, daß, wie Dyson hervorgehoben hat, Theologen in Weinbergs These den Beweis dafür sehen, daß «das wissenschaftlich beschriebene All letztlich zu Sinnlosigkeit verdammt ist, weil das Leben erlöschen muß, ehe das Ende der Welt erreicht ist»,[17] und daraus auf die Notwendigkeit eines Glaubens jenseits der Vernunft schließen.

Diese Verwendung seiner These liegt gewiß nicht in Weinbergs Absicht. Weinberg ist auch kein Gnostiker; er hält die Welt nicht für verdammt zum Leiden und erlösbar nur durch den Glauben an ein Jenseits; er warnt vielmehr davor, daß «sich in Asien und Afrika die dunklen Mächte des religiösen Fanatismus sammeln und Vernunft und Toleranz nicht einmal in den säkularen westlichen Staaten sicher sind».[18]

Soweit scheint Weinberg in Widersprüche verwickelt, die Dyson vermeiden kann. Aber was macht Dyson mit den von Weinberg hervorgehobenen Geburtsfehlern und dem Krebs, die die Evolution nicht weniger zeigt als die Entstehung des Geistes? Dyson erkennt an, daß man hier ohne ein gewisses Vertrauen in die Richtigkeit der Weltkonstruktion nicht auskommt und daß man dieses Vertrauen nicht aus der Wissenschaft gewinnen kann: «Wir alle, die über die Lage des Menschen nachdenken und sich kümmern, müssen ebenso von einem Glauben wie von wissenschaftlicher Erkenntnis angetrieben sei.» Die Wissenschaft allein deprimiere; man müsse sie ergänzen «with a little bit of faith».[19]

Ist das nicht ein Sprung ins blinde Vertrauen? Dyson kommt auch nicht nur mit wenig Glauben aus; er fordert eine ansehnliche Portion. So behauptet er nicht über die Vergangenheit des Geistes, die wir kennen, sondern über seine Zukunft, die wir nicht kennen: «Daß der Geist das Universum durchdringt, wird durch keine mir vorstellbare Katastrophe oder Schranke auf die Dauer aufzuhalten sein. Wenn unsere Gattung nicht die Führung übernimmt, werden es andere tun oder schon getan haben. Wird unsere Gattung ausgelöscht, werden andere klüger oder glücklicher sein. Der Geist ist geduldig. Der Geist hat auf diesem Planeten 3 Milliarden gewartet, ehe er sein erstes Streichquartett[20] schrieb. ... Früher oder später wird der Geist schließlich sein Erbe antreten.»[21] Leben und Geist seien nicht nur fähig, sich über das Universum auszubreiten; sie werden auch nie untergehen.[22] Wir leben in «einem All, das an Reichtum und Komplexität grenzenlos wächst, einem All des endlos weiterlebenden Lebens».[23] Wie kann das ein Physiker behaupten, der weiß, daß die Physik dem All eine eher deprimierende Zukunft voraussagt: entweder die Umkehr seiner jetzigen Expansion zu einer Implosion mit Hitzetod und Kollaps zu winziger Ausdehnung oder die unendliche Fortsetzung der Expansion mit Kältetod? Überläßt sich Dyson hier nicht genau dem Wunschdenken, das Weinberg treffend als Gemeinsamkeit alles religiösen Glaubens beschrieben hat?

«Anders als die Wissenschaft kann religiöse Erfahrung unserem Leben einen Sinn zeigen, eine Rolle im großen kosmischen Drama von Sünde und Erlösung; sie verspricht uns ein Weiterleben nach dem Tod. Aber eben deshalb scheinen mir die Lehren religiöser Erfahrung unauslöschlich von Wunschdenken gezeichnet.»[24]

4. Dysons Teleologie

In der Tat weist Dyson den Menschen eine große Rolle im kosmischen Drama der Evolution zu, die ihrem Leben einen Sinn gibt und zwar kein Weiterleben nach dem Tod verspricht, aber kaum weniger, nämlich Unsterblichkeit der Gattung der Menschen oder anderer Vernunftträger, wenn nicht auch für spätere Individuen.

Denn Dyson glaubt zeigen zu können, daß Leben und Geist bei unendlicher Expansion überleben können, und fordert die Arbeit an der Ermöglichung des Überlebens im Vertrauen darauf, daß das All nicht kollabieren wird. Er predigt sogar, die Menschen seien «auf diesem Planeten in der gegenwärtigen Entwicklungsstufe die Haupteingänge Gottes.[25] Der religiöse Charakter seiner Ausführungen wird vollends deutlich, wenn er sagt: «Ich unterscheide nicht scharf zwischen Geist und Gott. Gott ist, was der Geist wird, wenn er unser Verstehen überschreitet».[26] Er beruft sich in Anlehnung an die italienischen Renaissancehäretiker Laelius Socinus (1525–62) und dessen Neffen Faustus Socinus (1539–1604), auf «einen sozinianischen Gott, der dem All innewohnt und mit der Entfaltung des Alls an Macht und Wissen zunimmt», und erklärt: «Unser Geist ist nicht nur der Ausdruck seiner Absicht, sondern auch ein Beitrag zu seinem Wachstum.»[27]

Ist Dyson also nicht ein Musterfall von religiösem Wunschdenken, unvereinbar mit der Wissenschaft und der kritischen Vernunft? Hat Weinberg nicht recht, gegen diese Art von Denken zu versichern: «Vielleicht müssen wir uns wieder auf die Wissenschaft verlassen, um die Welt nicht verrückt werden zu lassen. Nicht durch ihre Unfehlbarkeit taugt die Wissenschaft dazu, sondern durch ihre Fehlbarkeit»?[28]

In der Tat erweist sich Weinberg mit dieser Versicherung als treuer Anhänger der kritischen Vernunft und des Falsifikationismus. Aber auch Dyson beansprucht für seine Aussagen über die Ewigkeit des Geistes und die Rolle des Menschen im kosmischen Drama der Evolution keine Gewißheit oder Unfehlbarkeit, nicht einmal Wissenschaftlichkeit. Er unterscheidet sie von der Physik als *meta-science* und versteht sie als rationale Deutung der Physik (er hätte sie ebensogut Metaphysik nennen können).[29] Während Weinberg (merkwürdigerweise) den Gebrauch des anthropischen Prinzips nicht völlig aus dem Arsenal *physikalischer* Erklärungen verbannt,[30] weist Dyson es der *meta-science* zu. Nur diese dürfe teleologisch erklären.

Ehe wir Dysons Spekulationen als Wunschdenken abtun, sollten wir fragen, ob seine Deutung der Natur rational ist, genauer: ob sie bessere Rechtfertigungsgründe als alle konkurrierenden Deutungen hat. Auch er verlangt Rechtfertigungsgründe für die Deutungen der *meta-science*. Sein Glaube ist kein Sprung ins blinde Vertrauen, sondern beansprucht, die klarsichtigste Antwort auf die Sinnfragen zu sein, wenn man die Daten der Physik auf sie hin beurteilt. Seine Behauptung, die Evolution habe einen Sinn, sie sei ein «großes kosmisches Drama» mit einer ausgezeichneten Rolle für den Menschen, stützt sich auf *empirische* Annahmen, wenn auch nicht auf sie allein.

Sie gründet *erstens* auf den empirischen Sätzen der Physik, Chemie und Biologie, die die Entstehung und Ausbreitung des Lebens und seiner intelligenten Formen und die Möglichkeiten seiner weiteren Expansion in das Universum mit Hilfe der Technik beschreiben, *zweitens* auf dem normativen Satz, daß es *gut* ist, Leben und Geist über das Universum zu verbreiten, *drittens* auf der Hoffnung, daß ihre Verbreitung nicht von einer mißgünstigen Natur vereitelt wird. Zur richtigen Beantwortung existentieller Fragen brauchen wir nach Dyson zwar auch Glauben und Moral. Aber Physik und Biologie sind unentbehrlich, sie prägen sogar die Moral. Das Gute ist für Dyson eine Welt, beherrscht von Leben und Geist, die die Evolution zwar nicht notwendig, aber tendentiell und mit unserer Hilfe hervorbringt: ein «All, das an Reichtum und Komplexität grenzenlos wächst, ein All des endlos weiterlebenden Lebens».[31]

Dysons *meta-science* teilt ihre Begründungsstruktur mit der Metaphysik und Ethik von Platon und Aristoteles. Auch diese stützen sich erstens auf empirische Aussagen der Wissenschaften ihrer Zeit, die den vernünftigen Lebewesen eine Teilhabe an den ewigen Ideen und den vernunftlosen Selbstverewigung durch Fortpflanzung zusprachen. Sie hätten zweitens auch den normativen Satz anerkannt, daß es gut ist, Leben und Geist über das Universum zu verbreiten, und drittens die Hoffnung geteilt, daß die Ausbreitung nicht von einem mißgünstigen Gott vereitelt wird. Sie teilen schließlich mit Dyson eine teleologische Weltsicht. Diese konnten sie jedoch von der zeitgenössischen Physik bestätigen lassen. Wie will aber Dyson seine Teleologie rechtfertigen?

Durch den normativen Satz, daß es gut ist, Leben und Geist über das Universum zu verbreiten. Die empirischen Wissenschaften können nur zeigen, daß und wie es *möglich* ist, Leben und Geist zu verbreiten, nicht, daß es ein den Naturdingen selbst immanentes Telos dazu gibt. Gegen eine solche Teleologie spricht in jedem Fall das, was Weinberg gegen einen objektiven Weltsinn anführt: «Geburtsfehler und der Krebs». Aber soweit es in unserer Macht steht, Geburtsfehler und Krebs zu verhindern, können wir dazu beitragen, das zu verwirklichen, was die Antiken oder die Modernen als ein Ziel der Welt betrachten möchten. Unsere Macht dazu ist jedenfalls nicht gering. Wir haben die Mittel, die Erde mit allem ihrem Geist und Leben in die Luft zu jagen, aber können sie auch zu einem lebenswerten Ort machen, von dem aus unsere Nachkommen sogar einmal, wie Dyson hofft, den Rest des Universums zivilisieren könnten.

Ob wir nun den Geist Gott nennen oder nicht, Dyson hat recht zu behaupten, daß uns, den Menschen, eine Schlüsselrolle in der Entwicklung des Universums zufällt. Seine Behauptung verlangt kein blindes Vertrauen, keinen gnostischen Sprung in den Glauben. Sie ist das Ergebnis einer nüchternen Abwägung der Rechtfertigungsgründe, die eher gegen die Humesche und die gnostische als gegen eine christliche Weltsicht sprechen. Wir können dieses Ergebnis theologisch und sozinianisch ausdrücken, wie es Dyson (und vor ihm Scheler und Hegel) taten, oder trocken formulieren, daß es an uns liegt, was aus dieser Welt wird.

Rückblick: Als was sich das Rechtfertigungsvermögen herausgestellt hat

Die Vernunft, so vermutete ich zu Beginn dieses Buches, können wir als das Vermögen des Rechtfertigens oder der Prüfung von Geltungsansprüchen von anderen intellektuellen Vermögen unterscheiden, insbesondere vom Vermögen des Verstehens und des Entwerfens von Problemlösungen, die ich dem Verstand als seine wichtigsten Geschäfte zuschrieb. Der Vernunft das Geschäft der Rechtfertigung zuzuweisen hat eine Reihe von Vorteilen. Es entspricht der philosophischen Tradition, die das Rechtfertigen immer auch, obgleich nicht nur es, zur Vernunft rechnete. Es entspricht auch dem heutigen Verständnis, wenn dieses auch nicht die scharfe Grenze zum Verstand zieht, die ich ziehen will. Es entspricht vor allem der Erwartung, daß allen Menschen eine ihnen spezifische, sie von den Tieren unterscheidende Eigenschaft gemeinsam ist, die der sachliche Grund ist, nur ihnen und nicht den Tieren einen Grundstock von Rechten und Pflichten zuzuschreiben. Denn daß alle Menschen trotz ihrer offensichtlichen Unterschiede des Verstandes mit grundsätzlich gleicher Kompetenz Geltungsansprüche erheben und überprüfen können, ist zumindest auf den ersten Blick nicht abwegig.

Ich habe im Lauf dieses Buchs eine Reihe von Argumenten sammeln können, um die Vermutung, mit der ich begann, zu bestätigen und Kritiken an ihr abzuwehren. Ein anderes Ergebnis aber halte ich für wichtiger. Ob wir das Vermögen der Rechtfertigung nun Vernunft oder bei einem anderen Namen nennen, es hat sich (nicht nur in Europa, obgleich ich nur sehr kurz nach China geblickt habe)[1] als ein Kern der Fähigkeiten und des Selbstverständnisses der Menschen herausgestellt. Zusammen mit dem Vermögen, eine propositionale Sprache zu sprechen, durch das es bedingt ist und das es bedingt, ist es die Grundlage für die Unterscheidung von Sein und Sollen, von Schein und Wirklichkeit, von Möglichkeit, Wirklichkeit und Notwendigkeit, von handelndem und erleidendem Subjekt und veränderbaren Objekten, von Erklärungen und Rechtfertigungen und Ursachen und Gründen. Es ist die Quelle der beiden Ideen, deren Verfolgung die Handlungen der Menschen und ihre Geschichte am folgenreichsten und fruchtbarsten geformt hat, der Idee der Wahrheit der Naturerkenntnis und der Gerechtigkeit im menschlichen Zusammenleben. Es ermöglicht eine Erkenntnis der Welt im generationenübergreifenden Unternehmen, das die Wissenschaft ist, und eine Erkenntnis der Moral, die eine der Wissenschaft ebenbürtige institutionelle Form erst noch finden muß. Es ermöglicht auch ein Urteil über den Sinn der Welt, weil wir dank ihm die Gründe für und gegen bestimmte metaphysische Weltdeutungen abwägen und zu ihnen begründet Stellung nehmen können. Und seine Betätigung ermöglicht uns, in der Abwägung von Rechtfertigungsgründen die Prädetermination durch Naturursachen aufzuheben und durch eine von uns selbst gewählte Determination zu ersetzen, obgleich es ein Produkt der Evolution ist.

Alle diese Leistungen unseres Rechtfertigungsvermögens haben die Philosophen, die sie anerkannt haben, als Leistungen der Vernunft betrachtet. Wenn wir daher im Rechtfertigungsvermögen die Vernunft wiedererkennen, bestätigen wir die meisten traditionellen Ansprüche der Vernunft. Nicht alle – den wohl bekanntesten, den auf unerschütterliche Gewißheit der Erkenntnis, müssen wir verwerfen. Aber dessen Verwerfung ist keine Verkleinerung der Vernunft, sondern ihre Befreiung von Fesseln, die sie an vermeintlich ewige inhaltliche Gewißheiten binden. Erst als fallible Vernunft gibt sie den Entwürfen des Verstandes und den Projekten der Phantasie den Spielraum, in dem wir sie an den Ideen der Wahrheit und Gerechtigkeit messen und das Ziel verfolgen können, in dem Kant die natürliche Bestimmung des Menschen und seiner Vernunft sah: «die Regeln und Absichten des Gebrauchs aller seiner Kräfte weit über den Naturinstinkt zu erweitern und ... keine Grenzen ihrer Entwürfe» zu kennen.[2]

Anmerkungen

Einleitung

1 1. Mose 3, 5 und 2, 17.
2 1. Mose 3, 6.
3 1. Mose 3, 7.
4 1. Mose 1, 27; vgl. ebd. 26.
5 1. Mose 3, 1.
6 1. Mose 3, 24.
7 1. Mose 2, 9.
8 1. Mose 3, 22 und 24.
9 Eine amüsante Auseinandersetzung mit der von der amerikanischen Ethnologie ausgehenden Form des Relativismus liefert Ernest Gellner, Postmodernism, Reason and religion, London (Routledge) 1992, 22–75. Zur Beschreibung und Kritik postmoderner Positionen in der Soziologie vgl. Nigel Dodd, Social Theory and Modernity, Cambridge (Polity Pr.) 1999.
10 Zum Unterschied von Rechtfertigung und Begründung und von Rechtfertigung- und Erklärungsgründen vgl. das 3. Kapitel.
11 Ganz ähnlich verbindet Thomas Bartelborth, Begründungsstrategien. Ein Weg durch die analytische Erkenntnistheorie, Berlin (Akademie) 1996, 61 f, eine kohärenztheoretische Begründungstheorie mir einer korrespondenztheoretischen Wahrheitstheorie. Bartelborth macht mit den zeitgenössischen Auffassungen zu Begründung und Erklärung hervorragend vertraut. – Wie aber kann ich zugleich eine Kohärenztheorie der Rechtfertigung, eine Korresponenztheorie der Wahrheit und die Übertragbarkeit der falsifikationistischen Methodologie von den empirischen Wissenschaften auf normative Theorien der Politik und Ethik behaupten? Viele Popperianer halten das für unmöglich und weigern sich, den ethischen Kognitivismus anzuerkennen, den doch ihr Fallibilismus impliziert. Vgl. dazu unten Kap. 5, Abschnitt 5, 7. Einwand.
12 Sollte man zwischen einem «an der fundamentalistischen Rechtfertigungsstruktur» festhaltenden früheren und einem späteren Popper unterscheiden können, der eine solche Struktur fallen läßt, folge ich dem späteren Popper. Nur wenn man wie Bartelborth a.a.O. 110 Poppers *Logik der Forschung* als fundamentalistisch versteht, kann man wie die strukturalistischen Wissenschaftstheoretiker, in Deutschland Wolfgang Stegmüller und seine Schüler, Poppers Wissenschaftstheorie mangelnde Übereinstimmung mit der Wissenschaftsgeschichte vorhalten und ihn als «Aprioristen» klassifizieren; so auchThomas Bartelborth a. a. O. 44 (s. vorausgehende Fußnote). Poppers «Apriorismus» besteht jedoch nur im offenen Festhalten sowohl daran, daß eine empirische Theorie empirisch falsifizierbar sein muß, um als wissenschaftlich anerkannt zu werden, wie daran, daß eine empirische Theorie

nicht falsifizier*bar* ist, wenn sie nicht unter bestimmten Umständen als falsifiziert anerkannt wird. Daran dürften auch die Strukturalisten festhalten wollen. Ich sehe auch nicht, wie man sonst der historischen Tatsache der Ersetzung der aristotelischen Physik durch die newtonsche gerecht werden kann. Bartelborths Meinung a.a.O. 42, Poppers Ansatz sei «der Metatheorie der Mathematik entlehnt, nach der Theorien einfach aus deduktiv abgeschlossenen Satzklassen bestehen», verträgt sich nicht mit Poppers Fallibilismus, der unbestritten – auch nach Bartelborth, s. a.a.O. 244 – zu dessen zentralen Annahmen gehört. Jeder Fallibilismus impliziert vielmehr einen Kohärentismus der Rechtfertigung und ist unvereinbar mit dem deduktivistischen Modell, das Bartelborth Popper unterstellt. Vgl. dazu Kap. 5, Abschnitt 3.

13 Vgl. dazu den 3. Teil.

14 Kant, Idee zu einer allgemeinen Geschichte in weltbürgerlicher Absicht, Zweiter Satz.

Erster Teil
Das Geschäft der Vernunft: Rechtfertigung

1. Vernunft, Verstand und Gleichheit

1 Der einflußreichste war Aristoteles. Platon sprach offenbar auch Tieren Vernunft zu. Augustin übernahm von den Stoikern Aristoteles' Meinung und machte sie zur christlichen Lehre. Vgl. Richard Sorabji, Rationality, in Michael Frede und Gisela Striker, eds., Rationality in Greek Thought, Oxford (Clarendon) 1996, 311–34, bes. 312 und 328ff.

2 Fr. 2, Sextus *adv.math. VII, 133*: *dio dei hepesthai tō xunou, tou logou d'eontos xunou zōousin hoi polloi hōs idian echontos phronēsin.*

3 Vgl. die Bemerkung zum methodologischen Nominalismus in der *Einleitung*.

4 Man mag das für ein typisches Philosophenvorurteil halten (obgleich ich es unten Kap. 6, Abschnitt 4 zu rechtfertigen suche). Denn wie Henri Bergson, Die beiden Quellen der Moral und der Religion, Jena (Diederichs) 1933, 28, bemerkte, «nur durch Gott hindurch, nur in Gott, kann die Religion die Menschen dazu bringen, das Menschengeschlecht zu lieben; ebenso wie die Philosophen nur durch die Vernunft hindurch, nur in der Vernunft, an der wir alle teilhaben, uns die Menschheit betrachten lehren, um uns die hohe Würde der menschlichen Person, das Recht aller auf Achtung zu zeigen.»

5 Mir sind wenig explizite Erörterungen zeitgenössischer Philosophen zur Bestimmung der Vernunft bekannt. Am wichtigsten scheinen mir die Arbeiten von Paul Grice, vor allem die unten zitierte, und Poppers Unterscheidung der beschreibenden und argumentativen Funktion der Sprache, die meiner Unterscheidung von Verstand und Vernunft entspricht, etwa in Karl R. Popper, Objektive Erkenntnis, Hamburg (Hoffmann und Campe) 1973, 137ff.

6 Eine (wenig überzeugende) Ausnahme ist John Searle, Rationality in Action, Berkeley (Copy Central) 2000, 6 und 16f.

7 Immanuel Kant, Grundlegung zur Metaphysik der Sitten, ed. Vorländer, Hamburg (Meiner) 1962, 31.

8 Jürgen Habermas, Theorie des kommunikativen Handelns, Frankfurt (Suhrkamp) 1985, Bd. 1, 15.

9 Vgl. dazu Kapitel 5, Abschnitt 1 über den Fallibilismus.

10 Gründe können rechtfertigen und erklären. Im ersten Fall ist die Anführung eines Grunds normativ, im zweiten kausal. Vgl. dazu weiter Kapitel 3.

11 Vgl. etwa Julian Nida-Rümelin, Ethische Essays, Frankfurt (Suhrkamp) 2002, 91: «Wenn ‹rational› etwas mit Rechtfertigung zu tun hat – und dieser Meinung scheinen die meisten zu sein – ....»

12 Kant, Kritik der reinen Vernunft A 126 und B 171, 197, 356.

13 Dazu soll B.F. Skinner sie abgerichtet haben mittels ausgetüftelter «schedules of reinforcement.»

14 1. Mose 3, 1–14.

15 1. Mose 3, 6.

16 Ein interessantes Beispiel für diese Neigung liefert Yip, Wai-Lim, The Daoist Project as a «Possible» Metanarrative, in Karl-Heinz Pohl, Hg., Chines Thought in a Global Context, Leiden (Brill) 1999, 145–70.

17 Popper, Objektive Erkenntnis, 137, 179, 261.

18 Antonio R. Damasio, Descartes' Error. Emotion, Reason, and the Human Brain, New York (Avon) 1995, xii.

19 Vgl. Paul Grice, Aspects of Reason, Oxford (Clarendon) 2001, 20 und 28 ff. Er unterscheidet einen «flat, nondegree-bearing, non-variable concept» und einen «variable, degree-bearing concept» der Vernunft, was meiner Unterscheidung des vollständigen und graduellen Vermögens entspricht. Aber er versucht das erste Vermögen als Minimalbedingung der Vernunft, das zweite als einen Wert zu verstehen, in dem man sich auszeichnen kann.

20 Goethe, Faust 1911–22.

21 Zu Kornhubers Begriff des Bereitschaftpotentials vgl. unten Kapitel 8, Abschnitt 2.

22 Kant, Idee zu einer allgemeinen Geschichte in weltbürgerlicher Absicht, Zweiter Satz.

23 Kant, Grundlegung zur Metaphysik der Sitten, 12. Kants Aussagen, nach denen Vernunfturteile fehlbar sind, lassen sich vielleicht in Einklang mit seinen Aussagen über die Existenz unfehlbarer Vernunftprinzipien a priori bringen, wenn man die fehlbaren Vernunfturteile als *singuläre* Urteile versteht.

2. Der antike und der moderne Vernunftbegriff

1 Aristoteles, Nikomachische Ethik VI, 1141 b1. Zu Aristoteles' Gründen vgl. Michael Frede, Monotheism and Pagan Philosophy in Late Antiquity, in P. Athanassiadi und M. Frede, Hg., Pagan Monotheism in Late Antiquity, Oxford (Clarendon) 1999, 41–67, 50 und 62.

2 Aristoteles, Metaphysik XII, 1075 a 19; W. D. Ross, Aristotle's Metaphysics, Oxford 1958, II 400.

3 David Hume, A Treatise of Human Nature bk 1, pt 3, sec 6 und sec 14, ed. Selby-Bigge, Oxford (Clarendon) 1978.

4 Ebd. sec 14; ed. Selby-Bigge, Oxford (UP) 1978, 165 («necessity is something that exists in the mind, not in the objects»).
5 Ebd. pt. 4, sec 7, ed. Selby-Bigge 268. Demgemäß unterscheidet Hume nicht zwischen *reason* und *understanding*.
6 Ebd. bk 3, pt 1, sec 1, ed. Selby-Bigge 463.
7 Ebd. pt 3, sec 4, ed. Selby-Bigge 610.
8 Immanuel Kant, Prolegomena, ed. Vorländer, Hamburg (Meiner) 1957, 6. Vgl. Kritik der reinen Vernunft B 785.
9 Kant, Kritik der reinen Vernunft B 358.
10 Kant, Kritik der reinen Vernunft A 302.
11 Kant, Kritik der reinen Vernunft B 671 f.
12 Kant, Kritik der reinen Vernunft B 692.
13 Kant, Kritik der reinen Vernunft B 679.
14 Kant, Kritik der reinen Vernunft B xvii.
15 Kant, Kritik der reinen Vernunft B 232 ff.
16 Kant, Kritik der reinen Vernunft B xxx.
17 Kant, Kritik der reinen Vernunft A XI.
18 Vgl. zu dieser Deutung U. Steinvorth, Gleiche Freiheit a. a. O. 251 ff.
19 Max Weber, Die Objektivität sozialwissenschaftlicher und sozialpolitischer Erkenntnis, in Soziologie – Universalgeschichtliche Analysen – Politik, hg. von J. Winckelmann, Stuttgart (Kröner), 195.
20 Max Weber, Gesammelte Aufsätze zur Religionssoziologie, Bd. 1, Tübingen (Mohr) 1920, 1 ff.
21 Vgl. dazu das 11. Kapitel.

3. Begründungen

1 Zu Beispielen naturwissenschaftlicher Erklärungen, die nicht kausal sind, vgl. Bartelborth, 330ff (vgl. Anm. 11 der Einleitung). Daß naturwissenschaftliche Erklärungen typischerweise Kausalerklärungen sind, soll nicht implizieren, daß ihre Erklärungsleistung in der Angabe von Ursachen besteht und nicht etwa, wie Bartelborth, Begründungsstrategien, 347ff argumentiert, in der Rückführung einer «Vielzahl von Tatsachen auf wenige allgemeine Zusammenhänge» (326).
2 Vgl. C. G. Hempel und P. Oppenheim, Studies in the Logic of Explanation, in C. G. Hempel, Aspects of Scientific Explanation, New York und London 1966, 245ff (zuerst 1948). Ich sage nur, daß Kausalerklärungen die Form K annehmen können, nicht, daß alle Kausalerklärungen *deduktiv* sind oder gar ein sicheres Fundament der Ableitung brauchen. Sie können auch induktiv und abduktiv sein. Aber auch induktive Erklärungen (z. B. «Für jeden Scheibenbruch war bisher Paul die Ursache, also ist er auch in diesem Fall die Ursache.») und abduktive Erklärungen oder Schlüsse auf die beste Erklärung (z. B. «Hier liegt ein Fußball neben einer zerbrochenen Fensterscheibe. Also ist die Scheibe durch einen Fußballschuß zerbrochen worden.») können wir durch Hinzufügung von Induktions- und Abduktionsregeln als Prämissen in Form K bringen. Es kommt mir hier nicht auf eine Unterscheidung der Arten der Kausalerklärung an und erst recht nicht dar-

auf, eine von ihnen als die wichtigste oder ursprüngliche auszuzeichnen, sondern nur auf die Unterscheidung von Kausalerklärungen und Rechtfertigungen.

3 Kant, Kritik der reinen Vernunft B 386, vgl. B 355.

4 Ebd. B 674. Den Verstand nennt Kant ein Vermögen der Begriffe ebd. B 199 und A 126; die Urteilskraft ordnet er den Urteilen zu ebd. B 169. Aber er nennt auch den Verstand ein Vermögen der Urteile ebd. A 126.

5 Auch Bartelborth, Begründungsstrategien a. a. O., trägt zur Verwischung des Unterschieds bei, obgleich er gegen Quine gebührend auf das «Auseinanderklaffen der *Entstehung einer Meinung* und ihrer *Rechtfertigung*» verweist (33). Denn er behandelt in seinem Buch Rechtfertigungen und Erklärungen, ohne ausdrücklich ihre unterschiedlichen Funktionen hervorzuheben.

6 Hume, Treatise of Human Nature bk 1, pt 3, sec 14, 157; cf. Locke, An Essay concerning Human Understanding bk 2, ch. 21, bes. §§ 1 und 13.

7 S. Locke, Essay bk 2, ch. 21, § 13.

8 Albert Einstein, Über den gegenwärtigen Stand der Feldtheorie. In E. Honegger, ed., Festschrift für Aurel Stodola, Zürich 1929, 126.

9 Zu dieser Unterscheidung vgl. unten im Abschnitt über Rechtfertigungen.

10 Vgl. dazu M. L. West, Towards Monotheism, und Michael Frede, Monotheism and Pagan Philosophy in Late Antiquity, beide in P. Athanassiadi und M. Frede, Hg., Pagan Monotheism in Late Antiquity, Oxford (Clarendon) 1999, 21–40, bes. 30, und 41–67, bes. 46f.

11 Platon, Phaidon 97c.

12 Vgl etwa G. S. Kirk und J. E. Raven, The Prescoratic Philosophers, Cambridge UP 1966, 187ff.

13 Vgl. Richard Feynman, The Character of Physical Law, 1965, MIT Pr. 1998, 122. Vgl. auch ebd. 81. Bei vielen Physikern setzte sich diese Einsicht erst nach dem Scheitern immer neuer Versuche durch, zu zeigen, *warum* die Naturgesetze, insbesondere das Gravitationsgesetz, ihrerseits so sind, wie sie sind. Frühere Physiker hofften in der Tat (wie auch Kant), die allgemeinsten Naturgesetze würden erklären, warum die Natur ist, wie sie ist.

14 Steven Weinberg, Can Science Explain Everything? Anything? New York Review of Books May 31, 2001, 47 und 50.

15 Bartelborth, Begründungsstrategien, a. a. O. 341.

16 Die Terminologie geht zurück auf Gottlob Frege, John Austin und John Searle. Vgl. John Searle, Speech Acts. An Essay in the Philosophy of Language, Cambridge (UP) 1969. Ich unterscheide die Modi hier nur nach dem, was Searle ‹direction of fit› nennt.

17 Vgl. dazu weiter unten.

18 In Kapitel 5, Abschnitt 3, werde ich nich einmal von Gerechtfertigtheit sprechen. – Viele Logiker, besonders deutlich etwa Ian Hacking, An Introduction into Probability and Inductive Logic, Cambridge UP 2001, 6f, unterscheiden zwischen der Wahrheit von Aussagen und der *Gültigkeit* (*validity*) von Argumenten oder logischen Schlüssen. Diese Unterscheidung entspricht der zwischen Wahrheit und Gerechtfertigtheit, da Validität wie Gerechtfertigtheit ein Geltungsanspruch von Aussagen zweiter Ordnung ist. Ich ziehe den Ausdruck Gerechtfertigtheit vor, erstens um den Bezug zur Rechtfertigung hervorzuheben, zweitens weil ich den Begriff der

Gültigkeit als Oberbegriff für die Begriffe der Wahrheit, moralischen Richtigkeit und Gerechtfertigtheit gebrauchen möchte. Ich spreche von *Geltungs*ansprüchen statt korrekter von *Gültigkeits*ansprüchen, weil der kürzere Ausdruck der heute geläufigere ist.

19 Vgl. Ulrich Steinvorth, Freiheitsheorien in der Philosophie der Neuzeit, Darmstadt (Wissenschaftliche Buchgesellschaft) 2. Aufl. 1994.

20 Leibniz in seinen Nouveaux Essais, zu Lockes *Essay conc. Human Understanding* bk 12, ch. 21, § 49, in C.J. Gerhardt, Hg., Die philosophischen Schriften, Bd. 5, Berlin 1982, 184. Vgl. Steinvorth, Freiheitstheorien in der Philosophie der Neuzeit, 113 ff.

4. Eine philosophische Landkarte des Geistes

1 Freges für eine Kartographie des Geistes wichtigste Schriften sind *Funktion und Begriff*, *Sinn und Bedeutung* und *Der Gedanke*. Die ersten beiden finden sich in der Aufsatzsammlung *Funktion, Begriff, Bedeutung*, hg. von G. Patzig, Göttingen (Vandenhoeck) 1962, der dritte in *Logische Untersuchungen*, hg. von G. Patzig, Göttingen (Vandenhoeck) 1966.

2 Die Quelle ist seine Schrift über die Seele, *Peri psychês*, *De anima.*

3 Aristoteles, De anima 425 b 12.

4 D.W. Hamlyn, ed., Aristotle's De Anima Books II and III, Oxford (Clarendon) 1968, xiii.

5 Descartes' wichtigste Schriften zum Mentalen sind die *Meditationes* und die *Passions de l'âme.*

6 Descartes, Meditiationes de prima philosophia, Paris 1641, Med. II, 23.

7 Ebd. Med. III, 33: «ideas sive cogitationes menti meae obversari.»

8 Franz Brentano, Psychologie vom empirischen Standpunkte aus, 1874.

9 Descartes, Meditiationes de prima philosophia, Med. IV, 65: «nulla alia in me sunt tam perfecta, aut tanta, quin intelligam perfectiora, sive majora adhuc esse posse.»

10 Ebd. 66.

11 Luis de Molina, Liberi Arbitrii cum Gratiae Donis ... Concordia, Antwerpen 1695, zuerst Lissabon 1588, definiert in der quaestio 14, art. 13, disput. 2, S. 8, die Willensfreiheit als das, «was, wenn die Bedingungen dazu erfüllt sind, handeln oder nicht handeln oder das eine so tun kann, daß es auch das Gegenteil tun könnte». Vgl. Steinvorth, Freiheitstheorien in der Philosophie der Neuzeit, 262ff und 34–54.

12 Hobbes, Leviathan ch. 6, ed. Macpherson, Harmondsworth (Pelican) 1968, 127.

13 Vgl. etwa Descartes, Meditiationes de prima philosophia, Med. IV, 68.

14 Ebd. 61, 64 und 71.

15 Ebd. 64 f.

16 Nach Sorabji, Rationality, 311–34, 317, spricht Aristoteles Tieren deshalb Vernunft ab, obgleich er ihnen Wahrnehmungen zuspricht, weil er ihnen *Meinungen* (*doxai*) abspricht. *doxai*, so Sorabji über Aristoteles, implizieren Vernunft, weil sie Überzeugung (*peithō*) enthalten, die der Wahrnehmung fehle. Wenn Sorabjis Deutung richtig ist, entspricht Aristoteles' Un-

terscheidung von Wahrnehmung und Meinung der von unreflektiertem und reflektiertem Urteil.

17 Descartes, Meditiationes de prima philosophia, 22 und 93.

18 David Hume, Treatise of Human Nature, bk 1, pt 4, sec 6, 252f.

19 Ebd. 251.

20 Das Programm des Wiener Kreis, nur solchen Begriffen Bedeutung zuzubilligen, die aus Sinneserfahrungen oder Beobachtungsbegriffen ableitbar sind, entspricht Humes Prämisse. Es scheiterte schon an der Unmöglichkeit, so solide naturwissenschaftliche Begriffe wie Löslichkeit aus Beobachtungsbegriffen abzuleiten.

21 Kant, Grundlegung zur Metaphysik der Sitten, 78.

22 Vgl. unten Kapitel 9, Abschnitt 1.

23 Vgl. dazu unten Kapitel 10, Abschnitt 2 A.

24 Christine Korsgaard, The Sources of Normativity, Cambridge UP 1996, 100 und 113. Vgl. dazu weiter unten.

25 Kant hatte in der *Kritik der reinen Vernunft* Schwierigkeiten, zwischen Verstand und Urteilskraft zu unterscheiden. In der *Kritik der Urteilskraft* (2. Aufl. Berlin 1793, S. VII) erkennt er konsequent an, «daß unter dem Namen des gesunden Verstandes kein anderes als eben dieses Vermögen» – die Urteilskraft – «gemeint wird.»

26 Th. Hobbes, Leviathan, ch. 2, 93f, bestimmt *understanding* entsprechend meiner Kartographie des Geistes: «The Imagination that is raysed in man (or any other creature indued with the faculty of imagining) by words, or other voluntary signes, is that we generally call *Understanding*; and is common to Man and Beast. For a dogge by custom will understand the call, or the rating of his Master; and so will many other Beasts. That Understanding which is peculiar to man, is the Understanding not onely his will; but his conceptions and thoughts, by the sequel and contexture of the names of things into Affirmations, Negations, and other formes of Speech». In seiner Definition der *Reason* als «*Reckoning* (that is, Adding and Subtracting) of the Consequences of generall names agreed upon for the *marking* and *signifying* of our thoughts» (ebd. ch. 5, 111) ist er allerdings ein Vorläufer der heutigen Bornierung des Vernunftverständnisses.

27 Arthur Schopenhauer, Werke in zehn Bänden (Zürcher Ausgabe), Zürich 1977, Bd. 3, 118; zit. nach V. Hösle, Woody Allen, München (Beck) 2001, 124.

Zweiter Teil
Falsifikation und Moral

5. Wie das Vernunftgeschäft universal verbindlich sein kann

1 Jürgen Habermas, Faktizität und Geltung, Frankfurt (Suhrkamp) 1991, 138.

2 Jürgen Habermas, Wahrheitstheorien, in Helmut Fahrenbach, ed., Wirklichkeit und Reflexion (Schulz-Festschrift), Pfullingen (Neske) 1973, 211–65.

3 Vgl. v. a. Paul Feyerabend, Against Method: Outline of an Anarchist Theory

of Knowledge, Minnesota Studies in the Philosophy of Science, vol. 4, ed. Michael Radner und Stephen Winokur, 17–130.

4 Ernest Gellner, Postmodernism, Reason and religion. Kants Dreiteilung der Vernunftkonzeptionen in dogmatische, skeptische und kritische (Kritik der reinen Vernunft, Vorrede, A IX–XII) entspricht der obigen; allerdings ist erstens Kants Titel des *Dogmatismus* ein zu unfreundlicher Name für den Infallibilismus, da dieser für seine Position durchaus erwägenswerte Argumente anzuführen hat; zweitens entspricht Kants kritische Position nicht ganz der infallibilistischen, weil er zwar der Vernunft die Rolle der Kritik (der Rechtfertigung von Geltungsansprüchen oder ihrer Zurückweisung) zuwies, aber alle sogenannten reinen Grundsätze des Verstandes für unfehlbar hielt. Der Fallibilismus fand seine konsequente Formulierung erst im 20. Jahrhundert vor allem durch Karl Popper. S. v.a. seine Logik der Forschung, Wien 1934 (mit der Jahreszahl 1935), und The Open Society and Its Enemies, 2 vol.s, London 1945.

5 Vgl. Edmund L. Gettier, Is Justified True Belief Knowledge? Analysis 25, 1963, 121–3.

6 Albert Einstein, Geometrie und Erfahrung, 1921, zit. nach Christoph von Mettenheim, Popper *versus* Einstein. On the Philosophical Foundations of Physics, Tübingen (Mohr) 1998, 2 und 84, 106, 196. v. Mettenheim zeigt, daß Einstein sich trotz der zitierten Aussage nicht an sie gehalten und der Infallibilismus in der Physik bis heute starke Wurzeln hat.

7 Vgl. Imre Lakatos, Proofs and Refutations. The Logic of Mathematical Discovery, Cambridge UP 1976, 140: «... the Euclidean method can ... have deleterious effects on the development of mathematics.»

8 Vgl. dazu auch den unorthodoxen Popperianer Christoph von Mettenheim, Popper *versus* Einstein, Tübingen (Mohr) 1998, 109: «The great discoveries by Kurt Gödel, and Karl Popper, and Alfred Tarski, in the field of scientific knowledge have made it clear that one of the oldest dreams of mankind has come to an end. It will never be possible to reduce empirical science to a small, or at least finite, number of axioms from which all other true statements can then be inferred.»

9 Max Scheler, Der Formalismus in der Ethik und die materiale Wertethik, in Gesammelte Werke Bd. 2, Bonn 1966, 324.

10 Vgl. Nida-Rümelin, Ethische Essays, 234: «Das, was von erkenntnistheoretischen Rationalisten philosophischer Ethik gern diskreditiert wird, nämlich unsere moralischen Intuitionen, bildet das Material, aus dem das Gesamt der moralischen Urteilsfähigkeit entwickelt werden muß ... Unsere moralischen Intuitionen sind selbst theoriebeladen, wandlungsfähig und in vielen Fällen widersprüchlich. Da jedoch die Idee, ethische Prinzipien als selbstevident der Kritik zu entziehen ..., auf einem falschen Verständnis von Evidenz oder von Logik beruht, haben wir nichts anderes als ‹Intuitionen› ....»

11 Heutige Vertreter sind D. O. Brink, Moral Realism and the Foundations of Ethics, Cambridge UP, 1989, und Jonathan Dancy, Moral Reasons, Oxford (Blackwell) 1993.

12 Viele Popperianer sind hier allerdings anderer Meinung. Vgl. etwa Hans Albert, Kritischer Rationalismus, Tübingen (Mohr) 2000, 76f. Der Grund für ihre Ablehnung des ethischen Kognitivismus ist, daß sie (zurecht) die

Annahme einer der empirischen Wirklichkeit analoge moralische Wirklichkeit ablehnen. Sie berücksichtigen jedoch nicht, daß man, wie ich im folgenden argumentiere, objektive moralische Gründe auch ohne Behauptung einer solchen moralischen Wirklichkeit annehmen kann.

13 Wie Imre Lakatos, Proofs and Refutations, meinte.

14 William James, The Will to Believe, in The Will to Believe and Other Essays in Popular Philosophy, New York (Dover) 1956 (Reprint von 1897).

15 William James, Pragmatism, zitiert nach Bertrand Russell, Der Pragmatismus, in Russell, Philosophische und politische Aufsätze, hg. von U. Steinvorth, Stuttgart (Reclam) 1971, 61–98, 74.

16 James, Pragmatism, zit. nach Russell a. a. O. 76.

17 Russell, Der Pragmatismus a. a. O. 81.

18 Ich folge hier Bartelborth, Begründungsstrategien, 261: «Nur eine Ablehnung der radikalen skeptischen Haltung *kann* zu einem *fruchtbaren Forschungsprogramm* führen, in dem wir ein gehaltvolles Bild unserer Welt erhalten, das nicht vollkommen willkürlich ist.»

19 Vgl. besonders Nida-Rümelin, Ethische Essays, 24 und Bartelborth, Begründungsstrategien, 46.

20 Hume, Treatise of Human Nature bk 2, pt 3, sec 3, 416.

21 Ein berühmtes Beispiel (einem Touristen, der auf ein Todeskommando stößt, wird angeboten, daß die 20 Indios, die erschossen werden sollen, freigelassen werden, wenn er selbst einen erschießt) liefert B. Williams, A Critique of Utilitarianism, in: J. J. C. Smart u. B. Williams, Utilitarianism. For and Against, Cambridge 1973, 77–150, 98 f.

22 Immanuel Kant, Über ein vermeintes Recht aus Menschenliebe zu lügen, in Kants gesammelte Schriften, Akademie-Ausgabe Bd. 8, 425 f., versichert gegen Constant, man müsse selbst dann die Wahrheit sagen, wenn ein «Mörder ... uns fragte, ob unser von ihm verfolgter Freund sich nicht in unser Haus geflüchtet». «Hast du nämlich einen eben jetzt mit Mordsucht Umgehenden *durch eine Lüge* an der That verhindert, so bist du für alle Folgen, die daraus entspringen möchten, auf rechtliche Art verantwortlich. Bist du aber strenge bei der Wahrheit geblieben, so kann dir die öffentliche Gerechtigkeit nichts anhaben; die unvorhergesehene Folge mag sein, welche sie wolle. Es ist doch möglich, daß, nachdem du dem Mörder auf die Frage, ob der von ihm Angefeindete zu Hause sei, ehrlicherweise mit Ja geantwortet hast, dieser doch unbemerkt ausgegangen ist und so dem Mörder nicht in den Wurf gekommen, die That also nicht geschehen wäre ... Es ist also ein heiliges, unbedingt gebietendes, durch keine Convenienzen einzuschränkendes Vernunftgebot: in allen Erklärungen *wahrhaft* (ehrlich) zu sein.»

23 Und vor ihnen Juristen. Das im Text folgende Beispiel ähnelt einem Fall, den Hans Welzel schon diskutierte in Zum Notstandsproblem, Zeitschrift für die gesamte Strafrechtswissenschaft 63, 1951, 47–56, 51. Auf diesen Text machte mich Wolfgang Schild aufmerksam.

24 Cf. J. J. Thomson, Killing, Letting Die, and the Trolley Problem, in The Monist 59, 1976, 204–17, und Philippa Foot, Abortion and the Doctrine of the Double Effect, Oxford Review 5, 1967.

25 Vgl. Christoph von Mettenheim, Popper *versus* Einstein, 109: «... the solution of the great problems of physics cannot be expected to come from

geometry, or from mathematics. It will have to come from human invention, from the power of our imagination, and from the persistence with which we try to explain ... well known physical effects ‹by the unknown›.» Ebensowenig kommt die Lösung der großen Probleme der Moral und Politik von einer normativen Theorie, die sich auf unfehlbare Axiome beruft. Auch hier brauchen wir Phantasie und Beharrlichkeit, die gegebenen moralischen Intuitionen auf unerwartete moralische Ideen (wie die der gleichen Freiheit) zu beziehen und von ihrer Verbindung zu überzeugen.

26 Vgl. Nida-Rümelin, Ethische Essays, 235 f: «Die empirischen und normativen Phänomene könnten zu komplex sein, als daß sie durch ein einziges Prinzip und eine einzige systematische Begrifflichkeit erfaßbar sind ... Die weitere Vereinheitlichung bliebe dann immer noch eine regulative Idee, die aber nicht um den Preis einer adäquaten Erfassung normativer Zusammenhänge angestrebt werden darf. Die vergangenen Dekaden angewandter Ethik haben jedenfalls die Augen geöffnet für die Vielfalt und Differenziertheit normativer Phänomene.»

27 Nida-Rümelin, ebd. 109 und 111. Nida-Rümelin stützt seine Aussage auf die Annahme eines an Wittgensteins Vorstellungen von Gewißheit anknüpfenden «deskriptiven Orientierungswissens», dem ein «normatives Orientierungswissen» entspreche und die beide «weitgehend unabhängig» einerseits vom wissenschaftlichen Wissen, anderseits von der Ethik seien (105, 108). Diese Annahmen scheinen mir ein Fremdkörper in Nida-Rümelins Kohärentismus. Er schließt seinen Aufsatz mit dem Satz: «Nur in der Lebenswelt untersteht deskriptives wie normatives Wissen einem besonderen Rationalitätstest, nämlich dem, ob es tauglich ist, Handlungen so zu orientieren, daß sie sich zu einer vernünftigen Lebensform fügen.» (112) Wenn «Lebenswelt» hier für «tradierte Auffassungen von dem, was ist und sein soll» steht, ist es zwar richtig, daß jeder neu auftretende Geltungsanspruch («deskriptives und normatives Wissen») an seiner Verträglichkeit mit den tradierten Auffassungen zu testen ist und daß der Test in der Entscheidung bestehen muß, ob Handlungen, die ihm folgen, zu einem Leben passen, das wir als vernünftig anerkennen können. Aber ob sie passen, können wir auch nicht ohne moralische Ideen erkennen, die Theorien liefern, die die Lebenswelt revolutionieren können.

28 Immanuel Kant, Metaphysik der Sitten, Einleitung in die Rechtslehre § B.

29 Solche Laiengruppen werden auf den Rat der nationalen Wissenschaftskomitees in Norwegen, Dänemark und den Niederlanden gebildet. Vgl. im Internet www.tekno.dk/europta.

30 Johannes Paul II, Enzyklika Fides et ratio, 14.9.1998, Hg. Sekretariat der Deutschen Bischofskonferenz, Bonn, 31 f.

6. Die Moral der kritischen Vernunft

1 Kant, Grundlegung zur Metaphysik der Sitten, 45.

2 Kant, Idee zu einer allgemeinen Geschichte in weltbürgerlicher Absicht, Erster Satz.

3 Kant, Metaphysik der Sitten, Einleitung zur Tugendlehre IV.

4 Habermas, Faktizität und Geltung, 138. Habermas' Diskursethik beansprucht, ein *unfehlbares* Moralprinzip zu liefern, das Diskursprinzip. Es besagt: «Gültig sind genau die Handlungsnormen, denen alle möglicherweise Betroffenen als Teilnehmer an rationalen Diskursen zustimmen können.»

5 Diese faktische Übereinstimmung in moralischen Grundfragen, die auch in unserer angeblich über keine moralischen Gemeinsamkeiten mehr verfügenden Epoche der Moderne besteht, wird oft übersehen. Julian Nida-Rümelin, Ethische Essays, 18 Fn. 13, verdient daher ausführlich zitiert zu werden: «Die nicht enden wollende und aufgrund ihrer Spezifika nicht enden» – weil sie nicht mit infalliblen Ergebnissen aufwarten – «könnende ethische Diskussion in der Moderne, die MacIntyre (*After Virtue*, Kap. 2) konstatiert, ist keine Besonderheit des *ethischen*, sondern ein Merkmal *aller* kognitiven Diskurse der Moderne. Es gibt ... jedoch in all diesen Diskursen einen Korpus, über den es jeweils keinen Dissens gibt. Ich sehe nicht, daß dieser Korpus in moralischen Fragen signifikant kleiner ist – das Gegenteil scheint zuzutreffen. MacIntyre wählt drei Beispiele: die Diskussion um den gerechten Krieg, die Diskussion um Abtreibung und die Diskussion um den sozialen Wohlfahrtsstaat. Alle diese Beispiele spielen keine zentrale Rolle in unserem moralischen Überzeugungssystem, sie sind alle hochgradig von empirischen Annahmen und Theorien geprägt, sie stehen alle im Zusammenhang mit komplexen theoreteischen Fragen der Ethik. Hier einen nicht enden wollenden Diskurs als ein Spezifikum moderner Moral zu konstatieren ist wenig erhellend zum einen, weil diese oder jedenfalls verwandte Meinungsverschiedenheiten die Ethik seit der griechischen Klassik begleiten, und zum anderen, weil die Analogie zu unserem empirischen Wissen auf der Hand liegt.»

6 Arthur Schopenhauer, Preisschrift über die Grundlage der Moral, ed. H. Ebeling, Hamburg (Meiner) 1979, 34f.

7 So Platon, Republik X, 608e.

8 Man könnte als Gegenbeweis die selbstdestruktive Einstellung der Ik in Ostafrika anführen, vgl. Colin M. Turnbull, The Mountain People, London 1973, und Bernd Heine, The Mountain People, Africa 55, 1985, 3–16. Aber diese Einstellung läßt sich leicht aus ihrer Geschichte erklären; man will sie nicht Moral nennen, und sie ist nicht überlebensfähig. Zu den Ik und ihrer unterschiedlichen Einschätzung bei Turnbull und Heine, aber auch allgemeiner zu den Möglichkeiten der Fehlanpassung von Gesellschaften vgl. Robert B. Edgerton, Sick Societies. Challenging the Myth of Primitive Harmony, New York (Free Press) 1992, bes. (die Ik betreffend) 6ff.

9 Kant, Metaphysik der Sitten, Einleitung zur Tugendlehre Abschn. VII. Kant, Grundlegung zur Metaphysik der Sitten, 1962, 43, nennt die weiten Pflichten auch unvollkommen. Kant unterscheidet die zwei Bereiche als Legalität und Moralität und Rechts- und Tugendlehre.

10 So R. M. Hare, Freedom and Reason, Oxford (UP) 1965, 37. Hare ebd. 163 und 165 hält es aber auch für möglich, «to write some kind of utilitarianism into its [des Moralischen] definition», und nur das als moralisch anzuerkennen, was nicht «utterly disregards other people's interests.»

11 Hobbes, Leviathan ch. 14, 190f.

12 Ebd. ch. 15. 202: «... where no Covenant hath preceded, there hath no Right been transferred, and every man has right to every thing; and consequently, no action can be Unjust ... the definition of INJUSTICE, is no other than *the not Performance of Covenant.*» Diese These verkürzt allerdings die These, die Hobbes' «fundamentales Naturgesetz impliziert.

13 Ebd. ch. 134, p. 186.

14 Zu den Problemen der genaueren Bestimmung der Idee der gleichen Freiheit vgl. Kap. 7, Abschn. 5. Allgemein zur gleichen Freiheit vgl. Ulrich Steinvorth, Gleiche Freiheit, Berlin (Akademie) 1999.

15 Kant, Metaphysik der Sitten, Einleitung in die Rechtslehre § B.

16 Kant, Grundlegung zur Metaphysik der Sitten, 51.

17 Kant ebd. 78 f.

18 Kant, Metaphysik der Sitten, Einleitung in die Rechtslehre § C.

19 So Christine Korsgaard, The Sources of Normativity.

20 Kant, Metaphysik der Sitten, Einleitung in die Rechtslehre §§ B und D.

21 Kant, Grundlegung zur Metaphysik der Sitten, 78.

22 Kants oft und zu Recht kritiserter moralischer Rigorismus ist vermutlich die Folge seiner grundlegenden These, «es hat nichts einen Wert als den, welchen ihm das Gesetz bestimmt» (Grundlegung zur Metaphysik der Sitten, 59); «das Gesetz» ist hier zu verstehen als Sittengesetz, das Kant als kategorischen Imperativ oder Prinzip der *Selbst*gesetzgebung expliziert. Kants wichtigstes Argument für diese These ist, daß jeder andere Ursprung von Wert und Würde uns *heteronom* und ohne Antwort auf die Frage machen müßte, was uns zur Befolgung eines anderen Zwecks als des der Selbstgesetzgebung *verpflichten* oder *verbindlich* machen kann. Aber dies Argument zeigt nur, daß «das Gesetz» eine *notwendige*, keine hinreichende Bedingung dafür ist, etwa die gleiche Freiheit oder die Betätigung der eigenen Fähigkeiten durch jeden als allgemeinverbindlichen Ursprung des Werts anzunehmen. Als nur notwendige Bedingung würde das Gesetz weder einzige Wertquelle noch selbst Selbstzweck sein, sondern nur instrumenteller Zweck.

23 Kant, Idee zu einer allgemeinen Geschichte, Zweiter Satz.

24 Belege dazu in Kapitel 7, Abschnitt 5.

25 Vgl. etwa Liu, Shu-Hsien, On the Origin of Evils, in Karl-Heinz Pohl, Hg., Chinese Thought in a Global Context, Leiden (Brill) 1999, 173–89, 178.

26 Xunzi 21, 265. Zitiert nach Heiner Roetz, Chancen und Probleme einer Reformulierung und Neubegründung der Menschenrechte auf Basis der konfuzianischen Ethik, in Walter Schwendler, Hg., Menschenrechte und Gemeinsinn – westlicher und östlicher Weg? St. Augustin (Academia) 1998, 189–208, 201. Ebenso wie dieser Aufsatz geben weitere Arbeiten von Roetz einen hervorragenden Einblick in das offenbar noch wenig ausgeschöpfte Potential der chinesischen Quellen. Vgl. v. a. Die chinesische Ethik der Achsenzeit, Frankfurt (Suhrkamp) 1992, und Menschenpflicht und Menschenrecht. Überlegungen zum europäischen Naturrecht und der konfuzianischen Ethik, in K. Wegmann, W. Ommerborn, H. Roetz, Hg., Menschenrechte: Rechte und Pflichten in Ost und West, Münster (Lit) 2001, 1–21.

27 Zit. nach Roetz a. a. O. 201.

28 Kant, Grundlegung zur Metaphysik der Sitten, 53.

29 Ebd.
30 Kant, Kritik der praktischen Vernunft, 127f.
31 Ebd. 101.
32 Jeremy Bentham, An Introduction to the Principles of Morals and Legislation, in John Stuart Mill, Utilitarianism, ed. Mary Warnock, Glasgow (Collins) 1962, 33.
33 Aristoteles, Politik I, 1254b 20.
34 Vgl. mit Stellenbelegen Jeremy Waldron, ed., «Nonsense upon stilts». Bentham, Burke and Marx on the rights of man, London (Methuen) 1987.
35 Zitiert nach J.St. Mill, Bentham, London and Westminster Review, August 1838, in J.St. Mill, Utilitarianism, ed. M. Warnock, Glasgow (Collilins)1979, 78–125, 123. Nach Mill ebd. äußert Bentham den Satz «somewhere in his works.»
36 Jonathan Glover, What Sort of People Should There Be? Harmondsworth (Pelican) 1984, bes. 133ff,154–9, 167.
37 James M. Buchanan, Constitutional Democracy, Individual Liberty, and Political Equality, in Liberty, Market and State, Brighton (Harvester) 1986, 248–60, 250.
38 James M. Buchanan, The Potential for Tyranny in Politics as Science, in Liberty, Market and State, Brighton (Harvester) 1986, 40–54, 43.
39 Ebd. 43f.
40 Ebd.
41 Buchanan zitiert Jürgen Habermas, Moralbewußtsein und kommunikatives Handeln, 1983, und Bruce Ackerman, Social justice in the liberal state, Yale UP, 1980.
42 James M. Buchanan and Roger D. Congleton, Politics by principle, not interest, Cambridge UP 1998, 4.
43 Buchanan and Congleton, Politics by principle, not interest, 4.
44 Buchanan, Constitutional Democracy, Individual Liberty, and Political Equality, in Liberty, Market ... loc.cit. 248–60, 251.
45 Buchanan, The Potential for Tyranny in Politics as Science, loc.cit. 49.
46 Buchanan, Constitutional Democracy, Individual Liberty, and Political Equality, loc.cit. 248–60, 253.
47 James M. Buchanan, Sources of Opposition to Constitutional Reform, in Liberty, Market and State loc.cit. 65.

7. Warum nicht

1 Otto Neurath, Protokollsätze, Erkenntnis 3, 1932/3, 204–14, zit. nach O. Neurath, Gesammelte philosophische und methodologische Schriften Bd. 2, Wien (Hölder) 1981, 577.
2 Ebd. 579. Willard Van Orman Quine hat den zweiten Satz als Motto seinem Buch Word and Object, Cambridge/Mass. (MIT) 1960, vorangestellt. Dasselbe Bild hat Neurath ausführlicher am Ende seines Beitrags zu den *Foundations of the Social Sciences. International Encyclopedia of Unified Science* vol. 2, Chicago (UP) 1944, gezeichnet, in Gesammelte philosophische und methodologische Schriften Bd. 2, 978.

3 Neurath, Gesammelte philosophische und methodologische Schriften Bd. 2, 978.
4 ebd.
5 Kapitel 1, Abschnitt 4.
6 Platon, Timaios 29d–30a. Übersetzung von Friedrich Schleiermacher und Hieronymos Müller.
7 Arthur Lovejoy, The Great Chain of Being, Cambridge/Mass. 1936, 8. Aufl. 1966, 49 (*Self-Sufficing Perfection* und *Self-Transcending Fecundity* sind die englischen Begriffe).
8 Max Weber, Gesammelte Aufsätze zur Religionssoziologie, 3 Bde., Bd. 1, S. 1, Tübingen (Mohr) 1920.
9 Weber nennt den Kapitalismus die « schicksalsvollste Macht unsres modernen Lebens » ebd. 4.
10 Alle Zitate und ihre Quellen finden sich bei Leonard Swidler, Towards a Universal Declaration of a Global Ethic, in Dialogue and Humanism 4 (4), 1993, Center of Universalism, Universität Warschau, 51–64, 55. Ich zitiere sie nach Sandra Pralong, Minima Moralia. Is there an ethics of the open society? In Ian Jarvie und Sandra Pralong, eds., Popper's *Open Society* after Fifty Years, London (Routledge) 1999, 128–45, 143, die überzeugend für ein Verständnis von Poppers Ethik nach der negativen Fassung der Goldenen Regel argumentiert. Als Quelle für Zarathustra gibt sie an Gathas 43.1, für Konfuzius Analekten 12.2, für Mahavira Sutraki-tanga 1.11.33, für das Mahabharata Anusana Parva 113.8; für Hillel Btalmud, Shabbath 31a; für Mohammed den Koran. Die Quelle für Jesus ist Matthäus 7,12.
11 Kant, Grundlegung zur Metaphysik der Sitten, 22.
12 Ebd. 53. Kursiv von mir.
13 Hobbes, Leviathan ch. 14, p. 190.
14 Ebd. 189.
15 Heiner Roetz, Die chinesische Ethik der Achsenzeit, 220f.
16 Heiner Roetz, The ‹Dignity within Oneself›: Chinese Tradition and Human Rights, in Karl-Heinz Pohl, Hg., Chinese Thought in a Global Context, Leiden (Brill) 1999, 236–61, 237.
17 Vgl. Deepak Lal, Unintended Consequences. The Impact of Factor Endowments, culture, and politics on long-run economic performance, Cambridge/Mass. (MIT) 1998, bes. Kap. 6, 9 und 10.
18 Karl Popper hat auf diesen Punkt immer wieder hingewiesen. Vgl. bes. The Open Society and Its Enemies, London (Routledge) 1995 (Jubilee ed.), 324 und 158.

Dritter Teil
Vernunft und Natur

8. Willensfreiheit

1 Luis de Molina, Liberi Arbitrii cum Gratiae Donis … Concordia, quaestio 14, art. 13, disput. 2, S. 8, definiert die Willensfreiheit als das, «was, wenn die Bedingungen dazu erfüllt sind, handeln und nicht handeln oder das eine

so tun kann, daß es auch das Gegenteil tun könnte» (meine Übersetzung). Um die Beachtung der scholastischen Tradition hat sich Anthony Kenny verdient gemacht, vor allem durch sein Buch Will, Freedom and Power, Oxford 1975.

2 Kant, Kritik der reinen Vernunft B 561.

3 Ebd. 582.

4 Zur Terminologie vgl. Kap. 3, Abschnitt 3.

5 Ebd. 562.

6 John Locke, Essay concerning Human Understanding bk 2, ch 21, § 47: «... the mind having in most cases, as is evident in Experience, a power to *suspend* the execution and satisfaction of any of its desires, and so all, one after another is at liberty to consider the objects of them; examine them on all sides, and weigh them with others. In this lies the liberty Man has ... in this seems to consist that, which is (as I think improperly) call'd *Free will*. For during this *suspension* of any desire, before the *will* be determined to action ... we have opportunity to examine, view, and judge, of the good or evil of what we are going to do ...». Lockes Argumente gegen die Willensfreiheit im scholastischen Sinn verraten eine enorme Verwirrung der Begriffe in der Terminologie seiner Zeit. So argumentiert er ebd. § 27: «A Man standing on a cliff, is at liberty to leap twenty yards downward into the Sea, not because he has a power to do the contrary Action, which is to leap twenty yards upwards, for that he cannot do: but he is therefore free, because he has a power to leap, or not to leap.» Dem muß jeder Anhänger der Willensfreiheit im scholastischen Sinn zustimmen. Die scholastische Willensfreiheit darf natürlich nicht als «power to do the contrary Action» definiert werden, sondern nur als «power to do, or not to do something». – Ich behaupte im übrigen nicht, daß die scholastisch verstandene Willensfreiheit dasselbe ist wie ein Suspensionsvermögen, sondern eine besondere Art dieses Vermögens. Denn, wie noch deutlicher wird, der Gebrauch des Suspensionsvermögens kann selbst determiniert sein.

7 H. Kornhuber und L. Deecke, Hirnpotentialänderungen bei Willkürbewegungen und passiven Bewegungen des Menschen: Bereitschaftspotential und reafferente Potentiale, Pflügers Archiv f. d. gesamte Physiologie der Menschen und Tiere 284, 1965, 1–17.

8 Kant, Kritik der reinen Vernunft 582.

9 Benjamin Libet, Do We Have Free Will?, Journal of Consciousness Studies 6, No 8–9, 1999, 47–57, 47. Cf. 51–4.

10 Peter Bieri, Das Handwerk der Freiheit. Über die Entdeckung des eigenen Willens, München 2001, 230. Bieris Orientierung des freien Willens an Kants Vorstellung wird auch deutlich ebd. 168, 184, 195, 199, 222. Ebd. 211 und 277ff kommt er der scholastischen Definition nahe. Aber auch dort versteht er die Willensfreiheit, die nicht mit Handlungsfreiheit zusammenfällt – vgl. dazu weiter unten Fußnote 15 und Text dazu –, als «Unbedingtheit», wenn auch einer «moderaten Fassung» (279). Bieris Kritik hat eine lange Reihe von Vorgängern, die alle zu recht hervorgehoben haben, daß die Annahme, der freie Wille müsse indeterminiert sein, nicht sichern kann, was man mit der Annahme der Willensfreiheit gewöhnlich sichern will (vgl. unten Abschnitt 6), nämlich die Verantwortlichkeit des Handelns. Zu den

bekanntesten Autoren dieser Kritik gehört Hume, A Treatise of Human Nature, Bl 2, pt. 3. sec. 1, 404: «‹Tis commonly allow'd that mad-men have no liberty. But were we to judge by their actions, these have less regularity and constancy than the actions of wise-men, and consequently are farther remov'd from necessity.» Ähnlich Aristoteles, Metaphysik A 2, 982b 26.

11 Bieri, Das Handwerk der Freiheit, 286. Kursiv original.

12 Aristoteles, Nikomachische Ethik III, 1110a 16, definiert Handlungen als freiwillig, wenn ihr Anfang im Handelnden und es bei ihm liegt, sie zu tun oder nicht. Die scholastischen ebenso wie die kantischen Definitionen der *Willens*freiheit knüpfen an die aristotelische an. Diese aber will nicht wie jene eine Unabhängigkeit von Naturursachen definieren, denn Aristoteles spricht Freiwilligkeit auch den Handlungen von Tieren und kleinen Kindern zu.

13 Es klingt noch in Lockes Beispiel des Mannes auf dem Kliff an, der frei ist, sich in die Tiefe zu stürzen; s. oben Fußnote 6.

14 Vgl. dazu meine Kritik in Steinvorth, Freiheitstheorien, 237ff.

15 Bieri, Das Handwerk der Freiheit, 80. Kursiv original.

16 Hume, Treatise of Human Nature, 415.

17 Immanuel Kant, Kritik der praktischen Vernunft, ed. Vorländer, Hamburg 1959, 3. Meine Hervorhebung.

18 Kant, Kritik der praktischen Vernunft § 8, Lehrsatz IV.

19 Kant, *Die Metaphysik der Sitten*, Einleitung in die Metaphysik der Sitten, 30, versichert, «daß die Freiheit nimmermehr darin gesetzt werden kann, daß das vernünftige Subjekt auch eine wider seine (gesetzgebende) Vernunft streitende Wahl treffen kann, wenngleich die Erfahrung oft genug beweist, daß es geschieht». Vgl. auch die *Die Religion innerhalb der Grenzen der bloßen Vernunft*, bes. die erste Fußnote der Anmerkung I des Ersten Stücks, ed. Vorländer, Hamburg (Meiner) 1956, 25f.

20 Im Kapitel zur philosophischen Kartographie des Geistes.

21 Vgl. Nida-Rümelin, Ethische Essays, 7: «Rational ist eine Handlung dann, wenn sie überwiegend gute Gründe für sich hat. Moralische Gründe sind gute Gründe. Moralisch Handeln ist also rational. Damit ist keineswegs gemeint, daß Moralität in eigeninteressierter Klugheit aufgehe, daß nur dann moralische Gründe handlungsleitende Kraft entfalten, wenn ihre Befolgung im Interesse der handelnden Person ist.»

22 Kant, Grundlegung zur Metaphysik der Sitten, 34.

23 Bieri, Das Handwerk der Freiheit, 286.

24 Kant, Grundlegung zur Metaphysik der Sitten, 73f.

25 Ebd. 73.

26 Kant, Kritik der reinen Vernunft B 831.

27 Ebd. B 472ff.

28 Kant, Kritik der reinen Vernunft B 831.

29 Kant, Kritik der praktischen Vernunft, 35.

30 Bieri, Das Handwerk der Freiheit, 211.

31 Bieri, Das Handwerk der Freiheit, etwa 168, 195, 286.

32 Bieri, Das Handwerk der Freiheit, 320–61.

33 Thomas Hobbes, Of Liberty and Necessity, in English Works, ed. Molesworth, vol. 4, London 1840, 253f: «Menschen werden gerecht getötet, nicht

weil ihre *Handlungen* nicht notwendig geschehen, sondern weil sie *schädlich* sind … Nach dem Recht der Natur vernichten wir, ohne ungerecht zu sein, alles was schädlich ist, Menschen wie Tiere. Tiere töten wir gerecht, wenn wir es zur Selbsterhaltung tun. Menschen werden nicht deshalb hingerichtet oder bestraft, weil ihr Diebstahl aus Willensfreiheit hervorgeht, sondern weil er schädlich und der Erhaltung der Menschen entgegengesetzt war. Die Strafe trägt zur Erhaltung des Rests bei, soweit die Bestrafung derer, die freiwillig Schaden anrichten, und nur sie die Absichten der Menschen so bildet und formt, wie die Menschen sie haben wollen.»

34 Bieri, Das Handwerk der Freiheit, 351.

35 Bieri, Das Handwerk der Freiheit, 410.

36 Skinners Theorien sind von den Philosophen zu wenig ernst genommen worden. Vgl. v.a. Contingencies of Reinforcement. A Theoretical Analysis, New York 1969.

9. Willensschwäche

1 Einer der wenigen, der ihre Unterschiedlichkeit eindringlich beschreibt und auf Formen der Willensschwäche verweist, die man nicht ohne weiteres als solche erkennt, ist Peter Bieri, Das Handwerk der Freiheit, 100ff.

2 Nach Platon, Protagoras 355ff.

3 S. vorangehendes Kapitel, Abschnitt 4.

4 Aristoteles, Nikomachische Ethik VII, 1145b 25–28.

5 Aristoteles, Nikomachische Ethik VII, 1147a 30.

6 John Searle, Rationality in Action, Cambridge/Mass. (MIT) 2001, 219.

7 Ebd. 221. Searle bezieht sich auf R.M.Hare, The Language of Morals, Oxford UP 1952, und Donald Davidson, How is Weakness of the Will Possible? In Davidson, Essays on Actions and Events, Oxford UP 1980.

8 Ebd. 229. Als Beispiel für die andern Philosophen zitiert Searle Peter van Inwagen, When Is the Will Free?, in Timothy O'Connor, Hg., Agents, Causes, and Events, New York (Oxford UP) 1995.

9 Ebd. 232f.

10 Ebd. 12f.

11 Ernst Tugendhat, Selbstbewußtsein und Selbstbestimmung, Suhrkamp 1979, 256.

12 Searle, Rationality in Action, 25.

13 Ebd. 13f.

14 Hume, Treatise of Human Nature, bk. 2, pt. 3, sec. 1; a.a.O. p. 404.

15 Searle, Rationality in Action, 232.

16 Ebd. 74.

17 Hume, Treatise of Human Nature bk 1, pt 4, sec. 6, 252.

18 Searle, Rationality in Action, 82.

19 Ebd. 17.

20 Ebd. 89.

21 Ebd. 94.

22 Ebd. 80.

23 Ebd. 92.

24 Ebd. 88.
25 Ebd. 89. Der Satz ist bei Searle kursiv gedruckt.
26 Ebd. 87.

10. Geist und Gehirn

1 Benjamin Libet, A Testable Field Theory of Mind-Brain Interaction, Journal of Consciousness Studies 1, 1994, 119–26, schlägt die (empirisch zu testende) Annahme eines «‹Conscious Mental Field›, which is produced by, but is phenomenologically distinct from, brain activity», vor (119). Ein solches Feld solle die Annahme nicht nur einer Einwirkung des Hirns auf das Mentale, sondern auch umgekehrt des Mentalen auf das Gehirn erlauben. Das ist einer der wenigen Versuche von Hirnforschern, das Mentale anders als in neurologischen Prozessen realisiert zu denken. Aber obgleich Libets Bewußtseinsfeld «would be detectable only in terms of the subjective experience», soll es doch als «a working and testable feature of brain function» verstanden werden (120). Es scheint nur eine etwas subtilere Realisierung zu sein.
2 John Searle, Intentionality, Cambridge 1983, 264f.
3 Searle, Rationality in Action, 282–98; Ende des letzten Kapitels (9).
4 Searle, Intentionality, 271.
5 Ebd. 269f.
6 Ebd. 270.
7 Ebd. 270.
8 Searle, Rationality in Action, 283.
9 Searle, Intentionality, 269.

11. Vernunft und Geschichte

1 Hobbes, Leviathan ch. 18, 236.
2 Zur Verteidigung dieses Ansatzes s. Steinvorth, Gleiche Freiheit.
3 Vgl. zur aktuellen Lage nach dem 11. September 2001 den schon davor verfaßten Aufsatz Xavier Raufer, New World Disorder, New Terrorisms: New Threats for Europe and the Western World, in Max. Taylor und John Horgan, The Future of Terrorism, London (Cass) 2000, 30–51. Vgl. ferner die Rezension von Ulrich Steinvorth zu Christopher W. Morris, An Essay on the Modern State, in Ethical and Moral Practice 4, 2001, 75–77.
4 Vgl. Karl Popper, Back to the Presocratics, in Conjectures and Refutations. The Growth of Scientific Knowledge, New York (Harper), 136–65. Es verdient Erwähnung, daß die Tradition der Traditionskritik nicht nur bei den Vorsokratikern entstand, sondern zur selben Zeit in China. Von Konfuzius ist überliefert, daß er von seinen Schülern verlangte, ihn zu kritisieren. Vgl. Heiner Roetz, Konfuzius, München (Beck) 1995, 15, und ders., Chancen und Probleme einer Reformulierung und Neubegründung der Menschenrechte, in W. Schwedler, Hg., St. Augustin (Academia) 1998, 189–208, 193f. Wenn die Wissenschaft in China schließlich weniger expandierte als in Europa, dann weil die Tradition der Traditionskritik verkümmerte.

12. Gnostiker, Christen und die Vernunft

1 Diese Gegenüberstellung impliziert keine historischen Annahmen, etwa daß die Gnosis einmal eine Gegenposition zum Christentum eingenommen habe oder eine originelle Bewegung gewesen sei; ich wähle die beiden Titel nur zur Beschreibung eines heute und in vielen früheren Epochen möglichen Gegensatzes der Weltsicht. Für eine ernüchternde Beschreibung der antiken Gnosis vgl. John Dillon, Monotheism in the Gnostic Tradition, in P. Athanassiadi und M. Frede, Hg., Pagan Monotheism in Late Antiquity, Oxford (Clarendon) 1999, 69–79.

2 Kant, Idee zu einer allgemeinen Geschichte in weltbürgerlicher Absicht, Neunter Satz.

3 Hume, Treatise of Human Nature Bk 3, pt. 1, sec 1, ed. Selby Bigge, Oxford (Clarendon) 1972, 469.

4 David Hume, Dialogues concerning natural religion pt. XI, ed. H. D. Aiken, Hafner Pr., New York und London 1948, 79.

5 So Philip R. Wallace, Paradox Lost. Images of the Quantum, New York (Springer) 1996.

6 Der heute bekannteste Philosoph, für den die Naturwissenschaften technisches oder Herrschaftswissen liefern, ist Jürgen Habermas. S. v. a. Erkenntnis und Interesse, Merkur 213, 1965, 1139–53. Seine Unterscheidung von technischem, praktischem oder sinnstiftendem und emanzipatorischem Wissen, das er den «empirisch-analytischen», den «historisch-hermeneutischen» und der kritischen Psychoanalyse und Philosophie zuspricht, folgt der Unterscheidung von Scheler (den er nicht nennt) von Arbeits-, Bildungs- und Heilswissen; vgl. *Die Formen des Wissens und die Bildung*, Gesammelte Schriften Bd. 9, Bern 1976, 85–119.

7 Albert Einstein, Über den gegenwärtigen Stand der Feldtheorie, 126.

8 Steven Weinberg, Dreams of a Final Theory, New York 1994, 242, ebd. 251.

9 Aus Weinbergs Antwort in der New York Review 20. 1. 2000 auf einen Leserbrief zu seinem Artikel *A Designer's Universe*, New York Review 21. 10. 1999: «... everything I had said (gegen das «designer argument» in einem Vortrag) would be refuted if a bolt of lightning were to strike me down at the podium. There is also a less dramatic but more quantitative argument for a benevolent designer that might make sense if it had turned out that the earth on which we live were the only planet in the universe.»

10 Weinberg, Dreams of a Final Theory a. a. O. 245.

11 Ebd. 250.

12 Ebd. 245 f.

13 Ebd. 250.

14 Steven Weinberg, The first three minutes, New York, Basic Books 1977, 131 f, 154.

15 Freeman Dyson, Infinite in All Directions, New York (Harper) 1988, 118.

16 Weinberg, Dreams of a Final Theory, 255.

17 Freeman Dyson, Science and Religion: No Ends in Sight, New York Review of Books 28.3.02. Dyson gibt die Auffassung wieder von John Polkinghorne, The God of Hope and the End of the World, Yale UP.

18 Ebd. 259.
19 Dyson, Infinite in All Directions, 293.
20 «String quartet», eine Anspielung auf die *string*-Theorie, eine physikalische Grundlagentheorie.
21 Ebd. 118.
22 Ebd. 99 ff. Dyson nennt Weinbergs Satz «nihilistic» (117). Offenbar hat er ihn nur zitiert gelesen; Weinberg ist alles andere als ein Nihilist.
23 Ebd. 118.
24 Weinberg, Dreams of a Final Theory, 255.
25 Dyson, Infinite in All Directions, 119.
26 Ebd. 119.
27 Ebd. 294. Eine ähnliche Metaphysik des werdenden Gottes wie die Socini vertraten im 20. Jahrhundert, beeinflußt vom biologischen Evolutionismus, Max Scheler, s. bes. *Die Stellung des Menschen im Kosmos,* Gesammelte Schriften Bd. 9, Bern 1976, 11–71, bes. 54 ff und 67 ff; *Die Formen des Wissens und die Bildung*, ebd. 85–119, bes. 101–4, und sehr ähnlich, wenn auch zur theologischen Erklärung von Auschwitz und ohne Nennung Schelers, Hans Jonas, Organismus und Freiheit. Ansätze zu einer philosophischen Biologie, Göttingen 1973, bes. Kap. 1 und 3.
28 Weinberg, Dreams of a Final Theory, 259.
29 Dyson, Infinite in All Directions, 296. Dyson ebd. nennt seine Unterscheidung ein «restricting the scope of science». Natürlich schränkt er nicht den Bereich der traditionell verstandenen Naturwissenschaft ein, sondern den der Wissenschaft, wie die vielen Physiker sie verstehen, die das anthropische Prinzip gebrauchen.
30 Weinberg a. a. O. 226 und 229. Vgl dazu die Kritik von Wesley Salmon, Causality and Explanation, Oxford (UP) 1998, 396 f.
31 Ebd. 118. Freeman Dyson, The Sun, the Genome, and the Internet. Tools of Scientific Revolutions, New York (Public Library) 1999, 49, schränkt seine Hoffnungen auf baldige Eroberung des Weltraums durch die Menschen ein: «... the new technologies that might spread life over the universe will come, if they come at all, during the second half of the century.»

Rückblick: Als was sich das Rechtfertigungsvermögen herausgestellt hat

1 In Kap. 6, Abschnitt 4.
2 Kant, Idee zu einer allgemeinen Geschichte in weltbürgerlicher Absicht, Zweiter Satz.

Register